中国特色社会主义根本政治制度
人民代表大会制度纪实

总 顾 问 王汉斌
编委会主任 乔晓阳

人大对外交往工作

王柱国 陈佳美思 庞 明 刘亚宁 / 编著

中国出版集团 | 全国百佳图书
中国民主法制出版社 | 出版单位

图书在版编目（CIP）数据

人大对外交往工作/王柱国等编著. —北京：中国民主法制出版社，2024.3

（中国特色社会主义根本政治制度：人民代表大会制度纪实/杨积堂，吴高盛主编）

ISBN 978-7-5162-3547-8

Ⅰ.①人…　Ⅱ.①王…　Ⅲ.①全国人民代表大会—外交史—中国　Ⅳ.①D621

中国国家版本馆 CIP 数据核字（2024）第 047086 号

图书出品人：刘海涛
出 版 统 筹：贾兵伟
责 任 编 辑：张　霞

书名/人大对外交往工作
作者/王柱国　陈佳美思　庞　明　刘亚宁　编著

出版·发行/中国民主法制出版社
地址/北京市丰台区右安门外玉林里 7 号（100069）
电话/（010）63055259（总编室）　83910658　63056573（人大系统发行）
传真/（010）63055259
http：// www. npcpub. com
E-mail：mzfz@ npcpub. com
开本/16 开　700 毫米×1000 毫米
印张/31　**字数/**314 千字
版本/2024 年 6 月第 1 版　2024 年 6 月第 1 次印刷
印刷/三河市宏图印务有限公司

书号/ISBN 978-7-5162-3547-8
定价/120. 00 元
出版声明/版权所有，侵权必究。

中国特色社会主义根本政治制度
——人民代表大会制度纪实

编 委 会

出版说明

"乔木亭亭倚盖苍，栉风沐雨自担当。"在第一届全国人民代表大会第一次会议上，毛泽东同志向世人宣告："我们正在做我们的前人从来没有做过的极其光荣伟大的事业。我们的目的一定要达到。我们的目的一定能够达到。"

从 1954 到 2024 年，人民代表大会制度已走过 70 年。为记录人民代表大会制度发展历程，宣传中国特色社会主义根本政治制度，阐释中国特色社会主义道路自信、制度自信，中国民主法制出版社于 2017 年策划"中国特色社会主义根本政治制度——人民代表大会制度纪实"项目，计划用 1600 万字 20 册图书，对人民代表大会制度在我国的建立发展进行较完整的记录。

历时 6 年，几易框架，无数次讨论修改，最终收稿 3000 万字。3000 万字分理论和纪实两大部分，详述人民代表大会的制度总论、发展历程、自身建设及立法、重大事项决定、选举任免、监督、代表、会议、对外交往等重要工作。理论部分 340 余万字，其中自身建设、重大事项和对外交往三个板块根据工作实际和写作安排，理论纪实合为一册，归入理论板块。立法、监督、选举任免、代表工作、会议五个板块的纪实部分共计 2600 余万字。两大部分通过梳理历届全国人民代表大会会议议程，记录我国根本政治制度的发展历程；通过收录全国人民代表大会及其常务委员会会议作出的决定、批准的重大事项等文件及各专门委员会的文件、报告，为研究中国特色人民代表大会制度整理、保存重要文献，宣传实现我国全过程人民民主的重要制度载体的工作机制。

为保持项目的完整性和对人民代表大会制度记录的客观性，同时适应新时代资料保存查阅的新方式新手段，经多次组织专家讨论、内部研究，项目用20册图书、40个视频、1个数据库将这3000余万字全部收录，将人民代表大会制度70年的历程完整记录、如实呈现。其中人大立法工作纪实、人大监督工作纪实、人大会议工作纪实的具体内容均收入"人民代表大会制度纪实"数据库，目录作为索引以图书形式呈现。

项目实施过程中，从总顾问王汉斌同志、编委会主任乔晓阳同志，到刚入校门的大学生，先后百余人参与其中。从框架搭建、内容研讨、资料收集、板块汇编、归类整理到书稿撰写、初稿审读、编辑加工，我们遇到许多意想不到的困难，好在"众人拾柴火焰高"，各方都投入了极大热情，这些困难也一一得到克服。其间，全国人大图书馆、全国人大有关同志给予了我们雪中送炭般的支持。

人民代表大会制度植根于中国历史文化沃土，蕴含着中华文明丰富的政治智慧和治理经验，体现了天下为公、天下大同的社会理想，九州共贯、多元一体的大一统传统，民惟邦本、本固邦宁的民本思想，德主刑辅、法明令行的法治精神。新的伟大征程上，我们要更加坚定制度自信，不断发展具有强大生命力的全过程人民民主。

2024 年是中华人民共和国成立 75 周年，也是全国人民代表大会成立 70 周年、地方人大设立常委会 45 周年，谨以"中国特色社会主义根本政治制度——人民代表大会制度纪实"向祖国献礼！

"六年磨一剑"，其中一定还有许多疏漏和不足，我们希望"中国特色社会主义根本政治制度——人民代表大会制度纪实"项目能为坚持好、完善好、运行好人民代表大会制度尽微薄之力。

2024 年 6 月

习近平总书记指出，人民代表大会制度是坚持党的领导、人民当家作主、依法治国有机统一的根本政治制度安排，是党领导国家政权机关的重要制度载体。100 多年前，中国共产党一经诞生，就把为中国人民谋幸福、为中华民族谋复兴确立为自己的初心和使命，为实现人民当家作主进行了不懈探索和奋斗。在新民主主义革命时期，以毛泽东同志为主要代表的中国共产党人，创造性地提出实行人民代表大会制度的构想。1945 年 4 月，毛泽东同志就说："新民主主义的政权组织，应该采取民主集中制，由各级人民代表大会决定大政方针，选举政府。它是民主的，又是集中的，就是说，在民主基础上的集中，在集中指导下的民主。只有这个制度，才既能表现广泛的民主，使各级人民代表大会有高度的权力；又能集中处理国事，使各级政府能集中地处理被各级人民代表大会所委托的一切事务，并保障人民的一切必要的民主活动。"1954 年 9 月，第一届全国人民代表大会第一次会议召开，通过了《中华人民共和国宪法》，标志着人民代表大会制度这一国家根本政治制度正式建立。

经过 70 年的实践发展，人民代表大会制度更加成熟、更加定型，焕发出蓬勃生机活力。2021 年 10 月 13 日习近平在中央人大工作会议上的讲话中强调："实践证明，人民代表大会制度是符合我国国情和实际、体现社会主义国家性质、保证人民当家作主、保障实现中华民族伟大复兴的好制度，是我们党领导人民在人类政治制度史上的伟大创造，是在我国政治发展史乃至世界政治发展史上具有重大意义的全新政治制度。"

70年来，在中国共产党的领导下，全国人大及其常委会、地方各级人大及其常委会不断探索实践、创新发展，人民代表大会制度的理论体系不断完善，人大工作积累了极其丰富的实践成果。这些理论和实践成果，是进一步坚持好、完善好、运行好人民代表大会制度的重要基石。为了深入贯彻习近平总书记关于坚持和完善人民代表大会制度的重要思想，积极发展全过程人民民主，健全人民当家作主制度体系，继往开来，守正创新，开创人大工作新局面，中国民主法制出版社组织立法机关有关同志、从事人大理论研究的相关学者和人大工作领域的实务专家，对人民代表大会制度的理论和实践进行了全面梳理，形成了"中国特色社会主义根本政治制度——人民代表大会制度纪实"项目，并获得了国家出版基金资助。

项目从人民代表大会制度总论、人民代表大会制度发展历程、人大代表选举制度和人大人事任免制度、人大立法制度、人大代表工作制度、人大讨论决定重大事项制度、人大监督制度、人大会议制度、人大自身建设、人大对外交往工作等十个方面，阐述了"中国特色社会主义根本政治制度——人民代表大会制度"的制度创建、自身建设和发展历程，全面梳理了人大行使立法、监督、决定、选举任免等职权的制度体系，并对人大会议制度、人大代表工作、人大对外交往工作做了详尽汇览。

项目在实施过程中，力图在梳理理论体系的同时，尽量根据现有文献和资料，将人民代表大会制度发展进程中和人大工作全过程各环节相关制度成果加以汇总，为现在和未来的人大工作者、人大理论研究者提供尽可能翔实的人大知识宝库。

这是迄今为止收录内容最为完整的一套人大纪实丛书，为了体现中国特色社会主义根本政治制度的伟力，让更多国人了解和熟悉这一制度的逻辑，每一板块我们都进行了导读设计，从而更有利于读者提纲挈领地加以掌握。

今年是中华人民共和国成立 75 周年，也是全国人民代表大会成立 70 周年。我们谨以"中国特色社会主义根本政治制度——人民代表大会制度纪实"项目，向人民代表大会制度致敬，向祖国献礼。

晋晓阳

2024 年 6 月

目录

9

／ 第一章 ／

全国人大对外交往工作研究概览

全国人大的对外交往工作是国家总体外交的重要组成部分。对外交往是全国人大及其常委会的重要工作内容。全国人大认真贯彻落实中央外交大政方针和总体部署，服务总体外交需要，发挥人大对外交往的特点和优势，对外交往形成了宽领域及"多层次、多渠道、多形式、全方位格局"〔1〕专家学者关于全国人大的对外交往工作研究不断取得新成果新进展。

一、关于全国人大对外交往内涵及其特点的研究

全国人大成立之后，其对外交往工作的称谓在不同时期有所不同。总的来看，全国人大的对外交往工作主要有：一是批准和废除同外国缔结的条约和重要协定，行使宪法和法律规定的对外关系职权；二是为了促进中外人民了解和增进我国同世界各国的友好关系，应邀出访、考察和接待来访活动；三是参加和举办多边、国际和地区议会组织的活动或会议，反对霸权主义，维护世界和平；四是针对有关国家在涉及中国核心利益问题上的错误言行，主动发声，发表谈话、声明，阐明原则立场，坚定维护国家主权、安全、发展利益。"始终坚持服务党和国家工作大局，是

---

〔1〕 曹卫洲：《努力开创全国人大对外交往工作新局面——学习习近平总书记在中央外事工作会议上的重要讲话》，《求是》2015年第4期。

全国人大对外交往的总体任务。"[1]

（一）关于全国人大对外交往内涵的研究

从全国人大常委会工作报告看，全国人大对外交往主要指全国人大的"外事工作"、"外事活动"或"对外交往工作"。专家学者对全国人大对外交往的内涵进行了多方面的阐释。全国人大常委会原副秘书长曹卫洲认为："全国人大对外交往是指全国人民代表大会及其常务委员会与外国议会和其他国外相关机构开展的各种形式的交流与往来。""和其他外交形式的不同之处在于，全国人大对外交往的主体是全国人大，对象是外国议会及其他相关机构。""国际上常说的'议会外交'，是对各国议会或者说是立法机关之间相互联系、交往、合作的统称。""我国的人民代表大会制度和西方的议会制存在着根本区别，中国全国人大的对外交往同西方国家的'议会外交'也存在着本质区别。"[2]

王春英认为："全国人大对外交往的对象非常广泛，既包括外国议会及其议员，也包括外国政府领导人、政党领袖，还包括各种机构、组织、企业的代表，甚至包括个人。"[3] 在她看来，由于全国人大特有的组织结构，"具体工作主要在全国人大常委会、全国人大各专门委员会、议会之间的友好小组、全国人大常委会的工作机构等层面开展。"[4] "但是，作为外国议会的对口

---

〔1〕 曹卫洲：《努力开创全国人大对外交往工作新局面——学习习近平总书记在中央外事工作会议上的重要讲话》，《求是》2015年第4期。

〔2〕 曹卫洲：《十二届全国人大常委会专题讲座第十五讲：全国人大对外交往工作》，中国人大网，http://www.npc.gov.cn/npc/c541/201504/d791285c6ace4033a23829a81fe3b9a2.shtml。

〔3〕 王春英：《论全国人大的对外交往》，《北京行政学院学报》2007年第1期，第31—34页。

〔4〕 王春英：《论全国人大的对外交往》，《北京行政学院学报》2007年第1期，第31—34页。

机构，全国人大对外交往的重点还是外国的议会及其议员"[1]。显然，这一观点把人大对外交往的对象扩大到外国议会及其议员之外，因而其对全国人大对外交往的内涵的说明是广义的。上述阐释研究启发我们进一步认识和理解全国人大对外交往的丰富内涵和基本要义。

（二）关于全国人大对外交往特点的研究

"全国人大成立之初即把对外交往工作放在重要位置。"[2] 全国人大对外交往，不同于政府外交和民间外交。"议会交往具有形式灵活、接触面宽、影响较大的特点。"[3] "积极参与议会多边外交活动，是全国人大开展对外交往的显著特点。"[4] 例如，2004 年全国人大常委会工作报告指出，全国人大对外交往"具有领域广阔、内容丰富、方式灵活等特点，为国家关系的发展充实新的内容、增添新的活力，在增进了解、加强信任、扩大共识、发展合作等方面，发挥着十分重要的作用"[5]。2013 年全国人民代表大会常务委员会工作报告指出，"坚持服务国家总体外交，充分发挥人大对外交往的特点和优势，积极开展高层交往，稳步推进机制交流，有效利用多边舞台，全面加强与各国议

〔1〕 王春英：《论全国人大的对外交往》，《北京行政学院学报》2007 年第 1 期，第 31—34 页。

〔2〕 曹卫洲：《十二届全国人大常委会专题讲座第十五讲：全国人大对外交往工作》，中国人大网，http：//www.npc.gov.cn/npc/c541/201504/d791285c6ace4033a23829a81fe3b9a2.shtml。

〔3〕 《全国人民代表大会常务委员会工作报告（1999 年）》，王汉斌主编：《人民代表大会制度文献集成》（第五卷），中国民主法制出版社 2016 年版，第 3486 页。

〔4〕 《全国人民代表大会常务委员会工作报告（2003 年）》，王汉斌主编：《人民代表大会制度文献集成》（第五卷），中国民主法制出版社 2016 年版，第 3517 页。

〔5〕 《全国人民代表大会常务委员会工作报告（2004 年）》，王汉斌主编：《人民代表大会制度文献集成》（第五卷），中国民主法制出版社 2016 年版，第 3526 页。

会及多边议会组织的友好关系"[1]。

对于全国人大对外交往的特点，曹卫洲认为，在多年实践中，全国人大对外交往形成了自身的鲜明特点和独特优势，主要体现在以下三个方面：一是具有广泛的人民性、代表性；二是对象广泛、领域广阔；三是形式多样、方式灵活[2]。"从工作内容看，既着重立法交流，又涉及经济、社会、文化等各个领域。全国人大对外交往具有综合优势，能够为国家关系的发展充实新的内容。"[3] 这就从价值、对象、内容、形式、方式等方面对人大对外交往的特点作了完整的说明。

有学者从人大对外交往成果与议会外交经验的视角对人大外交的特点作了说明，对于我们进一步认识和把握人大对外交往的特点具有启发意义。黄忻认为，人民代表大会统一行使国家权力，"这使得全国人大的外交成果更具有合法性、实效性与可行性"[4]。郭树勇认为，我们在总结议会外交经验时要把握它的几个特点：首先把握它与政府外交的高度统一性。议会外交必须服从服务于党和国家工作大局，服从国家战略，维护国家主权，促进中国的和平发展。再就是把握议会交往的多样性和弹性。议会交往对象指向多元，既有双边也有多边；"亦官亦民"、层次多样；比政府外交更有弹性和柔性，比民间外交更

---

〔1〕《全国人民代表大会常务委员会工作报告（2013 年）》，王汉斌主编：《人民代表大会制度文献集成》（第五卷），中国民主法制出版社 2016 年版，第 3526 页。

〔2〕曹卫洲：《十二届全国人大常委会专题讲座第十五讲：全国人大对外交往工作》，中国人大网，http：//www. npc. gov. cn/npc/c541/201504/d791285c6ace4033a23829 a81fe3b9a2. shtml。

〔3〕曹卫洲：《努力开创全国人大对外交往工作新局面—— 学习习近平总书记在中央外事工作会议上的重要讲话》，《求是》2015 年第 4 期。

〔4〕黄忻：《中国外交体制运作之议会外交——浅析中国人民代表大会的外交职能》，《理论界》2011 年第 5 期，第 9 页。

有权威性。[1] 上述阐释研究启发我们进一步认识和理解全国人大对外交往特点，深化对全国人大对外交往内在规定性的认识。

全国人大的对外交往作为我国总体外交的重要组成部分，体现出几个特点：一是坚持党对人大对外工作的领导；二是在对外交往工作过程中突出人大工作的特点，体现人民意志、代表人民利益；三是通过定期交流机制以及高层交往、多边交往等众多形式，体现出多样性和灵活性。

二、关于全国人大对外交往与国家总体外交关系的研究

"习近平总书记亲自关心和支持全国人大同外国议会开展友好交流合作，多次会见外国立法机关负责人，并就加强立法机关合作发表重要论述。"[2] 习近平总书记指出："立法机关在国家社会政治生活中起着重要作用，立法机关成员直接交往是双边关系的重要组成部分。"[3] 胡锦涛同志指出："两国立法机构交往是两国关系的重要组成部分，对增进两国人民相互了解和友谊、促进国家关系发展起着不可替代的作用。"[4] 党的二十大报告指出，加强同各国政党和政治组织的交流合作，积极推进人大、政协、军队、地方、民间等的对外交往。这些论述和要求为我们深

---

〔1〕 郭树勇：《中国特色议会外交刍议》，《世界经济与政治》2012 年第 7 期，第 117—126、159—160 页。

〔2〕 傅莹：《深入贯彻习近平总书记系列重要讲话精神 积极开展全国人大对外交往工作》，《人民论坛》2017 年 10 月（上），第 6—9 页。

〔3〕 《习近平在巴西国会的演讲》，新华网，http：//www.xinhuanet.com//world/2014-07/17/c_ 1111665403.htm。

〔4〕 新华社：《胡锦涛会见巴基斯坦参议院主席和国民议会议长》，http：//www.gov.cn/govweb/ldhd/2006-11/25/content_ 453470.htm。

刻理解和正确把握全国人大对外交往与国家总体外交的关系提供
了科学指引和根本遵循。

"全国人大常委会工作报告指出,'全国人大对外交往是国家
总体外交的重要组成部分。我们坚持服从服务于国家外交大局,
注重发挥人大对外交往的特点和优势,加强同各国议会的友好交
往,积极参加国际和地区议会组织的活动,为维护我国发展的重
要战略机遇期,推动建设和谐世界作出积极贡献。'比较准确地、
科学地概括了全国人大对外交往在国家总体外交中的位置和
作用。"[1]

具体来说,1984年全国人民代表大会常务委员会工作报告指
出:"全国人大和它的常委会的外事活动,是我国整个外事工作
的一个重要组成部分。"[2] 这里把全国人大及其常委会的对外交
往活动称为"外事活动"。1987年全国人民代表大会常务委员会
工作报告指出:"全国人大常委会的外事工作是我国整个外交工
作的重要组成部分,也是我国国际交往中的一条不可缺少的渠
道。"[3] 这里把全国人大常委会的对外交往活动称为"外事工
作"。1991年全国人民代表大会常务委员会工作报告指出:"全国
人大常委会的议会外交活动,是我国整个外交工作的重要组成部
分。"[4] 这里把全国人大常委会的对外交往活动称为"议会外
交"。1993年全国人民代表大会常务委员会工作报告指出:"人大

〔1〕 曹卫洲:《理论与实践相结合做好人大对外交往工作》,《中国人大》2008年
第16期。
〔2〕《全国人民代表大会常务委员会工作报告(1984年)》,王汉斌主编:《人民
代表大会制度文献集成》(第五卷),中国民主法制出版社2016年版,第3382页。
〔3〕《全国人民代表大会常务委员会工作报告(1987年)》,王汉斌主编:《人民
代表大会制度文献集成》(第五卷),中国民主法制出版社2016年版,第3407页。
〔4〕《全国人民代表大会常务委员会工作报告(1991年)》,王汉斌主编:《人民
代表大会制度文献集成》(第五卷),中国民主法制出版社2016年版,第3434页。

的外事工作是我国整个对外工作的重要组成部分。"[1] 1998 年全
国人民代表大会常务委员会工作报告指出："议会外交是国家外
交工作的重要组成部分。"[2] 1999 年全国人民代表大会常务委员
会工作报告指出："开展同外国议会和议会国际组织的交往与合
作，是国家整体外交的重要组成部分。"[3] 2003 年全国人民代表
大会常务委员会工作报告指出："加强全国人大同外国议会和国
际议会组织的交往与合作，是我国外交工作的重要组成部
分。"[4] 2004 年全国人民代表大会常务委员会工作报告指出：
"全国人大对外交往是国家整体外交的重要组成部分。"[5] 2006
年全国人民代表大会常务委员会工作报告指出："全国人大对外
交往工作是国家总体外交的重要组成部分。"[6] 2007 年全国人民
代表大会常务委员会工作报告指出："全国人大对外交往是国家
总体外交的重要组成部分，在增进相互了解、加强政治互信、推
动互利合作等方面发挥了重要作用。"[7] 2008 年全国人民代表大
会常务委员会工作报告指出："全国人大对外交往是国家总体外

---

〔1〕《全国人民代表大会常务委员会工作报告（1993 年）》，王汉斌主编：《人民
代表大会制度文献集成》（第五卷），中国民主法制出版社 2016 年版，第 3445 页。

〔2〕《全国人民代表大会常务委员会工作报告（1998 年）》，王汉斌主编：《人民
代表大会制度文献集成》（第五卷），中国民主法制出版社 2016 年版，第 3479 页。

〔3〕《全国人民代表大会常务委员会工作报告（1999 年）》，王汉斌主编：《人民
代表大会制度文献集成》（第五卷），中国民主法制出版社 2016 年版，第 3486 页。

〔4〕《全国人民代表大会常务委员会工作报告（2003 年）》，王汉斌主编：《人民
代表大会制度文献集成》（第五卷），中国民主法制出版社 2016 年版，第 3517 页。

〔5〕《全国人民代表大会常务委员会工作报告（2004 年）》，王汉斌主编：《人民
代表大会制度文献集成》（第五卷），中国民主法制出版社 2016 年版，第 3526 页。

〔6〕《全国人民代表大会常务委员会工作报告（2006 年）》，王汉斌主编：《人民
代表大会制度文献集成》（第五卷），中国民主法制出版社 2016 年版，第 3548 页。

〔7〕《全国人民代表大会常务委员会工作报告（2007 年）》，王汉斌主编：《人民
代表大会制度文献集成》（第五卷），中国民主法制出版社 2016 年版，第 3559 页。

交的重要组成部分。"[1] 2010 年全国人民代表大会常务委员会工作报告指出："全国人大对外交往是国家总体外交的重要组成部分。"[2] 2014 年全国人民代表大会常务委员会工作报告指出："全国人大对外交往是国家总体外交的重要组成部分。"[3] 2019 年全国人民代表大会常务委员会工作报告指出："人大对外交往是国家总体外交的组成部分。"[4] 通过这些重要表述，我们可以更好地把握全国人大对外交往与国家总体外交的关系。

对于何为"总体外交"，1998 年 4 月，时任中国外交部部长唐家璇在接受《人民日报》专访时指出："总体外交是形势发展的需要和必然。当前形势下的外交早已超过狭义的外交概念，是包括政治、经济、科技、文化、军事、民间等多个领域的总体外交，内涵深刻，需要各方面通力合作，共同奋斗。"[5] 这就是说，对于总体外交我们可以从内容和交往主体来认识和把握。曹卫洲认为："全国人大对外交往和政府外交、政党外交、经济外交、文化外交等，都是国家总体外交的有机组成部分。"[6] 这就是说，我们要注重国家总体外交不同组成部分之间的内在联系和

---

[1] 《全国人民代表大会常务委员会工作报告（2008 年）》，王汉斌主编：《人民代表大会制度文献集成》（第五卷），中国民主法制出版社 2016 年版，第 3559 页。

[2] 《全国人民代表大会常务委员会工作报告（2010 年）》，王汉斌主编：《人民代表大会制度文献集成》（第五卷），中国民主法制出版社 2016 年版，第 3595 页。

[3] 《全国人民代表大会常务委员会工作报告（2014 年）》，王汉斌主编：《人民代表大会制度文献集成》（第五卷），中国民主法制出版社 2016 年版，第 3644 页。

[4] 《全国人民代表大会常务委员会工作报告——2019 年 3 月 8 日在第十三届全国人民代表大会第二次会议上》，《中国人大》2019 年第 6 期。

[5] 《树立跨世纪外交意识：访新任外交部部长唐家璇（记者专访）》，《人民日报》1998 年 4 月 6 日，第 6 版。

[6] 曹卫洲：《十二届全国人大常委会专题讲座第十五讲：全国人大对外交往工作》，中国人大网，http://www.npc.gov.cn/npc/c541/201504/d791285c6ace4033a23829a81fe3b9a2.shtml。

相互关系。有学者认为："总体外交的概念不仅仅意味着外交范围、主体和方式的多样化，同时更加强调执政党对于外交的统一领导。因此，总体外交是政府外交与议会外交的上位概念，人大和政府均要服从执政党所制定的总体外交原则和规划。"[1] 专家学者关于"总体外交"内涵及其意蕴的说明，可以使我们更好地理解和领会人大对外交往与国家总体外交的关系的内在机制和实践要求。总的来说，"坚持服务国家总体外交"[2] 是全国人大对外交往工作的遵循。

三、关于全国人大对外交往发展历程的研究

对于全国人大对外交往的发展历程，不同的专家学者作出不同的划分。有三阶段说、四阶段说、六阶段说等。

就三阶段来说，虽然都是三阶段，但对于每个阶段的具体期限，不同的专家学者看法并不完全一致。曹卫洲通过总结与回顾全国人大对外交往的历史和现状，认为大致可分为三个阶段。第一个阶段，1954 年至 20 世纪 60 年代中期，是全国人大对外交往的起步时期。当时全国人大重点与社会主义国家议会加强交往，与亚非拉国家特别是亚洲邻国议会开展友好往来，并开始与一些西欧国家的议会建立联系。第二个阶段，20 世纪 60 年代中期至 70 年代末，是全国人大对外交往的调整时期。在加强同亚非拉国家议会交往的同时，发展与西欧各国和日本等国议会的关系，并

---

〔1〕 王理万：《中国外交分权体系下的议会外交》，《世界经济与政治》2015 年第 11 期，第 139—155、160 页。

〔2〕《全国人民代表大会常务委员会工作报告（2013 年）》，王汉斌主编：《人民代表大会制度文献集成》（第五卷），中国民主法制出版社 2016 年版，第 3526 页。

与美国国会开始交往。第三个阶段，党的十一届三中全会后，全国人大对外交往进入了全面发展的新时期。全国人大对外交往紧密围绕党和国家的工作重点，致力于服务改革开放和社会主义现代化建设，从中国人民的根本利益出发，全方位与外国议会开展交流合作，努力为国内建设营造长期、稳定的和平外部环境。进入 21 世纪以来，全国人大同西方国家议会关系不断改善和扩大，同周边国家议会的交往与合作不断深化，同广大发展中国家议会的友好往来进一步加强，同国际和地区议会组织的联系更加密切，对外交往工作取得了显著成绩。[1]

郭树勇认为，新中国成立以来的议会外交大致可分为三个阶段：第一阶段为创始阶段，其时间段自新中国成立至"文化大革命"结束。这段时间的议会外交为新中国与社会主义国家及第三世界的友好作出了应有的贡献。第二阶段基本上贯穿于 20 世纪 80 年代，是议会外交的迅速发展期。这个时期议会外交的主要任务是配合我国加大融入国际社会的步伐，其重要的进展包括：建立了全国人大对外双边友好小组制度，对外友好小组迅速发展。各专门委员会的对外交往也比较活跃。第三阶段也是黄金时期，始于 20 世纪 90 年代初，其重要标志之一是 1995 年 8 月 21 日—25 日全国人大外事工作座谈会在北京的召开。这个时期议会外交活动更加活跃，中国人大的国际影响力得到长足增长。进入 21 世纪以来，我们仍处于议会外交黄金时期，全国人大常委会委员长访美是议会外交的又一高峰。[2]

─────────────

〔1〕 曹卫洲：《十二届全国人大常委会专题讲座第十五讲：全国人大对外交往工作》，中国人大网，http://www.npc.gov.cn/npc/c541/201504/d791285c6ace4033a23829a81fe3b9a2.shtml。

〔2〕 郭树勇：《中国特色议会外交刍议》，《世界经济与政治》2012 年第 7 期，第117—126、159—160 页。

对于四阶段，熊伟认为，可以大体将中国议会外交的发展历程划分为起步、停滞、发展和提升等四个阶段。一是起步阶段（1954 年至 20 世纪 60 年代末），主要涵盖的是第一届和第二届全国人大。在这一阶段，由于美欧的封锁，全国人大致力于加强与社会主义国家议会的交往，积极开展与亚非拉国家议会的友好往来。二是停滞阶段（20 世纪 60 年代末至 70 年代末），这一阶段主要涵盖的是第三届和第四届全国人大。总的来看，全国人大在配合国家整体外交，反对帝国主义和霸权主义的斗争方面发挥了积极作用。三是发展阶段（20 世纪 70 年代末至 90 年代末），涵盖第五届到第八届全国人大。随着人民代表大会制度重新获得新生并不断得以完善，中国全国人大的对外交往也走上了“快车道”，进入了新的发展阶段。四是提升阶段（20 世纪 90 年代末以来），全国人大的对外交往着眼于党和国家工作大局，适应世界形势和各国政治的新变化，抓住机遇，应对挑战，实现了跨世纪的大发展。[1]

对于六阶段，黄忻认为：“我国全国人大的对外交往，是与全国人民代表大会同时诞生、同步发展的。在我国社会发展的各个历史时期，都发挥了重要的作用。简单地说，全国人大的外交实践，经历了建国初期的实践探索、社会主义阵营分裂后的战略调整、特殊政治时期的停滞不前、改革开放后恢复发展、冷战结束后的改善突破，到今天大范围、全方位外交格局的形成。”[2]

“党的十八大以来，在习近平外交思想指引下，中国特色大

---

〔1〕　熊伟：《关于议会外交的研究》，博士学位论文，中国人民大学，2008 年，第 127—140 页。
〔2〕　黄忻：《中国外交体制运作之议会外交——浅析中国人民代表大会的外交职能》，《理论界》2011 年第 5 期，第 19—22 页。

国外交全面推进。"[1] 作为国家总体外交的重要组成部分，全国
人大对外交往工作"进一步加强议会外交与政府外交、政党外
交、公共外交、民间外交之间的协调和配合，提升对外交往工作
的整体合力和效果"[2]。全国人大对外交往不断取得新进展、新
成就。

2017 年全国人民代表大会常务委员会工作报告指出，全国人
大对外交往"推动落实国家领导人达成的重要共识，巩固和增进
政治互信，相互尊重彼此核心利益和重大关切，不断夯实国家关
系发展的政治基础"[3]。2018 年全国人民代表大会常务委员会工
作报告指出，全国人大对外交往"坚持把推动落实习近平主席重
大外交行动成果作为首要任务，增进相互了解和政治互信，扩大
民意基础和社会基础"[4]。2019 年全国人民代表大会常务委员会
工作报告指出，"在对外交往中，积极推动落实习近平主席和外
国领导人达成的重要共识，为国家之间的合作交流提供法律支
撑"[5]。2020 年全国人民代表大会常务委员会工作报告强调：
"全面贯彻习近平外交思想，发挥人大在国家外交中的职能作用，
进一步增强人大对外工作的主动性、针对性、统筹性。"[6] 2022

---

〔1〕 王毅：《学思践悟习近平外交思想 坚守新时代外交使命担当》，《学习时
报》2022 年 7 月 25 日，第 1 版。

〔2〕 曹卫洲：《努力开创全国人大对外交往工作新局面—— 学习习近平总书记在
中央外事工作会议上的重要讲话》，《求是》2015 年第 4 期。

〔3〕 《全国人民代表大会常务委员会工作报告——2017 年 3 月 8 日在第十二届全
国人民代表大会第五次会议上》，《中国人大》2017 年第 6 期。

〔4〕 《全国人民代表大会常务委员会工作报告——2018 年 3 月 11 日在第十三届
全国人民代表大会第一次会议上》，《人民日报》2018 年 3 月 25 日，第 1 版。

〔5〕 《全国人民代表大会常务委员会工作报告——2019 年 3 月 8 日在第十三届全
国人民代表大会第二次会议上》，《中国人大》2019 年第 6 期。

〔6〕 《全国人民代表大会常务委员会工作报告——2020 年 5 月 25 日在第十三届
全国人民代表大会第三次会议上》，《中国人大》2020 年第 11 期。

年全国人民代表大会常务委员会工作报告强调，"以习近平外交思想为指引，拓展人大对外工作方式"[1]"以推动落实习近平主席重大外交行动成果为首要任务，加强与外国议会和国际及地区议会组织的交流，推进与重点国家和地区大国议会的合作，巩固和深化多层次、多渠道对外交往"[2]。

全国人大"利用双边多边外交舞台，积极宣传习近平新时代中国特色社会主义思想，深入交流治国理政经验，介绍中国共产党百年奋斗重大成就和历史经验"[3]。全国人大在对外交往中，讲好中国故事、讲好中国人大故事，传播中国理念、中国经验和中国方案，增进了国际社会对中国发展道路和内外政策的理解和认同。全国人大"发挥常委会发言人、外事委发言人、法工委发言人机制作用"[4]，在涉藏、涉疆、涉港、涉台、抗疫和人权等问题上阐明中方严正立场，坚定维护国家利益。上述阐释研究及全国人大常委会工作报告中有关论述启发我们进一步认识和把握人大对外交往的历史进程和时代特点，深化对全国人大对外交往工作的历史逻辑的把握。

四、关于全国人大对外交往主要形式和内容的研究

高层交往、立法机构双边交流，一直是全国人大对外交往

---

〔1〕《全国人民代表大会常务委员会工作报告——2022 年 3 月 8 日在第十三届全国人民代表大会第五次会议上》，《中国人大》2022 年第 6 期。

〔2〕《全国人民代表大会常务委员会工作报告——2022 年 3 月 8 日在第十三届全国人民代表大会第五次会议上》，《中国人大》2022 年第 6 期。

〔3〕《全国人民代表大会常务委员会工作报告——2020 年 5 月 25 日在第十三届全国人民代表大会第三次会议上》，《中国人大》2020 年第 11 期。

〔4〕《全国人民代表大会常务委员会工作报告——2021 年 3 月 8 日在第十三届全国人民代表大会第四次会议上》，《中国人大》2021 年第 6 期。

基本形式，积极参与议会多边活动也是全国人大对外交往的重要形式。全国人大利用双边多边交往舞台，交流治国理政经验，介绍中国共产党奋斗重大成就和历史经验，介绍人民代表大会制度的成功实践，生动展示全过程人民民主理念，坚决维护国家利益。

（一）关于全国人大对外交往主要形式

在长期实践中，全国人大根据自身特点并结合时代发展和国家总体外交需要，创立了多样的对外交往形式。改革开放以前，历年全国人大常委会工作报告列举了全国人大的对外交往形式，主要有高层访问、接见外国议会代表团、全国人大代表团出访、决定批准或加入的条约和重要协定等。改革开放后，全国人大对外交往迅速发展，无论在数量上还是成效上都得到了显著提升。在这一时期，除了高层访问、接见外国议会代表团、全国人大代表团出访和决定批准或加入的条约和重要协定等外，20世纪90年代末以来，"建立与外国议会定期交流机制""积极参加各国议会联盟等国际和地区议会组织的多边活动"成为全国人大对外交往的重要形式。

全国人大对外交往的形式主要为：一是推动高层交往发挥引领作用。高层交往是全国人大对外交往的重点。二是建立和完善定期交流机制。建立和完善定期交流机制是进入21世纪以来全国人大保持和发展与主要国家议会和国际议会组织对话沟通和合作的一项开创性举措。三是参与多边事务扩大国际影响。开展议会多边交往是全国人大积极开展对外宣传、提升我国国际影响力、维护我国国家利益的重要途径。四是全面深化议会各层次合作。全国人大重视开展议员、专门委员会、友好小组和对话机制、办事机构、助手和地方立法机构之间的交流。[1] 就具体的交往形式来说，"既有义正辞严的交锋和交涉，又有润物细无声式的工作和交流，可以潜移默化；既有日常的工作交流与磋商，又注重个人感情的积累，能够深入人心；既有正式会见会谈，又有研讨会、文体比赛等活动，做到不拘形式"。[2]

王春英认为，全国人大的对外交往主要有以下几种形式。一是日常工作交往。全国人大的日常工作本身就包含大量的对外交往工作。各国驻华使馆和国际组织驻中国办事处都非常重视与全国人大的交往，在组织重大活动时，会邀请全国人大参加。针对外国议会涉华问题和重大国际事件，全国人大或全国人大外事委员会都会发表声明或谈话加以回应，阐明中国对事件的态度及原则立场。二是接待来访。"请进来"是全国人大对外交往的主要形式之一。三是出国访问。"走出去"是全国人大对外交往的另一重要形式。四是参与议会多边活动。全国人大广泛参与国际和地区各种议会组织的活动。[3] 王理万认为，全国人大对外交往中工作机构之间的交流具有更直接的针对性，往往就立法经验、预算审查、法律解释等与议会职权相关议题进行经验交流。[4] 上述阐释研究启发我们全面深入认识和理解全国人大的对外交往形式，进一步掌握全国人大对外交往的具体方式和途径。

全国人大的对外交往工作不仅是全国人民代表大会工作不断

---

〔1〕　曹卫洲：《努力开创全国人大对外交往工作新局面——学习习近平总书记在中央外事工作会议上的重要讲话》，《求是》2015 年第 4 期，第 25—27 页。

〔2〕　曹卫洲：《开创人大对外交往新局面》，《求是》2008 年第 6 期，第 57—59 页。

〔3〕　王春英：《论全国人大的对外交往》，《北京行政学院学报》2007 年第 1 期，第 31—34 页。

〔4〕　王理万：《中国议会外交的发展历程与制度形式》，《人大研究》2015 年第 8 期，第 29—34 页。

发展的重要体现，也是发挥人大制度优势的重要途径。为统筹好国内国际两个大局，经过六十余年的发展，新时代全国人大对外交往不断丰富工作形式，在加强高层交往的基础上，形成了涵盖全国人民代表大会各专门委员会的对外交往、全国人大对外友好小组的对外交往等为主要内容的多层次、全方位交往形式，并注重各形式的合作与协同，进而形成合力，构建多层次的人大对外交往格局。

（二）关于全国人大对外交往主要内容的研究

全国人大立足人大自身特点和优势，服务国家总体外交，在开展对外交往活动中，改革开放以前，重在加深我国人民同社会主义国家、第三世界人民以及世界其他各国人民的友谊和了解，致力于反对霸权主义，维护世界和平，增进我国人民和各国人民的友谊。改革开放后，全国人大对外交往内容不断拓展和深化。全面阐述中国特色社会主义道路，广泛宣传人民代表大会制度的特点和优势，深刻论述我国的和平发展道路，增进政治互信，推动务实合作，促进国家关系全面发展。"高度重视应对气候变化的国际交流与合作，把它作为人大对外交往工作的一项重要内容"[1]。加强立法和治国理政等方面的经验交流，推动落实国家领导人达成的重要共识。"促进以互利共赢为基础的各领域务实合作，推动'一带一路'建设与有关国家发展战略对接"[2]。

1995年全国人大外事工作座谈会把全国人大对外交往工作所取得的成绩"概括起来有以下几方面内容：（1）把加强同周边

---

〔1〕《全国人民代表大会常务委员会工作报告（2010年）》，王汉斌主编：《人民代表大会制度文献集成》（第五卷），中国民主法制出版社2016年版，第3594页。

〔2〕张德江：《全国人民代表大会常务委员会工作报告——2017年3月8日在第十二届全国人民代表大会第五次会议上》，《中国人大》2017年第6期。

国家议会的交往放在对外工作的突出位置；（2）加强同发展中国家议会的友谊和合作，加强同第三世界国家的团结；（3）认真做西方发达国家议会的工作，促进国家关系的改善与发展；（4）促进我国同独联体与东欧地区国家关系的巩固和发展；（5）有选择地参加一些国际或地区性议会组织，利用国际讲坛扩大我国的影响，借助多边外交场所开展双边活动；（6）积极为改革开放和经济建设服务；（7）积极为立法工作服务；（8）遏制台湾'弹性外交'，推动祖国统一事业，并努力开展同未建交国家议会的交往"。[1]

傅莹指出，全国人大对外交往"主要是立足于人大自身的特点来推进落实国家元首达成的共识，促进各国议会议员对中国增进了解"[2]。"张德江委员长在同各国议长和领导人交往中谈话中讲得最多的是介绍中国的政治制度、中国的历史经验、中国如何在共产党的领导下实现发展、取得成就，还介绍了人民代表大会制度、'一带一路'建设，等等"[3]。

蒲晓磊认为："开展治国理政经验交流，向国际社会广泛宣介习近平新时代中国特色社会主义思想，讲好中国民主法治故事，介绍中国道路和中国制度，是全国人大对外交往的重要内容。"[4] "全国人大在多边舞台上广泛宣介共商共建共享全球治理观，积极呼吁各国议会一同坚定维护多边主义，坚定维护以联

---

〔1〕 周旻、陶震：《开展议会外交是人大工作的一项重要内容 全国人大外事工作座谈会情况综述》，《楚天主人》1995年第11期，第31页。

〔2〕 新华社新闻采访中心编：《2017全国两会记者会实录》，人民出版社2017年版，第10页。

〔3〕 新华社新闻采访中心编：《2017全国两会记者会实录》，人民出版社2017年版，第10页。

〔4〕 蒲晓磊：《服务国家外交大局 增强对外工作实效》，《法治日报》2021年10月12日。

合国为核心的国际体系，坚定维护以国际法为基础的国际秩序，深入阐释'人类命运共同体''人类卫生健康共同体''人与自然生命共同体'和'以人民为中心'等中国理念、中国主张，中国倡议、中国方案得到广泛响应，多次写入多边会议成果文件。"[1]

王理万认为，全国人大对外交往的议题，"中国采取了'贴近国情、共同关注'的原则，即选择双方共同关切的问题进行交流。……在与发展中国家的议会外交中，往往将议题设定在经贸合作领域，促进双方经济的共同发展，比如，全国人大与南非定期交流机制的议题集中在气候变化和环境保护、青年培训与扩大就业、消除贫困、国有企业和基础设施建设等方面"[2]。上述这些阐释研究基于不同历史时期，全国人大对外交往实践的总结和提炼，启发我们进一步分析和把握人大交往内容的不断丰富发展的内在逻辑。

五、关于全国人大对外交往主要作用的研究

全国人大的对外交往在国家整体外交中发挥着重要作用。在社会主义建设的不同历史时期，全国人大不断适应国家建设和对外关系的需要，积极开展对外交往，有力维护了国家主权、安全和发展利益，为国家总体外交、为我国经济社会发展和民主法治建设作出了重要贡献。如1981年全国人大常委会工作报告指出，

---

〔1〕 蒲晓磊：《服务国家外交大局　增强对外工作实效》，《法治日报》2021年10月12日。

〔2〕 王理万：《中国外交分权体系下的议会外交》，《世界经济与政治》2015年第11期，第139—155、160页。

"通过我国全国人民代表大会和各国议会之间的友好往来，进一步加深了我国人民同第三世界人民以及世界其他各国人民的友谊和了解，促进了保卫世界和平、反对霸权主义事业的发展"[1]。这一表述就鲜明地体现了全国人大对外交往在妥善处理国际关系、反对霸权主义方面发挥的政治作用。1994 年全国人大常委会工作报告指出，"我们还注意通过议会外交，推动和促进经贸合作及科技、教育、文化等各个领域的交流与合作。同时，也注意了解和借鉴外国立法和经济建设的经验"[2] 这就表明，全国人大对外交往在为我国经济社会发展创造良好的国际环境方面发挥重要作用。进入 21 世纪以来，全国人民代表大会常务委员会工作报告全面阐明了人大对外交往的作用。如 2007 年全国人民代表大会常务委员会工作报告就指出："全国人大对外交往是国家总体外交的重要组成部分，在增进相互了解、加强政治互信、推动互利合作等方面发挥了重要作用。"[3] 2018 年全国人民代表大会常务委员会工作报告就指出，"坚持把推动落实习近平主席重大外交行动成果作为首要任务，增进相互了解和政治互信，扩大民意基础和社会基础。推动有关国家议会支持和批准对华合作文件，加强共建'一带一路'法律保障和政策协调。以民主法治建设为重点加强治国理政经验交流，传播中国声音，讲好人大故事，增进国际社会对中国发展道路和内外政策的理解、认同、支持。针对有关国家在涉及中国核心利益问题上的错误言行，妥善

---

〔1〕《全国人民代表大会常务委员会工作报告（1981 年）》，王汉斌主编：《人民代表大会制度文献集成》（第五卷），中国民主法制出版社 2016 年版，第 3367 页。

〔2〕《全国人民代表大会常务委员会工作报告（1994 年）》，王汉斌主编：《人民代表大会制度文献集成》（第五卷），中国民主法制出版社 2016 年版，第 3449 页。

〔3〕《中华人民共和国第十届全国人民代表大会第五次会议文件汇编》，人民出版社 2007 年版，第 292 页。

应对、主动发声，坚定维护国家主权、安全、发展利益。"[1]

关于全国人大对外交往作用，专家学者作了多方面的阐释研究。曹卫洲认为，全国人大对外交往的作用主要体现在三个方面：一是服务国家总体外交。全国人大对外交往的主要目的是从国家、民族的根本利益出发，维护国家主权、安全、发展利益。二是服务国内中心工作。外交是内政的延伸。经济建设是我党我国全部工作的中心，也必然是全国人大对外交往的主要任务之一。三是服务人大自身工作。[2]

王春英认为，全国人大对外交往具有多方面作用：第一，增进了人民之间的友谊，为国家关系长期、稳定、健康发展提供了重要的保障。全国人大对外交往的重点是各国的议会，全国人大通过"走出去，请进来"等多种方式，加强与议员的联系，通过议员增进人民之间的了解和理解。第二，全国人大的对外交往，是中国大陆涉台斗争的一个重要阵地。第三，全国人大的对外交往，对国内经济建设起到了重要的推动作用。第四，全国人大的对外交往，促进了全国人大自身的工作。[3]

孙梦爽认为，对外交往是全国人大常委会的一项重要工作。作为人民群众的"代言人"，代表们亲身讲述代表人民行使国家权力的故事，生动展现人民代表大会制度的特征和优势，用平实的语言、真实生动的例子，让往访国各界看到中国人民的真实生

　　[1]《全国人民代表大会常务委员会工作报告——2018 年 3 月 11 日在第十三届全国人民代表大会第一次会议上》，《人民日报》2018 年 3 月 25 日，第 1 版。
　　[2] 曹卫洲：《十二届全国人大常委会专题讲座第十五讲：全国人大对外交往工作》，中国人大网，http://www.npc.gov.cn/npc/c541/201504/d791285c6ace4033a23829a81fe3b9a2.shtml。
　　[3] 王春英：《论全国人大的对外交往》，《北京行政学院学报》2007 年第 1 期，第 31—34 页。

活写照。站在代表的角度，参与对外交往实践不仅拓宽了代表们的国际视野，提升了履职能力，也为加强和改进代表工作、拓展代表履职渠道提供了机会，创造了平台。[1] 上述阐释研究可以启发我们进一步认识和理解全国人大对外交往的主要作用的内涵及其方式，对于我们如何更好地发挥全国人大对外交往作用具有理论借鉴意义。

1954 年第一届全国人民代表大会第一次会议召开以来，全国人大就一直注重同外国议会和国际及地区议会组织的交流与合作。全国人大对外交往工作坚持党的领导，积极承担在国家总体外交中的责任，在推动我国外交事业不断发展、推动构建人类命运共同体、促进国际合作等方面发挥了重要作用。60 多年来，全国人大对外交往坚持服务国家总体外交，充分发挥人大对外交往的特点和优势，不断探索、积极开拓，逐渐形成了宽领域、多层次、多渠道、多形式、全方位的对外交往格局。全国人大及其常委会加强人大对外交往的谋划和运筹，作出了一系列事关国家对外事务的决定，充分发挥了人大在国家总体外交工作中的职能作用，讲好中国故事，传播好中国声音，宣介中国道路，提升中国的国际影响力。

---

[1] 孙梦爽：《讲好"中国故事"传递好"中国声音"——2019 年人大代表参与对外交往工作回眸》，《中国人大》2020 年第 5 期，第 29 页。

第二章

全国人大及其常委会对外交往的
总体情况及定期交流机制

周恩来总理在一届全国人大三次会议上强调："特别值得指出的是，在各国人民的接触中，各国议会代表团或议员之间的相互访问，已经成为一种越来越重要的形式。"[1]"全国人大的对外交往对开拓新中国早期外交局面发挥了极其重要的作用。"[2]随着我国经济建设的发展和对外联系的加强，全国人大同世界各国议会之间的友好往来越来越多，在对外交往的不断发展中建立了定期交流机制并不断完善。

一、全国人大及其常委会对外交往的总体情况

全国人大的对外交往工作，同国家总体外交政策相配合。全国人大及其常委会对外交往工作的总体情况在不同阶段体现出相应的阶段性特征。

（一）奠基时期全国人大及其常委会对外交往情况

在第一届全国人民代表大会任期内，全国人大常委会接待来我国访问的外国议会代表团、议长、议员共 22 次，全国人民代表大会代表和代表团先后访问了印度、缅甸、巴基斯坦、印度尼西亚、苏联、捷克斯洛伐克、罗马尼亚、保加利亚、阿尔巴尼

---

〔1〕 周恩来：《关于目前国际形势、我国外交政策和解放台湾问题——1956 年 6 月 28 日国务院周总理兼外交部部长在第一届全国人民代表大会第三次会议上的讲话》，《中华人民共和国国务院公报》。

〔2〕《全国人大议会外交 60 年剪影》，新华网，http://www.npc.gov.cn/npc/c25456/201409/4d29bf2b60ad457ea70b2c890f7f6dfc.shtml。

亚、南斯拉夫、芬兰等 11 个国家。[1]

在第二届全国人民代表大会任期内，全国人大常委会接待来我国访问和路经我国的外国议会代表团、议长共 15 次，全国人民代表大会代表团先后访问了蒙古、印度尼西亚、缅甸、朝鲜民主主义人民共和国和越南民主共和国 5 个国家。[2]

在第三届至第四届全国人大期间，由于受"文化大革命"的影响，全国人大及其常委会的工作受到挫折。这种状态在 1978 年第五届全国人大召开后才逐步得以改善。

这一阶段，全国人大积极配合党和国家的外交政策，推动同亚欧社会主义国家的友好往来，通过了一系列与相关国家签订条约或公约的决定，开启了一些出访和接待来访的工作，为全国人大对外交往工作格局的形成奠定了基础。

（二）快速发展时期全国人大及其常委会对外交往情况

第五届全国人民代表大会第一次会议以来的一年多，全国人大常委会接待来我国访问的外国议会代表团、议长共 7 起。他们是：罗马尼亚大国民议会代表团、尼泊尔评议会代表团、赞比亚议长、民主柬埔寨人大代表团、日本众议院议员友好访华团、欧洲议会议长、日本参议院代表团。在这一期间，姬鹏飞副委员长率领的全国人大代表团访问了委内瑞拉、墨西哥、加拿大。乌兰夫副委员长访问了埃及、苏丹、土耳其。姬鹏飞副委员长访问了叙利亚、伊拉克、尼日尔、贝宁、多哥、塞拉利昂、冈比亚。邓颖超副委员长率领的全国人大代表团访问了日本。邓颖超副委员

---

[1] 《全国人民代表大会常务委员会工作报告（1959 年）》，王汉斌主编：《人民代表大会制度文献集成》（第五卷），中国民主法制出版社 2016 年版，第 3346 页。
[2] 《全国人民代表大会常务委员会工作报告（1964 年）》，王汉斌主编：《人民代表大会制度文献集成》（第五卷），中国民主法制出版社 2016 年版，第 3354 页。

长访问了朝鲜民主主义人民共和国。[1]

第五届全国人民代表大会第二次会议以来的一年多，邓颖超副委员长率领全国人大代表团先后访问了泰国、法国和欧洲议会，全国人大常委会还先后接待了来我国访问的苏丹、孟加拉国、马耳他、巴巴多斯、加拿大、泰国、日本、美国、澳大利亚等国的议会代表团、议长或议员以及日本法界代表团。[2]

第五届全国人民代表大会第三次会议以来一年多，常务委员会先后派出郝德青委员率领的全国人大代表团访问了英国、马耳他、希腊；阿沛·阿旺晋美副委员长率领的全国人大代表团访问了哥伦比亚、圭亚那、巴巴多斯、特立尼达和多巴哥；杨尚昆副委员长率领的全国人大代表团访问了奥地利、罗马尼亚、德意志联邦共和国；习仲勋副委员长率领的全国人大代表团访问了芬兰、瑞典、丹麦、挪威；彭冲副委员长率领的全国人大代表团访问了日本。常务委员会先后接待了来我国访问的日本、新西兰、哥伦比亚、摩洛哥、阿尔及利亚、澳大利亚、孟加拉国、吉布提、塞内加尔、意大利、赞比亚等国议会的议长或者议会代表团，接待了欧洲议会的议长和议会代表团。这一年多来，全国人大代表团出访和外国议会议长、议会代表团来访的次数，都是历年来最多的。[3]

由联合国人口活动基金赞助的亚洲议员人口和发展会议于

---

〔1〕《全国人民代表大会常务委员会工作报告（1979年）》，王汉斌主编：《人民代表大会制度文献集成》（第五卷），中国民主法制出版社2016年版，第3356页。

〔2〕《全国人民代表大会常务委员会工作报告（1980年）》，王汉斌主编：《人民代表大会制度文献集成》（第五卷），中国民主法制出版社2016年版，第3362—3363页。

〔3〕《全国人民代表大会常务委员会工作报告（1981年）》，王汉斌主编：《人民代表大会制度文献集成》（第五卷），中国民主法制出版社2016年版，第3367页。

1981 年 10 月 27 日—30 日在北京召开。为筹备这次会议，常务委员会在我国有关方面的大力支持下，成立了中国筹备委员会。以廖承志副委员长为团长的中国代表团和其他 18 个亚洲国家的议员、学者、有关国际组织和拉丁美洲地区的代表以及来宾等近 400 人参加了会议。会议通过了《北京宣言》，并决定设立"亚洲议员人口论坛"。[1]

第五届全国人民代表大会第四次会议以来的一年，全国人大常委会先后派出分别由习仲勋、彭冲、朱学范副委员长率领的全国人大代表团访问了朝鲜民主主义人民共和国、塞内加尔、阿尔及利亚、突尼斯、摩洛哥、泰国、马来西亚、菲律宾、澳大利亚、新西兰等国，并且接待了来自朝鲜民主主义人民共和国、澳大利亚、苏丹、哥伦比亚、挪威、法国、英国、美国等国的议会代表团或议会领导人。[2]

第五届全国人民代表大会第五次会议以来的半年，由阿沛·阿旺晋美副委员长率领的全国人大代表团访问了斯里兰卡和尼泊尔两个友好国家，常务委员会还先后接待了南斯拉夫、法国、美国、西萨摩亚、坦桑尼亚等国的议会代表团。[3]

随着我国对外工作的日益开展和对外开放政策的进一步贯彻执行，第六届全国人大及其常委会同外国议会和国际议会组织的交往逐年增多，以全国人大常委会名义接待了 66 个国家的议会代表团来访，全国人大代表团出访了 60 个国家。从 1984 年起，

〔1〕《全国人民代表大会常务委员会工作报告（1981 年）》，王汉斌主编：《人民代表大会制度文献集成》（第五卷），中国民主法制出版社 2016 年版，第 3368 页。
〔2〕《全国人民代表大会常务委员会工作报告（1982 年）》，王汉斌主编：《人民代表大会制度文献集成》（第五卷），中国民主法制出版社 2016 年版，第 3373 页。
〔3〕《全国人民代表大会常务委员会工作报告（1983 年）》，王汉斌主编：《人民代表大会制度文献集成》（第五卷），中国民主法制出版社 2016 年版，第 3377 页。

全国人大参加了各国议会联盟，并派团出席了该组织的历次大会及其理事会。全国人大常委会还积极参加了亚洲议员人口与发展论坛的活动，并受委托在北京主办了该论坛的第二次大会。[1]

第六届全国人民代表大会第一次会议后的近一年来，陈丕显、彭冲、王任重、廖汉生四位副委员长分别率领全国人大代表团访问了意大利、法国、比利时、墨西哥、哥伦比亚、伊拉克、科威特、约旦、埃及、巴西、秘鲁、厄瓜多尔等 12 个国家和欧洲议会。同时，我们接待了朝鲜、泰国、尼泊尔、日本、卢旺达、布隆迪、马里、突尼斯、哥伦比亚、秘鲁、所罗门群岛、丹麦、希腊、比利时、加拿大等 15 个国家的议会代表团和欧洲议会对华关系代表团。[2]

黄华副委员长率团出席了在印度新德里召开的亚洲议员人口与发展论坛首次大会。耿飚副委员长率领的中国人大代表团在各国议会联盟理事会通过接纳我国人大代表团的决议后，出席了在日内瓦召开的联盟第七十一届大会及其理事会会议，并在会议期间同 50 多个国家的代表团进行了接触和会见。[3]

第六届全国人民代表大会第二次会议后的近一年来，陈丕显副委员长率领全国人大代表团访问了友好邻邦朝鲜，叶飞、黄华、荣毅仁副委员长分别率领全国人大代表团对缅甸、泰国、坦桑尼亚、赞比亚、卢旺达、布隆迪、扎伊尔等国进行了友好访

---

〔1〕《全国人民代表大会常务委员会工作报告（1988 年）》，王汉斌主编：《人民代表大会制度文献集成》（第五卷），中国民主法制出版社 2016 年版，第 3415—3416 页。

〔2〕《全国人民代表大会常务委员会工作报告（1984 年）》，王汉斌主编：《人民代表大会制度文献集成》（第五卷），中国民主法制出版社 2016 年版，第 3382 页。

〔3〕《全国人民代表大会常务委员会工作报告（1984 年）》，王汉斌主编：《人民代表大会制度文献集成》（第五卷），中国民主法制出版社 2016 年版，第 3383 页。

问。人大常委会委员雷洁琼应土耳其大国民议会议长的邀请，参加了土耳其妇女获得政治权利 50 周年庆祝活动。在我国人大同苏联最高苏维埃中断联系多年以后，应苏联最高苏维埃主席团的邀请，人大常委会委员张承先率领全国人大代表团访问了苏联，这是我国根据和平共处五项原则发展对外关系的重要步骤。在此期间，人大常委会接待了厄瓜多尔、扎伊尔、墨西哥、科威特、苏丹、西班牙、瑞士、塞拉利昂、芬兰、喀麦隆等 10 个国家的议会代表团以及欧洲议会议长和意大利参议院议长。以全国人大代表钱信忠为团长的中国人大代表团参加了 1984 年 8 月在墨西哥城召开的"国际议员人口和发展大会"；全国人大常委会委员许涤新参加了 1985 年 2 月在东京举行的"亚洲议员人口和发展会议"。全国人大常委会委员、外事委员会副主任委员曾涛率领中国人大代表团出席了在日内瓦召开的各国议会联盟第七十二届大会。全国人大常委会委员胡克实率团出席了各国议会联盟和世界卫生组织在曼谷共同举行的"东南亚和西太平洋地区卫生与发展会议"。[1]

第六届全国人民代表大会第三次会议后的一年来，彭真委员长对日本的访问，是中日邦交正常化以后，我国党和国家主要领导人对日本的又一次重要访问，进一步促进了中日睦邻友好关系的发展。耿飚、王任重、廖汉生、黄华副委员长分别率领全国人大代表团访问了 13 个国家。通过访问，进一步加强了同第三世界国家的团结与合作。继续加强了同罗马尼亚、南斯拉夫的友好合作，同时，继恢复了同苏联最高苏维埃的交往之后，又恢复了同东欧一些社会主义国家议会的关系；进一步发展了同西欧和北

---

〔1〕《全国人民代表大会常务委员会工作报告（1985 年）》，王汉斌主编：《人民代表大会制度文献集成》（第五卷），中国民主法制出版社 2016 年版，第 3390 页。

美一些国家的友好合作关系，全国人大代表团第一次访问了美国，出席了各国议会联盟的三次会议；全国人大人口代表团访问了印度，全国人大常委会还派常委会委员参加了土耳其大国民议会成立 65 周年庆祝活动。在此期间，全国人大常委会和专门委员会还接待了来自五大洲 28 个国家和 1 个地区的 33 个代表团。[1]

第六届全国人民代表大会第四次会议后的一年来，全国人大常委会同世界五大洲 39 个国家的议会进行了双边交往，其中来访 30 起，出访 14 起，访问了 24 个国家。此外，还派团出席了各国议会联盟召开的两届大会和由各国议会联盟与联合国环境规划署联合召开的环境问题的专门会议。全国人大代表团还首次应邀访问了尚未建交的巴拿马和乌拉圭两个国家，增进了相互之间的了解，对推动双方经济合作和国家关系的发展具有积极的意义。[2]

这一阶段全国人大的对外交往范围不断扩大，加大了同亚非拉和欧美国家议会的交流往来，交往合作的深度也取得突破性进展，定期交流机制和各形式的交往方式也不断被运用到人大对外交往之中。

（三）对外交往工作机制及交往形式完善时期全国人大及其常委会对外交往的情况

第七届全国人民代表大会常务委员会和专门委员会五年里，

---

〔1〕《全国人民代表大会常务委员会工作报告（1986 年）》，王汉斌主编：《人民代表大会制度文献集成》（第五卷），中国民主法制出版社 2016 年版，第 3397—3398 页。

〔2〕《全国人民代表大会常务委员会工作报告（1987 年）》，王汉斌主编：《人民代表大会制度文献集成》（第五卷），中国民主法制出版社 2016 年版，第 3406—3407 页。

共派出 67 个代表团，出访了 123 个国家和国际议会组织，接待了 148 个国家和议会组织的 204 个议会代表团，出席了各国议会联盟的历届大会及其专门会议、亚洲议员人口与发展论坛第三次大会、亚太议员论坛会议等 37 次国际会议。[1] 如 1988 年，全国人大常委会、各专门委员会和常委会办事机构共派出 11 个代表团，访问了 18 个国家和欧洲议会，参加了 4 次国际会议，接待了 30 个国家的代表团和欧洲议会代表团。[2] 全国人大代表团在各国议会联盟第 82 届大会上，同许多友好国家一道，以压倒多数票挫败了西方某些国家妄图利用这次会议干涉我国内政的图谋。[3] 第七届全国人民代表大会第三次会议召开后的一年来，常委会接待 21 个国家的 24 个代表团来访，组织 7 个代表团出访了 14 个国家；常委会还组派代表团出席了各国议会联盟第 83、84 次大会和裁军会议、亚洲议员人口与发展论坛第三次大会、全球议员和精神领袖人类生存论坛第二次会议及该论坛执委会会议。[4] 第七届全国人民代表大会第四次会议召开后的一年来，全国人大常委会及专门委员会共接待 35 个国家的议会和议会专门委员会代表团 51 个，组织 21 个代表团出访了 23 个国家。还多次参加国际议会活动，积极开展多边议会外交。[5]

---

〔1〕《全国人民代表大会常务委员会工作报告（1993 年）》，王汉斌主编：《人民代表大会制度文献集成》（第五卷），中国民主法制出版社 2016 年版，第 3445 页。

〔2〕《全国人民代表大会常务委员会工作报告（1989 年）》，王汉斌主编：《人民代表大会制度文献集成》（第五卷），中国民主法制出版社 2016 年版，第 3419 页。

〔3〕《全国人民代表大会常务委员会工作报告（1990 年）》，王汉斌主编：《人民代表大会制度文献集成》（第五卷），中国民主法制出版社 2016 年版，第 3424 页。

〔4〕《全国人民代表大会常务委员会工作报告（1991 年）》，王汉斌主编：《人民代表大会制度文献集成》（第五卷），中国民主法制出版社 2016 年版，第 3434 页。

〔5〕《全国人民代表大会常务委员会工作报告（1992 年）》，王汉斌主编：《人民代表大会制度文献集成》（第五卷），中国民主法制出版社 2016 年版，第 3439 页。

第八届全国人民代表大会常务委员会有计划、有重点、有针对性地开展工作，利用多层次、多形式、多渠道加强同外国议会及议会国际组织的联系和交往。委员长及全国人大代表团出访了一些国家。同时，全国人大常委会接待了150多个国家的议会访华团。常委会还先后派团参加了各国议会联盟的历届大会，以及亚太议会论坛、亚洲议员人口与发展会议、亚太环境与发展会议等国际会议。[1]

第八届全国人民代表大会第一次会议以来的一年，由委员长和副委员长率领的全国人大代表团访问了26个国家，常委会派团出席了6次国际会议，接待了37个国家议会和议会国际组织的访华团。[2]

第八届全国人民代表大会第二次会议以来的一年，1994年11月，乔石委员长对大洋洲、南美洲四国的访问，是全国人大常委会委员长对这两大洲国家的首次访问，也是我国对南太平洋和拉美地区的又一次重要外交行动。全国人大代表团先后访问了25个国家，常委会派团参加了6次国际会议，接待了35个国家议会访华团。[3]

第八届全国人民代表大会第三次会议以来的一年，乔石委员长先后访问了5个国家。委员长对日本和韩国的访问，是我国周边外交的一次重要行动。委员长对巴基斯坦、埃及、印度的访问，有利于促进全国人大和三国议会的交流与合作，推动我国与

〔1〕《全国人民代表大会常务委员会工作报告（1998年）》，王汉斌主编：《人民代表大会制度文献集成》（第五卷），中国民主法制出版社2016年版，第3479页。

〔2〕《全国人民代表大会常务委员会工作报告（1994年）》，王汉斌主编：《人民代表大会制度文献集成》（第五卷），中国民主法制出版社2016年版，第3449页。

〔3〕《全国人民代表大会常务委员会工作报告（1995年）》，王汉斌主编：《人民代表大会制度文献集成》（第五卷），中国民主法制出版社2016年版，第3457页。

三国之间友好合作关系的进一步发展。全国人大代表团先后访问了 14 个国家，常委会派团参加了 9 次国际会议，接待了 29 个国家的议会访华团。[1]

第八届全国人民代表大会第四次会议以来的一年，1996 年 9 月，常委会和有关方面密切配合，成功地承办了各国议会联盟第 96 届大会。参加会议的有 118 个国家的议会代表团和 23 个国际组织的代表。委员长和多位副委员长还分别会见了 34 个国家的议会代表团。1996 年，乔石委员长先后两次出访了乌克兰、俄罗斯、希腊、古巴和加拿大等国家，取得了圆满成功，增进了相互了解，推动了友好合作和双边关系的进一步发展。常委会接待了 34 个外国议会代表团。[2]

根据国际形势的变化，按照我国外交工作的总方针和总体部署，结合人大工作的特点，第九届全国人民代表大会常务委员会不断开拓对外交往的新局面。全国人大常委会遵循"请进来、走出去"、以请进来为主的方针，依靠全国人大代表、常委会组成人员和地方人大，五年内共接待 440 多个外国议会代表团访华，其中有半数以上是由议长或副议长率团。通过有计划地组团出访、进行立法调研和出席国际会议，特别是通过委员长会议组成人员同外国的高层接触，宣传了我国改革开放和现代化建设的大好形势，介绍了我国的人民代表大会制度和民主法制建设成就，阐明了我国在重大国际和地区问题上的原则立场和主张，同时也增进了对外国政治经济情况、议会体制和

---

〔1〕《全国人民代表大会常务委员会工作报告（1996 年）》，王汉斌主编：《人民代表大会制度文献集成》（第五卷），中国民主法制出版社 2016 年版，第 3463 页。

〔2〕《全国人民代表大会常务委员会工作报告（1997 年）》，王汉斌主编：《人民代表大会制度文献集成》（第五卷），中国民主法制出版社 2016 年版，第 3471 页。

立法工作的了解。[1]

第九届全国人民代表大会第一次会议以来的一年，全国人大组织 7 个代表团，访问了 24 个国家及欧洲委员会议会，派团出席了 10 次包括各国议会联盟第 100 届大会在内的国际会议，接待了 36 个国家议会及议会国际组织的访华团。1998 年 10 月，全国人大在广西桂林成功地承办了亚太地区议员环境发展大会第六届年会。[2] 第九届全国人民代表大会第二次会议以来的一年，全国人大共接待了 50 个国家的议会代表团访华。委员长、副委员长出访了亚洲、非洲、拉丁美洲和欧洲的一些国家，全国人大代表团出席了各国议会联盟的两次大会和有关区域性会议，增进了同有关国家议会和国际议会组织之间的友好联系，促进了友好合作关系的发展。1999 年全国人大同美国国会和西欧国家议会的交往取得了新的进展。[3] 第九届全国人民代表大会第三次会议以来的一年，常委会积极开展对外交往，接待了几十个外国议会代表团访华，常委会组成人员和各专门委员会也出访了一些国家。在各国议会联盟千年议长大会上，我们阐述了对世界多极化和经济全球化的看法，重申了每个国家都是国际社会平等的一员，都有权自主选择发展道路的主张，表示中国愿意同各国议会加强交流与合作，得到了普遍的欢迎和赞赏。[4] 第九届全国人民代表大会第四次会议以来的一年，常委会加大了对外工作力

---

　　[1]　《全国人民代表大会常务委员会工作报告（2003 年）》，王汉斌主编：《人民代表大会制度文献集成》（第五卷），中国民主法制出版社 2016 年版，第 3517 页。

　　[2]　《全国人民代表大会常务委员会工作报告（1999 年）》，王汉斌主编：《人民代表大会制度文献集成》（第五卷），中国民主法制出版社 2016 年版，第 3488 页。

　　[3]　《全国人民代表大会常务委员会工作报告（2000 年）》，王汉斌主编：《人民代表大会制度文献集成》（第五卷），中国民主法制出版社 2016 年版，第 3491 页。

　　[4]　《全国人民代表大会常务委员会工作报告（2001 年）》，王汉斌主编：《人民代表大会制度文献集成》（第五卷），中国民主法制出版社 2016 年版，第 3498 页。

度，先后接待了近百个外国议会代表团组来访。常委会还通过高层交往、有计划地组团出访和考察、参加国际和地区议会组织举办的会议等多种方式，同各国议会界人士广泛接触、坦诚对话，既宣传了我们自己，也了解了外国法制建设等方面的情况。[1]

第十届全国人民代表大会五年中，共接待外国议会领导人率领的 109 个代表团访华，委员长会议组成人员共出访 58 次。为加强全国人大对外交往工作的统筹协调，建立了外事工作联席会议制度。[2]

第十届全国人民代表大会第一次会议以来的一年，全国人大共接待 18 个外国议会代表团来访，委员长会议组成人员率团出访了近 20 个国家。与俄罗斯、欧盟和东欧各国议会及欧洲议会的联系继续深化，与日本、韩国、朝鲜、东盟各国等周边国家议会的交往不断发展，与广大发展中国家议会的合作得到加强。出席了在菲律宾举行的亚洲议会和平协会第四届年会。成功举办了亚太议会论坛第十二届年会。承办了亚欧年轻议员会议第五届年会，发表《漓江宣言》，为完善亚欧年轻议员定期会晤机制积累了新的经验。[3]

第十届全国人民代表大会第二次会议以来的一年，共接待 42 个国家的 60 个议会代表团来访，委员长会议组成人员率团出访了 23 个国家。积极参加各国议会联盟、亚洲议会和平协会等国

---

〔1〕《全国人民代表大会常务委员会工作报告（2002 年）》，王汉斌主编：《人民代表大会制度文献集成》（第五卷），中国民主法制出版社 2016 年版，第 3506—3507 页。

〔2〕《全国人民代表大会常务委员会工作报告（2008 年）》，王汉斌主编：《人民代表大会制度文献集成》（第五卷），中国民主法制出版社 2016 年版，第 3572 页。

〔3〕《全国人民代表大会常务委员会工作报告（2004 年）》，王汉斌主编：《人民代表大会制度文献集成》（第五卷），中国民主法制出版社 2016 年版，第 3526 页。

际和地区议会组织的多边活动，参与议会世贸大会议事规则的制定，正式成为拉美议会永久观察员。[1]

第十届全国人民代表大会第三次会议以来的一年，共接待 54 个国家的 86 个代表团来访，派出 115 个代表团到 78 个国家进行访问，出席 29 次国际和地区会议。积极参加各国议会联盟、亚洲议会和平协会、亚太议会论坛、东盟各国议会间组织、拉美议会、太平洋岛国论坛议长会议等国际和地区议会组织的多边活动，在国际和地区议会组织中发挥日益重要的作用。2005 年 9 月，全国人大常委会组成高级代表团出席在纽约联合国总部举行的第二届世界议长大会，全面阐述我国关于加强多边合作的观点和主张，强调相互尊重是合作的前提、建立互信是合作的保障、共同发展是合作的目的，重申中国全国人大愿与世界各国议会一道，为建设和平、繁荣、和谐的新世界而不懈努力，得到了与会各国议会领导人尤其是发展中国家议会领导人的积极评价。同时，发挥我国作为世界议长大会筹备委员会成员的有利条件，在大会宣言中突出了和平与发展的时代主题。作为东道主，还成功举办议会世贸大会香港会议，通过了基调积极的香港宣言。[2]

第十届全国人民代表大会第四次会议以来的一年，共接待 56 个国家的 90 个代表团，委员长会议组成人员率团出访 30 个国家和地区。积极参加各国议会联盟、亚洲议会大会、亚太议会论坛、拉美议会、东盟各国议会间组织、太平洋岛国论坛议会大会等国际和地区议会组织的多边活动，共同维护广大发展中国家的

---

〔1〕《全国人民代表大会常务委员会工作报告（2005 年）》，王汉斌主编：《人民代表大会制度文献集成》（第五卷），中国民主法制出版社 2016 年版，第 3536 页。

〔2〕《全国人民代表大会常务委员会工作报告（2006 年）》，王汉斌主编：《人民代表大会制度文献集成》（第五卷），中国民主法制出版社 2016 年版，第 3548 页。

权益。2006年5月，全国人大常委会委员长吴邦国率代表团出席在莫斯科举行的上海合作组织成员国首次议长会晤，提出议会合作要在上海合作组织框架下开展工作、重点促进各成员国在打击"三股势力"和各领域的务实合作、实行定期与不定期的灵活多样合作方式等三点建议，受到与会各方普遍赞同，对议会多边合作的发展产生积极影响。[1]

第十一届全国人民代表大会第一次会议以来的一年，委员长会议组成人员、专门委员会和友好小组通过"请进来、走出去"等形式，与有关国家议会领导人、议员和议员助手加强交流，增信释疑，推动互利合作，促进国家关系全面发展。积极参与国际和地区议会组织的活动，成功举办第五届亚欧议会伙伴会议。[2]

第十一届全国人民代表大会第二次会议以来的一年，成功召开中国全国人大与俄罗斯联邦委员会、国家杜马合作委员会第三次会议，就加强新形势下中俄议会合作达成重要共识，强调议会交往应增进政治互信，维护共同利益；推动务实合作，共同应对国际金融危机；秉承世代友好，夯实两国关系社会基础。我们适时邀请新一届美国国会领导人访华，成功实现中国全国人大常委会委员长20年来首次正式访美，对推动两国议会交往和国家关系发展具有重大意义。积极参与议会多边外交，在各国议会联盟、亚太议会论坛、拉美议会等国际和地区议会组织中发挥建设性作用。[3]

---

〔1〕《全国人民代表大会常务委员会工作报告（2007年）》，王汉斌主编：《人民代表大会制度文献集成》（第五卷），中国民主法制出版社2016年版，第3559—3560页。

〔2〕《全国人民代表大会常务委员会工作报告（2009年）》，王汉斌主编：《人民代表大会制度文献集成》（第五卷），中国民主法制出版社2016年版，第3583页。

〔3〕《全国人民代表大会常务委员会工作报告（2010年）》，王汉斌主编：《人民代表大会制度文献集成》（第五卷），中国民主法制出版社2016年版，第3595页。

　　第十一届全国人民代表大会第三次会议以来的一年，坚持服从服务于国家外交大局，发挥人大对外交往特点和优势，开展与外国议会多层次、多领域的友好往来，为推动国家关系全面发展作出了积极贡献。继续在各国议会联盟、东盟各国议会间大会、亚太议会论坛、亚欧议会伙伴会议等国际和地区议会组织中发挥建设性作用。积极参与第三次世界议长大会的筹备工作，在大会上就推动实现联合国千年发展目标，促进人类共同发展等重大问题阐述中方立场，不仅赢得广大发展中国家议会领导人的高度赞赏，也为大会取得务实成果发挥了重要作用。[1]

　　第十一届全国人民代表大会第四次会议以来的一年，成功召开中国全国人大与俄罗斯联邦委员会、国家杜马合作委员会第五次会议，系统总结中俄议会交往的宝贵经验，强调应把服务国家关系发展大局作为议会交往的根本方向，把促进务实合作作为议会交往的重要内容，把弘扬世代友好作为议会交往的首要任务。积极参与多边议会组织活动，维护发展中国家正当要求和共同利益。[2]

　　坚持服务国家总体外交，充分发挥人大对外交往的特点和优势，积极开展高层交往，稳步推进机制交流，有效利用多边舞台，全面加强与各国议会及多边议会组织的友好关系，形成全方位、多渠道、宽领域、深层次的人大对外交往格局。在对外交往中，坚决维护国家主权、安全、发展利益，增进政治互信，促进务实合作，加深人民友谊，不断夯实国家关系发展的社会基础，

<hr>

　　〔1〕《全国人民代表大会常务委员会工作报告（2011年）》，王汉斌主编：《人民代表大会制度文献集成》（第五卷），中国民主法制出版社2016年版，第3606页。
　　〔2〕《全国人民代表大会常务委员会工作报告（2012年）》，王汉斌主编：《人民代表大会制度文献集成》（第五卷），中国民主法制出版社2016年版，第3620页。

为维护我国发展重要战略机遇期发挥了重要作用。[1]

随着我国经济建设的快速发展以及全球化不断加深的世界背景，全国人大的对外交往工作的定期交流机制以及高层交往、全国人大各专门委员会的对外交往、全国人大双边友好小组（协会）的对外交往、全国人大常委会工作和办事机构的对外交往活动以及多边对外交往活动等交往形式也不断发展，相关工作机制和交往形式逐渐趋于完善。

（四）新时代全国人大及其常委会对外交往的情况

第十二届全国人民代表大会加强同各国议会友好往来。五年里，共接待 275 个外国议会代表团来华访问，组织 311 个代表团出访。同 19 个国家议会和各国议会联盟签署 21 项合作文件，同俄罗斯、美国等 21 个国家议会和欧洲议会建立交流机制，开展 65 次交流活动。首次接待北欧和波罗的海七国议会领导人联合访华。积极开展议会多边外交，全国人大常委会委员长出席第四次世界议长大会，首次出席各国议会联盟大会，就消除贫困、促进和平发展、推动国际关系民主化等，提出中国主张、中国倡议。在亚太议会论坛、金砖国家议会论坛、拉美议会等国际和地区议会组织中发挥建设性作用。[2]

第十二届全国人民代表大会第一次会议以来的一年，积极开展与俄罗斯、乌干达、尼日利亚、斯洛伐克、波兰、伊朗、泰国、巴基斯坦等国议会高层交往，深化与周边国家、发展中国家和新兴市场国家的友好关系。认真做好外国议会代表团来访接待

〔1〕《全国人民代表大会常务委员会工作报告（2013 年）》，王汉斌主编：《人民代表大会制度文献集成》（第五卷），中国民主法制出版社 2016 年版，第 3627 页。

〔2〕 张德江：《全国人民代表大会常务委员会工作报告——2018 年 3 月 11 日在第十三届全国人民代表大会第一次会议上》，《人民日报》2018 年 3 月 25 日，第 1 版。

工作，充实和丰富交流内容。广泛参与议会多边外交，在各国议会联盟、东盟各国议会间大会、拉美议会等国际和地区议会组织中发挥建设性作用。[1]

第十二届全国人民代表大会第二次会议以来的一年，开展多层次、多形式友好往来。实现全国人大常委会委员长对秘鲁、哥伦比亚、墨西哥三国的首次访问，接待瑞士、尼日利亚、缅甸、吉尔吉斯斯坦等 53 个议会代表团，做好全国人大西藏代表团、全国人大青年代表友好访问团出访工作，广交朋友，推动合作，增进友谊。[2]

第十二届全国人民代表大会第三次会议以来的一年，中国全国人大与俄罗斯联邦委员会、国家杜马共同建立新的中俄议会合作委员会并召开第一次会议，两国立法机关领导人共同主持，保持了中俄议会合作高水平运行。安排美国众议院高级别代表团访华并首次访问西藏。积极开展与俄罗斯、韩国、印度、法国、匈牙利等国家议会的高层交往，接待巴基斯坦、意大利、南非、孟加拉国、越南等 49 个议会代表团和其他来访团。2015 年是世界反法西斯战争胜利和联合国成立 70 周年，委员长率团出席在美国纽约联合国总部召开的第四次世界议长大会，提出将"和平与发展"列入大会主题、把消除贫困和促进经济社会发展作为 2030 年可持续发展议程的核心目标等主张；出席在俄罗斯举行的首次金砖国家议会论坛，丰富了金砖国家合作内容，增强了信心和凝聚力。积极参与各国议会联盟、亚太议会论坛、亚洲议会大会等

---

〔1〕《全国人民代表大会常务委员会工作报告（2014 年）》，王汉斌主编：《人民代表大会制度文献集成》（第五卷），中国民主法制出版社 2016 年版，第 3644 页。

〔2〕张德江：《全国人民代表大会常务委员会工作报告——2015 年 3 月 8 日在第十二届全国人民代表大会第三次会议上》，《中国人大》2015 年第 6 期。

多边组织活动，主动提出中国倡议，提升发展中国家的国际影响力，维护发展中国家共同利益。[1]

第十二届全国人民代表大会第四次会议以来的一年，委员长会议组成人员率团访问赞比亚、法国、芬兰、越南等 19 个国家，保持与往访国高层交往良好势头。全国人大常委会委员长首次出席各国议会联盟大会并发表讲话，就促进和平发展、国际关系民主化提出中国主张，提升了中国全国人大的国际影响力。拓展议会多边外交形式，首次与各国议会联盟共同在华举办亚非国家议员研讨班。全面深化专门委员会、双边友好小组、工作机构以及地方人大等多层次对外交流合作。继续组织全国人大西藏代表团主动开展对外交流。2016 年，共接待 55 个外国议会代表团和其他来访团。[2]

第十三届全国人民代表大会服务国家外交大局，积极发展人大对外交往工作。第十三届全国人民代表大会第一次会议以来的一年，共派出 71 个团组 660 人次，访问 46 个国家。接待 58 个团组 730 人次，来自 34 个国家和 2 个多边议会组织。通过立法机构间的交流合作，有效服务国家战略、维护国家利益。[3]

第十三届全国人民代表大会第二次会议以来的一年多，围绕服务党和国家外交大局开展对外工作。全面贯彻习近平外交思想，发挥人大在国家外交中的职能作用，进一步增强人大对外工作的主动性、针对性、统筹性，共接待来自 36 个国家和各国议

---

〔1〕 张德江:《全国人民代表大会常务委员会工作报告——2016 年 3 月 9 日在第十二届全国人民代表大会第四次会议上》,《中国人大》2016 年第 6 期。

〔2〕 张德江:《全国人民代表大会常务委员会工作报告——2017 年 3 月 8 日在第十二届全国人民代表大会第五次会议上》,《中国人大》2017 年第 6 期。

〔3〕 栗战书:《全国人民代表大会常务委员会工作报告——2019 年 3 月 8 日在第十三届全国人民代表大会第二次会议上》,《中国人大》2019 年第 6 期。

会联盟的 53 个团组访华，派出 65 个团组访问 60 个国家和 1 个地区议会组织。派团出席各国议会联盟第 140 届和第 141 届大会、二十国集团议长会议、亚太议会论坛第 28 届年会、第四届欧亚国家议长会议、第三次六国议长会议、金砖国家议会论坛、第三届可持续发展世界议会论坛、议会世贸大会指导委员会、亚太议员环发大会、南极议员大会等会议，利用多边场合加强沟通协调。举办发展中国家议员研讨班、非洲法语国家议员研讨班、缅甸议员研讨班，14 个国家的 74 名议员来华交流学习，增进治国理政经验交流互鉴。[1]

第十三届全国人民代表大会第三次会议以来的 10 个月，服务国家外交大局，发挥人大外事工作的职能作用。新冠肺炎疫情改变了外事活动形式，但没有阻隔人大的对外交往。以落实国家元首共识为主要任务，创新外事活动形式，举行各层级双边视频活动 46 场，出席视频会议 26 场，进行通话交流 15 次，开展线下外事活动 27 场，外交信函往来近 600 件。与近 190 个国家和地区议会保持交往与联系。与日本、韩国、老挝、柬埔寨、印尼、新加坡、乌兹别克斯坦、德国、肯尼亚等国议会领导人视频会晤，深化立法经验交流互鉴，为国家间务实合作提供法律保障，从立法机构角度助力国家关系深入发展。出席第五次世界议长大会、第六届金砖国家议会论坛等视频会议，参加各国议会联盟、议会世贸大会指导委员会、亚洲议会大会、东盟各国议会间大会等多边活动，推动将"人类命运共同体""以人民为中心""团结合作、共同抗疫"等主张写入多边会议文件，坚定维护多边主义，坚定维护以联合国为核心的国际体系，坚定维护以国际法为

---

〔1〕栗战书：《全国人民代表大会常务委员会工作报告——2020 年 5 月 25 日在第十三届全国人民代表大会第三次会议上》，《中国人大》2020 年第 11 期。

基础的国际秩序。[1]

第十三届全国人民代表大会第四次会议以来的一年，以习近平外交思想为指引，拓展人大对外工作方式，共举行双边视频活动 127 场，线上出席国际会议 75 场，进行通话交流 21 场，开展线下外事活动 35 场，外交信函往来近 800 件。落实国家元首外交共识，积极开展高层交往，深化立法机构双边交流。举行中俄议会合作委员会第七次会议，首次举办中俄立法机构地方合作会议，同俄罗斯联邦会议有关委员会、青年议员开展交流，助推新时代中俄关系高水平发展。同 63 个国家议会进行线上线下交流。参加第五次世界议长大会、第四次六国议长会议、第七届二十国集团议长会议、"议员在巩固国际和平与信任中的作用"议会领导人会议、集体安全条约组织议会大会、金砖国家议会论坛、各国议会联盟大会及相关会议、亚太议会论坛、亚洲议会大会、东盟各国间议会大会、中国—阿拉伯国家友好组织领导人线上会晤，面向中亚、非洲国家议会举办 3 期地区研讨班，巩固发展友好合作关系，主动发出中国声音，推动以人民为中心、人类命运共同体、全球发展倡议、共建"一带一路"、人类卫生健康共同体、团结抗疫、可持续发展等中方重大理念倡议写入会议成果文件，坚定维护我国家利益，维护公平正义的国际秩序。[2]

总之，第十二届全国人民代表大会以来，全国人大立足自身特点，积极活跃地开展对外交往活动，交往范围不断扩大、交往内容不断拓宽、交往深度不断深化、交往形式不断丰富，逐渐形

---

〔1〕 栗战书：《全国人民代表大会常务委员会工作报告——2021 年 3 月 8 日在第十三届全国人民代表大会第四次会议上》，《中国人大》2021 年第 6 期。

〔2〕 栗战书：《全国人民代表大会常务委员会工作报告——2022 年 3 月 8 日在第十三届全国人民代表大会第五次会议上》，《中国人大》2022 年第 6 期。

成了全方位、多渠道、宽领域、深层次的人大对外交往格局，充分发挥人大对外交往服务国家总体外交和国家大局的作用。

二、全国人大及其常委会对外交往的定期交流机制

建立与外国议会定期交流机制，是保持对外交往连续性和稳定性、增强交往实效的重要举措。全国人大与外国议会的定期交流机制，指的是"全国人大与有关国家议会以协议文件表明的，或双方交往事实已经形成的，以有规律的往来、磋商和合作为主要形式的交往关系。议会定期交流机制具有关系较稳定、交流较规律、对话较深入、影响较广泛等特点"[1]。进入 21 世纪以来，与各国建立议会定期交流机制成为中国人大对外交往的一项重要工作。

交流机制起步于 20 世纪 80 年代。2000 年全国人民代表大会常务委员会工作报告指出"要继续完善同欧美一些国家议会间的磋商机制，开展实质性对话"[2]。21 世纪初提出"常委会还通过与欧美国家议会建立的对话机制，加强相互间的了解，并针对损害我国家尊严和利益的问题，进行了严正的交涉和说理斗争"[3]。具体来说，"中国最早在 1981 年与欧洲议会建立交流机制，这是全国人大首度与外国（组织）议会建立交流机制。此后

---

〔1〕 曹卫洲：《发挥独特优势，广泛交流合作（2005 年终报道）——全国人大常委会副秘书长曹卫洲谈全国人大对外交往工作》，《人民日报》2005 年 12 月 29 日，第 7 版。

〔2〕《全国人民代表大会常务委员会工作报告（2000 年）》，王汉斌主编：《人民代表大会制度文献集成》（第五卷），中国民主法制出版社 2016 年版，第 3495 页。

〔3〕《全国人民代表大会常务委员会工作报告（2002 年）》，王汉斌主编：《人民代表大会制度文献集成》（第五卷），中国民主法制出版社 2016 年版，第 3507 页。

全国人大通过签署谅解备忘录的形式，先后与加拿大议会（1998年）、美国众议院（1999年）、美国参议院（2004年）、德国联邦议院（2005年）等国家建立定期交流机制，特别是在2006年中国与英国、日本、韩国、澳大利亚、南非、巴西六国建立了交流机制"。

第九届全国人民代表大会期间，全国人大同"美国、法国、意大利、加拿大、澳大利亚等国议会建立了交流和磋商机制，本着相互尊重、求同存异的精神，坦诚交换意见，增进了解，扩大共识。同时还与中美洲和加勒比地区一些未建交国家的议会建立了联系"[1]。

"建立和完善与外国议会定期交流机制，是十届全国人大对外交往工作取得的一项重要成果。一是在前两届工作的基础上，与美国、俄罗斯、日本、韩国、印度、英国、法国、德国、意大利、加拿大、澳大利亚、南非、埃及、巴西等国议会和欧洲议会建立和完善定期交流机制。一个涉及五大洲，包括周边国家、发展中国家、发达国家及多边组织在内的，具有广泛代表性的定期交流机制格局已经形成，成为全国人大与外国议会加强战略对话、深化务实合作的重要平台。二是通过定期交流机制，统筹安排领导人、专门委员会、友好小组等各层次、各领域的交流合作，就共同关心的重大问题开展实质性对话，督促落实双方签署的法律性文件，交流合作的深度与广度得到明显拓展。定期交流机制保持了双方交流的连续性和稳定性，减少了因外国议会大选、政党更替、领导人变化带来的影响。在有关部门的大力支持下，常委会办公厅还向我国驻上述国家和地区组织使馆（团）派

---

〔1〕《全国人民代表大会常务委员会工作报告（2003年）》，王汉斌主编：《人民代表大会制度文献集成》（第五卷），中国民主法制出版社2016年版，第3518页。

遣专职工作人员，加强与外国议会的经常性联系。"[1] 例如，
"中国全国人大与日本国会众议院于 2004 年建立定期交流机制。
合作委员会第一次会议于 2005 年 4 月在东京举行。"[2] "2005
年，中德签署《中国全国人民代表大会常务委员会委员长和德国
联邦议院议长联合声明》，建立两国立法机构定期交流机制。双
方立法机构领导人、各专门委员会、议员友好小组交往活跃，为
促进两国关系发展作出了重要贡献。"[3] 2006 年 9 月，"全国人
大常委会委员长吴邦国 25 日下午在人民大会堂与率团来访的南
非国民议会议长姆贝特举行了会谈，就进一步深化双边关系、议
会交往和共同关心的重大问题深入交换了意见，达成重要共识。
中国全国人大与南非国民议会定期交流机制也正式启动。"[4]
2006 年 1 月，"中国全国人大与英国议会签署了建立定期交流机
制的谅解备忘录。""应英国议会中国小组的邀请，中国全国人大
外事委员会副主任委员、全国人大中英友好小组主席吉佩定率领
中国全国人大代表团于 12 日—15 日对英国进行了友好访问，正
式启动中国全国人大与英国议会定期交流机制。"[5] 2007 年 3
月，"中国全国人民代表大会与日本国会参议院定期交流机制第
一次会议 23 日在东京举行。全国人大常委会副委员长路甬祥率

---

〔1〕《全国人民代表大会常务委员会工作报告（2008 年）》，王汉斌主编：《人民
代表大会制度文献集成》（第五卷），中国民主法制出版社 2016 年版，第 3572 页。

〔2〕 新华社：《全国人大与日本众议院举行合作委员会第二次会议》，http：//
www. gov. cn/jrzg/2006-07/03/content_ 326167. htm。

〔3〕《中德合作成就与展望（2011/06/23）》，https：//www. fmprc. gov. cn/ce/cg-
mu/chn/xwdt/t833226. htm。

〔4〕《吴邦国与南非国民议会议长举行会谈》，新华网，http：//news. cctv. com/
china/20060925/104850. shtml。

〔5〕《中国全国人大代表团访问英国》，新华网，http：//news. enorth. com. cn/
system/2006/06/15/001332757. shtml。

领的全国人大代表团和中国驻日本大使王毅以及日本参议院议长扇千景和超党派参议员代表团出席会议。"[1] "2007 年 3 月，国务院副总理曾培炎访澳，分别与澳总理霍华德、副总理维尔、外长唐纳等会见、会谈。5 月，全国人大常委会副委员长盛华仁访澳，与澳众议院副议长考斯利共同主持中澳议会（众议院）交流机制第一次会议。"[2] 中国全国人大代表团与印度议会人民院印中友好小组 2008 年 1 月 4 日下午在新德里举行了两国议会定期交流机制第一次会议。[3]

第十届全国人民代表大会第一次会议以来的一年，全国人大"在巩固与美国众议院既有交流机制的同时，建立了与美国参议院定期会议机制。与俄罗斯、欧盟和东欧各国议会及欧洲议会的联系继续深化，与日本、韩国、朝鲜、东盟各国等周边国家议会的交往不断发展，与广大发展中国家议会的合作得到加强"[4]。例如，"2004 年 8 月 1 日，美国参议院临时议长史蒂文斯一行应吴邦国委员长的邀请，抵达北京开始正式访问。代表团此次来访标志着中国全国人大与美国参议院定期交流机制正式启动。这对加强中国全国人大同美国国会的经常性接触和对话、推动中美关系健康稳定发展，具有积极意义。"[5]

---

〔1〕 新华社：《全国人大与日参议院定期交流机制第一次会议举行》，记者吴谷丰，http：//www. gov. cn/jrzg/2007-03/24/content_ 559607. htm。

〔2〕 《中国同澳大利亚的关系》，https：//www. fmprc. gov. cn/web/gjhdq_ 676201/gj_ 676203/dyz_ 681240/1206_ 681242/sbgx_ 681246/。

〔3〕 新华社：《全国人大与印度议会人民院定期交流机制正式启动》，http：//www. gov. cn/jrzg/2008-01/05/content_ 851145. htm。

〔4〕 《全国人民代表大会常务委员会工作报告（2004 年）》，王汉斌主编：《人民代表大会制度文献集成》（第五卷），中国民主法制出版社 2016 年版，第 3526 页。

〔5〕 夏莉娜：《为了中美关系健康稳定发展——中国全国人大与美国参议院交流机制正式启动》，《中国人大》2004 年第 17 期，第 23—26 页。

第十届全国人民代表大会第二次会议以来的一年，"在与美国众议院和法国、意大利议会建立了定期交流机制的基础上，中国全国人大与美参议院的定期交流机制正式启动，与俄罗斯、日本、德国议会定期交流机制将于 2005 年上半年正式启动。与欧盟成员国和东欧各国议会及欧洲议会联系不断深化。与周边国家议会交往继续发展。与非洲等广大发展中国家议会的合作明显加强"[1]。例如，"2005 年 4 月 13 日—20 日，全国人大常委会副委员长路甬祥率全国人大代表团访问日本并出席各国议会联盟'东盟＋中日韩三国小组会议'及全国人大和日本众议院合作委员会首次会议。"[2]

第十届全国人民代表大会第三次会议以来的一年，全国人大"与美国参众两院分别举行了两轮正式会谈，双方领导人多次会晤。与俄罗斯联邦委员会和国家杜马先后成立了合作委员会，高层交往日益频繁。与德国联邦议院、日本众议院、韩国国会、英国议会的定期交流机制相继建立。与加拿大联邦议会和欧洲议会定期交流机制有所完善。与有关发展中国家议会商讨了建立定期交流机制事宜。与周边国家议会的友好交往继续发展，同广大发展中国家议会的友好合作进一步巩固"[3]。

第十届全国人民代表大会第四次会议以来的一年，中国全国人大与外国议会定期交流机制建设取得重大进展。"一是在前几年与俄罗斯、美国等 8 个国家议会和欧洲议会建立定期交流机制

---

〔1〕《全国人民代表大会常务委员会工作报告（2005 年）》，王汉斌主编：《人民代表大会制度文献集成》（第五卷），中国民主法制出版社 2016 年版，第 3536 页。

〔2〕《中日关系大事记（战后至 2012 年 8 月）》，http：//dangshi. people. com. cn/n/2012/0925/c85037—19105428-6. html。

〔3〕《全国人民代表大会常务委员会工作报告（2006 年）》，王汉斌主编：《人民代表大会制度文献集成》（第五卷），中国民主法制出版社 2016 年版，第 3548 页。

的基础上，又与南非、韩国、印度、澳大利亚、埃及、巴西、智利等7个国家的议会和日本参议院相继建立不同层次的定期交流机制。中国全国人大与外国议会定期交流机制基本格局已经形成。二是与俄罗斯联邦委员会和国家杜马分别召开合作委员会首次会议，与美国参众两院交流小组分别举行了新一轮会晤，与欧洲议会举行第23次定期会晤，与日本众议院举行合作委员会第二次会议，与法国、英国、加拿大等国议会的交流顺利开展。双方就共同关心的双边关系及重大国际和地区问题深入交换意见，统筹安排各层次、各领域的交流合作，深入探讨推动务实合作的途径和方式，机制交流得到深化，为国家关系发展注入新的活力，增添新的内容。"[1] 例如，2006年，全国人大与智利国民议会间成立了中智议会政治对话委员会，轮流在两国不定期举行会议，共同推动两国关系的全面发展。[2] "智利议会是第一个同中国全国人大建立政治对话机制的拉美国家议会，两国外交部间也建立了政治磋商机制。"[3]

2007年10月24日，全国人大常委会委员长吴邦国与埃及人民议会议长苏鲁尔举行会谈并正式启动两国议会定期交流机制后，25日，全国人大常委会副委员长司马义·艾买提与苏鲁尔议长共同主持了交流机制第一次会议，重点就两国议会如何遵照交流机制谅解备忘录推动双方具体合作交换了意见。双方在第一次

---

〔1〕《全国人民代表大会常务委员会工作报告（2007年）》，王汉斌主编：《人民代表大会制度文献集成》（第五卷），中国民主法制出版社2016年版，第3560页。

〔2〕 新华社：《吴邦国出席中国全国人大与智利议会建立政治对话关系协议签字仪式并在协议文本上签字》，《人民日报》2006年2月16日。

〔3〕 新华社：《专访：习主席访问智利将为两国务实合作注入新动力——访中国驻智利大使李宝荣》，记者冷彤，http://www.xinhuanet.com//world/2016-11/20/c_1119949232.htm。

会议上均高度评价中埃关系的稳定发展，一致认为，交流机制是增进了解、巩固友谊、深化合作的重要平台。[1]

第十一届全国人民代表大会第一次会议以来的一年，"在开展对外交往方面，继续巩固全国人大与外国议会定期交流机制，分别与英国、法国、日本、韩国、埃及等国议会以及欧洲议会开展多种形式的对话[2]"。

第十一届全国人民代表大会第二次会议以来的一年，"坚持服从服务于国家外交大局，从人大对外交往的特点出发，巩固和完善与外国议会定期交流机制，加强各层次友好往来，为维护我国发展重要战略机遇期，推动建设持久和平、共同繁荣的和谐世界作出了积极贡献"[3]。在意大利进行正式友好访问的中国全国人大常委会委员长吴邦国 2009 年 5 月 20 日上午与意大利参议长斯基法尼举行会谈，双方就两国关系、议会交往和共同关心的重大国际和地区问题深入交换意见，达成广泛共识。会谈结束后，吴邦国委员长与斯基法尼参议长共同签署《中华人民共和国全国人民代表大会与意大利共和国参议院建立定期交流机制的协议》。[4]

第十一届全国人民代表大会第三次会议以来的一年，"与美国、俄罗斯、韩国等国议会及欧洲议会的机制交流稳步推进，启动了与法国国民议会定期交流机制，保持了与有关国家议会交往

〔1〕 新华社：《全国人大与埃及人民议会举行交流机制第一次会议》，http：//www. gov. cn/jrzg/2007-10/26/content_ 787340. htm。

〔2〕《全国人民代表大会常务委员会工作报告（2009 年）》，王汉斌主编：《人民代表大会制度文献集成》（第五卷），中国民主法制出版社 2016 年版，第 3583 页。

〔3〕《全国人民代表大会常务委员会工作报告（2010 年）》，王汉斌主编：《人民代表大会制度文献集成》（第五卷），中国民主法制出版社 2016 年版，第 3595 页。

〔4〕《吴邦国与意参议院议长会谈并签署定期交流机制协议》，央视网，http：//news. cctv. com/china/20090521/103824. shtml。

的连续性和稳定性"〔1〕。例如，"2010 年 9 月 28 日，中国—墨西哥议会对话论坛在墨西哥城成立并举行首次会议。全国人大外事委员会副主任委员郑斯林和墨西哥参议院亚太委员会主席希门尼斯分别率双方代表团参加会议。"〔2〕

第十一届全国人民代表大会第四次会议以来的一年，"继续加强与美国、日本、法国等国议会和欧洲议会的机制交流，顺利启动与南非国民议会定期交流机制，根据国际形势的变化和各自国内发展的需要，选择共同关心的议题，坦诚对话、深入交流、扩大共识"〔3〕。如 2011 年 7 月 3 日—8 日，应法国参院法中议员小组主席让·贝松的邀请，以中法议会（参院）交流机制主席、全国人大中法友好小组组长、全国人大常委会委员、全国人大外事委员会副主任委员南振中为团长，全国人大常委会委员、全国人大内务司法委员会委员郑功成，全国人大财政经济委员会委员李本公为团员的全国人大代表团一行 8 人，出访法国并出席中法议会（参院）定期交流机制第一次会议。〔4〕 2011 年 10 月，"全国人大常委会副委员长、中国全国人大—南非国民议会定期交流机制中方主席华建敏 25 日上午在人民大会堂出席中南议会定期交流机制第一次会议并作主旨发言。与会双方就双边关系、议会交往、应对气候变化、环境保护以及共同关心的国际和地区问题

〔1〕《全国人民代表大会常务委员会工作报告（2011 年）》，王汉斌主编：《人民代表大会制度文献集成》（第五卷），中国民主法制出版社 2016 年版，第 3606 页。

〔2〕《中国—墨西哥议会对话论坛在墨成立并举行首次会议》，https://www.mfa.gov.cn/ce/cemx/chn/sgxx/t757497.htm。

〔3〕《全国人民代表大会常务委员会工作报告（2012 年）》，王汉斌主编：《人民代表大会制度文献集成》（第五卷），中国民主法制出版社 2016 年版，第 3620 页。

〔4〕《全国人大代表团访问法国并出席中法议会（参院）定期交流机制第一次会议》，中国人大网，http://www.npc.gov.cn/npc/c1693/201107/7d0a50aa7755462781ba89387a553a10.shtml。

等进行了深入交流。"[1]

　　第十二届全国人民代表大会第一次会议以来的一年，全国人大"稳妥推进议会机制交流，顺利召开与俄罗斯、韩国、英国、法国、德国、加拿大、澳大利亚以及欧洲议会等国家和地区议会的交流机制会议，保持与美国国会定期交流机制的延续性"[2]。例如，"全国人大与加拿大议会于 1988 年互设友好小组。1998年，加拿大议会参、众两院正式批准将加中议会友好小组升格为加中议会交流协会。同年，全国人大将中加友好小组改名为中加议会交流协会。近年来，特别是十届、十一届全国人大以来，双方以议会交流协会为依托定期开展对话，使机制交流稳步推进。"[3]

　　第十二届全国人民代表大会第二次会议以来的一年，全国人大"深化定期交流机制。成功召开中国全国人大与俄联邦委员会合作委员会第八次会议，组建由中国全国人大、俄联邦委员会和国家杜马共同参与的新的中俄议会合作委员会。重启与美国参议院机制交流活动，推进与法国、英国、德国、韩国、加拿大、澳大利亚、智利等国议会及欧洲议会的机制交流，与蒙古国家大呼拉尔建立定期交流机制"[4]。"1980 年 6 月 16 日—18 日，时任中共中央政治局委员、五届全国人大常委会副委员长邓颖超率团访问了位于法国斯特拉斯堡的欧洲议会总部。这是全国人大代表团

---

　　〔1〕　新华社：《华建敏出席中南议会定期交流机制第一次会议》，《人民日报》2011 年 10 月 26 日。

　　〔2〕　《全国人民代表大会常务委员会工作报告（2014 年）》，王汉斌主编：《人民代表大会制度文献集成》（第五卷），中国民主法制出版社 2016 年版，第 3644 页。

　　〔3〕　戚鲁江：《加拿大议会对外交流协会的主要特点》，《中国人大》2012 年第14 期。

　　〔4〕　张德江：《全国人民代表大会常务委员会工作报告——2015 年 3 月 8 日在第十二届全国人民代表大会第三次会议上》，《中国人大》2015 年第 6 期。

对欧洲议会的第一次访问，也是对 1979 年时任欧洲议会议长科隆博率欧洲议会代表团首次访华的回访。"〔1〕"全国人大代表团对欧洲议会的首次访问正式开启了中欧立法机构之间的交往。后来，双方将此访视为中欧议会定期交流机制的第一次会议。"〔2〕"自全国人大与欧洲议会于 1981 年建立交流机制以来，双方定期举行会晤，自 2006 年起将每年一次会晤增加到两次会晤"〔3〕。

第十二届全国人民代表大会第三次会议以来的一年，全国人大"巩固拓展议会机制交流。中国全国人大与俄罗斯联邦委员会、国家杜马共同建立新的中俄议会合作委员会并召开第一次会议，两国立法机关领导人共同主持，保持了中俄议会合作高水平运行。安排美国众议院高级别代表团访华并首次访问西藏，与欧洲议会举行 2 次机制交流会议，重启中断多年的中日议会交流机制。正式启动与蒙古国家大呼拉尔机制交流，与秘鲁、阿根廷议会建立政治对话机制。加强与主要大国的议会外交，提升互信水平，促进互利合作"〔4〕。如 2015 年 11 月 23 日，中蒙议会定期交流机制第一次会议在蒙古国乌兰巴托举行。全国人大常委会副委员长严隽琪作为中蒙议会定期交流机制中方主席，出席会议并作主旨发言。蒙中议会交流机制蒙方主席、蒙古国国家大呼拉尔副

---

〔1〕 "全国人大"微信公众号：《追忆历史　汲取力量　回顾邓颖超同志率全国人大代表团首次访问欧洲议会》，http：//www. npc. gov. cn/npc/c30834/202106/b8c0621687f24278b4c8f38229754e1a. shtml。

〔2〕 "全国人大"微信公众号：《追忆历史　汲取力量　回顾邓颖超同志率全国人大代表团首次访问欧洲议会》，http：//www. npc. gov. cn/npc/c30834/202106/b8c0621687f24278b4c8f38229754e1a. shtml。

〔3〕 新华社：《全国人大与欧洲议会交流机制第二十六次会议结束》，记者谢栋风，《人民日报》2008 年 6 月 4 日。

〔4〕 张德江：《全国人民代表大会常务委员会工作报告——2016 年 3 月 9 日在第十二届全国人民代表大会第四次会议上》，《中国人大》2016 年第 6 期。

主席、议会蒙中友好小组组长米·恩赫包勒德出席会议并致开幕词。[1] 2015 年 11 月 25 日，全国人大常委会委员长张德江在人民大会堂与阿根廷副总统兼参议长布杜举行会谈。会谈结束后，张德江与布杜共同出席了《关于中国全国人民代表大会与阿根廷议会建立政治对话关系的协议》的签字仪式。[2] 2016 年 10 月 20 日，中国和阿根廷议会政治对话委员会首次会议由全国人大常委会委员、全国人大外事委员会副主任委员、全国人大中阿友好小组组长赵少华与阿国家众议院阿中友好小组主席阿马德奥共同主持召开，双方就两国关系、议会交流以及贸易、投资、质检、文化、旅游、安全等领域务实合作深入交换意见。21 日，驻阿根廷大使杨万明陪同全国人大代表团会见了阿众议长蒙索。[3]

　　第十二届全国人民代表大会第四次会议以来的一年，全国人大"巩固和完善与有关国家议会定期交流机制，中国全国人大已与俄罗斯、美国、英国、印度、巴西、南非等 20 个国家议会和欧洲议会建立定期交流机制或政治对话，2016 年同肯尼亚、以色列议会分别建立合作机制"[4]。2016 年，应肯尼亚国民议会议长穆图里和参议长埃苏罗邀请，全国人大常委会委员长张德江于当地时间 23 日—26 日对肯尼亚进行正式友好访问，在内罗毕会见肯尼亚总统肯雅塔，与穆图里、埃苏罗分别举行会谈。……会谈结束后，张德江与穆图里共同签署中国全国人大与肯尼亚议会建

---

〔1〕《中蒙议会定期交流机制第一次会议在蒙古国乌兰巴托举行》，中国人大网，http：//npc. people. com. cn/n1/2015/1217/c14576—27939961. html。

〔2〕《张德江与阿根廷副总统兼参议长布杜举行会谈》，新华网，http：//www. xinhuanet. com//politics/2015-11-25/c_ 1117262419. htm。

〔3〕《驻阿根廷大使杨万明出席中阿议会政治对话委员会首次会议》，https：// www. mfa. gov. cn/ce/cear/chn/sgxw_ 1/t1408617. htm。

〔4〕 张德江：《全国人民代表大会常务委员会工作报告——2017 年 3 月 8 日在第十二届全国人民代表大会第五次会议上》，《中国人大》2017 年第 6 期。

立交流机制的谅解备忘录。[1]

2018 年 5 月 15 日，中国全国人大常委会副委员长曹建明与塞尔维亚国民议会副议长阿尔西奇共同主持中塞立法机关合作委员会第一次会议。"双方在友好务实的气氛中，就中塞关系、立法机关交往、经贸、农业、人文等领域合作以及治国理政和法治建设经验等议题深入交流。双方一致表示，此次会议的成功举办，开启了两国立法机关友好交往的新阶段，体现了两国关系发展的高水平"[2]。

第十三届全国人民代表大会第二次会议以来的一年多，"共同举办中国全国人大与俄罗斯议会合作委员会第五次会议，与法国、日本、巴西等国议会开展机制交流活动"[3]。全国人大已"与 22 个国家议会和欧洲议会建立了定期交流机制，与近 190 个国家和地区议会保持交往与联系"[4]。

三、全国人大常委会批准同外国缔结的条约和重要协定的法律规定

全国人大常委会工作报告中，关于人大批准同外国缔结的条约和重要协定的分类，有三种情况：第一种情况是把批准同外国缔结的条约和重要协定工作放在对外交往工作中罗列并叙述；第

---

〔1〕 新华社：《张德江对肯尼亚进行正式友好访问》，记者杨依军、丁小溪，http：// www. xinhuanet. com//politics/2016-03/27/c_ 1118455358. htm。

〔2〕 新华社：《全国人大与塞尔维亚国民议会举行中塞立法机关合作委员会第一次会议》，记者王慧娟，《人民日报》2018 年 5 月 17 日。

〔3〕 栗战书：《全国人民代表大会常务委员会工作报告——2020 年 5 月 25 日在第十三届全国人民代表大会第三次会议上》，《中国人大》2020 年第 11 期。

〔4〕 栗战书：《全国人民代表大会常务委员会工作报告——2021 年 3 月 8 日在第十三届全国人民代表大会第四次会议上》，《中国人大》2021 年第 6 期。

二种情况是把批准同外国缔结的条约和重要协定工作单独罗列并叙述；第三种情况是把批准同外国缔结的条约和重要协定工作放在立法工作当中罗列并叙述。同外国或国际组织签订条约是立法工作向国际事务的延伸，这既是全国人民代表大会工作在国家外交事务上的体现，也是全国人大对外交往工作的重要组成部分。

1982 年宪法对我国缔结条约的问题作了规定。1982 年宪法规定，全国人大常委会决定同外国缔结条约和重要协定的批准和废除；国家主席则根据全国人大常委会的决定批准和废除同外国缔结的条约和重要协定；国务院需要依据全国人大常委会的重要决定和国家主席就同外国缔结条约的批准和废除来管理对外事务，同外国缔结条约和协定。

全国人大常委会批准同外国缔结的条约和重要协定的法律规定重点是缔结条约程序法。1990 年我国通过了缔结条约程序法，该法律全面、系统地总结了我国 1949 年以来的缔结条约实践，详细规定了我国缔结国际条约所需要经过的国内程序，是一部指导我国对外缔结条约活动的基本法律。按照缔结条约程序法的规定，我国以三种名义同外国缔结条约和协定：（1）中华人民共和国；（2）中华人民共和国政府；（3）中华人民共和国政府部门。该法律详细规定了以上述三种名义谈判和签署条约、协定的决定程序，以及谈判和签署条约、协定的代表的委派程序[1]。而缔结条约程序法中也将全国人大常委会决定批准的条约和重要协定分为 6 类：（1）友好合作条约、和平条约等政治性条约；（2）有关领土和划定边界的条约；（3）有关司法协助、引渡的条约、协定；（4）同中华人民共和国法律有不同规定的条约、协定；（5）缔约

---

〔1〕 李鸣：《国际条约的法律制度》，中国人大网，http：//www. npc. gov. cn/npc/c541/200612/09f2546654ec4cc7a539b58921eb942b. shtml。

各方议定须经批准的条约、协定；（6）其他须经批准的条约和协定。这6类条约和重要协定签署后，由外交部等部门报请国务院核准，再由国务院提请全国人大常委会决定批准，国家主席则根据全国人大常委会的决定予以批准。条约和重要协定经批准后，由外交部办理互换或交存批准书的手续。关于多边条约的加入，缔结条约程序法第十一条规定："加入多边条约和协定分别由全国人大常委会或者国务院决定。"加入属于上述6类须经全国人大常委会决定批准的条约和重要协定，由国务院审核后提请全国人大常委会作出加入的决定；加入不属于上述范围的多边条约和协定，由外交部等部门报请国务院作出加入的决定。第十二条规定："接受多边条约和协定，由国务院决定。"

2023年6月28日，第十四届全国人民代表大会常务委员会第三次会议通过的《中华人民共和国对外关系法》第二章第十条规定："全国人民代表大会及其常务委员会批准和废除同外国缔结的条约和重要协定，行使宪法和法律规定的对外关系职权。"这就是说，全国人大常委会承担着决定批准或加入条约和重要协定的重任。十三届全国人大以来，2019年全国人大常委会决定批准双边条约5个；2020年全国人大常委会决定批准或加入条约7件；2021年全国人大常委会决定批准双边条约和加入国际公约6件；2022年决定批准或者加入条约和重要协定14项。这反映了我国在新时代坚持对外开放，同时也意味着全国人大常委会在我国同外国缔结条约过程当中扮演着重要角色。

／ 第三章 ／

全国人大及其常委会对外交往形式

全国人大及其常委会对外交往形式主要有高层交往、全国人民代表大会专门委员会、全国人大友好小组、多边外交等。

一、高层交往

"高层交往是密切国家间政治关系、增进相互了解与信任、促进各领域务实合作的重要外交方式。"[1] 全国人大同应邀访华的外国元首、政府首脑、议会领导人"通过高层直接对话及有针对性的考察访问，帮助其全面、客观地了解中国国情，积极推动双方务实合作和地方合作"。同时，"根据国家总体外交部署，全国人大常委会委员长会议组成人员亲自率团'走出去'，有针对性地做外国议会的工作，深化与有关国家议会的交往与合作，增强了与发达国家议会间的政治互信，继续推进了与周边国家议会睦邻友好，进一步发展了与发展中国家议会的传统友谊。"[2] "相对出访活动而言，会见来访外宾已成为委员长的一项重要日常工作。按照中国多年来形成的礼宾惯例，委员长除了会见来访的议长和重要议员外，还要会见来访的外国国家元首和政府首

---

〔1〕 曹卫洲：《十二届全国人大常委会专题讲座第十五讲：全国人大对外交往工作》，中国人大网，http://www.npc.gov.cn/npc/c541/201504/d791285c6ace4033a23829a81fe3b9a2.shtml。

〔2〕 曹卫洲：《努力开创全国人大对外交往工作新局面——学习习近平总书记在中央外事工作会议上的重要讲话》，《求是》2015年第4期，第25—27页。

脑，以及其他重要外宾。"[1]

在第一届全国人民代表大会的任期内，委员长会议组成人员或亲自率团对印度、缅甸、巴基斯坦、印度尼西亚、苏联、捷克斯洛伐克、罗马尼亚、保加利亚、阿尔巴尼亚、南斯拉夫、芬兰等11个国家进行了友好访问。委员长、副委员长同应邀访华的外国元首、政府首脑、议会领导人进行会见、会谈。刘少奇委员长会见了法国国民议会外交委员会主席丹尼埃·麦耶率领的议员代表团，越南民主共和国国民大会常委会委员长孙德胜，芬兰议会议长维埃诺·约翰奈斯·苏克舍拉宁率领的访华代表团，印度尼西亚国会议长沙多诺率领的代表团，比利时众议院议长卡米勒·胡斯曼率领的国会代表团，印度人民院议长阿·阿延加尔率领的代表团，叙利亚人民党总书记阿里·布佐率领的议员访华团，等等[2]。

在第二届全国人民代表大会的任期内，委员长会议组成人员或亲自率团对蒙古、印度尼西亚、缅甸、朝鲜、越南5个国家进行了访问。委员长、副委员长同应邀访华的外国元首、政府首脑、议会领导人进行会见、会谈。朱德委员长会见了乌拉圭议会众议院议长弗朗西斯科·罗德里格斯·卡穆索率领的代表团，印度尼西亚第二副议长、印度尼西亚伊斯兰联盟党中央执行委员会主席阿鲁季·卡塔威纳塔，摩洛哥前首相贝拉弗里杰，玻利维亚前众议院议长、时任众议院外交委员会委员赫尔曼·基罗加·加尔多，捷克斯洛伐克国民议会主席费林格率领的代表团，巴西参议员、参议院财政委员会主席加斯帕·贝略索为首的代表团，匈

---

〔1〕 熊伟：《关于议会外交的研究》，博士学位论文，中国人民大学，2008年，第149页。

〔2〕 全国人大常委会办公厅：《全国人民代表大会及其常务委员会大事记（1954—2014）》，中国民主法制出版社2014年版，第52、59、64、74、50、57、59、62—63页。

牙利人民共和国国民议会副主席瓦什·伊斯特万妮率领的代表团，缅甸联邦国会代表院副议长德钦山韦率领的代表团，等等。1961 年 6 月 3 日，林枫副委员长会见玻利维亚前副总统、参议员费德里科·阿耳瓦雷斯·普拉塔，1961 年 11 月 18 日，全国人大常委会副委员长兼北京市市长彭真会见委内瑞拉首都加拉加斯市议会副议长爱德华多·加莱戈斯·曼塞拉率领的代表团。[1]

在第三届全国人民代表大会的任期内，委员长会议组成人员或亲自率团对印度尼西亚、巴基斯坦进行了友好访问。委员长、副委员长同应邀访华的外国元首、政府首脑、议会领导人会见、会谈。朱德委员长会见了印度尼西亚合作国会议长阿鲁季·卡塔威纳塔，秘鲁众议员、人民行动党前总书记马里奥·比利亚兰·里维拉一行，越南民主共和国国会常务委员会副主席黄文欢率领的代表团，法国国民议会副议长皮埃尔·帕斯基尼率领的代表团，印度尼西亚合作国会副议长苏巴米亚一行，智利众议院第一副议长何塞·曼努埃尔·伊斯拉率领的代表团，巴基斯坦议会议长阿卜杜勒·贾巴尔·汗率领的代表团，刚果（布）议会议长穆亚比·安德烈·乔治率领的代表团，等等。1966 年 5 月 24 日，郭沫若副委员长会见智利众议院第二副议长卡洛斯·席博里·阿尔塞雷卡率领的代表团，9 月 13 日，郭沫若副委员长会见法国参议院社会事务委员会副主席罗歇·拉格朗日率领的代表团，1970 年 3 月 1 日，中国特使、全国人大常委会副委员长郭沫若会见尼泊尔首相比斯塔。[2]

---

〔1〕　全国人大常委会办公厅：《全国人民代表大会及其常务委员会大事记（1954—2014）》，中国民主法制出版社 2014 年版，第 93、110、112、94—96、100—103 页。

〔2〕　全国人大常委会办公厅：《全国人民代表大会及其常务委员会大事记（1954—2014）》，中国民主法制出版社 2014 年版，第 132—133、136—137、142 页。

在第四届全国人民代表大会的任期内，委员长会议组成人员或亲自率团对伊朗、科威特、罗马尼亚、南斯拉夫、缅甸、斯里兰卡、澳大利亚、新西兰、柬埔寨等国进行了友好访问。委员长、副委员长同应邀访华的外国元首、政府首脑、议会领导人进行会见、会谈。朱德委员长会见了突尼斯共和国总理赫迪·努伊拉一行，美国众议院议长卡尔·艾伯特、众议院共和党领袖约翰·罗兹一行，比利时王国政府首相莱奥·廷德曼斯一行，泰国众议院议长巴实·干乍那越为团长的国会议员访华团，加蓬共和国总统、政府首脑哈吉·奥马尔·邦戈一行，伊拉克副总统马鲁夫率领的政府代表团，德意志联邦共和国总理赫尔穆特·施密特一行，缅甸联邦社会主义共和国总统兼国务委员会主席吴奈温一行，美国总统杰拉尔德·福特一行，圣多美和普林西比民主共和国总统、解放运动总书记曼努埃尔·平托·达科斯塔一行，老挝人民革命党总书记、老挝人民民主共和国政府总理凯山·丰威汉为团长的党政代表团，等等。1975 年 8 月 9 日，谭震林副委员长会见欧洲经济共同体欧洲议会副议长科内利斯·贝克豪尔一行，1976 年 5 月 9 日，姚连蔚副委员长会见日本全国都道府县议会议长会访华团，1976 年 7 月 21 日，吴德副委员长会见科威特国民议会议长哈立德·萨利赫·古奈姆率领的代表团。[1]

在第五届全国人民代表大会的任期内，委员长会议组成人员或亲自率团出访了委内瑞拉、墨西哥、加拿大、叙利亚、埃及、苏丹、土耳其、伊拉克、尼日尔、贝宁、多哥、塞拉利昂、冈比亚、日本、泰国、哥伦比亚、圭亚那、巴巴多斯、特立尼达、多巴哥、奥地利、罗马尼亚、德意志联邦共和国、芬兰、瑞典、挪

---

〔1〕 全国人大常委会办公厅：《全国人民代表大会及其常务委员会大事记（1954—2014）》，中国民主法制出版社 2014 年版，第 160—164、156—159 页。

威、丹麦等国家。委员长、副委员长同应邀访华的外国元首、政府首脑、议会领导人进行会见、会谈。叶剑英委员长会见了罗马尼亚共产党中央政治执行委员会候补委员、罗马尼亚大国民议会主席尼古拉·乔桑率领的代表团，柬埔寨共产党中央副书记、柬埔寨人民代表大会常务委员会委员长农谢为团长的代表团，孟加拉人民共和国国民议会议长米尔扎·古拉姆·哈菲兹为团长的代表团，马耳他共和国议会议长卡尔西东·阿吉乌斯率领的代表团，泰王国国会议长哈林·宏沙军空军上将率领的代表团，等等。1978 年 8 月 10 日，乌兰夫副委员长会见德意志联邦共和国联邦议院副议长赫·施米特 – 福肯豪森。1978 年 11 月 13 日—19日，邓颖超副委员长会见日本众议院副议长三宅正一为团长的众议院议员友好访华团。[1]

在第六届全国人民代表大会的任期内，委员长会议组成人员或亲自率团对意大利、法国、欧洲议会、比利时、墨西哥、哥伦比亚、巴西、秘鲁、厄瓜多尔、朝鲜、缅甸、泰国、坦桑尼亚、赞比亚、卢旺达、布隆迪、扎伊尔、南斯拉夫、罗马尼亚等国进行访问。委员长、副委员长同应邀访华的外国元首、政府首脑、议会领导人进行会见、会谈。彭真委员长会见了丹麦议会议长雅各布森率领的代表团，希腊议会议长阿莱夫拉斯率领的代表团，卢旺达国民发展议会议长恩塔霍巴里率领的代表团，泰国国会主席乍鲁布·銮素万率领的代表团，突尼斯议会议长梅萨迪率领的代表团，布隆迪国民议会议长、民族统一进步党总书记姆沃罗哈率领的代表团，尼泊尔全国评议会副议长拉季班西为团长的代表

---

〔1〕　全国人大常委会办公厅：《全国人民代表大会及其常务委员会大事记（1954—2014）》，中国民主法制出版社 2014 年版，第 171、173、178、189、200—202、170—172、185—187 页。

团，加拿大议会参议院议长里尔和众议院议长弗朗西斯率领的代表团等。1983年6月11日—19日，乌兰夫副委员长会见秘鲁参议院议长马里亚特吉，1983年9月19日，王任重副委员长会见挪威议会前议长、现任议会外交委员会副主席汉森一行，1984年8月27日，王任重副委员长会见比利时弗拉芒议会议长让·佩德率领的代表团，1985年1月13日—24日，王任重副委员长同芬兰议会议长皮斯蒂宁率领的代表团举行会谈，1986年10月6日—8日，荣毅仁副委员长与荷兰议会议长丁克·多尔曼率领的代表团举行会谈。[1]

在第七届全国人民代表大会的任期内，委员长会议组成人员或亲自率团对英国、新西兰、澳大利亚、菲律宾、加拿大、美国、墨西哥合众国、玻利维亚共和国、巴基斯坦、伊朗、伊拉克等国进行访问。委员长、副委员长同应邀访华的外国元首、政府首脑、议会领导人进行会见、会谈。万里委员长会见的有：菲律宾众议院国防委员会主席何塞·叶率领的议员团，洪都拉斯国民议会副议长何塞·安东尼奥·费尔南德斯·古斯曼率领的代表团，巴布亚新几内亚议会议长丹尼斯·扬率领的代表团，泰国下议院议长班乍·盖索恩通率领的代表团，西班牙参议院议长何塞·费德里科·德卡瓦哈尔·佩雷斯率领的代表团，玻利维亚国会参议长西罗·洪堡·巴雷罗和众议长瓦尔特·索里亚诺·莱亚·普拉萨联合率领的代表团，圭亚那共和国国民议会议长萨西·纳拉因率领的代表团，等等。1988年4月17日，彭冲副委员长会见日本东京都议会议长近藤信好率领的友好代表团，1989年

---

〔1〕 全国人大常委会办公厅：《全国人民代表大会及其常务委员会大事记（1954—2014）》，中国民主法制出版社2014年版，第238、244、250、254、256、262、236、237、241、244、234、251、256、268页。

1月9日，倪志福副委员长同巴西议会国会主席兼参议长温贝托·卢塞纳举行工作会谈，1990年5月31日，倪志福副委员长会见日本国会议长宫部民夫一行等。[1]

在第八届全国人民代表大会的任期内，委员长会议组成人员或亲自率团对韩国、墨西哥、巴巴多斯、圭亚那、苏里南、吉尔吉斯斯坦、塔吉克斯坦、土库曼斯坦、乌兹别克斯坦、哈萨克斯坦、印度尼西亚、马来西亚、新加坡、泰国、菲律宾、瑞典、挪威、丹麦、叙利亚、埃及、塞浦路斯等国进行友好访问。委员长、副委员长同应邀访华的外国元首、政府首脑、议会领导人进行会见、会谈。乔石委员长会见的有：乌拉圭副总统兼国会主席贡萨洛·阿吉雷·拉末雷斯一行，美国前总统理查德·尼克松，乌克兰最高苏维埃主席普柳希率领的代表团，奥地利联邦议会议长埃里希·霍尔清格一行，哈萨克斯坦最高苏维埃主席谢·阿·阿布希尔金，西萨摩亚议会议长阿法马萨·法图·维利一行，柬埔寨全国最高委员会主席诺罗敦·西哈努克亲王等。1993年3月26日，陈慕华副委员长会见泰国下议院副议长他温·派颂一行，1994年1月23日，王光英副委员长会见比利时众议院第二副议长埃里克·范凯尔斯比克率领的议会比中小组代表团，1995年4月9日，程思远副委员长会见尼泊尔上院迪·库·夏希副议长一行。[2]

在第九届全国人民代表大会的任期内，委员长会议组成人员

〔1〕　全国人大常委会办公厅：《全国人民代表大会及其常务委员会大事记（1954—2014）》，中国民主法制出版社2014年版，第322、324、347、336、338—340、321、333、353页。

〔2〕　全国人大常委会办公厅：《全国人民代表大会及其常务委员会大事记（1954—2014）》，中国民主法制出版社2014年版，第411、416、424、408—410、407、430、464页。

或亲自率团对巴西、智利、秘鲁、英国、卢森堡、欧洲委员会及其议会、文莱、保加利亚、南斯拉夫、克罗地亚、斯洛伐克、利比亚、突尼斯、阿尔及利亚、摩洛哥、坦桑尼亚、津巴布韦、博茨瓦纳、纳米比亚、希腊、土耳其、叙利亚、巴基斯坦、孟加拉国、泰国、哥伦比亚、委内瑞拉、牙买加、古巴等国进行友好访问。委员长、副委员长同应邀访华的外国元首、政府首脑、议会领导人进行会见、会谈。李鹏委员长会见了法国前总理雷蒙·巴尔一行，白俄罗斯下院主席阿纳托利·亚历山德罗维奇·马洛费耶夫和上院主席帕维尔·希普克率领的代表团，莫桑比克总统希萨诺，葡萄牙总理安东尼奥·古特雷斯，比利时议会参议院议长弗兰克·斯瓦伦、众议院副议长杨·兰森斯一行等。此外，副委员长也参与了会见、会谈工作，如 1998 年 4 月 15 日，邹家华副委员长会见法国参议院副议长、参议院能源政策前景调查委员会主席雅克·伐兰一行，1999 年 1 月 4 日，何鲁丽副委员长会见芬兰副议长盖尔杜·图恩奎斯特率领的代表团。[1]

在第十届全国人民代表大会的任期内，全国人大常委会委员长会议组成人员出访 58 人次，访问了 50 多个国家和地区。邀请接待了 97 位议长和 12 位副议长来访。[2] 委员长会议组成人员或亲自率团对瓦努阿图、巴布亚新几内亚、波兰、立陶宛、比利时、卢森堡、朝鲜、西班牙、德国、英国、伊朗、肯尼亚、尼日利亚、巴基斯坦、马尔代夫、泰国、苏里南、秘鲁、墨西哥、荷兰、冰岛、马耳他、奥地利等国进行友好访问。委员长、副委员

---

〔1〕 全国人大常委会办公厅：《全国人民代表大会及其常务委员会大事记（1954—2014）》，中国民主法制出版社 2014 年版，第 545、547—548、551、556、565、573、577、541、542—543、564 页。

〔2〕 全国人大常委会办公厅外事局：《第十届全国人大对外交往大事记（2003 年 3 月—2008 年 2 月）》，中国民主法制出版社 2013 年版，第 1 页。

长同应邀访华的外国领导人进行会见、会谈。吴邦国委员长会见的外国元首、政府首脑、议会领导人主要有：巴基斯坦总理贾迈利，圭亚那总统贾格德奥，越南共产党中央总书记农德孟，奥地利联邦议会常务副议长哈塞尔巴赫，印度尼西亚国会副议长法特瓦，老挝人民革命党中央主席、国家主席坎代，科摩罗总统阿扎利，泰国副总理颂吉等。2003 年 4 月 19 日，顾秀莲副委员长会见印度尼西亚国会副议长法特瓦。2005 年 1 月 11 日，王兆国副委员长会见冰岛议长哈尔多尔·布伦达尔。2006 年 3 月 20 日，许嘉璐副委员长会见俄罗斯国家杜马副主席维亚切斯拉夫·沃洛金[1]

　　在第十一届全国人民代表大会的任期内，全国人大常委会委员长会议组成人员共率 58 个团组出访，邀请接待 98 位外国议长和副议长来访[2]委员长会议组成人员或亲自率团对吉尔吉斯斯坦、乌克兰、白俄罗斯、智利、委内瑞拉、哥斯达黎加、瑞士、丹麦、新西兰、澳大利亚、萨摩亚、日本、突尼斯、也门、埃及、韩国、越南、老挝、柬埔寨等国进行友好访问。委员长、副委员长同应邀访华的外国元首、政府首脑、议会领导人进行会见、会谈。吴邦国委员长会见了秘鲁总统加西亚，加纳议长休斯，哈萨克斯坦总理马西莫夫，澳大利亚总理陆克文，巴基斯坦总统穆沙拉夫，坦桑尼亚总统基奎特，智利总统巴切莱特，瑞典首相赖因费尔特，等等。2009 年 2 月 26 日，韩启德副委员长会见澳大利亚西澳州上议院议长格里菲斯，2011 年 2 月 6 日，路甬

---

〔1〕　全国人大常委会办公厅外事局：《第十届全国人大对外交往大事记（2003 年 3 月—2008 年 2 月）》，中国民主法制出版社 2013 年版，第 5、8、16、19、21、25、44、47—48、3—6、72、119 页。

〔2〕　全国人大常委会办公厅外事局：《第十一届全国人大对外交往大事记（2008 年 3 月—2013 年 2 月）》，中国民主法制出版社 2013 年版，第 1 页。

祥副委员长会见柬埔寨副首相兼外交国际合作部大臣贺南洪。[1]

在第十二届全国人民代表大会的任期内，全国人大常委会委员长、副委员长访问了 66 个国家及欧洲议会，接待了 75 位外国议长、21 位副议长及 4 位多边议会组织领导人访华，首次邀请北欧和波罗的海 7 国议会领导人联合访华。[2] 委员长会议组成人员或亲自率团对乌干达、尼日利亚、斯洛伐克、俄罗斯、罗马尼亚、比利时、巴基斯坦、古巴、孟加拉国、缅甸、韩国、赞比亚、马达加斯加、黑山、意大利、秘鲁、哥伦比亚、墨西哥等国进行友好访问。委员长、副委员长同应邀访华的外国元首、政府首脑、议会领导人进行会见、会谈。委员长张德江会见了阿联酋联邦国民议会议长莫尔率阿联酋联邦国民议会代表团，文莱苏丹哈桑纳尔，法国总统奥朗德，阿根廷众议长多明格斯，希腊总理萨马拉斯，塔吉克斯坦总统拉赫蒙，等等。2013 年 5 月 14 日，全国人大常委会副委员长陈昌智在人民大会堂会见应中国人民对外友好协会邀请访华的斯里兰卡副议长维拉科迪，2014 年 3 月 26 日，全国人大常委会副委员长张平在人民大会堂会见应中国人民外交学会邀请来华出席第十九届中韩未来论坛的韩国国会副议长朴炳锡，2016 年 4 月 19 日，全国人大常委会副委员长吉炳轩在人民大会堂会见过境北京的芬兰议会第一副议长毛里·佩卡里宁。[3]

---

〔1〕 全国人大常委会办公厅外事局：《第十届全国人大对外交往大事记（2003 年 3 月—2008 年 2 月）》，中国民主法制出版社 2013 年版，第 9、14、17—18、21、29、33、3—6、41、162 页。

〔2〕 全国人大常委会办公厅外事局：《第十二届全国人大对外交往大事记（2013 年—2018 年）》，中国民主法制出版社 2020 年版，第 1 页。

〔3〕 全国人大常委会办公厅外事局：《第十二届全国人大对外交往大事记（2013 年—2018 年）》，中国民主法制出版社 2020 年版，第 22、32、39、49、67、69、72、3、5、6、9、8、43、129 页。

第十三届全国人民代表大会期间，委员长会议组成人员或亲自率团对挪威、奥地利、匈牙利、阿塞拜疆、哈萨克斯坦、俄罗斯等国进行友好访问。委员长、副委员长同应邀访华的外国元首、政府首脑、议会领导人进行会见、会谈。委员长栗战书会见了芬兰总统尼尼斯托，柬埔寨首相洪森，萨尔瓦多国民议会第一副议长奥兰特斯，德国联邦议院副议长弗里德里希，莫桑比克总统纽西，智利总统皮涅拉，马来西亚总理马哈蒂尔，等等。还与智利众议长费尔南德斯、伊朗伊斯兰议会议长拉里贾尼、布基纳法索国民议会议长萨康德、多米尼加众议长卡马乔等外国领导人举行会谈。[1]

二、全国人大专委会的对外交往

全国人大专门委员会经常开展对外交往活动。就第十二届全国人大来说，五年间，民族委员会共组织 6 个代表团，成功访问巴西、南非、摩洛哥等 12 国，陪同常委会领导同志出访匈牙利等 8 国，会见俄罗斯等 19 个国家议会代表团[2]。法律委员会组织 7 个代表团出访了 16 个国家，接待了欧洲议会和 13 个国家的议会有关专门委员会、宪法法院等方面的代表团[3]。内务司法委员会代表全国人大出席"宗教反对恐怖主义"大会和参加"议员反对毒品"国际会议，先后出访 14 个国家，接待外国议会

---

〔1〕 宋锐主编：《全国人民代表大会年鉴（2019 年卷）》，中国民主法制出版社 2020 年版，第 1061—1063、1068—1071、1043、1046—1048、1043—1047 页。

〔2〕 郭振华主编：《全国人民代表大会年鉴（2017 年卷）》，中国民主法制出版社 2018 年版，第 954 页。

〔3〕 郭振华主编：《全国人民代表大会年鉴（2017 年卷）》，中国民主法制出版社 2018 年版，第 959 页。

相关委员会团组共 11 个。[1]

十二届全国人大财政经济委员会组成人员 40 余人次陪同常委会领导同志或参加全国人大其他代表团出访考察、参加有关国际会议，50 余人次参加常委会办公厅和外事委员会等组织的与国外议会访华代表团的会见、会谈活动，组成 13 个代表团赴美国、英国、德国等 20 多个国家和地区与议会对口专业委员会进行友好访问和工作交流，邀请并接待 20 余批、安排会见 40 余批国外来访代表团。[2]

十二届全国人大教育科学文化卫生委员会组团赴瑞典、荷兰、美国、厄瓜多尔、捷克、爱尔兰、巴西、古巴、波兰、意大利和俄罗斯共 11 个国家进行了友好访问，组团出席了亚洲议员人口与发展论坛第十一次、十二次大会，两次全球议员人口与发展大会和亚洲人口开发协会组织的 5 次研讨会，邀请接待了 3 个国家议会相关委员会代表团来访，应约与 13 个国家议会或其他代表团举行工作会谈，并接待了百名优秀中国政府奖学金来华留学生。[3]

十二届全国人大外事委员会共邀请接待 93 个外国议会代表团访华，组织 46 个全国人大代表团、外事委员会代表团出访。委员会组成人员 51 次参加各国议会联盟、亚太议会论坛、亚洲议会大会、拉美议会等多边会议，应约会见其他部门邀请来访的外国议员、政要、知名人士和驻华使节等 330 次，全程陪同 25

---

〔1〕 郭振华主编：《全国人民代表大会年鉴（2017 年卷）》，中国民主法制出版社 2018 年版，第 969 页。

〔2〕 郭振华主编：《全国人民代表大会年鉴（2017 年卷）》，中国民主法制出版社 2018 年版，第 974 页。

〔3〕 郭振华主编：《全国人民代表大会年鉴（2017 年卷）》，中国民主法制出版社 2018 年版，第 983 页。

位外国议长访华。[1] 华侨委员会组成人员先后4次陪同常委会领导同志出访，先后组团访问了美国、加拿大、西班牙、葡萄牙、南非、捷克、斯洛伐克、匈牙利、德国、英国、波兰、越南、老挝、泰国、马来西亚等国家，还先后8次派员出席全球华侨华人促进中国和平统一大会、欧洲华人华侨社团联谊大会等会议，共邀请了来自美国、加拿大、德国、法国、意大利、澳大利亚、新西兰、泰国、菲律宾等国家23个代表团百余名侨胞代表回国考察访问。[2]

十二届全国人大环境与资源保护委员会共安排7个团组出访14个国家，接待多个国家议会和政府团组来访，15位委员会组成人员参加完成24次常委会的出访任务。[3] 农业与农村委员会先后组团出访蒙古、缅甸、丹麦等10个国家，接待芬兰、马达加斯加、俄罗斯等3个国家议会相关代表团来访。[4]

全国人大外事委员会的重要职责之一是开展对外交往活动，主要是同外国议会的对口委员会进行交往。针对有关国家在涉及中国核心利益问题上的错误言行，主动发声，坚定维护国家主权、安全、发展利益。

第六届全国人民代表大会期间情况。1983年11月29日—12月15日，以彭冲副委员长为团长，全国人大常委会委员、外事委员会副主任委员曾涛为副团长的全国人大代表团应邀访问墨西

---

〔1〕 郭振华主编：《全国人民代表大会年鉴（2017年卷）》，中国民主法制出版社2018年版，第989页。

〔2〕 郭振华主编：《全国人民代表大会年鉴（2017年卷）》，中国民主法制出版社2018年版，第996页。

〔3〕 郭振华主编：《全国人民代表大会年鉴（2017年卷）》，中国民主法制出版社2018年版，第1002页。

〔4〕 郭振华主编：《全国人民代表大会年鉴（2017年卷）》，中国民主法制出版社2018年版，第1009页。

哥和哥伦比亚。1984 年 4 月 26 日，全国人大常委会副委员长、外事委员会主任委员耿飚会见意大利众议院国防委员会主席阿蒂利奥·鲁菲尼一行。1984 年 9 月 24 日—29 日，全国人大常委会委员、全国人大外事委员会副主任委员曾涛率领中国全国人大代表团出席在日内瓦召开的各国议会联盟第七十二届大会并发言。1984 年 10 月 7 日，全国人大常委会副委员长、外事委员会主任委员耿飚会见英国保守党议员、下院外委会主席安东尼·克肖爵士。1985 年 9 月 2 日—7 日，全国人大常委会委员、全国人大外事委员会副主任委员宦乡率全国人大代表团出席在渥太华举行的各国议会联盟第七十四届大会。1987 年 4 月 22 日，以全国人大常委会委员、全国人大外事委员会委员张致祥为团长的全国人大代表团离京前往尼加拉瓜首都马那瓜参加各国议会联盟第七十七届大会。1987 年 10 月 9 日，以全国人大常委会委员、全国人大外事委员会副主任委员符浩为团长的全国人大代表团离京赴泰国曼谷，出席各国议会联盟第七十八届大会及其理事会。全国人大外事委员会副主任委员符浩对有关我国加入“各国议会联盟”问题作了相关说明。全国人大外事委员会副主任委员宦乡就美国国会制造“两个中国”严重事件进行谴责并作有关说明。全国人大外事委员会发表声明并强烈谴责美国国会的几个议员最近围绕所谓“西藏问题”进行的一系列干涉中国内政的活动。[1]

第七届全国人民代表大会期间情况。1988 年 6 月 6 日，廖汉生副委员长会见危地马拉议会外事委员会委员埃德蒙·穆莱特一行。1990 年 3 月 26 日，全国人大常委会委员、全国人大外事委

---

〔1〕 全国人大常委会办公厅:《全国人民代表大会及其常务委员会大事记（1954—2014）》，中国民主法制出版社 2014 年版，第 238、245、252—253、267、295、305、304 页。

员会副主任委员符浩为团长的全国人大代表团，离京前往塞浦路斯首都尼科西亚参加各国议会联盟第八十三届大会。1990 年 10 月 7 日，全国人大常委会委员、全国人大外事委员会副主任委员姚广率领的全国人大代表团，赴乌拉圭埃斯特角城出席第八十四届各国议会联盟大会。1991 年 4 月 25 日，全国人大外事委员会副主任委员姚广为团长的全国人大代表团赴平壤出席各国议会联盟第八十五届大会。1991 年 9 月 17 日，应全国人大外事委员会的邀请，波兰议会外交委员会主席勃朗尼斯瓦夫·盖莱梅克率领的代表团访问我国。19 日，万里委员长会见盖莱梅克一行。24 日，廖汉生副委员长会见盖莱梅克一行。1991 年 9 月 29 日，全国人大外事委员会副主任委员符浩率领全国人大代表团赴智利出席各国议会联盟第八十六届大会。1991 年 11 月 15 日，应泰国立法议会主席、第十二届东盟各国议会组织年会主席乌吉·蒙空纳温的邀请，全国人大外事委员会副主任委员姚广作为全国人大常委会委派的观察员赴曼谷出席第十二届东盟各国议会组织年会。1991 年 12 月 6 日—13 日，应全国人大外事委员会的邀请，俄罗斯联邦最高苏维埃国际事务及对外经济联络委员会主席弗·彼·卢金率领的代表团，对我国进行访问。万里委员长、廖汉生副委员长分别会见卢金一行。1992 年 9 月 4 日，全国人大外事委员会副主任委员符浩率全国人大代表团出席在瑞典举行的议联第八十八届大会。1992 年 9 月 16 日，全国人大常委会委员、外事委员会副主任委员曾涛作为观察员应邀前往雅加达参加东盟各国议会组织第十三届大会会议。

　　1989 年 3 月 18 日，全国人大外事委员会就欧洲议会通过所谓关于西藏人权决议发表声明，对欧洲议会干涉中国内政的行为，表示强烈的愤慨和极大的遗憾。1989 年 3 月 19 日，全国人大外事委员会就美国国会参议院通过一项所谓西藏问题的决议发表声明，对美国国会参议院这种粗暴干涉中国内政的行为，表示极大的愤慨并提出强烈的抗议。1989 年 5 月 19 日，全国人大外事委员会就美国国会众议院关于西藏问题通过的决议发表声明，对美国众议院继参议院之后又一次粗暴干涉我国内政的行为，表示强烈愤慨，并向美国国会众议院提出抗议。1989 年 7 月 20 日，全国人大外事委员会就美国国会通过制裁中国的修正案发表声明，对美国国会这种粗暴干涉中国内政、严重伤害中国人民感情的行为，表示极大愤慨。1989 年 7 月 29 日，全国人大外事委员会发表《关于美国国会通过制裁中国的修正案的声明》，声明对美国国会粗暴干涉中国内政、严重伤害中国人民感情的行为，表示极大的遗憾。1989 年 11 月 20 日，全国人大外事委员会发表声明，谴责美国国会通过制裁中国的修正案。1990 年 2 月 3 日，全国人大外事委员会召开会议，就美国国会重新通过制裁中国修正案发表声明，谴责美国国会某些人粗暴干涉中国内政的行径。1992 年 11 月 29 日，全国人大外事委员会就法国向我国台湾出售幻影战斗机一事发表声明。[1]

第八届全国人民代表大会期间情况。1993 年 4 月 7 日，以全国人大常委会委员、全国人大外事委员会副主任委员朱启祯为团长的全国人大代表团前往新德里，参加各国议会联盟第八十九届大会。1993 年 9 月 17 日，全国人大常委会委员、外事委员会主任委员朱良作为观察员前往吉隆坡，出席东盟各国议会组织第十四届工作委员会和全体大会。1993 年 10 月 15 日，全国人大常委

---

〔1〕 全国人大常委会办公厅：《全国人民代表大会及其常务委员会大事记（1954—2014）》，中国民主法制出版社 2014 年版，第 322、352、357、359、365、369—371、386、335—336、339、341、345、347、389 页。

会委员、全国人大外事委员会副主任委员周觉率全国人大代表团赴加拿大首都渥太华出席各国议会联盟"南北对话促进世界繁荣"大会。1994 年 3 月 21 日—26 日，全国人大常委会委员、全国人大外事委员会副主任委员朱启祯为团长，林丽韫、彭清源、钱易委员为团员的全国人大代表团出席在法国首都巴黎举行的各国议会联盟第九十一届大会。1994 年 9 月 12 日—17 日，以全国人大常委会秘书长曹志为团长，全国人大常委会委员、全国人大外事委员会副主任委员朱启祯为副团长，全国人大常委会委员王淑贤为团员的全国人大代表团出席在丹麦首都哥本哈根举行的各国议会联盟第九十二届大会。1995 年 1 月 13 日，全国人大代表团团长、全国人大外事委员会主任委员朱良参加在墨西哥南部海滨城市阿卡普尔科召开的"亚太议会论坛"第三届年会，22 个亚太国家和地区的代表团参加会议。1995 年 3 月 27 日—4 月 1 日，以全国人大常委会委员、全国人大外事委员会副主任委员朱启祯为团长，全国人大常委会委员林丽韫和滕藤为团员的全国人大代表团出席在西班牙首都马德里举行的各国议会联盟第九十三届大会。1995 年 10 月 9 日—14 日，以全国人大常委会委员、全国人大外事委员会副主任委员朱启祯为团长，全国人大常委会委员佟志广、王淑贤为团员的全国人大代表团，出席在罗马尼亚首都布加勒斯特举行的各国议会联盟第九十四届大会。1997 年 4 月 15 日—19 日，应欧洲议会的邀请，全国人大常委会委员、全国人大外事委员会副主任委员、中欧议会友好小组主席朱启祯率领全国人大代表团对欧洲议会进行访问。1997 年 9 月 11 日—16 日，以全国人大常委会委员、全国人大外事委员会副主任委员朱启祯为团长的全国人大代表团出席在埃及首都开罗举行的各国议会联盟第九十八届大会。

1993 年 9 月 6 日，全国人大外事委员会发表关于"银河号"事件的声明，对美国政府严重侵犯我主权和公海航行自由权的霸权行径表示极大愤慨和强烈谴责，要求美国立即消除其错误情报所造成的恶劣影响，向中方公开道歉，赔偿中国所蒙受的一切经济损失。1994 年 4 月 22 日，全国人大外事委员会发言人就英国议会下院外委会关于中英关系的一份报告发表谈话，严厉谴责英方对中国内政的粗暴干涉。1995 年 5 月 23 日，全国人大外事委员会就美国政府允许李登辉访美发表声明，强烈要求美国政府立即取消允许李登辉访美的错误决定。1996 年 7 月 24 日，全国人大外事委员会发表声明，强烈谴责欧洲议会通过所谓关于台湾在国际组织中的作用决议案。1997 年 5 月 23 日，全国人大外事委员会就欧洲议会外委会邀请章孝严去访问发表严正声明，敦促欧洲议会的领导人切实履行其一再表示的要改善同中国关系的承诺，制止任何破坏中国统一大业和损害中欧关系事件的发生。[1]

第九届全国人民代表大会期间情况。2000 年 6 月 25 日，应全国人大外事委员会的邀请，俄罗斯国家杜马国际事务委员会主席德米特里·罗戈津率领的代表团对我国进行访问。2001 年 1 月 23 日，全国人大常委会委员、全国人大外事委员会副主任委员徐敦信出席在柬埔寨首都金边召开的亚洲议会和平协会第二届年会。2001 年 9 月 9 日—14 日，全国人大外事委员会副主任委员蔡方柏率全国人大代表团出席在布基纳法索首都瓦加杜古召开的各国议会联盟第一百零六届大会，并在一般性辩论中发言。

1999 年 5 月 9 日，全国人大外事委员会发表严正声明，对北

---

〔1〕 全国人大常委会办公厅：《全国人民代表大会及其常务委员会大事记（1954—2014）》，中国民主法制出版社 2014 年版，第 408、420—421、437、447、455、464、474、515、524、419、439、467、493、518 页。

约袭击中国驻南斯拉夫联盟共和国大使馆表示极大的愤慨和最严厉的谴责。1999 年 5 月 25 日，全国人大外事委员会负责人就日本国会通过《新日美防卫合作指针相关法案》发表谈话。1999 年 5 月 30 日，全国人大外事委员会负责人就美众参两院通过所谓"六·四"十周年反华决议发表谈话。1999 年 7 月 7 日，全国人大外事委员会负责人就美国参议院通过《2000 财年国防拨款法修正案》及参众两院提出《加强台湾安全法案》发表谈话。1999 年 7 月 23 日，全国人大外事委员会负责人发表谈话，批驳美国众议院通过涉台修正案，批评美国众议院这个修正案与李登辉的所谓"两国论"遥相呼应，竭力为"台独"势力张目，妄图为中国的统一大业设置障碍。1999 年 8 月 4 日，全国人大外事委员会负责人发表谈话，强烈谴责美国国会少数议员提出分裂中国的议案。1999 年 11 月 5 日，全国人大外事委员会负责人就美国参议院外委会通过《支持台湾加入世界卫生组织》的决议发表谈话。1999 年 12 月 11 日，全国人大外事委员会负责人发表谈话，坚决反对美国总统签署有关支持台湾参与世界卫生组织的法案。2000 年 2 月 2 日，全国人大外事委员会负责人就美国国会众议院通过《加强台湾安全法案》发表谈话，对美国国会众议院通过《加强台湾安全法案》表示无比愤慨和坚决反对。2000 年 10 月 25 日，全国人大外事委员会负责人就美国会通过《支持台湾参与联合国及其他国际组织的决议》发表谈话，对这种无视中国主权、严重违反国际关系基本准则和中美三个联合公报的行径，我们表示极大愤慨和坚决反对。2000 年 11 月 10 日，全国人大外事委员会负责人就美国行政当局签署国会通过的《2001 财年对外行动拨款法》发表谈话。2001 年 4 月 4 日，全国人大外事委员会负责人就日本右翼学者编写的历史教科书得到日本政府主管部门审查通过一事发表谈话。2001 年 8 月 14 日，全国人大外事委员会负责人发表谈话，强烈谴责日本首相小泉纯一郎参拜靖国神社。2002 年 3 月 21 日，全国人大外事委员会负责人发表谈话，反对欧洲议会和美国参议院外委会分别决定支持台湾参加世界卫生组织一事。2002 年 4 月 18 日，全国人大外事委员会负责人就欧洲议会通过关于欧盟委员会对华战略文件的决议发表谈话。2002 年 5 月 13 日，全国人大外事委员会负责人就美国国会众参两院通过含有加强美台军事合作条款的法案发表谈话。2002 年 7 月 25 日，全国人大外事委员会负责人就美国国会众议院通过"法轮功"的决议案发表谈话。2002 年 8 月 3 日，全国人大外事委员会负责人就美国《2002 财年补充拨款法》发表谈话，对美方利用台湾问题干涉中国内政的行径表示强烈愤慨和坚决反对。2002 年 9 月 9 日，全国人大外事委员会负责人就欧洲议会通过《对亚洲战略报告》发表谈话。[1]

第十届全国人民代表大会期间情况。全国人大外事委员会邀请外宾访华，如 2003 年 3 月 2 日—12 日，应全国人大外事委员会的邀请，美国国会众议院美中议会交流小组主席、小企业委员会主席唐纳德·曼祖洛办公室主任马修·西曼斯基率美国国会众议院高级助手代表团一行 16 人访华。2003 年 7 月 27 日—8 月 6 日，应全国人大外事委员会的邀请，美国国会众议院美中议会交流小组主席、小企业委员会主席唐纳德·曼祖洛办公室主任马修·西曼斯基率美国国会众议院高级助手代表团一行 5 人访华。此外，外事委员会主任委员、副主任委员与外宾进行会见、会谈

---

[1] 全国人大常委会办公厅：《全国人民代表大会及其常务委员会大事记（1954—2014）》，中国民主法制出版社 2014 年版，第 610、625、643、576—577、581—582、591、593、597、620—621、632、641、659、662、664、669—670、672 页。

工作，如 2003 年 11 月 17 日，全国人大外事委员会副主任委员吕聪敏在人民大会堂会见应外交学会邀请来访的西欧联盟议会航空航天技术委员会主席纳瓦罗。外事委员会还率团出国访问。如 2003 年 9 月 26 日—10 月 10 日，应美国众议院美中议会交流小组主席曼祖洛邀请，以全国人大常委会委员、外事委员会主任委员、中美议会交流小组主席姜恩柱为团长的全国人大代表团对美国进行访问。同时，外事委员会组成人员还会出席国际会议。如 2006 年 1 月 15 日—20 日，亚太议会论坛第十四届年会在印尼雅加达召开，来自 21 个国家的近 300 名代表与会。中国全国人大常委会委员、外事委员会副主任委员王英凡率领中国全国人大代表团参加会议。[1]

2003 年 3 月 21 日，全国人大外事委员会就美国等国家对伊拉克发起军事行动事件发表声明。2004 年 9 月 14 日，全国人大外事委员会负责人就 9 月 13 日美国众议院通过所谓"支持香港自由"的决议案发表谈话。2005 年 3 月 18 日，全国人大外事委员会负责人就美国国会众议院通过针对反分裂国家法的决议案发表谈话。2007 年 10 月 18 日，全国人大外事委员会负责人就 10 月 17 日美国国会向达赖"颁发"所谓"国会金奖"发表谈话，指出这是对中国内政的粗暴干涉，严重伤害了中国人民的感情，我们对此表示强烈愤慨和坚决反对。[2]

第十一届全国人民代表大会期间情况。全国人大外事委员会邀请外宾访华，如 2008 年 3 月 15 日—21 日，应全国人大外事委

〔1〕　全国人大常委会办公厅外事局：《第十届全国人大对外交往大事记（2003 年 3 月—2008 年 2 月）》，中国民主法制出版社 2013 年版，第 3、23、15、114 页。

〔2〕　全国人大常委会办公厅：《全国人民代表大会及其常务委员会大事记（1954—2014）》，中国民主法制出版社 2014 年版，第 697、741、759、837 页。

员会的邀请，加拿大加中议会协会共同主席参议员戴伊和众议员米尔斯率加拿大加中议会协会代表团一行 3 人访华。2008 年 3 月 25 日—28 日，应全国人大外事委员会的邀请，美国密苏里州联邦参议员邦德、麦卡斯基尔，州长布伦特率美国密苏里州联邦参众议员、州长代表团一行 36 人访华。另外，外事委员会主任委员、副主任委员与外宾进行会见工作，如 2008 年 4 月 8 日，全国人大外事委员会副主任委员查培新在人民大会堂会见应外交学会邀请来访的立陶宛议会外委会主席卡罗萨斯。2008 年 4 月 13 日，全国人大外事委员会副主任委员郑斯林在人民大会堂会见陪同智利总统巴切莱特访华的智利众议员代表团。此外，外事委员会也会进行出国访问。2008 年 9 月 12 日—21 日，应尼日利亚议会外委会、喀麦隆议会外委会的邀请，全国人大外事委员会副主任委员齐续春率全国人大外事委员会代表团一行 7 人对上述两国进行访问。同时，外事委员会组成人员还应邀出席国际会议。2008 年 8 月 19 日—23 日，东盟各国议会间大会第 29 届年会在新加坡召开，全国人大外事委员会副主任委员查培新率全国人大代表团一行 6 人以观察员身份出席会议。[1]

　　2008 年 4 月 12 日，全国人大外事委员会负责人就美国国会众议院通过涉藏反华决议案发表谈话。2008 年 4 月 12 日，全国人大外事委员会负责人就欧洲议会通过关于西藏的决议发表谈话。2008 年 5 月 28 日，全国人大外事委员会负责人就英国议会组织涉藏问题听证会发表谈话。2008 年 7 月 31 日，全国人大外事委员会负责人就美国国会众议院通过涉北京奥运会决议案发表谈话。2008 年 10 月 4 日，全国人大外事委员会负责人就美国政

---

〔1〕　全国人大常委会办公厅外事局：《第十一届全国人大对外交往大事记（2008年 3 月—2013 年 2 月）》，中国民主法制出版社 2013 年版，第 3—6、19、17 页。

府售台先进武器发表谈话。2008年10月24日，全国人大外事委员会负责人就欧洲议会授予胡嘉"萨哈罗夫奖"一事发表谈话。2008年12月5日，全国人大外事委员会负责人就达赖在欧洲议会演讲发表谈话。2009年3月12日，全国人大外事委员会负责人就美国国会众议院通过涉藏反华决议案发表谈话。2009年3月13日，全国人大外事委员会负责人就欧洲议会通过涉藏决议发表谈话。2010年1月30日，全国人大外事委员会负责人就美国政府决定售台武器发表谈话。2012年6月21日，全国人大外事委员会致函越南国会对外委员会，就越南国会审议通过《越南海洋法》表明立场并表示强烈抗议和坚决反对。2012年9月11日，全国人大外事委员会就日本政府宣布"购买"钓鱼岛及其部分附属岛屿发表声明并表示强烈愤慨，予以严厉谴责。[1]

第十二届全国人民代表大会期间情况。全国人大外事委员会邀请外宾访华，如2013年3月26日—28日，应全国人大外事委员会邀请，美国国会参议院外交委员会共和党首席成员鲍勃·科克率美国国会参议院外交委员会代表团一行5人访华。2013年5月4日—11日，应全国人大外事委员会邀请，荷兰议会二院外交委员会主席艾辛克率荷兰议会二院外交委员会代表团一行10人访华。外事委员会主任委员、副主任委员与外宾进行会见工作，如2013年4月1日，全国人大外事委员会主任委员傅莹在全国人大机关办公楼会见文莱外交与贸易部第二部长林玉成。2013年4月16日，全国人大外事委员会主任委员傅莹在钓鱼台国宾馆会见应国务院总理李克强邀请访华的冰岛总理约翰娜·西于尔扎多

---

〔1〕　全国人大常委会办公厅：《全国人民代表大会及其常务委员会大事记（1954—2014）》，中国民主法制出版社2014年版，第862—863、866、871、875、878、881、891、913、988、993页。

蒂。2013 年 5 月 7 日，全国人大外事委员会副主任委员刘冬冬在全国人大机关办公楼会见应中国人民对外友好协会邀请访华的德国巴伐利亚州议会第一副议长伯克莱特。外事委员会进行出国访问。如 2013 年 11 月 11 日—19 日，应肯尼亚众议院、阿尔及利亚国民议会邀请，全国人大外事委员会副主任委员修福金率全国人大外事委员会代表团一行 6 人对上述两国进行访问。2013 年 11 月 28 日—12 月 5 日，应越南国会对外委员会、缅甸联邦议会人民院国际关系委员会邀请，全国人大外事委员会委员崇泉率全国人大外事委员会代表团一行 6 人对上述两国进行访问。同时，外事委员会组成人员还出席国际会议，如 2013 年 9 月 18 日—23 日，东盟各国议会间大会（AIPA）第 34 届年会在文莱斯里巴加湾市举行。全国人大外事委员会副主任委员迟万春率全国人大代表团一行 6 人以观察员身份出席会议。2013 年 10 月 5 日—11 日，各国议会联盟（IPU）第 129 届大会在瑞士日内瓦举行，全国人大外事委员会副主任委员赵少华率全国人大代表团一行 12 人出席会议。

2013 年 12 月 7 日，全国人大外事委员会就日本众议院通过决议要求我撤销东海防空识别区事发表声明。2016 年 3 月 7 日，全国人大外事委员会负责人就美国国会议员会见达赖发表谈话。2016 年 7 月 14 日，全国人大外事委员会就菲律宾单方面请求建立的南海仲裁案仲裁庭作出裁决发表声明。2016 年 9 月 21 日，全国人大外事委员会负责人就欧洲议会高层会见达赖发表谈话。[1]

第十三届全国人民代表大会期间情况。2019 年，委员会组成人员陪同常委会领导出访 10 余次，会见外宾 60 余次。组织筹备

---

〔1〕 全国人大常委会办公厅外事局：《第十二届全国人大对外交往大事记（2013 年—2018 年）》，中国民主法制出版社 2020 年版，第 4、6、5、7、30、33、23、25、34、42、141、147 页。

与俄罗斯、法国等国议会的机制交流会议 10 次，组织 8 个团组出访俄罗斯、法国、比利时、乌拉圭等多个国家，接待美国、德国、柬埔寨、巴基斯坦等 20 国议员、对口委员会和议员助手代表团来访。委员会组成人员 9 次率（参）团出席国际会议，应约会见驻华使节以及外单位邀请来访的外宾 66 场次，人员超过 400 人次。[1] 2020 年，外事委员会组成人员 15 次陪同栗战书委员长和王晨副委员长等常委会领导会见或视频会见外宾、出席多边议长会议。与常委会办公厅密切配合，牵头举行或参加同俄罗斯、日本、法国、蒙古等国议会交流机制视频会议。接待美国国会众议院"美中工作小组"助手代表团、议员选区高级助手团虚拟访华。同 15 国驻华使节会见或视频交流。委员会组成人员 27 人次出席国际和地区议会多边机制视频会议，在疫情防控常态化背景下为全国人大对外交往工作作出积极贡献。[2]

利用外事委员会声明方式积极发声，坚定捍卫国家主权、安全和发展利益。2019 年，针对美国国会众院外委会通过所谓涉港决议案，全国人大外事委员会发言人尤文泽 9 月 26 日表示，该决议案打着"保护香港民众言论、和平集会自由"的旗号，恶意攻击中国中央政府破坏"一国两制"，"干涉"香港事务，诋毁抹黑香港警方捍卫法治的正义之举，再次暴露了美国国会一些人插手香港事务、干涉中国内政的险恶用心。中国全国人大外事委员会对此予以强烈谴责、表示坚决反对。[3] 全国人大外事委员会

〔1〕《第十三届全国人民代表大会外事委员会 2019 年工作总结》。
〔2〕孙梦爽：《在新形势涉外工作中发挥更大作用——全国人大外事委员会 2020 年工作回眸》，《中国人大》2021 年第 5 期，第 30—32 页。
〔3〕《全国人大外事委员会发言人就美国国会众院外委会通过涉港决议案发表谈话》，新华网，http://www.npc.gov.cn/npc/c30834/201909/e103c44e686f4acaa18c7cf2b1511e9f.shtml。

2019 年 10 月 16 日就美国国会众议院通过"2019 年香港人权与民主法案"发表声明,对于美国国会众议院于当地时间 10 月 15 日通过由少数议员提出的所谓"2019 年香港人权与民主法案",公然插手香港事务,粗暴干涉中国内政。中国全国人大对此予以强烈谴责,表示坚决反对。[1] 针对欧洲议会不顾中方多次严正交涉,决定授予伊力哈木·土赫提所谓"萨哈罗夫"奖,全国人大外事委员会发言人尤文泽 2019 年 10 月 25 日指出,我们对欧洲议会以"人权"为幌子粗暴干涉中国内部事务表示强烈不满和坚决反对。[2]

2020 年,全国人大常委会以发言人名义就美国国务院宣布制裁全国人大常委会副委员长发表谈话,深入揭批美方的政治霸凌和双重标准,表明我坚决反对美方以香港事务为借口粗暴干涉中国内政的严正立场。先后 5 次就美国国会所谓"2019 年台北法案""2020 年维吾尔人权政策法案""香港自治法案"等发表外事委员会声明、发言人谈话。[3]

三、全国人大友好小组的对外交往

"相对常委会领导人和专门委员会来说,双边友好小组(协会)的对外交往有着自身的特点。虽然它没有常委会领导人的对

---

〔1〕《全国人大外事委员会就美国国会众议院通过"2019 年香港人权与民主法案"发表声明》,新华网,http: //www. npc. gov. cn/npc/c30834/201910/7f3fb15956b14f10815fbf219040f3ea. shtml。

〔2〕《全国人大外事委员会发言人就欧洲议会决定授予伊力哈木"萨哈罗夫"奖发表谈话》,新华网,http: //www. npc. gov. cn/npc/c30834/201910/504903d815b14639942698bfb9224d6d. shtml。

〔3〕 孙梦爽:《在新形势涉外工作中发挥更大作用——全国人大外事委员会 2020 年工作回眸》,《中国人大》2021 年第 5 期,第 30—32 页。

外交往层次高，也不及专门委员会对外交往的专业性强，却能够显现议会外交的广泛代表性，充分体现广大人民的友好情谊。"[1] 与之对应，在国外议会中设立的对华友好小组，也是与中国开展议会外交的重要力量。由此，积极开展立法机关之间的友好小组交流有助于增进有关国家间双边关系。"为了进一步扩大和加强全国人大同各国议会间的联系和交往，六届全国人大常委会第九次会议决定，先就已经成立了对我友好组织的国家，按国别设立对口友好小组，共设立全国人民代表大会与塞内加尔、扎伊尔、苏丹、土耳其、日本、希腊、意大利、法国、英国、欧洲议会等 10 个对外双边友好小组。"[2]

第六届全国人大常委会第九次会议还通过全国人大 10 个对外双边友好小组主席、副主席和小组成员名单。各友好小组分别由 8 人组成，钱敏任中国—扎伊尔友好小组主席，艾青、林雨任副主席。张珍任中国—塞内加尔友好小组主席，谢怀德、裴维蕃任副主席。莫文骅任中国—苏丹友好小组主席，黄志刚、朱德熙任副主席。符浩任中国—日本友好小组主席，吕叔湘、爱新觉罗·溥杰任副主席。刘伟任中国—希腊友好小组主席，段苏权、陈宗基任副主席。刘有光任中国—意大利友好小组主席，杨立功、丁光训任副主席。曹禺任中国—法国友好小组主席，周子健、刘达任副主席。吴仲华任中国—英国友好小组主席，谷景生、吴桓兴任副主席。雷洁琼任中国—土耳其友好小组主席，宋承志、王淦昌任副主席。曾涛任中国—欧洲议会友好小组主席，

---

〔1〕 熊伟:《关于议会外交的研究》，博士学位论文，中国人民大学，2008 年，第 147 页。

〔2〕《全国人民代表大会常务委员会工作报告（1985 年）》，王汉斌主编:《人民代表大会制度文献集成》（第五卷），中国民主法制出版社 2016 年版，第 3390—3391 页。

孙敬文、吴作人任副主席。[1]

六届全国人大任期结束时（1988 年），全国人大已成立 16 个双边友好小组。七届全国人大任期结束时（1993 年），全国人大已同 27 个国家建立了议会间的双边友好小组。八届全国人大结束时（1998 年），双边友好小组的数量达到 45 个。九届全国人大期间，双边友好小组（协会）的数量增至 78 个。十届全国人大期间，双边友好小组和友好协会的数量已增加至 98 个。十一届全国人大期间，全国人大成立了 106 个双边议会友好小组。十二届全国人大期间，全国人大成立了 105 个双边友好小组。十三届全国人大后，2021 年全国人大与有关国家已建立了 130 个友好小组。[2]

第六届全国人民代表大会期间，1986 年 5 月 20 日，彭真委员长会见欧洲议会对华关系代表团，全国人大中国—欧洲议会友好小组同代表团举行会谈。1986 年 8 月 3 日，叶飞副委员长会见土耳其大国民议会土中友好小组主席史夫根率领的代表团，全国人大中土友好小组和代表团举行会谈。1988 年 2 月 21 日，应全国人大中法友好小组的邀请，法国国民议会法中友好小组代表团抵达广州进行为期 9 天的友好访问，并在结束外地访问后于 26 日抵京。1988 年 2 月 29 日，彭冲副委员长会见澳大利亚联邦议会澳中友好小组主席霍利斯率领的代表团，3 月 1 日，全国人大中澳友好小组同霍利斯率领的代表团举行座谈。[3]

第七届全国人民代表大会期间，1988 年 6 月 14 日，应中国

---

〔1〕 全国人大常委会办公厅：《全国人民代表大会及其常务委员会大事记（1954—2014）》，中国民主法制出版社 2014 年版，第 255 页。

〔2〕 第六届至第十三届的数据来自相应年份的《全国人大常委会工作报告》。

〔3〕 全国人大常委会办公厅：《全国人民代表大会及其常务委员会大事记（1954—2014）》，中国民主法制出版社 2014 年版，第 277、281、311 页。

—日本友好小组邀请，日本众议员大石正光为团长的自民党议员中国研究会访华团开始对我国的访问。1989 年 10 月 23 日，全国人大中英友好小组举行宴会，欢迎应邀来访的英国议会中国小组主席罗伯特·艾德礼一行。1991 年 9 月 2 日—9 日，应伊朗伊斯兰议会伊中友好小组的邀请，何英率领的全国人大中伊友好小组代表团访问伊朗。1991 年 10 月 14 日，由全国人大中加友好小组主席顾明和加拿大议会加中友好小组主席罗伯特·温曼共同主持，双方举行工作会谈。1991 年 10 月 21 日，全国人大中澳友好小组主席刘大年同澳大利亚联邦议会澳中小组主席、参议员布赖恩特·伯恩斯为团长的代表团举行工作会谈。1992 年 1 月 16 日，应全国人大中日友好小组的邀请，日本自民党众议员大石正光为团长的中国研究会访华团抵京，阿沛·阿旺晋美副委员长会见该代表团。[1]

　　第八届全国人民代表大会期间，1997 年 4 月 15 日—19 日，应欧洲议会的邀请，全国人大常委会委员、全国人大外事委员会副主任委员、中欧议会友好小组主席朱启祯率领全国人大代表团对欧洲议会进行访问。[2]

　　第九届全国人民代表大会期间，1999 年 8 月 23 日，应全国人大中意友好小组的邀请，意大利议会古伯特为团长的中国之友协会代表团对我国进行友好访问。1999 年 11 月 24 日，应全国人大中乌友好小组的邀请，乌克兰议会议员帕夫洛夫斯基为团长的乌中友好小组代表团对我国进行友好访问。2000 年 1 月 18 日—

---

〔1〕　全国人大常委会办公厅：《全国人民代表大会及其常务委员会大事记（1954—2014）》，中国民主法制出版社 2014 年版，第 322、344、368—369、373 页。

〔2〕　全国人大常委会办公厅：《全国人民代表大会及其常务委员会大事记（1954—2014）》，中国民主法制出版社 2014 年版，第 515 页。

24 日，应全国人大中立友好小组的邀请，立陶宛议会第一副议长阿尔维达斯·维久纳斯为团长的立中友好小组代表团对我国进行友好访问。2000 年 4 月 16 日，应全国人大中罗友好小组的邀请，罗马尼亚议会众议员、罗中友好小组主席瓦莱留·塔伯拉为团长的罗中友好小组代表团对我国进行友好访问。2000 年 10 月 29 日，李鹏委员长会见欧洲议会对华关系小组主席佩·加尔彤率领的代表团，邹家华副委员长参加会见，同日，李鹏委员长会见俄罗斯国家杜马"祖国—全俄罗斯"议会党团主席、前总理叶夫根尼·普里马科夫一行，何椿霖秘书长、全国人大中俄友好小组主席朱育理参加会见。[1]

第十届全国人民代表大会期间，双边友好小组邀请外国代表团访华情况。2004 年 4 月 4 日—10 日，全国人大中国—拉脱维亚友好小组邀请拉脱维亚拉中议员友好小组代表团一行 11 人访华。2005 年 3 月 28 日—4 月 1 日，全国人大中国—伊朗友好小组邀请伊朗议会伊中友好小组代表团一行 8 人访华。2006 年 1 月 16 日—22 日，全国人大中国—西班牙友好小组邀请西班牙议会西中友好小组代表团一行 29 人访华。友好小组组团进行了出访活动，如 2003 年 10 月 12 日—22 日，应德国联邦议院的邀请，全国人大财政经济委员会副主任委员、全国人大常委会预算工作委员会主任、全国人大中国—德国友好小组主席刘积斌率考察团一行 12 人赴德国对预算审查监督情况进行考察。2004 年 2 月 8 日—15 日，应英国议会中国小组的邀请，全国人大外事委员会副主任委员、全国人大中国—英国友好小组主席吉佩定率全国人大中国—英国友好小组代表团一行 5 人对英国进行访问。更多时候

---

〔1〕 全国人大常委会办公厅：《全国人民代表大会及其常务委员会大事记（1954—2014）》，中国民主法制出版社 2014 年版，第 583、592、596、605、620 页。

全国人大友好小组跟随全国人大代表团访问其他国家。

友好小组还经常出席国际会议。如 2004 年 3 月 25 日—26 日，第三届亚欧议会伙伴会议在越南顺化召开，全国人大内务司法委员会副主任委员、全国人大中国—越南友好小组副主席张志坚率全国人大代表团一行 9 人出席会议。2004 年 9 月 14 日—17 日，应俄罗斯联邦委员会的邀请，全国人大财政经济委员会副主任委员贾志杰率全国人大代表团一行 8 人赴俄罗斯伊尔库茨克出席第三届贝加尔经济论坛。代表团主要成员有全国人大代表、全国人大中国—俄罗斯友好小组成员许远明，内蒙古自治区人大常委会副主任陈瑞清。2005 年 4 月 13 日—20 日，全国人大友好小组随全国人大代表团对日本进行访问期间出席了各国议会联盟"东盟＋3"小组会议开幕式。

友好小组还参与了外国议会领导人访华的接待工作。如 2003 年 7 月 23 日—29 日，泰国国会下议院第二副议长素察·陈乍伦率泰国国会代表团一行 32 人访华期间，全国人大常委会委员长吴邦国、全国人大常委会副委员长路甬祥、中联部部长王家瑞、中国国际友好联谊会副会长梁湜分别会见。全国人大法律委员会委员、全国人大中国—泰国友好小组副主席周玉清全程陪同。[1] 2004 年 7 月 2 日—10 日，日本国会众议院事务局事务次长鬼肪诚率日本国会众参两院事务局代表团一行 16 人访华期间，全国人大常委会副委员长兼秘书长盛华仁，全国人大常委会副秘书长、全国人大中国—日本友好小组主席王云龙分别会见，全国人大常委会副秘书长曹卫洲与代表团进行会谈。2007 年 1 月 21 日

---

〔1〕　全国人大常委会办公厅外事局：《第十届全国人大对外交往大事记（2003 年 3 月—2008 年 2 月）》，中国民主法制出版社 2013 年版，第 35、77、114、17、32、54、79、8 页。

—27 日，应全国人大常委会委员长吴邦国的邀请，智利众议长莱亚尔率智利众议院代表团一行 3 人访华期间，全国人大常委会委员长吴邦国、全国人大常委会副委员长顾秀莲、中联部部长王家瑞、外交部副部长杨洁篪分别会见。全国人大民族委员会副主任委员、全国人大中国—智利友好小组主席武连元全程陪同。2008年 1 月 8 日—16 日，应全国人大常委会委员长吴邦国的邀请，菲律宾众议长德贝内西亚率菲律宾众议院代表团一行 26 人访华期间，全国人大常委会委员长吴邦国、全国人大常委会副委员长蒋正华、中联部部长王家瑞分别会见。全国人大外事委员会副主任委员、全国人大中国—菲律宾友好小组主席南振中全程陪同。[1]

第十一届全国人民代表大会期间，双边友好小组邀请外国代表团访华情况。2009 年 1 月 6 日—14 日，全国人大中国—印度友好小组邀请印度印中议员论坛代表团一行 6 人访华。2009 年 2 月 19 日—22 日，全国人大外事委员会主任委员、全国人大中国—俄罗斯友好小组主席李肇星邀请俄中友好小组代表团一行 4 人访华。2009 年 6 月 21 日—28 日，全国人大中国—玻利维亚友好小组邀请玻利维亚国会玻中友好小组代表团一行 9 人访华。2009年 9 月 17 日—27 日，全国人大中国—秘鲁友好小组邀请秘鲁议会秘中友好小组代表团一行 9 人访华。2010 年 5 月 8 日—13 日，全国人大中国—伊朗友好小组邀请伊朗伊斯兰议会伊中友好小组代表团一行 9 人访华。2012 年 4 月 8 日—13 日，全国人大中国—摩尔多瓦友好小组邀请摩尔多瓦议会对华友好小组代表团一行 7 人访华。

友好小组组团进行的出访活动主要有：2010 年 4 月 9 日—17

---

[1] 全国人大常委会办公厅外事局：《第十届全国人大对外交往大事记（2003 年 3 月—2008 年 2 月）》，中国民主法制出版社 2013 年版，第 47、169、209 页。

日，应亚美尼亚国民会议、阿塞拜疆国民会议的邀请，全国人大民族委员会副主任委员、全国人大中国—亚美尼亚友好小组副组长、全国人大中国—阿塞拜疆友好小组副组长雷鸣球率全国人大民族委员会代表团一行8人对上述两国进行访问。2011年6月16日—21日，应俄罗斯国家杜马的邀请，全国人大外事委员会主任委员、中俄议会合作委员会中方常务副主席、全国人大中国—俄罗斯友好小组组长李肇星率全国人大中俄议会合作委员会中方工作组代表团一行7人对俄罗斯进行访问。2011年7月7日—10日，韩国国会韩中议员外交协会会长金武星邀请全国人大常委会副秘书长、全国人大中国—韩国友好小组组长曹卫洲率全国人大中国—韩国友好小组代表团一行8人对韩国进行访问。更多时候全国人大友好小组随全国人大代表团访问其他国家。

友好小组还出席和主持了国际会议。如2009年7月8日—11日，应俄罗斯联邦委员会的邀请，全国人大常委会预算工作委员会主任、全国人大中国—俄罗斯友好小组副组长高强率全国人大代表团一行8人赴俄罗斯布里亚特共和国乌兰乌德市出席贝加尔经济论坛国际经济研讨会。2012年5月6日—12日，应全国人大中国—墨西哥友好小组的邀请，墨西哥参议院副议长阿罗约率墨西哥国会代表团一行12人访华并出席中墨议会对话论坛第二次会议。访问期间，全国人大常委会副委员长严隽琪、全国人大农业与农村委员会主任委员王云龙、国家旅游局局长邵琪伟、外交部部长助理张昆生分别会见，全国人大外事委员会副主任委员、全国人大中国—墨西哥友好小组组长郑斯林主持中墨议会对话论坛第二次会议。

友好小组还参与了外国议会领导人访华的接待工作。如2008年4月21日—27日，法国参议长蓬斯莱率法国参议院代表团一行 12 人访华期间，全国人大外事委员会副主任委员、全国人大中国—法国友好小组主席南振中全程陪同。2009 年 4 月 19 日—26 日，法国国民议会议长阿夸耶率法国国民议会代表团一行 11 人访华期间，全国人大外事委员会副主任委员、全国人大中国—法国友好小组组长南振中全程陪同。2020 年 1 月 3 日—10 日，乌拉圭众议长阿雷吉率乌拉圭众议院代表团一行 9 人访华期间，全国人大外事委员会副主任委员、全国人大中国—乌拉圭友好小组组长马文普全程陪同。2012 年 1 月 4 日—8 日，越南国会副主席丛氏放率越南国会代表团一行 12 人访华期间，全国人大财政经济委员会副主任委员、全国人大中国—越南友好小组副组长牟新生全程陪同。[1]

第十二届全国人民代表大会期间，双边友好小组邀请外国代表团访华情况。2013 年 5 月 18 日—24 日，全国人大中国—英国友好小组邀请英国议会跨党派中国小组代表团一行 6 人访华。2013 年 7 月 1 日—9 日，全国人大中国—德国友好小组邀请德国联邦议院德中议员小组代表团一行 11 人访华，并举行中德议会（联邦议院）交流机制第二次会议。2013 年 10 月 20 日—26 日，全国人大中国—立陶宛友好小组邀请立陶宛议会立陶宛—中国友好小组代表团一行 6 人访华。2014 年 4 月 25 日—29 日，全国人大中国—英国友好小组邀请英国议会跨党派中国小组代表团一行 7 人访华，并举行中英议会交流机制第六次会议。2015 年 5 月 14 日—19 日，全国人大中国—法国友好小组邀请法国国民议会代表团一行 7 人访华，并举行中法议会（国民议会）定期交流机制第

---

〔1〕 全国人大常委会办公厅外事局：《第十一届全国人大对外交往大事记（2008 年 3 月—2013 年 2 月）》，中国民主法制出版社 2013 年版，第 39、41、55、66、94、167、89、139、141、57、169、6、48、83、161 页。

六次会议。2016 年 7 月 5 日—8 日，全国人大中国—法国友好小组邀请法国参议院代表团一行 9 人访华，并举行中法议会（参议院）定期交流机制第六次会议。2017 年 1 月 7 日—14 日，全国人大中国—巴西友好小组邀请巴西众议院巴中友好小组代表团一行 12 人访华，并举行中巴议会（众议院）交流机制第三次会议。2018 年 1 月 16 日—20 日，全国人大中国—韩国友好小组邀请韩国国会韩中议员外交协会代表团一行 24 人访华。

友好小组还随全国人大代表团出访其他国家，并参与外国议会领导人访华的接待工作。如 2013 年 6 月 3 日—9 日，波兰众议长科帕奇率波兰众议院代表团一行 20 人访华期间，全国人大环境与资源保护委员会副主任委员、全国人大中国—波兰友好小组副组长黄献中全程陪同。2014 年 1 月 11 日—17 日，秘鲁国会主席奥塔罗拉率秘鲁国会代表团一行 11 人访华期间，全国人大教育科学文化卫生委员会副主任委员、全国人大中国—秘鲁友好小组副组长王佐书全程陪同。2015 年 1 月 25 日—31 日，巴基斯坦国民议会议长萨迪克率巴基斯坦国民议会代表团一行 16 人访华期间，全国人大外事委员会副主任委员、全国人大中国—巴基斯坦友好小组组长王晓初全程陪同。2016 年 4 月 10 日—14 日，以色列议长埃德尔斯坦率以色列议会代表团一行 13 人访华期间，全国人大外事委员会副主任委员、全国人大中国—以色列友好小组组长王晓初全程陪同。2017 年 2 月 13 日—17 日，莫桑比克议长马卡莫率莫桑比克议会代表团一行 20 人访华期间，全国人大外事委员会委员、全国人大中国—莫桑比克友好小组副组长杨建亭全程陪同。2018 年 1 月 27 日—2 月 2 日，智利参议长萨尔迪瓦率智利参议院代表团一行 5 人访华期间，全国人大法律委员会副主任委员、全国人大中国—智利友好小组副组长徐显明全程陪同。[1]

第十三届全国人民代表大会期间，全国人大紧紧围绕国家总体外交大局，加强双边友好交往。十三届全国人大三次会议以来的一年，全国人大与有关国家建立了 130 个友好小组，与 22 个国家议会和欧洲议会建立了定期交流机制，与近 190 个国家和地区议会保持交往与联系。举行中俄议会合作委员会第六次会议、中法议会合作委员会第十一次会议，同蒙古国家大呼拉尔开展定期机制交流。与日本、韩国、老挝、柬埔寨、印尼、新加坡、乌兹别克斯坦、德国、肯尼亚等国议会领导人视频会晤，深化立法经验交流互鉴，为国家间务实合作提供法律保障，从立法机构角度助力国家关系深入发展。香港特别行政区维护国家安全法通过后，全国人大以双边友好小组组长名义给 93 个国家议会和欧洲议会发了 106 封信函，介绍有关情况、阐释中方立场，获得广泛理解和支持。[2]

四、全国人大常委会办事机构和工作机构的对外交往

全国人大常委会工作和办事机构不仅承担着为常委会领导、专门委员会、全国人大代表开展对外交往提供服务的任务，同时自身也通过出国访问进行考察与调研、会见、会谈对口机构，举办国际研讨会等多种形式对外进行交流。

第十届全国人民代表大会期间，全国人大常委会办事机构和

---

〔1〕 全国人大常委会办公厅外事局：《第十二届全国人大对外交往大事记（2013年—2018年）》，中国民主法制出版社 2020 年版，第 9、14、27、46、90、140、163、207、11、39、82、128、164、207 页。

〔2〕《全国人民代表大会常务委员会工作报告——2021 年 3 月 8 日在第十三届全国人民代表大会第四次会议上》，《中国人大》2021 年第 6 期。

工作机构进行出国访问与考察情况。2003 年 10 月 12 日—19 日，应瑞士弗里堡大学联邦研究所的邀请，全国人大常委会办公厅研究室副主任王晓民率团一行 5 人赴瑞士进行研究访问。2003 年 11 月 8 日—19 日，应美国国会众议院书记官杰夫·特兰达尔的邀请，全国人大常委会副秘书长周成奎率全国人大常委会办公厅官员团一行 9 人对美国进行访问。2004 年 4 月 17 日—29 日，应日本众议院预算委员会委员长笹川和韩国国会事务总长康容植的邀请，全国人大常委会预算工作委员会副主任王大成率团一行 5 人赴上述两国对预算编制、审查批准、执行监督等情况进行考察。2004 年 6 月 9 日—21 日，全国人大常委会办公厅机关事务管理局局长李铁流率全国人大常委会办公厅考察驻外干部工作组一行 5 人赴加拿大、美国进行考察。2004 年 7 月 18 日—25 日，应新加坡国会秘书长的邀请，全国人大常委会办公厅研究室主任李秋生率团一行 5 人赴新加坡对新加坡国会议事规则、司法监督、立法程序和立法听证等情况进行研究访问。2004 年 8 月 12 日—24 日，全国人大机关党委副书记兼纪委书记王传亮率全国人大常委会办公厅考察驻外干部工作组一行 5 人赴俄罗斯、比利时、瑞士进行考察。2004 年 10 月 12 日—20 日，应瑞士弗里堡大学联邦研究所的邀请，全国人大常委会办公厅研究室副主任阚珂率团一行 5 人赴瑞士对议会立法听证制度和议事规则情况进行研究考察。2004 年 12 月 1 日—12 日，应美国国会众议院书记官杰夫·特兰达尔的邀请，全国人大常委会副秘书长王庆喜率全国人大常委会办公厅代表团一行 9 人对美国进行访问。2004 年 12 月 4 日—12 日，应德国弗里德里希·艾伯特基金会的邀请，全国人大常委会办公厅研究室副主任李秋生一行 5 人赴德国对预算审批制度、委员会制度、议事规则及立法听证等情况进行考察。

2005 年 6 月 5 日—15 日，应加拿大议会中心的邀请，全国人大常委会办公厅研究室副主任李秋生率团一行 5 人赴加拿大进行研究访问。2005 年 11 月 1 日—10 日，应瑞士弗里堡大学联邦研究所的邀请，全国人大常委会办公厅研究室副主任李秋生一行 5 人赴瑞士对立法中的利益表达与平衡问题进行研究访问。2006 年 11 月 29 日—12 月 8 日，应美国国会众议院美中议会交流小组的邀请，全国人大外事委员会办公室主任彭放率全国人大常委会办公厅官员团一行 12 人对美国进行访问。2006 年 12 月 12 日—22 日，应英国议会海外办公室、荷兰议会二院秘书长沃梅伊登的邀请，全国人大常委会机关党委副书记、机关纪委书记郭廷栋率全国人大常委会办公厅官员团一行 15 人对上述两国进行访问。2007 年 5 月 21 日—28 日，应瑞士弗里堡大学联邦研究所的邀请，全国人大常委会办公厅研究室副主任窦树华等一行 5 人赴瑞士对议员发挥作用的机制和保障等问题进行研究访问。2007 年 9 月 22 日—10 月 3 日，应加拿大议会中心的邀请，全国人大常委会办公厅研究室主任郭振华率团一行 9 人对加拿大进行研究访问。同时，全国人大常委会工作和办事机构还邀请外国议会代表团访华，并与外国议会代表团进行会见、会谈。例如：2004 年 6 月 26 日—7 月 3 日，应全国人大常委会办公厅的邀请，越南国会常务委员会委员、办公厅主任裴玉清率越南国会办公厅代表团一行 10 人访华。访问期间，全国人大常委会副委员长兼秘书长盛华仁会见，全国人大常委会副秘书长兼办公厅研究室主任周成奎与代表团进行会谈。2004 年 7 月 2 日—10 日，应全国人大常委会办公厅的邀请，日本国会众议院事务局事务次长鬼昉诚率日本国会众参两院事务局代表团一行 16 人访华。访问期间，全国人大常委会副委员长兼秘书长盛华仁，全国人大常委会副秘书长、全国人大中国—日本友好小组主席王云龙分别会见，全国人大常委会副秘书长曹卫洲与代表团进行会谈。2005 年 12 月 17 日—19日，应全国人大常委会办公厅的邀请，各国议会联盟秘书长约翰松来华进行工作访问。此外，全国人大常委会工作和办事机构还举办国际会议。例如：2003 年 3 月 31 日—4 月 1 日，全国人大常委会法制工作委员会在北京举办行政机关与公民之间的沟通国际研讨会，中欧法律专家共约 30 人出席研讨会。2003 年 8 月 25日—26 日，全国人大常委会法制工作委员会在北京举办行政法诉讼法律制度国际研讨会，中欧法律专家共约 50 人出席研讨会。2003 年 11 月 17 日—18 日，全国人大常委会法制工作委员会在云南丽江举办行政法诉讼法律制度国际研讨会，中欧法律专家共约 36 人出席研讨会。2004 年 7 月 12 日—13 日，全国人大常委会办公厅研究室与加拿大议会中心在北京联合举办立法过程中的公众参与国际研讨会，中加专家学者共约 30 人出席会议。2006 年7 月 11 日—13 日，全国人大常委会办公厅研究室与加拿大议会中心在北京共同举办地方立法中公众咨询活动的规范和标准国际研讨会，国内外 25 名专家学者出席会议。[1]

十一届全国人民代表大会期间，全国人大常委会工作和办事机构进行出国访问与考察情况。2008 年 5 月 7 日—13 日，应瑞士弗里堡大学联邦研究所的邀请，全国人大常委会办公厅研究室局长郭振华率团一行 5 人对瑞士进行研究访问。2008 年 9 月 13日—20 日，应加拿大议会中心的邀请，全国人大常委会办公厅研究室副主任窦树华率团一行 9 人赴加拿大对立法和政策制定过程

---

〔1〕　全国人大常委会办公厅外事局：《第十届全国人大对外交往大事记（2003 年3 月—2008 年 2 月）》，中国民主法制出版社 2013 年版，第 17、22、37、44、49、51、59、66、85、103、154、156、174、193、46—47、110、3、11、24、49、135 页。

中的信息公开等情况进行研究考察。2008 年 10 月 13 日—22 日，根据世界银行中国增值税改革与立法研究项目安排，全国人大常委会预算工作委员会副主任冯淑萍率考察团一行 6 人赴俄罗斯、印度对增值税立法情况进行考察。2008 年 10 月 17 日—22 日，根据中澳管理项目的安排，全国人大常委会预算工作委员会预决算审查室主任夏光率考察团一行 6 人赴澳大利亚对可持续财政管理项目进行总结考察。2009 年 11 月 30 日—12 月 9 日，应美国国会众议院美中工作小组共同主席众议员拉森、加拿大加中议会协会共同主席参议员戴伊和众议员克兰普的邀请，全国人大常委会办公厅外事局局长朱学庆率全国人大官员团一行 15 人对上述两国进行访问。2010 年 5 月 3 日—12 日，全国人大常委会办公厅研究室副主任李秋生率全国人大常委会办公厅研究室代表团一行 6 人赴澳大利亚、新西兰对立法体制及立法公众参与等问题进行调研。2011 年 5 月 15 日—24 日，全国人大常委会法制工作委员会副主任王胜明率考察团一行 5 人赴德国、法国对民事诉讼法进行考察。2011 年 8 月 8 日—12 日，全国人大常委会办公厅工作人员代表团一行 4 人应邀对韩国国会进行访问。同时，全国人大常委会工作和办事机构还邀请外国议会代表团访华，并与其进行会见、会谈。例如：2008 年 3 月 26 日，全国人大常委会法制工作委员会副主任李飞会见应中联部邀请来访的越南党政干部考察团。2008 年 3 月 22 日—30 日，应全国人大常委会办公厅的邀请，美国国会议员助手劳特·戈德堡率美中关系全国委员会组织的美国国会众议院美中工作小组助手团一行 12 人访华。2008 年 5 月 26 日—28 日，应全国人大常委会办公厅的邀请，泰国国会下院秘书处副秘书长颂蓬·瓦尼卡潘率泰国国会下院秘书处代表团一行 15 人访华。2008 年 9 月 19 日，全国人大常委会预算工作委员会副主任冯淑萍在人民大会堂会见墨西哥审计长阿拉贡。
2008 年 10 月 20 日—28 日，应全国人大常委会办公厅的邀请，
美国国会议员助手威尔森率由美国美亚基金会组织的美国国会议
员助手团一行 14 人访华。访问期间，全国人大常委会副委员长
路甬祥、全国人大外事委员会副主任委员查培新、全国人大常委
会副秘书长李连宁分别会见，全国人大常委会办公厅外事局局长
朱学庆与代表团进行会谈。2009 年 4 月 11 日—18 日，应全国人
大常委会办公厅的邀请，加拿大联邦、省议员德里克率加拿大联
邦、省议员及专家代表团一行 8 人访华。访问期间，全国人大常
委会副委员长周铁农会见，全国人大常委会预算工作委员会主任
高强与代表团进行会谈。2009 年 5 月 25 日—29 日，应全国人大
常委会法制工作委员会的邀请，韩国国会法制室室长金声远率韩
国国会法制室代表团一行 7 人访华。2009 年 6 月 29 日—7 月 7
日，应全国人大常委会办公厅的邀请，美国国会议员助手戈德伯
格、米道率美国国会众议院美中工作小组议员助手团一行 12 人
访华。2009 年 7 月 26 日—31 日，应全国人大常委会办公厅的邀
请，越南国会常委会代表工作委员会主任范明宣率越南国会常委
会代表工作委员会代表团一行 11 人访华。访问期间，全国人大
常委会副秘书长王万宾会见，全国人大常委会办公厅研究室主任
沈春耀与代表团进行会谈。2009 年 8 月 17 日—28 日，应全国人
大常委会办公厅的邀请，美国国会议员助手威尔逊率美国国会参
议院高级助手团一行 14 人访华。2010 年 4 月 8 日—14 日，应全
国人大常委会办公厅研究室的邀请，瑞士弗里堡大学联邦研究所
主任汉尼·皮特率瑞士弗里堡大学联邦研究所代表团一行 4 人访
华。2010 年 5 月 31 日—6 月 2 日，应全国人大常委会办公厅的
邀请，各国议会联盟秘书长约翰松访华。2012 年 8 月 6 日—14

日，应全国人大常委会办公厅的邀请，美国国会议员助手格伦·钱伯斯率美国美亚学会组织的美国国会参众两院议员助手代表团一行12人访华。此外，全国人大常委会工作和办事机构还举办国际会议。例如：2008年3月27日—28日，根据日本国际协力机构立法合作项目，全国人大常委会法制工作委员会主办的中日民事诉讼法国际研讨会在北京召开，中日法律专家共约35人出席研讨会。2008年3月31日—4月1日，根据中德法律合作项目，全国人大常委会法制工作委员会主办的中德社会保险法国际研讨会在北京召开，中德法律专家共约45人出席研讨会。2008年4月14日—15日，根据德国司法部合作项目，全国人大常委会法制工作委员会主办的中德侵权责任法国际研讨会在广西南宁召开，中德法律专家共约20人出席研讨会。[1]

第十二届全国人民代表大会期间，全国人大常委会工作和办事机构进行出国访问与考察。例如：2013年4月1日—11日，根据日本国际协力机构（JICA）合作项目安排，全国人大常委会法制工作委员会行政法室主任袁杰率代表团一行10人赴日本，对环境保护法律制度进行调研。2014年1月12日—19日，应柬埔寨、韩国两国国会办事机构邀请，全国人大常委会办公厅人事局局长古小玉率全国人大常委会办公厅工作人员代表团一行15人访问上述两国。2014年6月29日—7月8日，应加蓬国民议会议长恩达马、喀麦隆国民议会议长卡瓦耶邀请，全国人大常委会办公厅研究室主任、全国人大环境与资源保护委员会委员窦树华率全国人大代表团一行10人对上述两国进行访问。2015年4月

---

〔1〕 全国人大常委会办公厅外事局：《第十一届全国人大对外交往大事记（2008年3月—2013年2月）》，中国民主法制出版社2013年版，第8、19、24—25、77、93、134、143、3、10、20、26、46、52、56、60—61、89、97、178、4—6页。

12 日—19 日，应德国国际合作机构邀请，全国人大常委会预算工作委员会预决算审查室主任何成军率代表团一行 4 人访问德国、罗马尼亚，对绩效预算管理改革情况进行调研。2017 年 5 月14 日—21 日，应加拿大联邦议会加中议会协会、美国国会众议院"美中工作小组"邀请，全国人大常委会办公厅研究室副主任李诚率全国人大机关官员团一行 10 人访问上述两国。同时，全国人大常委会工作和办事机构还邀请外国议会代表团访华，并与外国议会代表团进行会见、会谈。例如：2013 年 3 月 20 日，全国人大常委会预算工作委员会副主任姚胜在人民大会堂会见澳大利亚生产力委员会执行主席麦克·伍兹。2013 年 5 月 19 日—25日，应全国人大常委会法制工作委员会邀请，韩国国会法制室室长金炳鲜率韩国国会法制室代表团一行 6 人访华。2013 年 8 月 4日—12 日，应全国人大常委会办公厅邀请，由美亚学会组织的美国国会助手杰德·姆斯科维兹率领的美国国会高级助手代表团一行 12 人访华。2014 年 8 月 8 日—15 日，应全国人大常委会办公厅邀请，由美亚学会组织的美国国会助手代表团一行 11 人访华。2015 年 5 月 26 日，全国人大常委会法制工作委员会副主任郑淑娜在全国人大机关办公楼会见应共青团中央邀请访华的由美国阿拉巴马州伯明翰市议长乔纳森·奥斯汀威率领的美国青年领导人代表团。2015 年 8 月 9 日—15 日，应全国人大常委会办公厅邀请，由美亚学会组织的美国国会助手代表团一行 13 人访华。2016 年 12 月 18 日—26 日，应全国人大常委会办公厅邀请，越南国会常委会代表工作委员会主任、越共中央组织部副部长陈文髓率越南国会常委会代表工作委员会代表团一行 4 人访华。此外，全国人大常委会工作和办事机构还举办国际会议。例如：2013 年 9 月 2 日—5 日，全国人大常委会预算工作委员会和德国国际合作机构在哈尔滨联合举办中国资源税制改革与立法国际研讨会。2016 年 11 月 15 日—16 日，全国人大常委会预算工作委员会与德国国际合作机构在贵阳联合举办关税立法咨询会。[1]

2020 年 5 月，栗战书委员长在第十三届全国人民代表大会第三次会议上提出："积极开展对外工作。充分发挥人大在对外交往方面的独特优势，服务党和国家外交大局。加强高层交往，发挥专门委员会、友好小组、工作机构在对外交往中的作用。"[2]

2021 年 3 月，栗战书委员长在第十三届全国人民代表大会第四次会议上提出："切实加强人大外事工作，深化和拓展各层级各领域交流合作。围绕国家外交总体布局，发挥职能作用，统筹安排疫情防控常态化背景下的对外交往。认真组织委员长会议组成人员外事活动，开展多层次、多渠道对外交往，深化机制交流和专门委员会、友好小组、工作机构交流，积极参与议会多边机制活动。"[3]

附：历届全国人大常委会委员长出访报告选编

吴邦国委员长访问美国、古巴、巴哈马三国情况的书面报告[4]

全国人民代表大会常务委员会：

8 月 31 日—9 月 12 日，全国人大常委会委员长吴邦国应邀对美国、古巴、巴哈马进行正式友好访问。这是在国际政治形势

---

〔1〕 全国人大常委会办公厅外事局：《第十二届全国人大对外交往大事记（2013年—2018年）》，中国民主法制出版社 2020 年版，第 4、39、55、88、173、3、9、18、60、92、100、160、20、155 页。

〔2〕 栗战书：《全国人民代表大会常务委员会工作报告——2020 年 5 月 25 日在第十三届全国人民代表大会第三次会议上》，《中国人大》2020 年第 11 期。

〔3〕 栗战书：《全国人民代表大会常务委员会工作报告——2021 年 3 月 8 日在第十三届全国人民代表大会第四次会议上》，《中国人大》2021 年第 6 期。

〔4〕 中国人大网，http://www.npc.gov.cn/zgrdw/huiyi/cwh/1111/2009-12/15/content_1867428.htm。

发生复杂深刻变化、世界经济复苏迹象尚不明朗的背景下，我国主要领导人对上述三国采取的一次重大外交行动，对推动中美关系健康发展，加强中古团结合作，扩大中巴友好交往，维护我战略机遇期，具有十分重要的意义。三国均高度重视和积极评价吴委员长的访问，媒体作了充分的报道。访问期间，吴邦国委员长分别与三国政府、议会、政党领导人举行会见和会谈，就双边关系、议会交往、经贸合作以及共同关心的重大国际和地区问题深入交换了看法，达成重要共识。还与有关地方领导人和各界人士进行广泛接触，考察我援外工程项目建设，参观与中方合作的美国高科技企业。在美国友好团体联合举办的晚餐会上发表的题为《中国的发展和中美关系》的主旨演讲，在中美经贸合作论坛开幕式上的重要致辞，引起了美国社会各界积极反响。这是一次务实高效、成果丰硕、意义非凡的成功访问。全国人大常委会副委员长兼秘书长李建国等陪同出访。现将主要情况报告如下：

一、增进战略互信，推动中美关系健康发展

中美建交30年来，两国关系历经风雨，取得了历史性进展，已经成为最重要、最富活力、最具发展潜力的双边关系之一。今年4月，胡锦涛主席与奥巴马总统共同确立了努力建设21世纪积极合作全面的中美关系新定位，建立了中美战略与经济对话新机制，为新形势下中美关系的发展指明了方向。今年5月，美国众议长佩洛西访华，此次吴邦国委员长应邀对美国进行正式友好访问，是中国全国人大常委会委员长20年来首次正式访美，掀开了中美关系新的一页，对推动两国议会交往和国家关系发展具有重大现实意义和历史意义。

在华盛顿，吴邦国委员长与美国领导人展开密集的会见会谈，先后会晤奥巴马总统、拜登副总统兼参议长和克林顿国务

卿，分别与佩洛西众议长、井上健代理临时参议长以及参议院多数党、少数党领袖举行会谈，集体会见众议院涉华议员小组负责人和基辛格、奥尔布赖特等美国前政要，双方在友好、建设性气氛中就共同关心的重大问题坦诚交换意见，达成重要共识。吴邦国委员长指出，中国是世界上最大的发展中国家，美国是世界上最大的发达国家。虽然中美之间存在分歧，但共同利益远远大于分歧。双方应当本着相互尊重、求同存异、互利共赢的精神，从战略高度和长远角度看待和发展中美关系，尊重彼此的主权和领土完整，尊重彼此的制度选择和发展道路，尊重彼此的核心利益和重大关切，坦诚对话、耐心沟通，扩大共同利益，排除各种干扰，合作应对挑战。当前中美关系已经站在新的历史起点上，面临重要发展机遇。中美两国应在互利共赢基础上扩大合作领域，在加强交流过程中凝聚合作力量，在相互尊重原则下妥善处理分歧，共同把积极合作全面的中美关系大局维护好、发展好。奥巴马等美国领导人表示，美中关系是 21 世纪最重要的双边关系，美中关系对两国的发展、对世界的稳定与繁荣至关重要。双方拥有广阔的合作空间，在过去的几个月里，美中在一系列全球性问题上进行战略性的互动与合作。美中两国的这种战略伙伴关系不仅造福两国，也造福全世界。美方愿同中方共同努力，推动美中关系取得更大更好的发展。

吴邦国委员长应邀在美国友好团体联合举办的晚餐会上发表的主旨演讲中，用生动事实和大量数据，从发展是中国战胜困难的一大法宝、发展是中国对世界的贡献、发展是中国的第一要务等三个方面，深刻阐述了发展是硬道理和坚持科学发展的战略思想。他强调，中国发展离不开世界，世界繁荣稳定也离不开中国。中国将始终不渝走和平发展道路，既通过维护世界和平发展自己，又通过自身发展维护世界和平。我们认为，由于历史文化、发展阶段、社会制度和意识形态的不同，国与国之间在一些问题上有不同看法甚至分歧，是完全可以理解的。大家可以坐下来谈，一时谈不拢也没关系，至少可以增进相互了解，但分歧不应成为合作的障碍，更不能成为干涉别国内政和遏制别国发展的理由。我们主张，推进国际关系民主化，尊重世界多样性，尊重各国人民自主选择发展道路的权利，不干涉别国内部事务，不把自己的意志强加于人。我们反对，以认识分歧为借口，拿宗教和言论自由作幌子，去支持或变相支持"台独""藏独"等分裂势力，干涉中国内政。我们坚持，在和平共处五项原则的基础上同所有国家发展友好合作。相互尊重国家主权和领土完整，尊重和照顾彼此核心利益，是中国同其他国家和国际组织建立和发展关系的政治基础。这一点在任何时候都不会改变。

二、巩固传统友谊，加强中古团结合作

古巴是社会主义国家，也是第一个同我建交的拉美国家。两国和两国人民一贯相互理解、相互支持，结下了深厚友谊。中古友好经受住国际风云变幻的考验。在新的国际政治经济形势下，巩固中古传统友好，加强中古团结合作，促进两国共同发展，具有特殊的重要意义。

访问期间，吴邦国委员长亲切探望了古共中央第一书记菲德尔·卡斯特罗，同古巴国务委员会主席兼部长会议主席劳尔·卡斯特罗、古巴全国人大主席阿拉尔孔等进行了很好的会谈。他表示，中方感谢古巴在涉及中国核心利益的重大问题上给予的宝贵支持，将一如既往地支持古巴维护国家主权、反对外来干涉的正义斗争，支持古巴积极探索符合本国国情的发展道路。他强调，当前中古关系正处于历史上最好的时期，在新的形势下，

中国共产党和中国政府将继续坚持中古长期友好方针，扎实推进各领域友好合作，不断提升双边关系水平，更好地造福两国人民。

古巴领导人对此表示完全赞成，他们说，中国的快速发展和取得的巨大成就，充分显示了社会主义制度的优越性，对古巴乃至所有发展中国家都具有重要意义。虽然古中国情不同，处在不同发展阶段，但两国都是社会主义国家，中国的发展经验值得古巴学习和借鉴。古巴党、政府和人民十分珍视古中友好，愿与中方一起，相互支持，团结合作，维护世界和平，促进共同发展，让古中友谊代代相传。

三、加深相互了解，扩大中巴友好交往

巴哈马位于加勒比海北部，面积只有 1.4 万平方公里，仅有 33 万多人口，但在加勒比地区具有代表性，是西半球重要的金融中心。吴邦国委员长对巴哈马的正式友好访问，是两国建交 12 年来中国主要领导人首次访巴，也是中国领导人今年对加勒比地区的一次重要外交行动。巴政府和议会领导人认为，吴邦国委员长的访问具有重大历史意义，必将成为巴中关系以及加勒比地区国家与中国关系的重要里程碑。

在会见巴领导人时，吴邦国委员长表示，中方高度重视发展中巴关系，视巴哈马为中国在加勒比地区重要的合作伙伴。他指出，中国一贯主张国际关系民主化，尊重世界多样性，国家不分大小、贫富、强弱，都是国际社会平等一员，国际事务应由各国之间平等协商，国内事务应由本国人民自主决定，反对以大欺小、以富压贫、以强凌弱。中巴虽然国情差别很大，但同属发展中国家，对重大国际和地区问题有着广泛的共同语言。在当前形势下，进一步加强合作符合两国和两国人民的根本利益，中方愿

与巴方一道，不断充实和丰富两国关系的内涵，把中巴友好合作关系提高到一个新水平。

巴领导人说，中国在当今国际舞台扮演越来越重要的角色，对世界和平稳定与发展起到举足轻重的作用，中国不欺小、不欺弱的态度更是赢得了广大发展中国家的高度信任，包括巴哈马在内的加勒比和拉美地区国家对中国为促进该地区发展所作的贡献表示赞赏。中国是巴哈马真诚的朋友，发展对华关系是巴政府的既定方针，也是巴朝野各界的共同心愿。巴方坚定奉行一个中国政策，支持中国和平统一大业。

四、提振合作信心，积极应对国际金融危机

去年爆发的国际金融危机，给世界各国经济发展造成重大冲击，也对我与三国经贸合作尤其是企业合作产生严重影响。访问期间，吴邦国委员长与三国领导人和工商界人士谈论最多的话题之一就是提振合作信心，积极应对国际金融危机，促进世界经济尽快复苏。针对三个国家的不同情况，他提出一系列深化互利合作的真知灼见，得到对方积极响应。

在美国，吴邦国委员长指出，虽然世界经济复苏的迹象还不明朗，国际金融危机的长远影响也不可忽视，但中美经贸合作潜力巨大、前途光明。一是中美经贸合作的大趋势不会改变，双方经济的互补优势、合作共赢的基本格局并没有因为国际金融危机影响而改变。二是中美两国实施的刺激经济增长计划带来了新的合作商机，两国企业只要善于危中觅机，完全可以大有作为。三是中美两国经济结构调整战略将拓展新的合作领域，低碳经济、可再生能源和清洁能源、洁净煤和碳捕捉及封存、智能电网、建筑能效、新能源汽车等方面的合作，将成为中美经贸合作新的增长点。希望中美企业充分发挥作为经贸合作主体的作用，积极探

索合作的新途径，通过开展联合研究、建设示范工程、共同开发技术、扩大相互投资等形式，共同开拓合作的新领域，在互利合作中实现产业升级。两国政府应努力改善政策和法制环境，推动双边贸易和投资便利化，及时妥善解决合作中出现的问题。在当前情况下，尤其要坚持自由贸易原则，防止各种形式的贸易保护主义。

美国领导人和工商界人士对吴邦国委员长的精辟分析和务实建议反响强烈，认为中国的发展为两国经贸合作提供了机遇，也有助于促进美国乃至世界经济复苏。美国领导人表示，愿进一步加强与中方的接触和交流，扩大互利合作，共同反对贸易保护主义，推动双边经贸关系持续发展，造福于两国人民。美国工商界表示，将积极投资中国市场，密切与中国企业的合作关系，着力加强经济技术合作，共同培育新的合作增长点。访问期间，中美双方共同举办了主题为"新科技、新能源、无限合作商机"的中美经贸合作论坛，美国联邦政府和亚利桑那等7个州的官员、110多家企业的150多名企业家以及中国95家企业的200多名企业负责人参加论坛。两国政府、企业和有关方面在论坛上签署41项投资和经济技术合作协议与合同，总额达123.8亿美元，涉及新能源及原材料、通信、电子、机械、旅游等多个领域，有力地推动了双方经贸合作深入发展。

在古巴和巴哈马，吴邦国委员长表示，中国在努力保持国内经济平稳较快发展的同时，积极参与国际合作，呼吁国际社会在应对国际金融危机、改革国际金融体系的过程中，重视各国尤其是发展中国家的重要作用，增加发展中国家代表性和话语权，照顾发展中国家的正当权益，尽量减少危机对发展中国家特别是最不发达国家的损害，促进世界经济尽快恢复增长。中方愿同广大发展中国家一道，推动国际金融体系朝着有利于发展中国家的方向发展。吴邦国委员长还就共同搞好在建合作项目、努力挖掘合作潜力、扩大合作规模以及双方重点合作项目等问题，同两国领导人进行了深入探讨。两国政府欢迎更多的中国企业到该国投资兴业，并愿为此创造良好的环境。访问期间，中方分别与古方和巴方签署了8个和5个经贸合作文件。

五、加强协调合作，共同应对全球气候变化

气候变化是当今人类社会面临的共同挑战，需要国际社会携手合作、共同应对。这是吴邦国委员长访问期间各方普遍关心的一个问题。

吴邦国委员长分别向三国领导人介绍了中国在应对气候变化方面的原则立场、采取的政策措施和取得的积极成效。他说，中国作为负责任的国家，一贯高度重视气候变化问题，把资源节约、环境保护作为基本国策，把实现可持续发展作为国家战略，颁布了《应对气候变化国家方案》，制定了涵盖影响气候变化各领域的法律法规，最近全国人大常委会又通过了关于积极应对气候变化的决议，并着手修改可再生能源法等法律。中国大力发展可再生能源和清洁能源，努力改善能源结构，与此同时，下大力气淘汰落后产能以减少排放，大规模植树造林以增加碳汇，为减缓和适应气候变化作出了贡献。他强调，中方坚持"共同但有区别的责任"原则，积极参与应对气候变化国际合作，促进《联合国气候变化框架公约》及《京都议定书》的全面、有效和持续实施。三国领导人对此给予高度评价，美方认为，美中在气候变化和能源环境方面已有良好的合作基础，孕育巨大合作潜力，愿在中美能源环境合作十年框架文件的基础上，着力加强在低碳经济等领域的合作，共同保护人类赖以生存的气候

环境。

六、加强议会交往，促进国家关系全面发展

美、古、巴三国议会，在各自国家政治生活中都有着重要地位，发挥着重要作用。进一步密切中国全国人大同三国议会的友好交往，是吴邦国委员长此访的重要目的之一。访问期间，吴邦国委员长与三国议会领导人、专门委员会以及多数党、少数党领袖和议员进行了广泛接触交流，就加强议会交往、增进相互理解、促进务实合作深入交换意见。他反复强调，通过议会交往，应使议会成为国家关系健康稳定发展的建设性力量。

近年来，中国全国人大分别同美国国会参众两院建立起定期交流机制，先后与美众议院举行了 10 次会议、与美参议院举行了 4 次会议，并带动专门委员会、友好小组、工作机构等多层次、宽领域的交流，为推动中美关系发展发挥了积极作用。今年两国议会领导人成功实现互访，标志着两国议会交往进入新的历史阶段。吴邦国委员长指出，双方应保持这一良好发展势头，围绕两国关系发展大局，保持密切交往，加强定期交流，开展专门委员会、工作机构等多层次友好往来，深入坦诚对话，扩大政治互信，促进务实合作，使议会成为推动中美关系健康稳定发展的建设性力量。美参众两院领导人表示，美国新一届国会希望进一步加强同中国全国人大的友好交流与合作，继续推进定期交流机制建设，为促进美中关系发展贡献力量。

在古巴和巴哈马，吴邦国委员长对中国全国人大同古巴全国人大、巴哈马参众两院的友好合作表示满意，希望通过此次访问进一步提升双方关系水平，积极开展立法监督、发展经济、改善民生等方面的经验交流，密切在各国议会联盟和拉美议会等国际和地区议会组织中的协调与配合，为国家关系发展注入

新的活力，增添新的内涵。两国议会领导人完全赞成吴邦国委员长的建议，表示将与中国全国人大保持密切交往，开展多种形式交流，相互学习治国理政经验，为促进国家关系发展多做工作。

过境加拿大温哥华时，吴邦国委员长分别会见了专程前来迎接的加拿大国际贸易部长和特意前来拜访的不列颠哥伦比亚省长，就双边关系、地方合作等同他们交换意见，双方均表达了推动中加关系健康顺利发展的意愿。

议会交往是国家关系的重要组成部分，对加深相互了解，增进政治互信，促进务实合作，推动国家关系全面发展发挥着不可替代的作用。为进一步增强人大对外交往的实效，根据吴邦国委员长的指示精神，这次在同美国国会领导人会谈时改进了会谈方式，吴邦国委员长主要就双边关系等重大问题与对方领导人交换看法，由陪同人员与对方议员进行专题交流，阐述我方观点，回答对方关切，方式更加灵活，交流更加深入，取得了很好的效果，更好地体现了人大对外交往的特点和优势，值得认真总结经验，并在今后的工作中不断加以完善。为了适应人大对外交往的新形势新任务新要求，我们体会到，只有加强学习、注重积累，掌握外交政策，熟悉基本国情，了解往访国情况，深入研究思考，知己知彼，心中有数，才能提出问题有理有据，增信释疑入情入理，表达关切切中要害，沟通交流讲求实效，不断提高人大对外交往的质量和水平。

以上报告，请予审议。

全国人民代表大会常务委员会办公厅

2009 年 9 月 12 日

115

张德江委员长访问葡萄牙、波兰、塞尔维亚情况的书面报告[1]

全国人民代表大会常务委员会：

2017 年 7 月 10 日—19 日，全国人大常委会委员长张德江应邀访问葡萄牙、波兰和塞尔维亚。张德江委员长夫人辛树森，全国人大常委会副委员长兼秘书长王晨，全国人大外事委员会主任委员傅莹，外交部副部长张业遂，全国人大常委会副秘书长陈国民，办公厅研究室主任郭振华陪同出访。现将主要情况报告如下：

张德江委员长此次访问，是在习近平主席成功访问俄罗斯、德国并出席二十国集团汉堡峰会，"一带一路"国际合作高峰论坛积极影响不断扩大、中欧关系发展迎来重要发展机遇的背景下，我国对欧洲地区采取的一次重大外交行动，对于推动落实习近平主席同往访三国领导人达成的重要共识，提升我国同三国友好合作水平，深化全国人大同三国议会交流合作，推动中欧关系全面发展具有重要意义。

张德江委员长此次访问，繁忙而务实、紧张而高效，先后到访 3 个国家、4 个城市，密集开展 38 场正式活动。访问期间，张德江委员长分别会见葡萄牙总统德索萨、波兰总统杜达、塞尔维亚总统武契奇，分别会见葡总理科斯塔、波总理谢德沃、塞总理布尔纳比奇，与葡议长罗德里格斯、波众议长库赫钦斯基和参议长卡尔切夫斯基、塞议长戈伊科维奇分别举行会谈，就双边关系、立法机关合作以及共同关心的重大国际和地区问题深入交换意见，达成广泛共识；在塞国民议会发表题为《跨越时空的深厚

---

[1] 中国人大网，http://www.npc.gov.cn/zgrdw/npc/xinwen/2017-09/01/content_2028075.htm。

友谊 面向未来的战略伙伴》的演讲，与塞议长戈伊科维奇共同会见媒体，与塞国民议会塞中友好小组40多名议员进行座谈；与科斯塔总理共同出席中葡直航通航仪式，出席中国三峡集团与葡电力公司合作成果图片展开幕式，与波众议长库赫钦斯基、副总理莫拉维茨基共同出席中国—波兰"一带一路"合作暨物流基础设施投资论坛开幕式，与塞议长戈伊科维奇、总理布尔纳比奇共同视察中塞企业合作项目河钢斯梅戴雷沃钢厂、科斯托拉茨电站，亲切慰问两国工程技术人员和职工代表；出席中波友好人士座谈会，参观奥斯维辛集中营博物馆；赴中国驻南联盟被炸使馆旧址，凭吊在使馆被炸事件中英勇牺牲的烈士；亲切看望我驻往访国使馆工作人员和中资机构、华侨华人、留学生代表等。

三国高度重视张德江委员长此次重要访问，给予热情友好接待和高规格礼遇。葡议长罗德里格斯陪同张德江委员长检阅葡萄牙共和国卫队仪仗队；波总统杜达缩短出访行程，提前回国同张德江委员长会见；塞总统武契奇从美国访问回来，即在机场同张德江委员长会见，并亲自到中方包机前送行；塞议长戈伊科维奇到机场迎送并全程陪同张德江委员长，塞国民议会举行特别会议，邀请张德江委员长发表演讲，塞议长、副议长，总理、副总理，总统特别代表，议员和内阁成员以及部分外国驻塞使节出席会议，塞尔维亚国家广播电视台向全国直播。三国领导人和当地媒体盛赞，张德江委员长的访问带来了中国共建"一带一路"、加强友好合作的务实举措，表达了中国人民对往访国人民的深情厚谊，具有重要意义和深远影响。张德江委员长此访取得圆满成功，达到了巩固友谊、增进互信、深化合作的目的。

一、增进战略互信，筑牢国家关系发展的政治基础

2017年以来，习近平主席先后三次访问欧洲，为中欧关系发展注入持久动力。张德江委员长此次访问的欧洲三国，都是我传统友好国家和全面战略伙伴。葡萄牙是欧盟重要成员之一，在葡语国家具有传统影响力；波兰地处欧洲"十字路口"，在中国—中东欧国家合作中发挥着引领作用；塞尔维亚是第一个同中国建立全面战略伙伴关系的中东欧国家。中国与往访三国的关系，从一个侧面体现了中欧关系的全面性、战略性和长期性。

张德江委员长每到一国，分别向国家元首、政府首脑转达习近平主席、李克强总理的亲切问候。他高度评价双边关系正处于历史最好时期，就深化双边友好合作同往访国领导人深入交换意见。在会见葡萄牙领导人时，张德江委员长提出，中葡是相互理解和尊重、彼此信任和支持的好朋友好伙伴。希望双方牢牢把握住中葡关系正确发展方向，增强政治互信和战略协作，照顾彼此核心利益和重大关切，推动中葡友好合作实现跨越式发展。张德江委员长还介绍了澳门回归后的发展成就，表示中方愿同葡方一道，发挥好中国—葡语国家经贸合作论坛作用，共同推动中国与葡语国家各领域合作深入发展。葡方领导人表示，同中国加强合作是葡各党派普遍共识，双方应把两国领导人达成的重要共识和重大合作项目落到实处，推动葡中全面战略伙伴关系更上一层楼。葡方支持澳门成为中国同葡语国家深化经贸合作的重要平台。

2015 年、2016 年习近平主席和波兰总统杜达成功互访，双边关系提升为全面战略伙伴关系。在会见波兰领导人时，张德江委员长表示，中方高度重视发展与波兰的关系，视波兰为中国与中东欧和欧盟合作的重要伙伴。双方应以推动落实两国元首达成的重要共识为首要任务，秉承传统友谊，深化互利合作，推动中波关系不断向前发展。波方领导人表示，波中已成为真正的战略合作伙伴，波方期待深化对华友好合作，在国际问题上加强沟通和协调，不断丰富、发展波中全面战略伙伴关系。

2016年6月，习近平主席对塞尔维亚进行国事访问，两国元首一致决定建立全面战略伙伴关系，引领中塞关系步入全方位、高水平发展的历史新阶段。在会见塞尔维亚领导人时，张德江委员长强调，战略互信水平高是中塞长期积累的宝贵财富。中方视塞尔维亚为可以信赖的朋友，愿与塞方携手努力，进一步巩固政治互信，深化互利合作，增进人民友谊，加强在重大国际和地区问题上的沟通协调。中方赞赏塞方在涉及中国核心利益问题上始终给予中方坚定支持，将一如既往尊重塞尔维亚人民根据本国国情自主选择的发展道路，支持塞方为维护国家主权和领土完整所作出的努力。塞方领导人表示，塞中两国人民之间有着真挚和牢固的友谊，两国是可靠的朋友和伙伴。塞方衷心感谢中国对塞尔维亚的坚定支持，将全力维护塞中友好关系，推进两国友好合作。

在谈到中欧关系时，张德江委员长说，当前中欧全面战略伙伴关系日趋成熟深入。在世界经济复苏脆弱的背景下，中欧应深化利益融合，促进联动增长，共同维护自由开放的多边贸易体系，推动国际秩序朝着更加公正合理的方向发展。希望葡萄牙、波兰为推动中欧关系发展发挥更加积极影响，敦促欧盟履行中国加入世界贸易组织议定书第15条相关义务，加快推进中欧投资协定谈判。两国领导人表示，愿继续为推动欧中务实合作和欧中关系发展发挥建设性作用。

二、完善交流机制，开启立法机关友好合作新阶段

进一步提升中国全国人大与往访三国议会的合作水平，是张德江委员长此次欧洲三国之行的重要目的之一。张德江委员长对葡萄牙的正式友好访问，是两国建交 38 年来中国全国人大常委会委员长首次到访；对波兰、塞尔维亚的正式友好访问分别是时隔 10 年和 7 年再次到访。访问期间，张德江委员长同葡萄牙、波兰、塞尔维亚议会领导人分别签署立法机关合作谅解备忘录，为双方保持交流的连续性和稳定性、增强合作的针对性和实效性提供了有力保障。

每到一国，张德江委员长都强调，立法机关交往是两国友好关系的重要组成部分，在增进政治互信、推动务实合作、加深人民友谊方面发挥着重要作用。结合立法机关职能作用和特点优势，张德江委员长就提升两国立法机关友好合作水平提出了一系列建议：一是维护好国家关系发展大局，不断增进相互了解和信任，在涉及彼此核心利益的重大问题上相互理解和支持；二是保持立法机关高层交往势头，健全完善交流机制，积极开展专门委员会、议会友好小组等各层次友好交往；三是深入开展治国理政经验交流，加强在社会治理、民主法治等方面的互学互鉴；四是发挥立法机关联系广泛、影响力大的优势，促进两国经贸合作、人文交流、地方和民间往来，夯实国家关系的社会和民意基础。

针对往访国的具体情况，张德江委员长与三国议会领导人深入探讨密切立法机关合作的务实举措。张德江委员长指出，葡萄牙是中国企业在欧洲重要的投资目的地国，希望葡方保持法律和政策的连续性，保障中国在葡投资企业和人员的合法权益。他表示，中波立法机关友好往来基础良好、日趋频繁，双方应密切政策协调和法律沟通，为对接发展战略、深化互利合作提供更加完善的法治环境。他强调，中塞立法机关要聚焦国家治理、立法工作等方面，进一步拓展和深化经验交流，为巩固和发展中塞友谊而共同努力奋斗。

三国议会领导人一致认为，张德江委员长此访对于加强两国立法机关友好合作、推动国家关系发展，具有重要而深远的意义。希望双方以签署立法机关合作谅解备忘录为契机，密切各层次友好往来，开展形式多样的交流合作，为深化双方互利合作、增进人民友谊发挥建设性作用。三国议会领导人均表示，支持本国政府加强对华合作，并愿为此作出更加积极的努力。塞议长戈伊科维奇表示，塞国民议会坚持优先审议和批准政府提出的对华合作议案，为扩大两国互利合作提供良好法治环境。

三、坚持互利共赢，推进"一带一路"国际合作

访问期间，张德江委员长重点介绍了"一带一路"国际合作高峰论坛成果和重大意义。他指出，习近平主席提出建设"一带一路"的重大倡议，创造了前所未有的历史机遇。倡议提出4年来，得到国际社会积极响应和广泛支持，100多个国家和国际组织参与，一大批合作项目陆续启动，"一带一路"建设取得了初步成果。"一带一路"国际合作高峰论坛，明确了未来合作方向和具体路线图，确定了一批重点实施项目，努力打造治理新理念、合作新平台、发展新动力。

葡萄牙是最早响应、积极参与"一带一路"建设的欧洲国家之一。波兰是中欧班列进入欧盟国家的门户和枢纽，在中东欧地区率先加入亚洲基础设施投资银行。塞尔维亚是"一带一路"建设的重要节点国家，在巴尔干地区首个同中国签署推进"一带一路"建设政府间谅解备忘录。张德江委员长充分肯定三国参与"一带一路"建设的独特优势，希望双方以推动落实"一带一路"国际合作高峰论坛成果为契机，秉持共商、共建、共享原则，找准合作契合点，加强基础设施、优势产能、贸易金融等领域合作，共同探讨开拓第三方市场，更好造福两国和两国人民。

　　设施联通是共建"一带一路"的优先合作方向。张德江委员长在出席相关经贸活动时指出，北京—里斯本航线的开通，填补了中葡民航直航的空白，为中葡、中欧以及中国与葡语国家密切合作提供了新的机遇。他强调，波兰地理位置优越，是"琥珀之路"和"丝绸之路"的交汇点，双方应加强基础设施建设合作，做优做强中欧班列品牌，不断提升中波、中欧互联互通水平。中方愿支持波兰建设辐射中东欧地区的物流中心，鼓励更多实力强、信誉好的中国企业参与波兰公路、铁路、港口、机场等基础设施建设。

　　中塞大项目合作不断取得新突破，成果在中东欧地区最为突出。张德江委员长强调，中塞经济互补性强，已有成功合作范例。双方应立足当前、着眼长远，不断释放合作潜力，发挥大项目合作的辐射带动作用，使中塞合作成为"16＋1合作"的标杆和典范。张德江委员长强调，河钢斯梅戴雷沃钢厂是中塞产能领域大项目合作的重要成果。在中塞两国元首的共同引领和推动下，钢厂在短短一年间就扭亏为盈、重现生机，为稳定当地就业、改善人民生活、促进经济发展发挥了积极作用。希望双方遵循市场规律，加快技术改造和产品创新，强化企业运营管理和信息化建设，全面提升企业竞争力，努力把河钢斯梅戴雷沃钢厂打造成中国—中东欧国家产能合作的样板项目。

　　中国—中东欧国家合作是中欧全面战略伙伴关系的重要组成部分。张德江委员长说，"16＋1合作"实施5年来，保持快速发展势头，已进入全面深化、落实成果的关键时期。中方视波兰、塞尔维亚为中东欧地区的重要合作伙伴，真诚希望波方、塞方在"16＋1合作"中继续发挥引领和示范作用，共同推进中国—中东欧国家合作持续快速发展，筹办好第六次16＋1领导人布达佩斯会晤，将"16＋1合作"打造成"一带一路"建设融入欧洲经济圈的重要接口。

三国领导人一致表示，热烈祝贺"一带一路"国际合作高峰论坛取得圆满成功；一致认为习近平主席提出的"一带一路"倡议对促进世界经济增长和可持续发展意义重大，希望成为"一带一路"建设的重要支点、中国—中东欧国家合作的桥梁纽带，期待在"一带一路"建设以及"16＋1合作"等框架内，扩大在新能源、农产品、基础设施、交通物流、中小企业等领域合作，欢迎中国企业前来投资发展，并愿为此提供公平便利的营商环境。

四、促进民心相通，拉紧人文交流纽带

人文交流形式丰富、影响广泛，是推动国家关系发展的牢固基础。中国和往访三国虽相距遥远，但传统友谊深厚，人民之间一向怀有友好感情，加强人文交流的基础坚实、势头良好。张德江委员长每到一国都强调，双方要从战略高度重视发展两国友好事业，持续推进文化、教育、科技、出版、旅游、体育等领域合作，在两国人民之间架起友谊的桥梁，不断夯实国家关系的社会和民意基础。

访波期间，张德江委员长在华沙出席中波友好人士座谈会，同来自波兰社会各界的26位友好人士亲切交流。张德江委员长表示，希望两国越来越多有识之士投身中波友好事业，成为增进两国友谊的使者，壮大知华友华力量，共同致力于推动国家关系全面健康发展。座谈会上，13位友好人士代表纷纷发言，满怀深情地回顾中波友好的感人往事，充满信心地展望中波合作的美好前景，深信中波友好合作必将蓬勃发展、大有作为，愿为深化两国各领域合作贡献智慧和力量。张德江委员长还前往奥斯维辛集中营博物馆悼念遇难者，表示中方愿与波方一道，铭记历史、珍

爱和平、开创未来，以维护和平的共同追求加强两国友谊的纽带。

地方合作接地气、惠民生，是国家关系的重要组成部分，是深化务实合作的重要着力点。张德江委员长同往访国领导人、地方官员会晤时强调，国家关系发展需要扎根地方、依靠地方、惠及地方。地方合作潜力巨大、大有可为，要因地制宜、各显神通，深挖合作潜力，拓宽合作空间，使地方合作成为两国互利合作新的增长极。张德江委员长到访波兰文化古都克拉科夫，同波兰副众议长泰莱茨基、小波兰省省督齐维克亲切会晤，就深化中波地方合作特别是小波兰省对华务实合作深入交换意见。张德江委员长说，今年恰逢江苏省与小波兰省缔结友好关系 20 周年，希望双方积极参与中波发展战略对接合作，推动更多合作项目在小波兰省开花结果。

三国领导人和地方官员积极回应张德江委员长提出的务实建议，表示愿同中方开展丰富多彩的人文交流和地方合作，为便利人员往来、畅通投融资渠道、维护两国企业和公民权益等创造更好的政策法律环境，期待更多中国游客来旅游观光。

五、增进相互了解，宣介中国特色社会主义道路

访问期间，张德江委员长利用会见会谈、考察参观、出席活动等多种场合，以详实的数据、生动的事例，重点介绍了中国发展的历程和取得的巨大成就，深刻阐释了中国特色社会主义制度优势，在往访三国引起强烈反响、产生良好效果。三国领导人、当地媒体普遍认为，张德江委员长的介绍内涵丰富、深入浅出、意义深远，一致表示中国取得的发展进步令人钦佩，积累的丰富经验值得学习、很受启发，对于促进本国经济社会发展具有借鉴意义。

　　张德江委员长说，中华民族有 5000 多年的文明历史，为人类作出了卓越贡献。近代以后，由于西方列强的入侵，中国逐渐沦为半殖民地半封建社会，中华民族遭受了前所未有的苦难。1949 年中华人民共和国成立时，中国国内生产总值只有 189 亿美元，人均仅 35 美元，是世界上最贫穷落后的国家之一。60 多年来特别是改革开放 30 多年来，中国发展取得了举世瞩目的成绩。2012 年中国共产党第十八次全国代表大会召开以来，以习近平同志为核心的中共中央团结带领中国人民，统筹推进经济建设、政治建设、文化建设、社会建设、生态文明建设"五位一体"总体布局，协调推进全面建成小康社会、全面深化改革、全面依法治国、全面从严治党"四个全面"战略布局，积极推动创新、协调、绿色、开放、共享发展，中国经济社会发展取得新的辉煌成就。2016 年中国国内生产总值达到 11.2 万亿美元，人均超过 8000 美元。

　　张德江委员长说，国际社会高度赞赏和钦佩中国的发展成就，很多外国朋友对中国的发展理念、发展道路、发展模式产生浓厚兴趣，向我询问中国快速发展进步的原因。我给出的答案可以概括为三点。一是坚持中国共产党的领导。中国共产党是在中华民族内忧外患、社会危机空前严重的背景下诞生的。96 年来，从只有 50 多名党员，到超过 8900 万名党员、在 13.8 亿人口的大国长期执政，中国共产党团结带领中国人民，历经磨难、砥砺前行，创造了人类社会发展史上惊天动地的发展奇迹，为中华民族作出了伟大历史性贡献。坚持中国共产党的领导，是中国发展的根本所在、命脉所在，是中国各族人民的利益所在、幸福所在。二是坚持中国特色社会主义道路。中国立足自身国情和实践，从中华文明中汲取智慧，博采东西方各家之长，坚守但不僵化，借鉴但不照搬，在不断探索中走出了一条适合中国国情的发展道路。实践雄辩地证明，这条路走得通、走得对、走得好，中国人民对自己选择的发展道路充满自信。三是坚持人民代表大会制度。我们坚持国家一切权力属于人民，支持和保证人民当家作主。中国从中央到地方的五级人民代表大会共有260多万名人大代表，其中直接选举产生的有250多万名，占总数的95%，参与选举的选民达到9亿多人。我们全面推进依法治国，建设社会主义法治国家。目前，中国现行有效的法律有259部、行政法规有700多件、地方性法规有1万余件，国家和社会生活各个方面总体上实现了有法可依。人民代表大会制度作为中国的根本政治制度，为实现国家富强、人民幸福、民族振兴提供了坚实保障。张德江委员长强调，在以习近平同志为核心的中共中央坚强领导下，中国人民正满怀信心、脚踏实地为实现"两个一百年"奋斗目标、实现中华民族伟大复兴的中国梦努力奋斗。

通过此次访问，我们更加深切体会到，党的十八大以来，以习近平同志为核心的党中央积极推进外交理论和实践创新，提出了一系列富有中国特色、体现时代精神、引领人类发展进步潮流的新理念新思想新主张，形成并确立了习近平外交思想，是我们开展对外工作的根本指针和重要遵循。十二届全国人大及其常委会坚决贯彻落实习近平总书记外交思想和中国特色大国外交论，紧紧围绕国家外交战略总体布局加强谋划和运筹，着力推动落实习近平总书记重大外交行动成果，不断增强人大对外交往的主动性、针对性和实效性。坚持服从服务国家关系发展大局，深入开展治国理政经验交流，巩固和完善议会定期交流机制，全面推进与外国议会各层次友好合作，充分发挥人大对外交往在巩固政治互信、深化互利合作、扩大人文交流、增进人民友谊方面的独特作用；扎实推进议会多边外交，积极参与各国议会联盟、亚太议会论坛、亚洲议会大会等多边组织活动，主动提出中国主张和倡议，不断提升国际话语权和影响力；积极宣介中国共产党的领导和中国特色社会主义制度，讲好中国故事、讲好人大故事，增进国际社会对中国发展道路和内外政策的理解、认同和支持。四年多来，全国人大对外交往取得了丰富成果，为推进我国全面深化改革和全方位对外开放，维护和延长我国发展的重要战略机遇期，实现"两个一百年"奋斗目标和中华民族伟大复兴的中国梦作出了应有贡献。

以上报告，请予审议。

全国人民代表大会常务委员会办公厅

2017 年 7 月 29 日

栗战书委员长访问挪威、奥地利、匈牙利情况的书面报告[1]

全国人民代表大会常务委员会：

2019 年 5 月 15 日—24 日，全国人大常委会委员长栗战书应邀对挪威、奥地利、匈牙利进行正式友好访问。全国人大常委会秘书长杨振武，全国人大民族委员会主任委员白春礼、外事委员会主任委员张业遂、社会建设委员会主任委员何毅亭、外交部副部长王超陪同出访。现将主要情况报告如下。

栗战书委员长访问挪威、奥地利、匈牙利三国，是在当前国际形势深刻复杂变化、逆全球化持续发酵、中欧关系发展面临难得机遇的背景下，今年我国对欧洲方向的又一次重大外交行动。

---

〔1〕　中国人大网，http：//www.npc.gov.cn/npc/c30834/201907/7985c690108c46c5a4abce3cc28a005f.shtml。

此次访问贯彻"增进互信、促进交流、深化合作、服务发展"的方针，取得了圆满成功。一是推动落实习近平主席与往访三国领导人的重要共识。近年来，习近平主席与挪威、奥地利、匈牙利领导人多次会晤，引领双边关系发展方向。习近平主席2019年首访就选择欧洲，李克强总理4月赴欧举行中国—欧盟领导人会晤、中国—中东欧国家领导人会晤并访问克罗地亚。栗战书委员长此访，是今年中国对欧外交的重要组成部分，对于推动落实中国与往访国达成的合作协议、持续推进双边关系和中欧关系深入发展具有重要作用。二是推动共建"一带一路"合作。习近平主席在第二届"一带一路"国际合作高峰论坛上发表重要讲话，提出高质量共建"一带一路"的原则、理念和目标，宣布中国一系列重大改革开放举措。栗战书委员长此访的一项重要任务，是宣介和推动落实高峰论坛成果，从立法机构层面促进中国与往访国在"一带一路"框架下加强务实合作。三是宣介中国的发展道路、制度优势、伟大成就和对外政策主张。积极主动发声，讲好中国故事，强化与往访国在政策理念上的对话沟通，增进相互了解和信任。四是深化立法机构交流合作。此次欧洲三国之行，是中国全国人大常委会委员长时隔15年再次访问挪威、时隔10年再次访问奥地利、时隔12年再次访问匈牙利。访问期间，栗战书委员长与三国议会领导人深入友好交流，形成许多共识，推动立法机构合作提升到新的水平。

栗战书委员长在9天时间里到访奥斯陆、斯塔万格、维也纳、萨尔茨堡、布达佩斯5座城市，密集开展46场活动，行程紧凑、重点突出、内容丰富。分别会见挪威国王哈拉尔五世、首相索尔贝格，奥地利总统范德贝伦、总理库尔茨，匈牙利总统阿戴尔、总理欧尔班；与挪议会议长特罗恩、奥国民议会议长索博特卡和联邦议会议长阿佩、匈国会主席格维尔分别举行会谈，就双边关系、务实合作、立法机构交往以及共同关心的问题深入交换意见，达成了广泛共识；出席庆祝中挪建交 65 周年经贸座谈会、中匈建交 70 周年研讨会开幕式和中方向奥地利增补大熊猫仪式并发表讲话，广泛接触往访国议会议员、政府官员以及社会各界人士，还亲切接见我驻往访国使馆、驻维也纳代表团工作人员和中资机构、华侨华人、留学生代表。

欧洲三国高度重视、热烈欢迎栗战书委员长此访，给予热情接待、积极报道和高度评价。挪议会议长特罗恩、副议长罗姆特维特，奥联邦议会议长阿佩，匈国会常务副主席玛特劳伊等亲自到机场迎送。三国领导人和当地媒体盛赞，栗战书委员长的到访对于促进双边关系发展具有重要意义，不仅加深了人民间的友好情谊，而且促进了双边互利合作走深走实，是一次务实高效、成果丰硕的成功访问。

一、巩固传统友谊，筑牢国家关系行稳致远的政治基础

往访三国都是欧洲地区重要国家，与中国有着深厚的传统友谊。挪威位于欧洲北部，是最早承认新中国的西方国家之一，2016 年双边关系正常化后发展势头强劲。奥地利被誉为"欧洲的心脏"，是欧盟重要成员国和联合国及其他国际组织所在地，在欧洲和国际事务中发挥着独特作用。匈牙利在中东欧地区具有重要影响，是最早与新中国建交的国家之一，当前双边关系处于历史最好时期。

栗战书委员长访问之际，恰逢中挪建交 65 周年、中匈建交 70 周年，中奥也将迎来建交 48 周年纪念日。每到一国，栗战书委员长都生动讲述中国与往访国传统友好的故事，回顾总结双边关系发展历程和经验，强调应从战略高度和长远角度珍视和发展

国家关系。栗战书委员长指出，中挪关系虽经历起伏，但友好和合作始终是主旋律。今年是中挪建交65周年，要珍惜来之不易的友好合作局面，共同推动中挪关系持续稳定向前发展。他强调，2018年习近平主席与范德贝伦总统共同确立中奥友好战略伙伴关系新定位，引领中奥关系进入全面提质增速新阶段。中方愿同奥方共同努力，落实好两国元首的重要共识，推动各领域合作深入发展。他积极评价中匈传统友谊，表示两国关系已进入"提挡换速"的历史新阶段，高水平政治互信是中匈关系的最大优势。希望双方以建交70周年为契机，把良好政治关系转化为更多务实合作成果。访匈期间，栗战书委员长出席中匈建交70周年研讨会开幕式并讲话，指出肝胆相照、相互尊重、互利共赢、民心相通，是中匈关系坚如磐石、历久弥新的重要经验。栗战书委员长强调，实践充分证明，只要坚持相互尊重、平等相待，坚持互惠互利、共同发展，完全可以超越社会制度、历史传统、发展阶段的差异，推动国家关系向更高水平发展。

欧洲是多极化世界的重要一极，也是中国最重要的合作伙伴之一。在谈到中欧关系时，栗战书委员长表示，中方始终视欧洲为全面战略伙伴和国际上不可或缺的重要力量，乐见欧洲保持团结、稳定、开放、繁荣，支持欧洲一体化建设。愿与欧洲各国共同努力，聚焦合作，扩大共识，排除各种干扰，完善全球治理，维护以联合国为核心的国际体系，维护以国际法为基础的国际秩序，以中欧关系健康稳定发展促进世界的和平与稳定。

三国领导人请栗战书委员长转达对习近平主席的良好祝愿。一致表示，中国是可信赖的朋友和重要合作伙伴，积极发展对华关系是本国政府、议会和各党派的共识，高度赞赏中国在全球性事务中发挥的积极作用，表示愿同中方加强沟通协调，支持贸易投资自由化便利化，共同应对全球性挑战，推动两国友好合作更富成效。

二、强化政策理念沟通，增进相互了解、理解和信任

访问期间，栗战书委员长利用各种场合讲好中国故事，宣介中国的发展道路和成就经验，宣介习近平主席执政理念、思想和风范，针对往访国领导人关心的重大国际和地区问题、涉我核心利益问题等，坦诚交流、增信释疑，阐明中方原则、立场和主张。

栗战书委员长积极宣介新中国成立 70 年取得的伟大成就和启示经验。他说，中华人民共和国成立 70 年来，在中国共产党领导下，从一个积贫积弱的国家发展成为世界第二大经济体，创造了人类历史上前所未有的发展奇迹。回望 70 年发展历程，归根结底靠的是中国共产党的坚强领导，这是办好中国一切事情的根本前提；靠的是开辟并坚持中国特色社会主义道路，始终保持强大前进定力；靠的是全党全国各族人民自力更生的韧劲、开拓创新的拼劲。一个国家选择的道路和制度好不好，关键看能否实现国家持续稳定发展，能否增进民生福祉，能否得到人民的拥护，能否促进和推动人类文明和社会进步。中国人民坚定不移走中国特色社会主义道路，同时尊重和支持各国独立自主走符合本国国情的发展道路。

栗战书委员长积极宣介习近平主席执政理念、思想和风范。在与往访国领导人交谈时，栗战书委员长说，今年 3 月习近平主席访欧期间，当被问及当选国家主席是什么心情时，他回答说："我将无我，不负人民。"习近平主席用中国传统文化中的"无我"概念，彰显了为民服务的情怀、责任和担当，受到中国人民的爱戴和拥护。栗战书委员长积极宣介习近平外交思想，阐述习主席关于构建人类命运共同体理念，推动构建相互尊重、公平正义、合作共赢的新型国际关系。积极宣介新发展理念，指出中国经济由高速增长阶段转向高质量发展阶段，正在全面贯彻创新、协调、绿色、开放、共享发展理念，这是经济转型升级、实现高质量发展的必由之路。积极宣介习近平生态文明思想，解读"绿水青山就是金山银山""坚持人与自然和谐共生"等金句，指出中国正在全力以赴打好污染防治攻坚战，生态文明建设发生了历史性、转折性、全局性变化，同时为世界可持续发展作出了重要贡献。

栗战书委员长介绍人民代表大会制度的特点和优势。他说，近代中国饱受侵略和战乱之苦。为了救亡图存、发展复兴，中国人民苦苦寻找适合本国国情的道路和制度。君主立宪制、总统制、议会制、多党制等都想过了、试过了，但都没有改变国家一盘散沙、人民苦难深重的局面。是中国共产党团结带领各族人民经过艰苦奋斗和艰辛探索，建立中华人民共和国，实行人民当家作主的人民代表大会制度。这是中国人民在人类政治制度史上的伟大创造。人民代表大会制度作为中国的根本政治制度，能够把坚持中国共产党的领导、人民当家作主、依法治国有机统一起来，具有巨大的政治优势和组织功效。栗战书委员长还视情介绍了全国人民代表大会的组成、职权和运行制度等。

栗战书委员长就自由贸易、气候变化、伊朗核问题等阐明中方原则立场。他指出，维护多边主义和自由贸易是国际社会的共同责任，单边主义、贸易保护主义不符合世界潮流，单边退约、单边制裁、"长臂管辖"不仅损害别国也会损害自身利益。中方不刻意追求贸易顺差，主张在相互尊重、平等互利的基础上通过谈判解决国家之间存在的经贸分歧，但谈判是有原则和底线的，必须符合国际贸易规则，既维护双方利益，又体现非歧视原则，统筹考虑各方平衡。中国正在推进更高水平对外开放，愿同各国一道努力，维护多边主义和自由贸易，推动经济全球化朝着更加开放、包容、普惠、平衡、共赢的方向发展。他说，保护生态环境、应对气候变化需要各国同舟共济、共同努力，任何国家都无法独善其身。中国愿同各国保持密切沟通，积极参与应对气候变化国际合作，推动落实《巴黎协定》，为全球生态文明建设贡献力量。

栗战书委员长还应询就中国人权事业、涉疆涉藏等问题交流沟通、阐明立场。他指出，中国共产党和中国政府高度重视发展人权事业。1954年新中国第一部宪法就规定人民当家作主、保护公民权利和自由，2004年修宪将"尊重和保障人权"载入国家根本法。70年来，中国人权事业取得长足发展，累计减少贫困人口7.4亿，建立起世界最大的社会保障体系，以宪法为统领形成了保障公民权利、维护特殊群体权益的法律制度体系，走出了一条中国特色人权发展道路。人权保障没有最好，只有更好。世界上没有放之四海而皆准的发展道路，也不存在统一的人权保障模式，中方愿与各国通过建设性对话加强人权领域交流与合作。他强调，西藏、新疆自古以来就是中国领土不可分割的一部分。涉藏、涉疆问题是事关中国主权、安全和领土完整的核心利益问题，涉及近14亿中国人民的民族感情。要从两国关系大局出发，妥善处理敏感问题，继续给予中方坚定支持，充分尊重和照顾彼此核心利益和重大关切。

三国领导人高度评价和认同习近平主席关于治国理政的思想、外交思想等，对中国取得的发展成就和经验表示钦佩和赞赏。他们认为，习近平主席作为当今世界一位重要的领导人，在多个国际场合就公平合理的国际关系表明立场，为维护世界政治经济秩序、促进人类共同发展发挥了重要领导和引领作用；习主席的很多理念、思想、战略源自解决中国问题，同时也对世界其他国家有重要借鉴意义，是对世界的贡献。他们表示，愿同中国密切在国际和地区事务中的协调与配合，维护以联合国为核心的国际体系和自由贸易体制，共同应对气候变化、环境污染、水资源开发利用、网络安全等挑战。

三、宣介习近平主席"一带一路"倡议的理念、原则和目标，促进中欧高质量共建"一带一路"

在与往访三国领导人会见会谈时，栗战书委员长多次强调，习主席提出的"一带一路"倡议，是发展的倡议、合作的倡议、开放的倡议、共赢的倡议，为中国和世界各国发展带来了巨大机遇。有150多个国家和国际组织同中国签署共建"一带一路"合作协议。中国同"一带一路"国家贸易总额超过6万亿美元，对"一带一路"国家直接投资超过900亿美元。事实充分证明，共建"一带一路"顺应潮流、广得民心、普惠民生、共利天下，成为共同的机遇之路、繁荣之路。

栗战书委员长积极宣介中国新一轮高水平对外开放的政策举措。他说，中国出台了《外商投资法》，提出了一系列促进投资贸易自由化便利化的措施，增加商品和服务进口，扩大外资市场准入，进一步强化知识产权保护，积极建设自由贸易试验区、自由贸易港等，愿与各国秉持共商共建共享原则，坚持开放、绿色、廉洁理念，努力实现高标准、惠民生、可持续目标，让共建"一带一路"成果更好惠及各国人民。他表示，欢迎往访三国深度参与共建"一带一路"，结合各自国家经济社会发展需要，找准利益契合点和合作突破口，促进亚欧大陆互联互通、实现互利共赢。他强调，今年 11 月中国将举办第二届国际进口博览会，欢迎三国派团参加，推介优质产品和先进技术，利用好这一开放型合作新平台。

栗战书委员长针对三国情况提出"一带一路"合作的具体建议，得到三国领导人的积极回应。挪威是重要的石油、海产品出口国，海运业在全球首屈一指。栗战书委员长向挪方领导人表示，中挪两国发展理念相近，经济互补性强，双方应尽快达成高质量的自贸协定，扩大挪威优质海产品对华出口，深化经贸、能源、环保、科技等领域合作，推动落实"北极走廊"计划与"冰上丝绸之路"战略对接。在奥斯陆，栗战书委员长出席庆祝中挪建交 65 周年经贸座谈会并讲话，强调两国企业要抢抓机遇、深挖潜力，把强烈合作愿望转化为更多实际成果；两国政府要为企业投资兴业提供更加公平、公正、透明、非歧视的营商环境。挪方领导人表示，希望双方抓紧商谈自贸协定，深化在海事、航运、渔业、环保等领域的合作。

奥地利高度重视、积极参与共建"一带一路"，联邦政府将这一倡议写入执政纲领。栗战书委员长向奥方领导人表示，共建"一带一路"已成为中奥合作新的增长点，双方应不断挖掘和释放合作潜能，深化在高端制造、节能环保、生态农业、旅游、金融等领域合作。他强调，中国是数字经济大国，奥地利在电子政务、5G 建设等领域走在欧洲前列。双方要把握新一轮技术革命带来的发展机遇，积极探索互联网、大数据、人工智能、5G 技术等创新合作。访奥期间，栗战书委员长还考察两国企业合作项目、出席中国工商银行维也纳子行开业仪式。奥方领导人表示，中国是奥地利在亚洲最大贸易伙伴，两国经济互补性强，深化合作意愿强烈、潜力巨大。欢迎更多中国企业赴奥投资兴业，更多中国游客赴奥游览观光。

匈牙利是中国在中东欧地区投资最集中的国家之一，中国是匈牙利在欧洲以外的最大贸易伙伴。栗战书委员长对匈方领导人表示，希望双方加强"一带一路"倡议与"向东开放"政策对接，深挖经贸、投资、科技、农业、互联互通等领域合作潜力，发挥匈塞铁路等大项目合作辐射带动作用，打造更多高质量合作成果，促进中国—中东欧国家合作更具实效。在布达佩斯，栗战书委员长视察华为公司欧洲供应中心、中欧商贸物流园，鼓励企业和员工秉持和发扬艰苦奋斗精神，为经济社会发展作出更大贡献。匈方领导人表示，匈牙利视中国为重要战略合作伙伴，坚定支持并积极参与共建"一带一路"，愿进一步拓展合作领域，提升合作水平。

四、紧跟国家关系发展步伐，提升立法机构交流合作水平

在与三国议会领导人会谈时，栗战书委员长多次强调，立法机构合作要紧跟国家关系发展步伐，以落实两国领导人达成的重要共识为主线，保持高层交往良好势头，深入开展专门委员会、工作委员会、双边友好小组等对口交流与合作，相互学习借鉴立法、监督、治国理政等方面的有益经验，做好双边协议的批准和推动落实工作，为双方务实合作创造良好法治环境。

在与挪威议会领导人举行会谈、集体会见挪议会外交与国防事务委员会成员时，栗战书委员长说，挪威议会是最早同中国全国人大开展友好交往的西方国家议会之一。双方应秉持传统友好，坦诚对话沟通，增进了解和共识，推动中挪关系始终沿着正确轨道持续向前发展。在与奥国民议会、联邦议会领导人会谈时，栗战书委员长表示，愿同奥方加强生态文明建设、人工智能发展等方面的立法经验交流，落实好双边刑事司法协助条约，为

两国合作打击有组织跨国犯罪创造更加有利的法律制度框架。栗战书委员长与匈国会主席进行友好会谈并共同会见记者，双方一致表示，要密切两国立法机构友好往来，积极促进中匈文化、教育、旅游、体育等方面务实合作。

三国议会领导人表示，真诚希望加强与中国全国人大各层次、各领域友好交往，增进相互了解和信任，互学互鉴治国理政经验，更好服务国家关系发展和本国经济社会需要。

五、拉紧人文交流的纽带，助力地方合作蓬勃发展

访问期间，栗战书委员长广泛接触三国各界人士，立足中国与往访国合作实际，从立法机构角度提出加强人文交流、促进地方合作的具体建议，为国家关系发展充实新内涵、增添新动力。

栗战书委员长在挪威考察霍尔门考伦跳雪台，看望中国滑雪集训队员和挪方教练；与奥地利领导人就冬季运动合作进行深入交流。他说，挪威、奥地利是冬季运动强国，拥有浓厚的冰雪文化，在冬季运动人才培养、赛场建设、赛事组织等方面经验丰富。中国正在筹备 2022 年北京冬奥会，愿在运动员培训、冬季运动教育及科研、冬运装备产业发展等方面加强交流合作。他还勉励中国运动员刻苦扎实训练，提升运动技能，传承中挪友谊。

人文交流一直是中奥关系最活跃的组成部分。栗战书委员长此次访奥的一项重要任务，就是落实习近平主席对奥地利人民的承诺，把增补的大熊猫"园园"转交奥方。栗战书委员长与范德贝伦总统夫妇共同出席增补大熊猫仪式并致辞。他说，习近平主席从中奥关系大局出发决定向奥增补大熊猫，充分体现了对奥地利人民的友好情谊。大熊猫是传递中奥友好的可爱使者，拉近了两国人民的心灵和感情。中方愿与奥方携手努力，撒播更多友谊

与合作的种子，造福于两国和两国人民。在布达佩斯，栗战书委员长向匈牙利民族英雄纪念碑献花圈、考察匈中双语学校，强调要密切两国青少年之间的交流，培养更多中匈友好交往的使者，让两国传统友谊深入人心、薪火相传。

栗战书委员长十分关心和支持地方合作。他赴斯塔万格考察油气产业、智慧城市建设、海产品养殖等情况；在萨尔茨堡了解中奥文化、旅游等领域合作情况，并与地方官员会见交流。他指出，地方合作接地气、惠民生，是国家关系的重要组成部分。地方合作搞得好不好，关系国家层面的合作能否落地生根。双方应从战略和全局的高度发展地方合作，善用现有机制平台，鼓励更多地方结好，深挖互补优势，突出地方特色，化优势为收获，打造更多合作亮点，增进彼此好感和认同感，为推动双边关系发展提供不竭动力。

以上报告，请审议。

全国人民代表大会常务委员会办公厅
2019 年 5 月 28 日

五、多边交往

全国人大广泛参与国际和地区各种议会组织的活动。"在议会多边外交场合，全国人大代表团同各国议会代表团广泛接触，阐明中国在重大国际和地区问题上的立场和政策主张，达到了广交朋友、扩大影响的目的。"[1]

---

〔1〕 王春英：《论全国人大的对外交往》，《北京行政学院学报》2007 年第 1 期，第 31—34 页。

　　第五届全国人民代表大会期间，由联合国人口活动基金赞助的亚洲议员人口和发展会议，1981 年 10 月 27 日—30 日在北京召开。为筹备这次会议，常务委员会在我国有关方面的大力支持下，成立了中国筹备委员会。以廖承志副委员长为团长的中国代表团和其他 18 个亚洲国家的议员、学者、有关国际组织和拉丁美洲地区的代表以及来宾等近 400 人参加了会议。会议通过了《北京宣言》，并决定设立"亚洲议员人口论坛"。会议达到了预期目的，取得了圆满成功。[1]

　　第六届全国人民代表大会期间，1984 年 2 月，黄华副委员长率团出席了在印度新德里召开的亚洲议员人口与发展论坛首次大会。根据 1983 年 12 月六届全国人大常委会三次会议关于中国人大代表团参加各国议会联盟的决定。1984 年 4 月，耿飚副委员长率领的中国人大代表团在各国议会联盟理事会通过接纳我国人大代表团的决议后，出席了在日内瓦召开的联盟第七十一届大会及其理事会会议，并在会议期间同 50 多个国家的代表团进行了接触和会见。[2]

　　1984 年 8 月，全国人大代表钱信忠为团长的中国人大代表团参加了在墨西哥城召开的"国际议员人口和发展大会"。1984 年 9 月，全国人大常委会委员、外事委员会副主任委员曾涛率领中国人大代表团出席了在日内瓦召开的各国议会联盟第七十二届大会。全国人大常委会委员胡克实率团出席了各国议会联盟和世界卫生组织在曼谷共同举行的"东南亚和西太平洋地区卫生与发展

---

〔1〕《全国人民代表大会常务委员会工作报告（1981 年）》，王汉斌主编：《人民代表大会制度文献集成》（第五卷），中国民主法制出版社 2016 年版，第 3368 页。

〔2〕《全国人民代表大会常务委员会工作报告（1984 年）》，王汉斌主编：《人民代表大会制度文献集成》（第五卷），中国民主法制出版社 2016 年版，第 3383 页。

会议"。全国人大常委会委员许涤新参加了 1985 年 2 月在东京举行的"亚洲议员人口和发展会议"[1]。六届全国人大三次会议以来的一年,"全国人大代表团出席了各国议会联盟的三次会议"[2]。六届全国人大四次会议以来的一年,全国人大"派团出席了各国议会联盟召开的两届大会和由各国议会联盟与联合国环境规划署联合召开的环境问题的专门会议"[3]。

第七届全国人民代表大会期间,全国人大常委会和专门委员会派出代表团"出席了各国议会联盟的历届大会及其专门会议、亚洲议员人口与发展论坛第三次大会、亚太议员论坛会议等 37 次国际会议"[4]。七届全国人大一次会议以来的一年,全国人大常委会、各专门委员会和常委会办事机构派代表团共"参加了 4 次国际会议"[5]。七届全国人大二次会议以来的一年,对于有些国家粗暴干涉我国内政的行为,"全国人大常委会表示了极大愤慨。全国人大代表团在各国议会联盟第 82 届大会上,同许多友好国家一道,以压倒多数票挫败了西方某些国家妄图利用这次会议干涉我国内政的图谋"[6]。七届全国人大三次会议以来的一年,"常委会还组派代表团出席了各国议会联盟第 83、84 届大会

---

〔1〕《全国人民代表大会常务委员会工作报告(1985 年)》,王汉斌主编:《人民代表大会制度文献集成》(第五卷),中国民主法制出版社 2016 年版,第 3390 页。

〔2〕《全国人民代表大会常务委员会工作报告(1986 年)》,王汉斌主编:《人民代表大会制度文献集成》(第五卷),中国民主法制出版社 2016 年版,第 3398 页。

〔3〕《全国人民代表大会常务委员会工作报告(1987 年)》,王汉斌主编:《人民代表大会制度文献集成》(第五卷),中国民主法制出版社 2016 年版,第 3406—3407 页。

〔4〕《全国人民代表大会常务委员会工作报告(1993 年)》,王汉斌主编:《人民代表大会制度文献集成》(第五卷),中国民主法制出版社 2016 年版,第 3445 页。

〔5〕《全国人民代表大会常务委员会工作报告(1989 年)》,王汉斌主编:《人民代表大会制度文献集成》(第五卷),中国民主法制出版社 2016 年版,第 3419 页。

〔6〕《全国人民代表大会常务委员会工作报告(1990 年)》,王汉斌主编:《人民代表大会制度文献集成》(第五卷),中国民主法制出版社 2016 年版,第 3424 页。

和裁军会议、亚洲议员人口与发展论坛第三次大会、全球议员和精神领袖人类生存论坛第二次会议及该论坛执委会会议"[1]。七届全国人大四次会议以来的一年，全国人大常委会及专门委员会"多次参加国际议会活动，积极开展多边议会外交。通过这些活动，加强了同周边国家议会的关系，发展了同第三世界国家议会间的友好联系，逐步恢复了同西方国家议会的交往，同东欧国家和原苏联各共和国的议会保持了正常的关系"[2]。

第八届全国人民代表大会期间，"常委会先后派团参加了各国议会联盟的历届大会，以及亚太议会论坛、亚洲议员人口与发展会议、亚太环境与发展会议等国际会议。在联合国第四次世界妇女大会期间，举办了'95议员日'活动，并通过了《北京宣言》。1996年9月，常委会和有关方面密切配合，成功地主办了各国议会联盟第96届大会"[3]。

第九届全国人民代表大会期间，全国人大积极参与议会多边外交活动。"1998年10月，全国人大在广西桂林成功地承办了亚太地区议员环境发展大会第六届年会。这次会议发表的《桂林宣言》，全面概括了与会各国在保护生态和环境、促进可持续发展方面达成的共识。我国与广大发展中国家的立场和主张在这一文件中得到充分体现。"[4]"在各国议会联盟于2000年召开的千年议长大会上，我国代表团阐述了对当前国际形势的看法，并倡议

〔1〕《全国人民代表大会常务委员会工作报告（1991年）》，王汉斌主编：《人民代表大会制度文献集成》（第五卷），中国民主法制出版社2016年版，第3434页。
〔2〕《全国人民代表大会常务委员会工作报告（1992年）》，王汉斌主编：《人民代表大会制度文献集成》（第五卷），中国民主法制出版社2016年版，第3439页。
〔3〕《全国人民代表大会常务委员会工作报告（1998年）》，王汉斌主编：《人民代表大会制度文献集成》（第五卷），中国民主法制出版社2016年版，第3479页。
〔4〕《全国人民代表大会常务委员会工作报告（1999年）》，王汉斌主编：《人民代表大会制度文献集成》（第五卷），中国民主法制出版社2016年版，第3488页。

各国议联积极参与推动世界多极化和经济全球化的进程，重申了每个国家都是国际社会平等的一员，都有权选择符合本国国情的发展道路的主张，表示中国愿意同各国议会加强交流与合作，共同致力于建立公正合理的国际政治经济新秩序，得到了普遍赞赏和积极回应。2002 年 4 月，我国成功地承办了亚洲议会和平协会第三届年会，会议发表的《重庆宣言》，以和平与发展为主题，集中反映了亚洲各国议会领导人的共识，充分体现了亚洲各国人民渴望和平、谋求发展的共同愿望和呼声。全国人大还先后举办了亚太地区议员环境与发展大会第六届年会和亚洲议员人口与发展论坛第七次大会，都取得了良好效果。"[1]

第十届全国人民代表大会第一次会议以来的一年，全国人大"积极开展多边议会活动，与各国议会联盟等国际和地区议会组织的友好合作进一步加强。出席了在菲律宾举行的亚洲议会和平协会第四届年会。并成功举办了亚太议会论坛第十二届年会，明确提出尊重各国人民自主选择本国发展道路、加强经贸合作和维护亚太地区和平稳定的三项主张，以及加强议会交往的三点建议。还承办了亚欧年轻议员会议第五届年会，发表《漓江宣言》，为完善亚欧年轻议员定期会晤机制积累了新的经验"[2]。

第十届全国人民代表大会第二次会议以来的一年，全国人大"积极参加各国议会联盟、亚洲议会和平协会等国际和地区议会组织的多边活动，参与议会世贸大会议事规则的制定，正式成为

---

〔1〕《全国人民代表大会常务委员会工作报告（2003 年）》，王汉斌主编：《人民代表大会制度文献集成》（第五卷），中国民主法制出版社 2016 年版，第 3518 页。

〔2〕《全国人民代表大会常务委员会工作报告（2004 年）》，王汉斌主编：《人民代表大会制度文献集成》（第五卷），中国民主法制出版社 2016 年版，第 3526 页。

拉美议会永久观察员"〔1〕。

第十届全国人民代表大会第三次会议以来的一年，全国人大"积极参加各国议会联盟、亚洲议会和平协会、亚太议会论坛、东盟各国议会间组织、拉美议会、太平洋岛国论坛议长会议等国际和地区议会组织的多边活动，在国际和地区议会组织中发挥日益重要的作用"〔2〕。2005年9月，全国人大"组成高级代表团出席在纽约联合国总部举行的第二届世界议长大会，全面阐述我国关于加强多边合作的观点和主张，强调相互尊重是合作的前提、建立互信是合作的保障、共同发展是合作的目的，重申中国全国人大愿与世界各国议会一道，为建设和平、繁荣、和谐的新世界而不懈努力，得到了与会各国议会领导人尤其是发展中国家议会领导人的积极评价。同时，发挥我国作为世界议长大会筹备委员会成员的有利条件，在大会宣言中突出了和平与发展的时代主题。作为东道主，还成功举办议会世贸大会香港会议，通过了基调积极的《香港宣言》"〔3〕。

第十届全国人民代表大会第四次会议以来的一年，全国人大"积极参加各国议会联盟、亚洲议会大会、亚太议会论坛、拉美议会、东盟各国议会间组织、太平洋岛国论坛议会大会等国际和地区议会组织的多边活动，共同维护广大发展中国家的权益"〔4〕。2006年5月，全国人大"出席在莫斯科举行的上海合作

---

〔1〕《全国人民代表大会常务委员会工作报告（2005年）》，王汉斌主编：《人民代表大会制度文献集成》（第五卷），中国民主法制出版社2016年版，第3536页。

〔2〕《全国人民代表大会常务委员会工作报告（2006年）》，王汉斌主编：《人民代表大会制度文献集成》（第五卷），中国民主法制出版社2016年版，第3548页。

〔3〕《全国人民代表大会常务委员会工作报告（2006年）》，王汉斌主编：《人民代表大会制度文献集成》（第五卷），中国民主法制出版社2016年版，第3548页。

〔4〕《全国人民代表大会常务委员会工作报告（2007年）》，王汉斌主编：《人民代表大会制度文献集成》（第五卷），中国民主法制出版社2016年版，第3560页。

组织成员国首次议长会晤，提出议会合作要在上海合作组织框架下开展工作、重点促进各成员国在打击'三股势力'和各领域的务实合作、实行定期与不定期的灵活多样合作方式等三点建议，受到与会各方普遍赞同，对议会多边合作的发展产生积极影响"[1]。

第十一届全国人民代表大会第一次会议以来的一年，全国人大"积极参与国际和地区议会组织的活动，成功举办第五届亚欧议会伙伴会议。"[2] 全国人大"积极参与议会多边外交，在各国议会联盟、亚太议会论坛、拉美议会等国际和地区议会组织中发挥建设性作用"[3]。

第十二届全国人民代表大会第一次会议以来的一年，全国人大"广泛参与议会多边外交，在各国议会联盟、东盟各国议会间大会、拉美议会等国际和地区议会组织中发挥建设性作用"[4]。十二届全国人大三次会议以来的一年，全国人大"扎实推进议会多边外交。委员长率团出席在美国纽约联合国总部召开的第四次世界议长大会，提出将'和平与发展'列入大会主题、把消除贫困和促进经济社会发展作为 2030 年可持续发展议程的核心目标等主张。出席在俄罗斯举行的首次金砖国家议会论坛，丰富了金砖国家合作内容，增强了信心和凝聚力。积极参与各国议会联盟、亚太议会论坛、亚洲议会大会等多边组织活动，主动提

〔1〕《全国人民代表大会常务委员会工作报告（2007 年）》，王汉斌主编：《人民代表大会制度文献集成》（第五卷），中国民主法制出版社 2016 年版，第 3560 页。

〔2〕《全国人民代表大会常务委员会工作报告（2009 年）》，王汉斌主编：《人民代表大会制度文献集成》（第五卷），中国民主法制出版社 2016 年版，第 3583 页。

〔3〕《全国人民代表大会常务委员会工作报告（2010 年）》，王汉斌主编：《人民代表大会制度文献集成》（第五卷），中国民主法制出版社 2016 年版，第 3595 页。

〔4〕《全国人民代表大会常务委员会工作报告（2014 年）》，王汉斌主编：《人民代表大会制度文献集成》（第五卷），中国民主法制出版社 2016 年版，第 3644 页。

出中国倡议，提升发展中国家的国际影响力，维护发展中国家共同利益"[1]。

第十二届全国人民代表大会第四次会议以来的一年，"全国人大常委会委员长首次出席各国议会联盟大会并发表讲话，就促进和平发展、国际关系民主化提出中国主张，提升了中国全国人大的国际影响力。拓展议会多边外交形式，首次与各国议会联盟共同在华举办亚非国家议员研讨班。"[2]

第十二届全国人民代表大会的五年任期里，"全国人大常委会委员长出席第四次世界议长大会，首次出席各国议会联盟大会，就消除贫困、促进和平发展、推动国际关系民主化等，提出中国主张、中国倡议。在亚太议会论坛、金砖国家议会论坛、拉美议会等国际和地区议会组织中发挥建设性作用。"[3]

第十三届全国人民代表大会第一次会议以来的一年，全国人大"积极参加多边议会组织会议，务实引导上海合作组织议长会晤、金砖国家议会论坛等新兴多边机制发展，在各国议会联盟、二十国集团议长会议中发挥建设性作用，中方提出的构建人类命运共同体、共建'一带一路'、维护多边主义等主张得到普遍认同。对个别国家议会涉我消极议案、错误言行，阐明原则立场，发出人大声音"[4]。

第十三届全国人民代表大会第二次会议以来的一年多，全国

---

〔1〕《全国人民代表大会常务委员会工作报告——2016年3月9日在第十二届全国人民代表大会第四次会议上》，《中国人大》2016年第6期。

〔2〕《全国人民代表大会常务委员会工作报告——2017年3月8日在第十二届全国人民代表大会第五次会议上》，《中国人大》2017年第6期。

〔3〕《全国人民代表大会常务委员会工作报告——2018年3月11日在第十三届全国人民代表大会第一次会议上》，《人民日报》2018年3月25日，第1版。

〔4〕《全国人民代表大会常务委员会工作报告——2019年3月8日在第十三届全国人民代表大会第二次会议上》，《中国人大》2019年第6期。

人大积极参与多边议会交往，"派团出席各国议会联盟第 140 届和第 141 届大会、二十国集团议长会议、亚太议会论坛第 28 届年会、第四届欧亚国家议长会议、第三次六国议长会议、金砖国家议会论坛、第三届可持续发展世界议会论坛、议会世贸大会指导委员会、亚太议员环发大会、南极议员大会等会议，利用多边场合加强沟通协调"[1]。

第十三届全国人民代表大会第三次会议以来的 10 个月，全国人大"围绕共建'一带一路'倡议，加强与沿线国家议会的政策沟通和立法交流。出席了第五次世界议长大会、第六届金砖国家议会论坛等视频会议，参加各国议会联盟、议会世贸大会指导委员会、亚洲议会大会、东盟各国议会间大会等多边活动，推动将'人类命运共同体'、'以人民为中心'、'团结合作、共同抗疫'等主张写入多边会议档案，坚定维护多边主义，坚定维护以联合国为核心的国际体系，坚定维护以国际法为基础的国际秩序"[2]。

第十三届全国人民代表大会第四次会议以来的一年，全国人大"积极参与议会多边活动，推动形成更多体现中国特色、中国方案的多边成果。参加第五次世界议长大会、第四次六国议长会议、第七届二十国集团议长会议、'议员在巩固国际和平与信任中的作用'议会领导人会议、集体安全条约组织议会大会、金砖国家议会论坛、各国议会联盟大会及相关会议、亚太议会论坛、亚洲议会大会、东盟各国间议会大会、中国—阿拉伯国家友好组

---

〔1〕　栗战书：《全国人民代表大会常务委员会工作报告——2020 年 5 月 25 日在第十三届全国人民代表大会第三次会议上》，《中国人大》2020 年第 11 期。

〔2〕　栗战书：《全国人民代表大会常务委员会工作报告——2021 年 3 月 8 日在第十三届全国人民代表大会第四次会议上》，《中国人大》2021 年第 6 期。

织领导人在线会晤，面向中亚、非洲国家议会举办 3 期地区研讨班，巩固发展友好合作关系，主动发出中国声音，推动以人民为中心、人类命运共同体、全球发展倡议、共建'一带一路'人类卫生健康共同体、团结抗疫、可持续发展等中方重大理念倡议写入会议成果档，坚定维护我国家利益，维护公平正义的国际秩序。不少国家议会、议长、议员高度评价中方在全球抗疫中的贡献、承诺和行动，支持中方秉承科学精神、团结合作抗疫的立场"[1]。

附：全国人大加入各国议会联盟始末[2]（摘录）

各国议会联盟（简称议联）是当今世界历史最长、规模最大、影响最广的国际议会组织。建国初期，议联与我国就有联系，每年都将大会决议和会议纪要寄给我国，但当时全国人大尚未成立，加入议联的组织条件尚不具备。1954 年 9 月，第一届全国人民代表大会正式成立，之后不久我方就将加入议联一事提上了工作日程。

这里有必要对议联作一简单的介绍。议联成立于 1889 年，由法国国民议会议员弗雷德里克·帕西和英国下院议员威廉·兰德尔·克里默联名发起成立，原名为"促进国际仲裁各国议会会议"，宗旨是维护和促进世界和平。第二次世界大战后，随着一些新独立的亚、非、拉国家议会相继加入议联，议联的成员国构成发生了很大变化，西方国家的势力得到制衡，议联的性质也逐步从一个由议员个人参加的协会发展为由各国议会派团参加讨论

---

〔1〕　栗战书:《全国人民代表大会常务委员会工作报告——2022 年 3 月 8 日在第十三届全国人民代表大会第五次会议上》,《中国人大》2022 年第 6 期。

〔2〕　《全国人大加入议联始末》,中国人大网, http://www.npc.gov.cn/npc/c16115/201004/606aabc1e9b14f249e4b801a520ac3e2.shtml。

重大问题的国际议会组织。

20 世纪 50 年代，新中国刚刚成立。新中国建交的国家多是亚、非、拉的国家和社会主义阵营的国家，新中国迫切需要在外交上打开新的局面，拓宽自身的国际交往空间。加入议联，是当时中国外交作出的一项重大决策。

各项准备工作紧锣密鼓又井然有序地展开了。1955 年 7 月 24 日，第一届全国人大第二次会议秘书长彭真分别致电议联主席斯坦斯盖特子爵、秘书长布隆内先生和议联第 44 届大会（1955 年 8 月 25 日至 30 日在芬兰赫尔辛基召开）组委会主席法格霍姆先生，通知我国全国人民代表大会代表将组成人民代表团，参加议联并将选派代表出席大会。

7 月 30 日，出席第一届全国人民代表大会第二次会议的 1090 名代表举行会议，决定加入议联。会议听取了林伯渠关于议联的组织和工作情况以及"中华人民共和国参加议联的人民代表团"筹备成立经过的情况介绍，通过了"关于成立中华人民共和国参加议联的人民代表团的决议"和"中华人民共和国参加议联的人民代表团章程"。会议还产生了人民代表团执行委员会，选举彭真为人民代表团主席，程潜、林枫、赛福鼎·艾则孜、陈嘉庚、章伯钧、马寅初、李烛尘、廖承志等 8 人为副主席，吴克坚为秘书长，并选举产生了 61 名执行委员会委员。

8 月 6 日，人民代表团执行委员会举行第一次会议。会议决定由屈武、龚普生、吴茂荪担任执行委员会副秘书长，一致选举李一氓、胡愈之为议联理事会中方理事，并组成了出席议联第 44 届大会代表团。代表团以彭真为团长，程潜、廖承志为副团长，朱学范、吴文焘、吴贻芳、李一氓、李纯青、周鲠生、胡愈之、南汉宸、陈翰笙、雷洁琼、蒋南翔、钱端升、罗隆基等人为团员，李一氓为秘书长，可谓人才济济、阵容强大，充分显示了中方对议联的重视程度。

8月19日，代表团秘书长李一氓和团员吴文焘提前飞往赫尔辛基进行先期筹备工作。8月22日，《人民日报》在第1版刊发了"我国出席各国议会联盟代表团将出发"的消息。一切准备工作已经就绪，只要议联方面批准中国的申请，中国代表的身影就将第一次出现在议联的讲坛上。

根据议联章程，加入议联的申请须先经执委会讨论同意，再经理事会通过。赫尔辛基大会前夕，议联执委会在8月24日举行的会议上就中国加入议联的问题进行了讨论。

赫尔辛基议联大会是议联历史上一次非常重要的大会。这次大会的主题是"各国间的真正和平相处"，这对当时正处于冷战局势下的世界具有很强的针对性。此次大会决定接受苏联等社会主义国家加入议联，但是执委会在向理事会提交的报告中对中国人民代表团的申请，却故意只字不提。这一做法引起了许多与会代表的质问和不满。他们指出，接受中国参加是议联当前的迫切问题，拒绝中国参加是违反议联章程，并且同议联所主张的不同政治和社会制度国家和平共处的精神不符。

中国参加议联的问题自始至终是赫尔辛基议联大会的一个中心问题。在会议上，除了美国代表用与会议气氛极不协调的粗暴语调对中国进行诬蔑和攻击外，包括西方国家代表在内的许多代表都支持中国参加议联。苏联代表团团长米哈伊洛夫强调指出，中国参加议联只会提高议联在世界舆论中的威信。在议联的下次会议上，中国的参加再也不应该被拖延了。丹麦议会代表团团长阿尔辛·安德生说，"所有斯堪的纳维亚国家都主张北京的议会获得参加各国议会联盟的权利，这已经不是秘密了"。英国代表团团长斯科特表示，无疑中国不久后将被邀请参加议联大会。比利时代表团团长、上议院议员罗林指出，他对某些集团反对中国入会感到失望，因为议联章程要求承认中华人民共和国议会代表。议联理事会主席斯坦斯盖特在大会闭幕词中对中国被排斥在这次会议之外表示极大的遗憾。他指出，苏联等国家的议员团参加议联增加了这次会议的价值，但是，使议联成为包括全世界各国议会的组织这样一个目标仍然没有达到。

赫尔辛基议联大会之后，议联又多次就中国加入议联的问题进行了讨论。

1955年11月30日，议联执委会新德里会议经过长时间的讨论，通过了接纳中华人民共和国加入联盟的决定，并驳回台湾当局"立法院"的申请。执委会同意就此向理事会全体会议提出报告，由理事会作出最后决定。

1956年4月4日至8日，议联理事会第78次会议在南斯拉夫的杜布罗夫尼克举行，中心议题是中国加入议联的问题。苏联、波兰、南斯拉夫、印度等许多国家的代表都坚持接纳中华人民共和国人民代表团加入议联的正义主张。但美国代表拒不接受执委会的决定。泰国代表也公开站出来唱反调，要求等到中国在联合国的代表权问题得到解决之后再讨论执行委员会关于接纳中国议员团的决定。

按照惯例，理事会一般不会推翻执委会的决定，也不就执委会的决定进行表决。但在美国和泰国代表的坚持下，理事会会议就中国加入议联的问题进行了投票。在当时的国际大环境下，显然表决对我方是不利的，最后的票数是：23票赞成，32票反对，5票弃权，议联执委会关于接纳中华人民共和国加入各国议会联盟的决定遭到无理否决。一些友好国家纷纷对中国进行声援。苏联议员团在会议闭幕后发表声明，表示将坚定不移地捍卫中华人民共和国参加各国议会联盟的合法的、不可剥夺的权利。南斯拉夫议会代表团主席西米奇也发表声明，指出各国议会联盟理事会延期接纳中华人民共和国的决定是不合法的，而且在法律上是无效的。

1956 年 8 月，在曼谷举行的议联第 45 届大会期间，中国加入议联一事仍然是热议的话题。苏联、波兰、瑞典、缅甸、巴基斯坦、印度、印度尼西亚和阿尔巴尼亚等国代表在发言中指出，代表 6 亿人民的中华人民共和国应当被邀参加这个国际性的组织。这次议联大会期间，议联执委会再次审议了中国代表团提出的入会申请，认为完全符合议联章程的有关规定，建议理事会接纳中国为议联正式成员。但由于美国再度从中阻挠，理事会又一次否决了执委会的建议，决定待中国在联合国的代表权问题解决之后再研究中国的入会问题。中国加入议联的问题遂被长时间搁置下来。

1971 年联合国恢复中国的合法席位后，议联数次与我方接触，主动提出希望中国尽快加入议联。由于当时特定的国际和国内局势，我方存有一些顾虑，婉拒了议联的邀请。整个 70 年代，中国未在加入议联的问题上取得进展。

直到 20 世纪 80 年代初，事情终于出现了转机。1983 年 12 月 8 日，第六届全国人大常委会第三次会议通过了全国人大加入议联的决定。1984 年 3 月 6 日，第六届全国人大常委会第四次会议通过了《中华人民共和国全国人民代表大会参加各国议会联盟代表团章程》，并组成"中国全国人民代表大会参加各国议会联盟代表团"。同年 4 月 2 日，在日内瓦举行的议联第 71 届大会上，议联理事会通过接纳中国全国人大代表团为议联成员的决议。在热烈的掌声中，耿飚副委员长率中国全国人大代表团首次出现在议联的会场上。这时距离 1955 年的赫尔辛基议联大会，时光已经过去了将近三十年。当我们重新回顾过去，万分感慨之余，不由得想起了一句古诗：青山遮不住，毕竟东流去！

第四章

改革开放前全国人大常委会
决定批准或加入的条约
和重要协定情况概览

我国宪法第六十七条第十五项规定，全国人民代表大会常务委员会行使"决定同外国缔结的条约和重要协定的批准和废除"职权。宪法第八十九条第九项规定，国务院行使"管理对外事务，同外国缔结条约和协定"职权。我们把全国人大常委会决定批准或加入的条约和重要协定的历史进程，划分为新中国成立之初至改革开放前、改革开放新时期以及新时代以来三个阶段。随着我国国际交往的不断扩大，我国缔结的条约逐渐增多，在对外交往和国际社会生活中发挥着越来越重要的作用。

全国人大成立之初，全国人大常委会就开始积极开展对外交往工作。新中国成立之初至改革开放前这一阶段，前三届全国人大常委会共决定批准或加入的条约和重要协定共57件，条约类型包含政治性条约，文化、教育、科技合作类条约，通商通航条约及涉及航线安全类公约，领土和边界类条约和领事条约等5大类。

一、1954 年 9 月—1959 年 4 月

第一届全国人民代表大会及其常务委员会成立于 1954 年 9 月，任期 4 年零 7 个月。一届全国人大常委会听取审议关于国际公约、双边条约和协定的说明 19 件，批准国际公约、双边条约和协定 26 件。[1]

---

〔1〕 全国人大常委会办公厅编：《全国人民代表大会及其常务委员会大事记 (1954—2014)》，中国民主法制出版社 2014 年版，第 33 页。

1954 年 10 月 16 日，一届全国人大常委会举行第一次会议。会议通过《关于批准〈中国和阿尔巴尼亚人民共和国文化合作协定〉的决议》。[1]

1955 年 11 月 10 日，一届全国人大常委会举行第二十六次会议。会议决定批准中华人民共和国政府和苏维埃社会主义共和国联盟政府关于农作物检疫和防治病虫害的协定。[2]

1956 年 1 月 23 日，一届全国人大常委会举行第三十一次会议。会议通过《关于批准〈中华人民共和国和德意志民主共和国友好合作条约〉的决议》，决定批准该条约。[3] 6 月 14 日，一届全国人大常委会举行第四十二次会议。会议决定批准《中华人民共和国政府和埃及共和国政府文化合作协定》。[4] 10 月 20 日，一届全国人大常委会举行第四十九次会议。会议通过《关于批准〈中华人民共和国政府和叙利亚共和国政府文化合作协定〉的决议》。会议通过《关于批准〈中国和苏维埃社会主义共和国联盟文化合作协定〉的决议》。[5] 11 月 5 日，一届全国人大常委会举行第五十次会议。会议通过《关于批准〈1949 年 8 月 12 日改善战地武装部队伤者病者境遇之日内瓦公约〉的决定》《关于批准〈1949 年 8 月 12 日改善海上武装部队伤者病者及遇船难者境遇之

---

〔1〕 全国人大常委会办公厅编：《全国人民代表大会及其常务委员会大事记（1954—2014）》，中国民主法制出版社 2014 年版，第 41 页。

〔2〕 王汉斌主编：《全国人民代表大会常务委员会工作报告（1956 年）》，《人民代表大会制度文献集成》第五卷，中国民主法制出版社 2016 年版，第 3336 页。

〔3〕 全国人大常委会办公厅编：《全国人民代表大会及其常务委员会大事记（1954—2014）》，中国民主法制出版社 2014 年版，第 52 页。

〔4〕 全国人大常委会办公厅编：《全国人民代表大会及其常务委员会大事记（1954—2014）》，中国民主法制出版社 2014 年版，第 55 页。

〔5〕 全国人大常委会办公厅编：《全国人民代表大会及其常务委员会大事记（1954—2014）》，中国民主法制出版社 2014 年版，第 63 页。

日内瓦公约〉的决定》《关于批准〈1949 年 8 月 12 日关于战俘待遇之日内瓦公约〉的决定》《关于批准〈1949 年 8 月 12 日关于战时保护平民之日内瓦公约〉的决定》，同时对上述 4 件公约的若干条款作了保留。[1] 11 月 16 日，一届全国人大常委会举行第五十一次会议。会议通过《关于批准〈中华人民共和国和尼泊尔王国保持友好关系以及关于中国西藏地方和尼泊尔之间的通商和交通的协定〉的决议》。[2]

1957 年 5 月 6 日，一届全国人大常委会举行第六十八次会议，会议通过《关于批准〈中华人民共和国和捷克斯洛伐克共和国友好合作条约〉的决议》《关于批准〈中华人民共和国和捷克斯洛伐克共和国政府文化合作协定〉的决议》《关于批准〈中华人民共和国和捷克斯洛伐克共和国政府保健合作协定〉的决议》。[3]

1957 年 10 月 23 日，一届全国人大常委会举行第八十二次会议。会议决定批准《中华人民共和国政府和南斯拉夫联邦人民共和国政府文化合作协定》。会议通过《关于承认 1930 年〈国际船舶载重线公约〉的决定》，对 1930 年 7 月 5 日在伦敦签订的、并以中国政府名义加入的该公约决定予以承认。[4] 12 月 23 日，一届全国人大常委会举行第八十八次会议，会议通过《关于接受 1948 年伦敦海上人命安全国际会议制定的海上船舶避碰规则的

---

〔1〕 全国人大常委会办公厅编：《全国人民代表大会及其常务委员会大事记（1954—2014）》，中国民主法制出版社 2014 年版，第 63 页。

〔2〕 全国人大常委会办公厅编：《全国人民代表大会及其常务委员会大事记（1954—2014）》，中国民主法制出版社 2014 年版，第 64 页。

〔3〕 全国人大常委会办公厅编：《全国人民代表大会及其常务委员会大事记（1954—2014）》，中国民主法制出版社 2014 年版，第 70 页。

〔4〕 全国人大常委会办公厅编：《全国人民代表大会及其常务委员会大事记（1954—2014）》，中国民主法制出版社 2014 年版，第 76 页。

决定》[1] 12 月 30 日，一届全国人大常委会举行第八十九次会议。会议决定批准《中华人民共和国和印度尼西亚共和国关于双重国籍问题的条约》[2]

1958 年 3 月 7 日，一届全国人大常委会举行第九十四次会议。会议通过《关于批准〈中华人民共和国政府和苏维埃社会主义共和国联盟政府关于国境及其相通河流和湖泊的商船通航协定〉的决议》[3] 3 月 19 日，一届全国人大常委会举行第九十五次会议。会议讨论通过《关于批准〈中华人民共和国和也门穆塔瓦基利亚王国友好条约〉的决议》、《关于批准〈中华人民共和国和也门穆塔瓦基利亚王国商务条约〉的决议》以及《关于批准〈中华人民共和国和也门穆塔瓦基利亚王国科学技术和文化合作协定〉的决议》[4] 6 月 3 日，一届全国人大常委会举行第九十六次会议。会议批准《中华人民共和国政府和蒙古人民共和国政府文化合作协定》[5] 6 月 5 日，一届全国人大常委会举行第九十七次会议。会议通过《关于加入 1929 年在华沙签订的〈统一国际航空运输某些规则的公约〉的决定》，决定加入该公约[6] 7 月 9 日，一届全国人大常委会举行第九十九次会议。会议通过

---

〔1〕 全国人大常委会办公厅编：《全国人民代表大会及其常务委员会大事记（1954—2014）》，中国民主法制出版社 2014 年版，第 77 页。

〔2〕 全国人大常委会办公厅编：《全国人民代表大会及其常务委员会大事记（1954—2014）》，中国民主法制出版社 2014 年版，第 77 页。

〔3〕 全国人大常委会办公厅编：《全国人民代表大会及其常务委员会大事记（1954—2014）》，中国民主法制出版社 2014 年版，第 81 页。

〔4〕 全国人大常委会办公厅编：《全国人民代表大会及其常务委员会大事记（1954—2014）》，中国民主法制出版社 2014 年版，第 81 页。

〔5〕 全国人大常委会办公厅编：《全国人民代表大会及其常务委员会大事记（1954—2014）》，中国民主法制出版社 2014 年版，第 82 页。

〔6〕 全国人大常委会办公厅编：《全国人民代表大会及其常务委员会大事记（1954—2014）》，中国民主法制出版社 2014 年版，第 82 页。

《关于批准〈中华人民共和国和苏维埃社会主义共和国联盟通商航海条约〉的决议》。[1]

1959 年 4 月 14 日，一届全国人大常委会举行第一百零八次会议。会议通过《关于批准〈中国和德意志民主共和国领事条约〉的决议》。[2]

二、1959 年 4 月—1964 年 12 月

第二届全国人民代表大会及其常务委员会成立于 1959 年 4 月，任期 5 年零 8 个月。二届全国人大共召开 4 次会议。听取审议有关国际公约、双边条约和协定的报告 27 件，批准国际公约、双边条约和协定 30 件。[3]

1959 年 5 月 3 日，二届全国人大常委会举行第一次会议。会议通过《关于批准〈中华人民共和国政府和越南民主共和国政府文化合作协定〉的决议》《关于批准〈中华人民共和国政府和朝鲜民主主义人民共和国政府文化合作协定〉的决议》。[4] 6 月 20 日，二届全国人大常委会举行第四次会议。会议通过《关于批准〈中华人民共和国和匈牙利人民共和国友好合作条约〉的决议》。[5]

---

〔1〕　全国人大常委会办公厅编：《全国人民代表大会及其常务委员会大事记（1954—2014）》，中国民主法制出版社 2014 年版，第 82 页。

〔2〕　全国人大常委会办公厅编：《全国人民代表大会及其常务委员会大事记（1954—2014）》，中国民主法制出版社 2014 年版，第 85 页。

〔3〕　全国人大常委会办公厅编：《全国人民代表大会及其常务委员会大事记（1954—2014）》，中国民主法制出版社 2014 年版，第 87 页。

〔4〕　全国人大常委会办公厅编：《全国人民代表大会及其常务委员会大事记（1954—2014）》，中国民主法制出版社 2014 年版，第 92 页。

〔5〕　全国人大常委会办公厅编：《全国人民代表大会及其常务委员会大事记（1954—2014）》，中国民主法制出版社 2014 年版，第 92 页。

11 月 27 日，二届全国人大常委会举行第十一次会议。会议通过《关于批准〈中华人民共和国和苏维埃社会主义共和国联盟领事条约〉的决议》。[1]

1960 年 1 月 21 日，二届全国人大常委会举行第十二次会议。会议通过《关于批准〈中华人民共和国和德意志民主共和国通商航海条约〉的决议》。[2] 2 月 17 日，二届全国人大常委会举行第十七次会议。会议讨论并通过《关于批准〈中华人民共和国和缅甸联邦之间的友好和互不侵犯条约的决议》《关于批准〈中华人民共和国政府和缅甸联邦政府关于两国边界问题的协定〉的决议》。[3] 4 月 12 日，二届全国人大常委会举行第二十五次会议。会议通过《关于批准〈中华人民共和国政府和尼泊尔国王陛下政府关于两国边界问题的协定〉的决议》。[4] 5 月 26 日，二届全国人大常委会举行第二十六次会议。会议批准《中华人民共和国和尼泊尔王国和平友好条约》。[5] 8 月 15 日，二届全国人大常委会举行第二十七次会议。会议通过《关于批准〈中华人民共和国和蒙古人民共和国友好互助条约〉的决议》，决定批准该条约；《关于批准〈中华人民共和国和捷克斯洛伐克共和国领事条约〉

---

〔1〕 全国人大常委会办公厅编：《全国人民代表大会及其常务委员会大事记（1954—2014）》，中国民主法制出版社 2014 年版，第 95 页。

〔2〕 全国人大常委会办公厅编：《全国人民代表大会及其常务委员会大事记（1954—2014）》，中国民主法制出版社 2014 年版，第 96 页。

〔3〕 全国人大常委会办公厅编：《全国人民代表大会及其常务委员会大事记（1954—2014）》，中国民主法制出版社 2014 年版，第 96 页。

〔4〕 全国人大常委会办公厅编：《全国人民代表大会及其常务委员会大事记（1954—2014）》，中国民主法制出版社 2014 年版，第 98 页。

〔5〕 全国人大常委会办公厅编：《全国人民代表大会及其常务委员会大事记（1954—2014）》，中国民主法制出版社 2014 年版，第 99 页。

的决议》，决定批准该条约。[1] 9 月 13 日，二届全国人大常委会举行第二十九次会议。会议通过《关于批准〈中华人民共和国和阿富汗王国友好和互不侵犯条约〉的决议》，决定批准该条约。[2] 9 月 30 日，二届全国人大常委会举行第三十次会议。会议决定批准《中华人民共和国和几内亚共和国友好条约》。[3] 12 月 14 日，二届全国人大常委会举行第三十三次会议。会议通过《关于批准〈中华人民共和国和缅甸联邦边界条约〉的决议》。[4]

1961 年 1 月 30 日，二届全国人大常委会举行第三十五次会议。会议通过《关于批准〈中华人民共和国和柬埔寨王国友好和互不侵犯条约〉的决议》。[5] 4 月 3 日，二届全国人大常委会举行第三十七次扩大会议。会议通过《关于批准〈中华人民共和国和印度尼西亚共和国友好条约〉的决议》。[6] 4 月 22 日，二届全国人大常委会举行第三十八次会议。会议通过《关于批准〈中华人民共和国和阿尔巴尼亚人民共和国通商航海条约〉的决议》。[7] 7 月 9 日，二届全国人大常委会举行第四十次会议。会议通过《关于批准〈中华人民共和国和蒙古人民共和国通商条

---

〔1〕　全国人大常委会办公厅编:《全国人民代表大会及其常务委员会大事记(1954—2014)》，中国民主法制出版社 2014 年版，第 99 页。

〔2〕　全国人大常委会办公厅编:《全国人民代表大会及其常务委员会大事记(1954—2014)》，中国民主法制出版社 2014 年版，第 99 页。

〔3〕　全国人大常委会办公厅编:《全国人民代表大会及其常务委员会大事记(1954—2014)》，中国民主法制出版社 2014 年版，第 100 页。

〔4〕　全国人大常委会办公厅编:《全国人民代表大会及其常务委员会大事记(1954—2014)》，中国民主法制出版社 2014 年版，第 100 页。

〔5〕　全国人大常委会办公厅编:《全国人民代表大会及其常务委员会大事记(1954—2014)》，中国民主法制出版社 2014 年版，第 100 页。

〔6〕　全国人大常委会办公厅编:《全国人民代表大会及其常务委员会大事记(1954—2014)》，中国民主法制出版社 2014 年版，第 101 页。

〔7〕　全国人大常委会办公厅编:《全国人民代表大会及其常务委员会大事记(1954—2014)》，中国民主法制出版社 2014 年版，第 101 页。

约〉的决议》。[1] 8 月 19 日，二届全国人大常委会举行第四十二次会议。会议通过《关于批准〈中华人民共和国和朝鲜民主主义人民共和国友好合作互助条约〉的决议》。[2] 10 月 5 日，二届全国人大常委会举行第四十三次会议。会议通过《关于批准〈中华人民共和国和加纳共和国友好条约〉的决议》。会议通过《关于签订〈中华人民共和国和尼泊尔王国边界条约〉的决议》，决定由国家主席刘少奇签订该条约。[3]

1962 年 11 月 15 日，二届全国人大常委会举行第六十八次会议。会议通过《关于批准〈中华人民共和国和朝鲜民主主义人民共和国通商航海条约〉的决议》，决定批准签订该条约。[4] 12 月 18 日，二届全国人大常委会举行第七十六次会议。会议通过《关于批准〈中华人民共和国和越南民主共和国通商航海条约〉的决议》，决定批准签订该条约。[5]

1963 年 2 月 25 日，二届全国人大常委会举行第八十五次会议。会议通过《关于签订〈中华人民共和国政府和巴基斯坦政府关于中国新疆和由巴基斯坦实际控制其防务的各个地区相接壤的边界的协定〉的决议》，决定批准这件协定。会议通过《关于批准〈中华人民共和国政府和坦噶尼喀共和国政府文化合作协定〉

〔1〕 全国人大常委会办公厅编：《全国人民代表大会及其常务委员会大事记（1954—2014）》，中国民主法制出版社 2014 年版，第 102 页。
〔2〕 全国人大常委会办公厅编：《全国人民代表大会及其常务委员会大事记（1954—2014）》，中国民主法制出版社 2014 年版，第 103 页。
〔3〕 全国人大常委会办公厅编：《全国人民代表大会及其常务委员会大事记（1954—2014）》，中国民主法制出版社 2014 年版，第 103 页。
〔4〕 全国人大常委会办公厅编：《全国人民代表大会及其常务委员会大事记（1954—2014）》，中国民主法制出版社 2014 年版，第 112 页。
〔5〕 全国人大常委会办公厅编：《全国人民代表大会及其常务委员会大事记（1954—2014）》，中国民主法制出版社 2014 年版，第 113 页。

的决议》，决定批准这件协定。[1] 3 月 4 日，二届全国人大常委会举行第八十六次会议。会议通过《关于批准〈中华人民共和国和蒙古人民共和国边界条约〉的决议》，决定批准这件条约。[2] 11 月 9 日，二届全国人大常委会举行第一百零六次会议。会议通过《关于签订中华人民共和国和阿富汗王国边界条约的决议》。[3]

　　1964 年 6 月 9 日，二届全国人大常委会第一百一十九次会议与国务院全体会议同时举行。会议通过《关于签订中国和阿拉伯也门共和国友好条约的决议》[4] 11 月 5 日，二届全国人大常委会举行第一百二十九次会议。会议通过《关于批准〈中华人民共和国和刚果共和国（布拉柴维尔）友好条约〉的决议》，决定批准这件条约。[5] 12 月 12 日，二届全国人大常委会举行第一百三十五次会议。会议通过《关于批准〈中华人民共和国和马里共和国友好条约〉的决议》，决定批准这件条约。[6]

三、1964 年 12 月—1974 年 12 月

　　第三届全国人民代表大会及其常务委员会成立于 1964 年 12

---

　　〔1〕　全国人大常委会办公厅编：《全国人民代表大会及其常务委员会大事记（1954—2014）》，中国民主法制出版社 2014 年版，第 114 页。

　　〔2〕　全国人大常委会办公厅编：《全国人民代表大会及其常务委员会大事记（1954—2014）》，中国民主法制出版社 2014 年版，第 114 页。

　　〔3〕　全国人大常委会办公厅编：《全国人民代表大会及其常务委员会大事记（1954—2014）》，中国民主法制出版社 2014 年版，第 117 页。

　　〔4〕　全国人大常委会办公厅编：《全国人民代表大会及其常务委员会大事记（1954—2014）》，中国民主法制出版社 2014 年版，第 121 页。

　　〔5〕　全国人大常委会办公厅编：《全国人民代表大会及其常务委员会大事记（1954—2014）》，中国民主法制出版社 2014 年版，第 123 页。

　　〔6〕　全国人大常委会办公厅编：《全国人民代表大会及其常务委员会大事记（1954—2014）》，中国民主法制出版社 2014 年版，第 123 页。

月，共召开 1 次会议。三届全国人大常委会听取审议关于国际公约、双边条约和协定的报告 1 件，批准国际公约、双边条约和协定 1 件。[1]

1965 年 3 月 31 日，三届全国人大常委会举行第五次会议。会议通过《关于批准〈中华人民共和国和坦桑尼亚联合共和国友好条约〉的决议》，决定批准这件条约。[2]

四、1975 年 1 月—1978 年 2 月

第四届全国人民代表大会及其常务委员会成立于 1975 年 1 月，任期 3 年零 1 个月。四届全国人大召开 1 次会议。四届全国人大常委会听取审议外事报告 1 件[3]，无批准国际公约、双边条约和协定。

---

〔1〕 全国人大常委会办公厅编：《全国人民代表大会及其常务委员会大事记（1954—2014）》，中国民主法制出版社 2014 年版，第 124 页。

〔2〕 全国人大常委会办公厅编：《全国人民代表大会及其常务委员会大事记（1954—2014）》，中国民主法制出版社 2014 年版，第 131 页。

〔3〕 全国人大常委会办公厅编：《全国人民代表大会及其常务委员会大事记（1954—2014）》，中国民主法制出版社 2014 年版，第 151 页。

/ 第五章 /

改革开放以来全国人大常委会
决定批准或加入的条约
和重要协定情况概览

1978 年以来，随着我国以经济体制改革为主要内容的改革开放不断发展和社会主义法制的加强，面对经济全球化的机遇和挑战，我国主动地参与创制国际社会共同认可并遵循的国际规则，加强国际合作；全国人民代表大会与各国议会之间的友好活动不断增多。这一阶段，我国与多个国家建交，大量缔结双边条约和多边条约，全国人大常委会缔约和批约工作取得重大发展。特别是进入 21 世纪以来，随着我国在国际社会地位的提升，与各国之间的合作更加密切，将对外友好关系与贸易往来以条约、协定的形式确定下来，不断开创人大对外交往新格局。这一阶段，全国人大常委会决定批准或加入的条约和重要协定共 300 多件，条约类型繁多，其中领土和边界类、反恐和安全类条约的数量增长最多，司法协助类条约的数量最大。

一、1978 年 2 月—1983 年 5 月

第五届全国人民代表大会及其常务委员会成立于 1978 年 2 月，任期 5 年零 3 个月。五届全国人大常委会听取审议关于国际公约、双边条约和协定的说明 12 件，批准国际公约、双边条约和协定 12 件。[1]

1978 年 8 月 16 日—18 日，五届全国人大常委会举行第三次会议。会议通过《关于批准〈中国和日本国和平友好条约〉的决议》和《关于批准〈中国和罗马尼亚社会主义共和国关于经

---

〔1〕 全国人大常委会办公厅编：《全国人民代表大会及其常务委员会大事记（1954—2014）》，中国民主法制出版社 2014 年版，第 165 页。

济技术合作的长期协定〉的决议》。[1]

1980 年 9 月 26 日—29 日，五届全国人大常委会举行第十六次会议。会议通过《关于批准联合国〈消除对妇女一切形式歧视公约〉的决定》。[2]

全国人民代表大会常务委员会关于批准联合国
《消除对妇女一切形式歧视公约》的决定
（1980 年 9 月 29 日第五届全国人民代表大会常务委员会
第十六次会议通过）

第五届全国人民代表大会常务委员会第十六次会议决定：批准康克清代表我国政府签署的联合国《消除对妇女一切形式歧视公约》；同时，确认康克清在签署公约时的声明：中华人民共和国不接受公约第二十九条第一款的约束。

1981 年 11 月 20 日—26 日，五届全国人大常委会举行第二十一次会议。会议通过《关于加入〈消除一切形式种族歧视国际公约〉的决定》。会议通过《关于批准〈中华人民共和国和美利坚合众国领事条约〉的决定》。[3]

全国人民代表大会常务委员会关于加入
《消除一切形式种族歧视国际公约》的决定
（1981 年 11 月 26 日第五届全国人民代表大会常务委员会
第二十一次会议通过）

第五届全国人民代表大会常务委员会第二十一次会议决定：

---

〔1〕 全国人大常委会办公厅编：《全国人民代表大会及其常务委员会大事记（1954—2014）》，中国民主法制出版社 2014 年版，第 171—172 页。

〔2〕 全国人大常委会办公厅编：《全国人民代表大会及其常务委员会大事记（1954—2014）》，中国民主法制出版社 2014 年版，第 198 页。

〔3〕 全国人大常委会办公厅编：《全国人民代表大会及其常务委员会大事记（1954—2014）》，中国民主法制出版社 2014 年版，第 206 页。

中华人民共和国加入 1966 年《消除一切形式种族歧视国际公约》，同时声明：中华人民共和国对公约第二十二条的规定有保留，不接受该条的约束。

1982 年 2 月 22 日—3 月 8 日，五届全国人大常委会举行第二十二次会议。会议通过《关于批准〈禁止或限制使用某些可被认为具有过分伤害力或滥杀滥伤作用的常规武器公约〉的决定》。[1]

全国人民代表大会常务委员会关于批准《禁止或限制使用某些可被认为具有过分伤害力或滥杀滥伤作用的常规武器公约》的决定

（1982 年 3 月 8 日第五届全国人民代表大会常务委员会第二十二次会议通过）

第五届全国人民代表大会常务委员会第二十二次会议决定：批准凌青代表我国政府于 1981 年 9 月 14 日签署的《禁止或限制使用某些可被认为具有过分伤害力或滥杀滥伤作用的常规武器公约》。

1982 年 8 月 19 日—23 日，五届全国人大常委会举行第二十四次会议。会议通过《关于我国加入〈关于难民地位的公约〉的决定》《关于我国加入〈关于难民地位的议定书〉的决定》《关于批准〈中华人民共和国和南斯拉夫社会主义联邦共和国领事条约〉的决定》。[2]

1983 年 2 月 28 日—3 月 5 日，五届全国人大常委会举行第二

---

〔1〕　全国人大常委会办公厅编：《全国人民代表大会及其常务委员会大事记(1954—2014)》，中国民主法制出版社 2014 年版，第 210 页。

〔2〕　全国人大常委会办公厅编：《全国人民代表大会及其常务委员会大事记(1954—2014)》，中国民主法制出版社 2014 年版，第 215 页。

十六次会议。会议通过《关于加入〈禁止并惩治种族隔离罪行国际公约〉的决定》和《关于批准〈防止及惩治灭绝种族罪公约〉的决定》。[1] 5 月 5 日—9 日，五届全国人大常委会举行第二十七次会议。会议通过《关于加入〈南极条约〉的决定》。[2]

二、1983 年 6 月—1988 年 3 月

第六届全国人大及其常委会成立于 1983 年 6 月，任期 4 年零 9 个月。六届全国人大常委会听取审议关于国际公约、双边条约和协定的说明 27 件，批准国际公约、双边条约和协定 27 件。[3]

1983 年 8 月 25 日—9 月 2 日，六届全国人大常委会举行第二次会议。会议通过《关于我国加入〈1949 年日内瓦四公约〉两项附加议定书的决定》。[4]

1983 年 11 月 25 日—12 月 8 日六届全国人大常委会举行第三次会议。会议通过《关于我国加入 1967 年〈关于各国探索和利用包括月球和其他天体在内外层空间活动的原则条约〉的决定》。[5]

---

〔1〕 全国人大常委会办公厅编：《全国人民代表大会及其常务委员会大事记 (1954—2014)》，中国民主法制出版社 2014 年版，第 223 页。

〔2〕 全国人大常委会办公厅编：《全国人民代表大会及其常务委员会大事记 (1954—2014)》，中国民主法制出版社 2014 年版，第 223 页。

〔3〕 全国人大常委会办公厅编：《全国人民代表大会及其常务委员会大事记 (1954—2014)》，中国民主法制出版社 2014 年版，第 224 页。

〔4〕 全国人大常委会办公厅编：《全国人民代表大会及其常务委员会大事记 (1954—2014)》，中国民主法制出版社 2014 年版，第 237 页。

〔5〕 全国人大常委会办公厅编：《全国人民代表大会及其常务委员会大事记 (1954—2014)》，中国民主法制出版社 2014 年版，第 238 页。

全国人民代表大会常务委员会关于我国加入 1967 年
《关于各国探索和利用包括月球和其他天体
在内外层空间活动的原则条约》的决定

（1983 年 12 月 8 日第六届全国人民代表大会常务委员会
第三次会议通过）

第六届全国人民代表大会常务委员会第三次会议决定：中华人民共和国加入 1967 年《关于各国探索和利用包括月球和其他天体在内外层空间活动的原则条约》。

1984 年 9 月 11 日—20 日，六届全国人大常委会举行第七次会议。会议通过《关于批准〈中华人民共和国政府和波兰人民共和国政府领事条约〉的决定》《关于我国加入〈禁止细菌（生物）及毒素武器的发展、生产及储存以及销毁这类武器的公约〉的决定》。[1]

全国人民代表大会常务委员会关于我国加入
《禁止细菌（生物）及毒素武器的发展、生产及
储存以及销毁这类武器的公约》的决定

（1984 年 9 月 20 日第六届全国人民代表大会常务委员会
第七次会议通过）

第六届全国人民代表大会常务委员会第七次会议决定：中华人民共和国加入 1972 年 4 月 10 日在华盛顿、伦敦、莫斯科签订的《禁止细菌（生物）及毒素武器的发展、生产及储存以及销毁这类武器的公约》。

---

〔1〕　全国人大常委会办公厅编：《全国人民代表大会及其常务委员会大事记（1954—2014）》，中国民主法制出版社 2014 年版，第 252 页。

1984 年 11 月 6 日—14 日，六届全国人大常委会举行第八次会议。会议通过《关于我国加入〈保护工业产权巴黎公约〉的决定》。[1]

全国人民代表大会常务委员会关于我国加入 《保护工业产权巴黎公约》的决定

（1984 年 11 月 14 日第六届全国人民代表大会常务委员会
第八次会议通过）

第六届全国人民代表大会常务委员会第八次会议决定：中华人民共和国加入《保护工业产权巴黎公约》（1967 年斯德哥尔摩文本），同时声明：中华人民共和国对公约第二十八条第一款予以保留，不受该款约束。

1985 年 4 月 10 日，六届全国人大三次会议举行全体会议。会议通过《关于批准〈中华人民共和国政府和大不列颠及北爱尔兰联合王国政府关于香港问题的联合声明〉的决定》，批准 1984 年 12 月 19 日国务院总理代表中国政府签署的中英关于香港问题的联合声明，包括三件附件。[2]

1985 年 6 月 8 日—18 日，六届全国人大常委会举行第十一次会议。会议决定中华人民共和国加入《经〈修正 1961 年麻醉品单一公约的议定书〉修正的 1961 年麻醉品单一公约》和《1971 年精神药物公约》，同时声明对修正的一些条款予以保留；并通过《关于批准〈国际电信公约〉的决定》。[3]

---

〔1〕 全国人大常委会办公厅编：《全国人民代表大会及其常务委员会大事记（1954—2014）》，中国民主法制出版社 2014 年版，第 253 页。
〔2〕 全国人大常委会办公厅编：《全国人民代表大会及其常务委员会大事记（1954—2014）》，中国民主法制出版社 2014 年版，第 261 页。
〔3〕 全国人大常委会办公厅编：《全国人民代表大会及其常务委员会大事记（1954—2014）》，中国民主法制出版社 2014 年版，第 263—264 页。

全国人民代表大会常务委员会关于批准
《国际电信公约》的决定

（1985 年 6 月 18 日第六届全国人民代表大会常务委员会
第十一次会议通过）

第六届全国人民代表大会常务委员会第十一次会议决定：批准我国出席国际电信联盟全权代表大会代表团正、副团长代表中华人民共和国政府于 1982 年 11 月 6 日在内罗毕签署的《国际电信公约》。

1985 年 8 月 26 日—9 月 6 日，六届全国人大常委会举行第十二次会议。会议通过《关于我国加入〈防止倾倒废物及其他物质污染海洋的公约〉的决定》。[1]

全国人民代表大会常务委员会关于我国加入
《防止倾倒废物及其他物质污染海洋的公约》的决定

（1985 年 9 月 6 日第六届全国人民代表大会常务委员会
第十二次会议通过）

第六届全国人民代表大会常务委员会第十二次会议决定：中华人民共和国加入于 1972 年 12 月 29 日在伦敦、墨西哥城、莫斯科和华盛顿签订的《防止倾倒废物及其他物质污染海洋的公约》。

1985 年 11 月 8 日—22 日，六届全国人大常委会举行第十三次会议。会议通过《关于批准〈保护世界文化和自然遗产公约〉的决定》。[2]

---

〔1〕　全国人大常委会办公厅编：《全国人民代表大会及其常务委员会大事记（1954—2014）》，中国民主法制出版社 2014 年版，第 267 页。
〔2〕　全国人大常委会办公厅编：《全国人民代表大会及其常务委员会大事记（1954—2014）》，中国民主法制出版社 2014 年版，第 269 页。

全国人民代表大会常务委员会关于批准
《保护世界文化和自然遗产公约》的决定

（1985 年 11 月 22 日第六届全国人民代表大会常务委员会
第十三次会议通过）

第六届全国人民代表大会常务委员会第十三次会议决定：批准联合国教育、科学及文化组织大会第十七届会议于 1972 年 11 月 16 日在巴黎通过的《保护世界文化和自然遗产公约》。

1986 年 3 月 11 日—19 日，六届全国人大常委会举行第十五次会议。会议通过《关于批准〈中国和朝鲜民主主义人民共和国领事条约〉的决定》。[1] 8 月 27 日—9 月 5 日，六届全国人大常委会举行第十七次会议。会议通过《关于批准〈中华人民共和国和匈牙利人民共和国领事条约〉的决定》和《关于批准〈中华人民共和国和德意志民主共和国领事条约〉的决定》。[2] 11 月 15 日—12 月 2 日，六届全国人大常委会举行第十八次会议。会议通过《关于批准〈中华人民共和国和意大利共和国领事条约〉的决定》、《关于批准〈中华人民共和国和蒙古人民共和国领事条约〉的决定》、《关于批准〈中华人民共和国和苏维埃社会主义共和国联盟领事条约〉的决定》和《关于我国加入〈承认及执行外国仲裁裁决公约〉的决定》。[3]

---

[1] 全国人大常委会办公厅编：《全国人民代表大会及其常务委员会大事记（1954—2014）》，中国民主法制出版社 2014 年版，第 273—274 页。

[2] 全国人大常委会办公厅编：《全国人民代表大会及其常务委员会大事记（1954—2014）》，中国民主法制出版社 2014 年版，第 281 页。

[3] 全国人大常委会办公厅编：《全国人民代表大会及其常务委员会大事记（1954—2014）》，中国民主法制出版社 2014 年版，第 286 页。

全国人民代表大会常务委员会关于我国加入
《承认及执行外国仲裁裁决公约》的决定

（1986 年 12 月 2 日第六届全国人民代表大会常务委员会
第十八次会议通过）

第六届全国人民代表大会常务委员会第十八次会议决定：

中华人民共和国加入《承认及执行外国仲裁裁决公约》，并同时声明：

（一）中华人民共和国只在互惠的基础上对在另一缔约国领土内作出的仲裁裁决的承认和执行适用该公约；

（二）中华人民共和国只对根据中华人民共和国法律认定为属于契约性和非契约性商事法律关系所引起的争议适用该公约。

附件：承认及执行外国仲裁裁决公约（略）

1987 年 1 月 12 日—22 日，六届全国人大常委会举行第十九次会议。会议通过《关于批准〈万国邮政联盟组织法第三附加议定书〉的决定》。[1]

全国人民代表大会常务委员会关于批准
《万国邮政联盟组织法第三附加议定书》的决定

（1987 年 1 月 22 日第六届全国人民代表大会常务委员会
第十九次会议通过）

第六届全国人民代表大会常务委员会第十九次会议决定：批准我国政府代表于 1984 年 7 月 27 日在汉堡签署的《万国邮政联盟组织法第三附加议定书》。

---

[1]　全国人大常委会办公厅编：《全国人民代表大会及其常务委员会大事记（1954—2014）》，中国民主法制出版社 2014 年版，第 289 页。

1987 年 6 月 11 日—23 日，六届全国人大常委会举行第二十一次会议。会议通过《关于批准〈中华人民共和国政府和葡萄牙共和国政府关于澳门问题的联合声明〉的决议》《关于批准〈中华人民共和国和墨西哥合众国领事条约〉的决议》《关于批准〈中华人民共和国和保加利亚人民共和国领事条约〉的决议》《关于我国加入〈关于防止和惩处侵害应受国际保护人员包括外交代表的罪行的公约〉的决定》[1] 8 月 28 日—9 月 5 日，六届全国人大常委会举行第二十二次会议。会议通过《关于批准〈第 159 号残疾人职业康复和就业公约〉的决定》《关于批准〈中华人民共和国和法兰西共和国关于民事、商事司法协助的协定〉的决定》《关于批准〈中华人民共和国和波兰人民共和国关于民事和刑事司法协助的协定〉的决定》。[2]

全国人民代表大会常务委员会关于批准《中华人民共和国政府和葡萄牙共和国政府关于澳门问题的联合声明》的决定

（1987 年 6 月 23 日第六届全国人民代表大会常务委员会
第二十一次会议通过）

第六届全国人民代表大会常务委员会第二十一次会议根据第六届全国人民代表大会第五次会议关于授权全国人民代表大会常务委员会审议和决定批准《中华人民共和国政府和葡萄牙共和国政府关于澳门问题的联合声明》的决定，审议了国务院关于提请审议批准《中华人民共和国政府和葡萄牙共和国政府关于澳门问题的联合声明》的议案，决定批准 1987 年 4 月 13 日由赵紫阳总理

---

[1]　全国人大常委会办公厅编：《全国人民代表大会及其常务委员会大事记（1954—2014）》，中国民主法制出版社 2014 年版，第 298 页。

[2]　全国人大常委会办公厅编：《全国人民代表大会及其常务委员会大事记（1954—2014）》，中国民主法制出版社 2014 年版，第 303 页。

代表中国政府签署的《中华人民共和国政府和葡萄牙共和国政府关于澳门问题的联合声明》，包括附件一：《中华人民共和国政府对澳门的基本政策的具体说明》和附件二：《关于过渡时期的安排》。

三、1988 年 3 月—1993 年 3 月

第七届全国人民代表大会及其常务委员会成立于 1988 年 3 月，任期 5 年。七届全国人大常委会听取审议关于国际条约、双边条约和协定的说明 38 件[1]，批准国际公约、双边条约和协定 41 件。

1988 年 8 月 29 日—9 月 5 日，七届全国人大常委会举行第三次会议。会议通过《关于批准〈禁止酷刑和其他残忍、不人道或有辱人格的待遇或处罚公约〉的决定》《关于批准〈南太平洋无核区条约〉第二号和第三号议定书的决定》《关于批准〈中华人民共和国和比利时王国关于民事司法协助的协定〉的决定》。[2]

1988 年 10 月 31 日—11 月 8 日，七届全国人大常委会举行第四次会议。会议通过《关于批准〈中华人民共和国和捷克斯洛伐克社会主义共和国领事条约〉的决定》《关于我国加入〈关于援救航天员、送回航天员及送回射入外空之物体之协定〉的决定》《关于我国加入〈外空物体所造成损害之国际责任公约〉的决定》《关于我国加入〈关于登记射入外层空间物体的公约〉的决定》。[3]

---

〔1〕　全国人大常委会办公厅编：《全国人民代表大会及其常务委员会大事记（1954—2014）》，中国民主法制出版社 2014 年版，第 313 页。

〔2〕　全国人大常委会办公厅编：《全国人民代表大会及其常务委员会大事记（1954—2014）》，中国民主法制出版社 2014 年版，第 326 页。

〔3〕　全国人大常委会办公厅编：《全国人民代表大会及其常务委员会大事记（1954—2014）》，中国民主法制出版社 2014 年版，第 329 页。

全国人民代表大会常务委员会关于我国加入《关于援救航天员、送回航天员及送回射入外空之物体之协定》的决定

（1988 年 11 月 8 日第七届全国人民代表大会常务委员会
第四次会议通过）

第七届全国人民代表大会常务委员会第四次会议决定：中华人民共和国加入《关于援救航天员、送回航天员及送回射入外空之物体之协定》。

关于援救航天员、送回航天员及送回射入外空之物体之协定

各缔约国，鉴于关于各国探测及使用外空包括月球与其他天体之活动所应遵守原则之条约极其重要，该约规定遇航天员有意外事故，危难或紧急降落之情形，应给予一切可能协助，迅速并安全送回航天员，及送回射入外空之物体，亟欲发展并进一步具体表示此种义务，深愿促进外空和平探测及使用之国际合作，益以人道精神驱使，爰议定条款如下：

第一条

缔约国于获悉或发现外空机人员遭遇意外事故，或正遭受危难情况，或已在缔约国管辖领域内，在公海上，或在不属任何国家管辖之任何其他地点作紧急或非出于本意之降落时，应立即：

（甲）通知发射当局，或于不能查明发射当局并立即与之通讯时，立即以其可以使用之一切适当通讯工具公开宣告；

（乙）通知联合国秘书长，由秘书长以其可以使用之一切适当通讯工具传播此项消息，毋稍稽延。

第二条

如因意外事故、危难、紧急或非出于本意降落之结果，外空机人员在一缔约国管辖领域内降落，该缔约国应立即采取一切可

能步骤援救此种人员，并提供一切必要协助，该缔约国应将所采步骤及其进展情形通知发射当局及联合国秘书长。如发射当局之协助有助于实现迅速援救，或对搜寻及援救行动之效力大有贡献，发射当局应与该缔约国合作，以求有效进行搜寻及援救行动。此项行动应受该缔约国指挥管制，该缔约国应与发射当局密切并不断会商行事。

第三条

如获悉或发现外空机人员已下降于公海上或不属任何国家管辖之任何其他地点，能提供协助之各缔约国应于必要时对搜寻及援救此种人员之行动提供协助，以确保其迅速获救。各该国应将其所采步骤及其进展情形通知发射当局及联合国秘书长。

第四条

如因意外事故、危难、紧急或非出于本意降落之结果，外空机人员在一缔约国管辖领域内降落，或在公海上或不属任何国家管辖之任何其他地点发现，应将此种人员安全并迅速送交发射当局代表。

第五条

一、缔约国于获悉或发现外空物体或其构成部分已于其管辖领域内，或在公海上，或在不属任何国家管辖之任何其他地点返回地球时，应通知发射当局及联合国秘书长。

二、缔约国对发现外空物体或其构成部分之领域有管辖权者，如经发射当局请求并获得该当局如经请求而提出之协助，应采取其认为可行之步骤，寻获该物体或其构成部分。

三、如经发射当局请求，在发射当局领域范围以外发现之射入外空物体或其构成部分应送还发射当局代表或留待发射当局代表处置；如经请求，在送还之前，该当局应先提出证明资料。

四、虽有本条第二项及第三项之规定，缔约国有理由相信在其管辖领域内发现或其于别处寻获之外空物体或其构成部分具为危险或毒害性质时，得将此情形通知发射当局，发射当局应立即采取有效步骤，于该缔约国指挥及管制下，消除可能之损害危险。

五、为履行本条第二项及第三项下关于寻获及送还外空物体或其构成部分之义务所支付之费用应由发射当局承担。

第六条

本协定称"发射当局"谓负发射责任之国家或遇国际政府间组织负发射责任时，则指该组织，但该组织必须宣布接受本协定所规定之权利与义务，且该组织之多数会员国为本协定及关于各国探测及使用外空包括月球与其他天体之活动所应遵守原则之条约之缔约国。

第七条

一、本协定应听由所有国家签署。凡在本协定依本条第三项发生效力前尚未签署之任何国家得随时加入本协定。

二、本协定应由签署国批准，批准文件及加入文件应送交美利坚合众国，大不列颠及北爱尔兰联合王国及苏维埃社会主义共和国联盟政府存放，为此指定各该国政府为保管政府。

三、本协定应于五国政府，包括经本协定指定为保管政府之各国政府，交存批准文件后发生效力。

四、对于在本协定发生效力后交存批准或加入文件之国家，本协定应于其交存批准或加入文件之日发生效力。

五、保管政府应将每一签署之日期，每一批准及加入本协定之文件存放日期，本协定发生效力日期及其他通知，迅速知照所有签署及加入国家。

六、本协定应由保管政府遵照联合国宪章第一百零二条规定办理登记。

第八条

本协定任何当事国得对本协定提出修正。修正对于接受修正之每一当事国，应于多数当事国接受时发生效力，嗣后对于其余每一当事国应于其接受之日发生效力。

第九条

本协定任何当事国得在本协定生效一年后以书面通知保管政府退出协定。退出应自接获此项通知之日起一年后发生效力。

第十条

本协定应存放保管政府档库，其英文、俄文、法文、西班牙文及中文各本同一作准。保管政府应将本协定正式副本分送各签署及加入国政府。

为此，下列代表，各秉正式授予之权，谨签字于本条约，以昭信守。

本条约共缮三份，于公历 1968 年 4 月 22 日订于华盛顿、伦敦及莫斯科。

全国人民代表大会常务委员会关于我国加入
《外空物体所造成损害之国际责任公约》的决定

（1988 年 11 月 8 日第七届全国人民代表大会常务委员会
第四次会议通过）

第七届全国人民代表大会常务委员会第四次会议诀定：中华人民共和国加入《外空物体所造成损害之国际责任公约》。

外空物体所造成损害之国际责任公约

本公约缔约国，确认全体人类对于促进为和平目的而从事外空之探测及使用，同表关注，覆按关于各国探测及使用外空包括月球与其他天体之活动所应遵守原则之条约，鉴于从事发射外空物体之国家及国际政府间组织虽将采取种种预防性措施，但此等物体可能间或引起损害，确认亟须制定关于外空物体所造成损害之责任之有效国际规则与程序，以特别确保对此等损害之受害人依本公约规定迅速给付充分及公允之赔偿，深信此种规则与程序之制订有助于加强为和平目的探测及使用外空方面之国际合作，爰议定条款如下：

第一条

就适用本公约而言：

（a）称"损害"者，谓生命丧失，身体受伤或健康之其他损害；国家或自然人或法人财产或国际政府间组织财产之损失或损害；

（b）称"发射"者，包括发射未遂在内；

（c）称"发射国"者，谓：

（i）发射或促使发射外空物体之国家；

（ii）外空物体自其领土或设施发射之国家；

（d）称"外空物体"者，包括外空物体之构成部分以及该物体之发射器与发射器之部分。

第二条

发射国对其外空物体在地球表面及对飞行中之航空机所造成之损害，应负给付赔偿之绝对责任。

第三条

遇一发射国外空物体在地球表面以外之其他地方对另一发射国之外空物体或此种外空物体所载之人或财产造成损害时，唯有损害系由于前一国家之过失或其所负责之人之过失，该国始有责任。

第四条

一、遇一发射国之外空物体在地球表面以外之其他地方对另一发射国之外空物体或此种外空物体所载之人或财产造成损害，并因此对第三国或对第三国之自然人或法人造成损害时，前二国在下列范围内对第三国应负连带及个别责任：

（a）倘对第三国之地球表面或飞行中之航空机造成损害对第三国应负绝对责任；

（b）倘对地球表面以外其他地方之第三国之外空物体或此种物体所载之人或财产造成损害，对第三国所负之责任视前二国中任何一国之过失或任何一国所负责之人之过失而定。

二、就本条第一项所称负有连带及个别责任之所有案件而言，对损害所负之赔偿责任应按前二国过失之程度分摊之；倘该两国每造过失之程度无法断定，赔偿责任应由该两国平均分摊之。此种分摊不得妨碍第三国向负有连带及个别责任之发射国之任何一国或全体索取依据本公约应予给付之全部赔偿之权利。

第五条

一、两个或两个以上国家共同发射外空物体时，对所造成之任何损害应负连带及个别责任。

二、已给付损害赔偿之发射国有权向参加共同发射之其他国家要求补偿。参加共同发射之国家得就其负有连带及个别责任之财政义务之分摊，订立协议。此种协议不得妨碍遭受损害之国家向负有连带及个别责任之发射国之任何一国或全体索取依据本公约应予给付之全部赔偿之权利。

三、外空物体自其领土或设施发射之国家应视为共同发射之参加国。

第六条

一、除本条第二项另有规定者外，绝对责任应依发射国证明损害全部或部分系由求偿国或其所代表之自然人或法人之重大疏忽或意在造成损害之行为或不行为所致之程度，予以免除。

二、遇损害之造成系因发射国从事与国际法，尤其是联合国宪章及关于各国探测及使用外空包括月球与其他天体之活动所应遵守原则之条约不符之活动时，不得免除任何责任。

第七条

本公约之规定不适用于发射国之外空物体对下列人员所造成之损害：

（a）该发射国之国民；

（b）外国国民，在自该外空物体发射时或其后之任何阶段至降落时为止参加该物体操作之时期内，或在受该发射国之邀请而在预定发射或收回地区紧接地带之时期内。

第八条

一、一国遭受损害或其自然人或法人遭受损害时得向发射国提出赔偿此等损害之要求。

二、倘原籍国未提出赔偿要求，另一国得就任何自然人或法人在其领域内所受之损害，向发射国提出赔偿要求。

三、倘原籍国或在其领域内遭受损害之国家均未提出赔偿要求或通知有提出赔偿要求之意思，另一国得就其永久居民所受之损害，向发射国提出赔偿要求。

第九条

赔偿损害之要求应循外交途径向发射国提出。一国如与关系发射国无外交关系，得请另一国向该发射国代其提出赔偿要求，或以其他方式代表其依本公约所有之利益。该国并得经由联合国秘书长提出其赔偿要求，但以求偿国与发射国均系联合国会员国为条件。

第十条

一、赔偿损害之要求得于损害发生之日或认明应负责任之发射国之日起一年内向发射国提出之。

二、一国倘不知悉损害之发生或未能认明应负责任之发射国，得于获悉上述事实之日起一年内提出赔偿要求；但无论如何，此项期间自求偿国若妥为留意按理当已知悉此等事实之日起不得超过一年。

三、本条第一项及第二项所规定之时限，纵使损害之全部情况尚不知悉，亦适用之。但遇此种情形时，求偿国有权在此种时限届满以后至知悉损害之全部情况之一年后为止，修订其要求并提出增补文证。

第十一条

一、依本公约向发射国提出赔偿损害要求，无须事先竭尽求偿国或其所代表之自然人或法人可能有之一切当地补救办法。

二、本公约不妨碍一国或其可能代表之自然人或法人向发射国之法院、行政法庭或机关进行赔偿要求。但一国已就所受损害在发射国之法院、行政法庭或机关中进行赔偿要求者，不得就同一损害，依本公约或依对关系各国均有拘束力之另一国际协定，提出赔偿要求。

第十二条

发射国依本公约负责给付之损害赔偿额应依照国际法及公正与衡平原则决定，俾就该项损害所作赔偿得使提出赔偿要求所关涉之自然人或法人，国家或国际组织恢复损害未发生前之原有状态。

第十三条

除求偿国与依照本公约应给付赔偿之国家另就赔偿方式达成协议者外，赔偿之给付应以求偿国之货币为之，或于该国请求时，以赔偿国之货币为之。

第十四条

倘赔偿要求未能于求偿国通知发射国已提出赔偿要求文证之日起一年内依第九条规定经由外交谈判获得解决，关系各方应于任一方提出请求时设立赔偿要求委员会。

第十五条

一、赔偿要求委员会由委员三人组成，其中一人由求偿国指派，一人由发射国指派，第三人由双方共同选派，担任主席。每一方应于请求设立赔偿要求委员会之日起两个月内指派其人员。

二、倘主席之选派未能于请求设立委员会之日起四个月内达成协议，任一方得请联合国秘书长另于两个月期间内指派之。

第十六条

一、倘一当事方未于规定期限内指派其人员，主席应依另一当事方之请求组成单人赔偿要求委员会。

二、委员会以任何原因而有委员出缺应依指派原有人员所用同样程序补实之。

三、委员会应自行决定其程序。

四、委员会应决定其一个或数个开会地点及一切其他行政事项。

五、除单人赔偿要求委员会所作决定与裁决外，委员会之一切决定与裁决均应以过半数表决为之。

第十七条

赔偿要求委员会之委员人数不得因有两个或两个以上求偿国

或发射国共同参加委员会对任一案件之处理而增加。共同参加之求偿国应依单一求偿国之同样方式与同等条件会同指派委员会委员一人。两个或两个以上发射国共同参加时，应依同样方式会同指派委员会委员一人。倘求偿国或发射国未在规定期限内指派人选，主席应组成单人委员会。

第十八条

赔偿要求委员会应决定赔偿要求是否成立，并于须付赔偿时订定应付赔偿之数额。

第十九条

一、赔偿要求委员会应依照第十二条之规定行事。

二、如各当事方同意，委员会之决定应具确定性及拘束力；否则委员会应提具确定之建议性裁决，由各当事方一秉善意予以考虑。委员会应就其决定或裁决列举理由。

三、委员会应尽速提出决定或裁决，至迟于委员会成立之日起一年内为之，但委员会认为此项期限有展延必要者不在此限。

四、委员会应公布其决定或裁决。委员会应将决定或裁决之正式副本送达各当事方及联合国秘书长。

第二十条

赔偿要求委员会之费用应由各当事方同等担负，但委员会另有决定得不在此限。

第二十一条

倘外空物体所造成之损害对人命有大规模之危险或严重干扰人民之生活状况或重要中心之功能，各缔约国尤其发射国应于遭受损害之国家请求时，审查能否提供适当与迅速之援助。但本条之规定不影响各缔约国依本公约所有之权利或义务。

第二十二条

一、本公约所称国家，除第二十四条至第二十七条外，对于从事外空活动之任何国际政府间组织，倘该组织声明接受本公约所规定之权利及义务，且该组织过半数会员国系本公约及关于各国探测及使用外空包括月球与其他天体之活动所应遵守原则之条约之缔约国者，均适用之。

二、凡为本公约缔约国之任何此种组织会员国应采取一切适当步骤确保该组织依照前项规定发表声明。

三、倘一国际政府间组织依本公约之规定对损害负有责任，该组织及其会员国中为本公约当事国者应负连带及个别责任；但：

（a）此种损害之任何赔偿要求应首先向该组织提出；

（b）唯有在该组织于六个月期间内未给付经协议或决定作为此种损害之赔偿之应付数额时，求偿国始得援引为本公约缔约国之会员国所负给付该数额之责任。

四、凡遵照本公约规定为已依本条第一项发表声明之组织所受损害提出之赔偿要求，应由该组织内为本公约缔约国之一会员国提出。

第二十三条

一、本公约之规定对于现行其他国际协定，就此等国际协定各缔约国间之关系言，不发生影响。

二、本公约规定不妨碍各国缔结国际协定，重申、补充或推广本公约各条款。

第二十四条

一、本公约应听由所有国家签署。凡在本公约依本条第三项发生效力前尚未签署之任何国家得随时加入本公约。

二、本公约应由签署国批准。批准文件及加入文件应送交大不列颠及北爱尔兰联合王国、苏维埃社会主义共和国联盟及美利坚合众国政府存放，为此指定各该国政府为保管政府。

三、本公约应于第五件批准文件交存时发生效力。

四、对于在公约发生效力后交存批准或加入文件之国家，本公约应于其交存批准或加入文件之日发生效力。

五、保管政府应将每一签署之日期、每一批准及加入本公约之文件存放日期、本公约发生效力日期及其他通知迅速知照所有签署及加入国家。

六、本公约应由保管政府遵照联合国宪章第一百零二条规定办理登记。

第二十五条

本公约任何缔约国得对本公约提出修正。修正对于接受修正之每一缔约国应于多数缔约国接受时发生效力，嗣后对于其余每一缔约国应于其接受之日发生效力。

第二十六条

本公约生效十年后应将检讨本公约之问题列入联合国大会临时议程，以便参照公约过去实施情形审议是否须作修订。但公约生效五年后之任何时期，依公约三分之一缔约国请求并经缔约国过半数之同意，应召开本公约缔约国会议以检讨本公约。

第二十七条

本公约任何缔约国得在本公约生效一年后以书面通知保管政府退出公约。退出应自接获此项通知之日起一年后发生效力。

第二十八条

本公约应存放保管政府档案库，其英文、中文、法文、俄文及西班牙文各本同一作准。保管政府应将本公约正式副本分送各签署及加入国政府。

为此，下列代表，各秉正式授予之权，谨签字于本公约，以昭信守。

本公约共缮三份，于公历 1972 年 3 月 29 日订于伦敦、莫斯科及华盛顿。

全国人民代表大会常务委员会关于我国加入
《关于登记射入外层空间物体的公约》的决定

(1988 年 11 月 8 日第七届全国人民代表大会常务委员会
第四次会议通过)

第七届全国人民代表大会常务委员会第四次会议决定：中华人民共和国加入《关于登记射入外层空间物体的公约》。

关于登记射入外层空间物体的公约

本公约缔约各国，承认全体人类为和平目的而促进探索及利用外层空间的共同利益，回顾到 1967 年 1 月 27 日的关于各国探索和利用外层空间包括月球和其他天体在内的活动所应遵守原则的条约内曾确认各国对其本国在外层空间的活动应负国际责任，并提到射入外层空间的物体登记有案的国家，又回顾到 1968 年 4 月 22 日的关于援救宇宙飞行员送回宇宙飞行员及送回射入外层空间物体的协定规定一个发射当局对于其射入外层空间而在发射当局领域界限之外发现的物体，经请求时，应在交还前提供证明的资料，再回顾到 1972 年 3 月 29 日的外空物体所造成损害的国际责任公约确立了关于发射国家对其外空物体造成的损害所负责任的国际规则和程序，盼望根据各国从事探索和利用外层空间包括月球和其他天体在内的活动所应遵守原则的条约，拟订由发射国登记其射入外层空间物体的规定，还盼望在强制的基础上设置一个由联合国秘书长保持的射入外层空间物体总登记册，也盼望为缔约各国提供另外的方法和程序，借以帮助辨认外空物体，相信一种强制性的登记射入外层空间物体的制度，将特别可以帮助辨认此等物体，并有助于管理探索和利用外层空间的国际法的施行和发展，兹协议如下：

第一条

为了本公约的目的：

（a）"发射国"一词是指

（一）一个发射或促使发射外空物体的国家；

（二）一个从其领土上或设备发射外空物体的国家。

（b）"外空物体"一词包括一个外空物体的组成部分以及外空物体的发射载器及其零件。

（c）"登记国"一词是指一个依照第二条将外空物体登入其登记册的发射国。

第二条

1. 发射国在发射一个外空物体进入或越出地球轨道时，应以登入其所须保持的适当登记册的方式登记该外空物体。每一发射国应将其设置此种登记册情事通知联合国秘书长。

2. 任何此种外空物体有两个以上的发射国时，各该国应共同决定由其中的那一国依照本条第 1 款登记该外空物体，同时注意到关于各国从事探索和利用外层空间包括月球和其他天体在内的活动所应遵守原则的条约第八条的规定，并且不妨碍各发射国间就外空物体及外空物体上任何人员的管辖和控制问题所缔结的或日后缔结的适当协定。

3. 每一登记册的内容项目和保持登记册的条件应由有关的登

记国决定。

第三条

1. 联合国秘书长应保持一份登记册，记录依照第四条所提供的情报。

2. 这份登记册所载情报应充分公开，听任查阅。

第四条

1. 每一登记国应在切实可行的范围内尽速向联合国秘书长供给有关登入其登记册的每一个外空物体的下列情报：

（a）发射国或多数发射国的国名；

（b）外空物体的适当标志或其登记号码；

（c）发射的日期和地域或地点；

（d）基本的轨道参数，包括：

（一）波节周期，

（二）倾斜角，

（三）远地点，

（四）近地点。

（e）外空物体的一般功能。

2. 每一登记国得随时向联合国秘书长供给有关其登记册内所载外空物体的其他情报。

3. 每一登记国应在切实可行的最大限度内，尽速将其前曾提送情报的原在地球轨道内但现已不复在地球轨道内的外空物体通知联合国秘书长。

第五条

每当发射进入或越出地球轨道的外空物体具有第四条第（1）款，（b）项所述的标志或登记号码，或二者兼有时，登记国在依照第四条提送有关该外空物体的情报时应将此项事实通知秘书长。在此种情形下，联合国秘书长应将此项通知记入登记册。

第六条

本公约各项规定的施行如不能使一个缔约国辨认对该国或对其所辖任何自然人或法人造成损害、或可能具有危险性或毒性的外空物体时，其他缔约各国，特别包括拥有空间监视和跟踪设备的国家，应在可行的最大限度内响应该缔约国所提出或经由联合国秘书长代其提出，在公允和合理的条件下协助辨认该物体的请求。提出这种请求的缔约国应在可行的最大限度内提供关于引起这项请求的事件的时间、性质及情况等情报。给予这种协助的安排应由有关各方协议商定。

第七条

1. 除本公约第八条至第十二条〔连第八条和第十二条在内〕外，凡提及国家时，应视为适用于从事外空活动的任何政府间国际组织，但该组织须声明接受本公约规定的权利和义务，并且该组织的多数会员国须为本公约和关于各国探索和利用外层空间包括月球和其他天体在内的活动所应遵守原则的条约的缔约国。

2. 为本公约缔约国的任何这种国际组织的会员国，应采取一切适当步骤，保证该组织依照本条第一款规定发表声明。

第八条

1. 本公约应听由所有国家在纽约联合国总部签字。凡在本公约按照本条第 3 款生效以前尚未签字于本公约的任何国家得随时加入本公约。

2. 本公约应经各签字国批准。批准书和加入书应交存联合国秘书长。

3. 本公约应于向联合国秘书长交存第五件批准书时在已交存批准书的国家间发生效力。

4. 对于在本公约生效后交存批准书或加入书的国家，本公约应自其交存批准书或加入书之日起开始生效。

5. 秘书长应将每一签字日期、交存本公约的每一批准书和加入书日期、本公约生效日期和其他通知事项，迅速告知所有签字国和加入国。

第九条

本公约任何缔约国得对本公约提出修正案。修正案对于每一接受修正案的缔约国应在过半数缔约国接受该修正案时发生效力，嗣后对于其余每个缔约国应在该缔约国接受修正案之日发生效力。

第十条

本公约生效十年以后，应在联合国大会的临时议程内列入复核本公约的问题，以便按照公约过去施行情形，考虑其是否需要修订。但在本公约生效五年以后的任何时期，如经缔约各国三分之一的请求并征得多数缔约国的同意，应即召开缔约国会议复核本公约。此种复核应特别计及任何相关的技术发展情形，包括有关识别外空物体的技术发展情形。

第十一条

本公约任何缔约国得在本公约生效一年以后以书面通知联合国秘书长退出本公约。退出公约应自接获该通知之日起一年后发生效力。

第十二条

本公约原本应交存联合国秘书长，其阿拉伯文、中文、英文、法文、俄文及西班牙文本同样作准。秘书长应将本公约经证明的副本分送所有签字国和加入国。

为此，下列签字人，经各别政府正式授权，签字于本公约，以昭信守。本公约于 1975 年 1 月 14 日在纽约听由各国签署。

1989 年 8 月 29 日—9 月 4 日，七届全国人大常委会举行第九次会议。会议通过《关于批准〈中华人民共和国和蒙古人民共和国政府关于中蒙边界制度和处理边境问题的条约〉的决定》《关于批准〈联合国禁止非法贩运麻醉药品和精神药物公约〉的决定》。[1] 12 月 20 日—26 日，七届全国人大常委会举行第十一次会议。会议通过《关于批准〈中华人民共和国和土耳其共和国领事条约〉的决定》。[2]

全国人民代表大会常务委员会关于批准《联合国禁止非法贩运麻醉药品和精神药物公约》的决定

（1989 年 9 月 4 日第七届全国人民代表大会常务委员会
第九次会议通过）

第七届全国人民代表大会常务委员会第九次会议决定：批准中华人民共和国代表顾英奇于 1988 年 12 月 20 日签署的《联合国禁止非法贩运麻醉药品和精神药物公约》，同时声明，不受该《公约》第三十二条第二款和第三款的约束。

1990 年 6 月 20 日—28 日，七届全国人大常委会举行第十四次会议。会议通过《关于批准〈中华人民共和国和老挝人民民主共和国领事条约〉的决定》《关于批准〈中华人民共和国和伊拉克共和国领事条约〉的决定》《关于批准〈中华人民共和国和蒙古人民共和国关于民事和刑事司法协助的条约〉的决定》。[3]

---

〔1〕　全国人大常委会办公厅编：《全国人民代表大会及其常务委员会大事记（1954—2014）》，中国民主法制出版社 2014 年版，第 342 页。

〔2〕　全国人大常委会办公厅编：《全国人民代表大会及其常务委员会大事记（1954—2014）》，中国民主法制出版社 2014 年版，第 346 页。

〔3〕　全国人大常委会办公厅编：《全国人民代表大会及其常务委员会大事记（1954—2014）》，中国民主法制出版社 2014 年版，第 354 页。

8月28日—9月7日，七届全国人大常委会举行第十五次会议。会议通过《关于批准两件国际劳工公约〈男女工人同工同酬公约〉、〈三方协商促进实施国际劳动标准公约〉的决定》。[1]

男女工人同工同酬公约

国际劳工组织大会：

经国际劳工局理事会的召集，于1951年6月6日在日内瓦举行第34届会议，决议通过关于本届会议议程第七项所列"男女工人同工同酬原则"的若干提议，决定这些提议应采取国际公约的方式，于1951年6月29日通过下列公约，此公约可称为1951年同工同酬公约。

第一条

本公约中：

a. "报酬"一词，系指通常的、基本的或最低的工资或薪金，以及雇主因雇用工人而直接或间接向其支付的其他任何现金报酬或实物报酬；

b. "男女工人同工同酬"一词，系指无性别歧视的报酬率。

第二条

1. 凡会员国，应通过与现行决定报酬率的方法相适应的各种手段，促使并在与这种方法相一致的条件下保证男女工人同工同酬原则适用于全体工人。

2. 此项原则可通过下列方法予以适用：

a. 国家法律或法规；

b. 依法制定或认可的决定工资的办法；

---

[1] 全国人大常委会办公厅编：《全国人民代表大会及其常务委员会大事记(1954—2014)》，中国民主法制出版社2014年版，第356页。

c. 雇工与工人之间的集体协议；

d. 同时采用上述几种方法。

第三条

1. 在有助于本公约各项条款的实施时，应采取各种措施，以促进根据所从事的工作对各种工作岗位进行客观评定。

2. 进行这种评定所使用的方法可由决定报酬率的机关确定，如报酬率系由集体协议决定，则须由有关各方确定。

3. 凡因从事不同工作而由上述客观评定所规定的工人之间的不同报酬率，在与性别无关的情况下，不得被视为违反男女工人同工同酬原则。

第四条

凡会员国应与有关雇主和工人组织适当合作，以实施本公约各项条款。

第五条

本公约的正式批准书应送交国际劳工局局长登记。

第六条

1. 本公约应仅对批准书已经局长登记的国际劳工组织会员国有约束力。

2. 本公约应自两个会员国的批准书已经局长登记之日起12个月后生效。

3. 此后，对于任何会员国，本公约应自其批准书已经登记之日起12个月后生效。

第七条

1. 依照国际劳工组织章程第三十五条第2款送交国际劳工局局长的声明书，应依下列各款指明：

a. 有关会员国承允将本公约的规定不加修改完全实施的领地；

b. 该会员国承允本公约的规定加以修改后实施的领地，并附送此项修改的细目；

c. 本公约不能实施的领地，在此种情况下，并说明其不能实施的理由；

d. 该会员国在对情况未作进一步研究以前，暂缓决定的领地。

2. 本条第 1 款 a 项与 b 项所称的承允，应视为批准书的一个组成部分，并具有批准书的效力。

3. 任何会员国对于在原送声明书中依照本条第 1 款 b、c 或 d 项所作的任何保留，此后可随时以另一声明书予以全部或局部撤销。

4. 任何会员国在依照第九条规定有权解除本公约时，可向局长送交声明书，在其他任何方面修改其以前声明书的内容，并叙明其所举领地的现状。

第八条

1. 依照国际劳工组织章程第三十五条第 4 款或第 5 款送交国际劳工局局长的声明书，应指明本公约的规定是否将不加修改或加以修改而实施于有关领地；如此项声明书指明本公约的规定将修改而实施时，应即列举此项修改的细目。

2. 有关的一个或多个会员国或国际机构，此后可随时以另一个声明书全部或局部放弃援引其在此前任何声明中所作任何修改的权利。

3. 有关的一个或多个会员国或国际机构，在依照第九条规定有权解除本公约时，可向局长送交声明书，在其他任何方面修改其以前声明书的内容，并叙明有关本公约实施的现状。

第九条

1. 凡批准本公约的会员国，自本公约起始生效之日起满 10

年后可向国际劳工局局长通知解约，并请其登记，此项解约通知书自经登记之日起满 1 年后始得生效。

2. 凡批准本公约的会员国，在前款所述 10 年期满后 1 年内未行使本条规定的解约权利者，即须再遵守 10 年，此后每当 10 年期满，可依本条规定通知解约。

第十条

1. 国际劳工局局长应将国际劳工组织各会员国所送交的一切批准书、声明书和解约通知书的登记情况，通知本组织全体会员国。

2. 局长在将所送交的第 2 份批准书的登记通知本组织各会员国时，应请本组织各会员国注意本公约开始生效的日期。

第十一条

国际劳工局局长应将他按照以上各条规定所登记的一切批准书、声明书和解约通知书的详细情况，送交联合国秘书长按联合国宪章第一百零二条进行登记。

第十二条

国际劳工局理事会在必要时，应就本公约的实施情况向大会提出报告，应审查可否将本公约的全部或局部修正问题列入大会议程。

第十三条

1. 如大会通过新公约对本公约作全部或局部修正时，除新公约另有规定外，应：

a. 在新修正公约生效时，会员国对于新修正公约的批准，依法应为对本公约的立即解除，而不适用上述第九条的规定；

b. 自新修正公约生效之日起，本公约应即停止对会员国开放批准。

2. 对于已批准本公约而未批准新修正公约的会员国，本公约现有的形式及内容，在任何情况下仍应有效。

第十四条

本公约的英文本与法文本同等作准。

1991 年 2 月 25 日—3 月 2 日，七届全国人大常委会举行第十八次会议。会议通过《全国人大常委会关于批准加入〈关于向国外送达民事或商事司法文书和司法外文书公约〉的决定》。[1]

全国人民代表大会常务委员会关于批准加入《关于向国外送达民事或商事司法文书和司法外文书公约》的决定

(1991 年 3 月 2 日第七届全国人民代表大会常务委员会
第十八次会议通过)

第七届全国人民代表大会常务委员会第十八次会议决定：批准加入 1965 年 11 月 15 日订于海牙的《关于向国外送达民事或商事司法文书和司法外文书公约》，同时：

一、根据公约第二条和第九条规定，指定中华人民共和国司法部为中央机关和有权接收外国通过领事途径转递的文书的机关。

二、根据公约第八条第二款声明，只在文书须送达给文书发出国国民时，才能采用该条第一款所规定的方式在中华人民共和国境内进行送达。

三、反对采用公约第十条所规定的方式在中华人民共和国境内进行送达。

四、根据公约第十五条第二款声明，在符合该款规定的各项条件的情况下，即使未收到任何送达或交付的证明书，法官仍可

---

[1] 全国人大常委会办公厅编：《全国人民代表大会及其常务委员会大事记(1954—2014)》，中国民主法制出版社 2014 年版，第 360 页。

不顾该条第一款的规定，作出判决。

五、根据第十六条第三款声明，被告要求免除丧失上诉权效果的申请只能在自判决之日起的一年内提出，否则不予受理。

目　　录

本公约缔约国，希望创立适当方法，以确保须予送达到国外的司法文书和司法外文书在足够的时间内为收件人所知悉，希望通过简化并加快有关程序，改进为此目的而进行相互司法协助的体制，为此目的，兹决定缔结一项公约，并议定下列各条：

第一条

在所有民事或商事案件中，如有须递送司法文书或司法外文书以便向国外送达的情形，均应适用本公约。

在文书的受送达人地址不明的情况下，本公约不予适用。

第一章　司法文书

第二条

每一缔约国应指定一个中央机关，负责根据第三条至第六条的规定，接收来自其他缔约国的送达请求书，并予以转递。

每一缔约国应依其本国法律组建中央机关。

第三条

依文书发出国法律有权主管的当局或司法助理人员应将符合本公约所附范本的请求书送交文书发往国中央机关，无须认证或其他类似手续。

请求书应附有须予送达的文书或其副本。请求书和文书均须一式两份。

第四条

如中央机关认为该请求书不符合本公约的规定，应及时通知申请者，并说明其对请求书的异议。

第五条

文书发往国中央机关应按照下列方法之一，自行送达该文书，或安排经由一适当机构使之得以送达：

（一）按照其国内法规定的在国内诉讼中对在其境内的人员送达文书的方法，或

（二）按照申请者所请求采用的特定方法，除非这一方法与文书发往国法律相抵触。

除本条第一款第（二）项规定外，均可通过将文书交付自愿接受的收件人的方法进行送达。

如依上述第一款送达文书，则中央机关可要求该文书以文书发往国的官方文字或其中之一写成，或译为该种文字。

依本公约所附格式填写的请求书中包括被送达文书概要的部分应连同文书一并送达。

第六条

文书发往国中央机关或该国为此目的可能指定的任何机关应依本公约所附范本格式出具证明书。

证明书应说明文书已经送达，并应包括送达的方法、地点和日期，以及文书被交付人。如文书并未送达，则证明书中应载明妨碍送达的原因。

申请者可要求非中央机关或司法机关出具的证明书由上述一个机关副署。

证明书应直接送交申请者。

第七条

本公约所附范本的标准栏目均应用法文或英文写成，亦可用文书发出国的官方文字或其中之一写成。

相应空格应用文书发往国文字或法文或英文填写。

第八条

每一缔约国均有权直接通过其外交或领事代表机构向身在国外的人完成司法文书的送达，但不得采用任何强制措施。

任何国家均可声明其对在其境内进行此种送达的异议，除非该文书须送达给文书发出国国民。

第九条

此外，每一缔约国有权利用领事途径将文书送交另一缔约国为此目的指定的机关，以便送达。

如有特别情况需要，每一缔约国可为同一目的使用外交途径。

第十条

如送达目的地国不表异议，本公约不妨碍：

（一）通过邮寄途径直接向身在国外的人送交司法文书的自由；

（二）文书发出国的司法助理人员、官员或其他主管人员直接通过送达目的地国的司法助理人员、官员或其他主管人员完成司法文书的送达的自由；

（三）任何在司法程序中有利害关系的人直接通过送达目的地国的司法助理人员、官员或其他主管人员完成司法文书的送达的自由。

第十一条

本公约不妨碍两个或更多缔约国达成协议，允许采用上述各条所规定的递送途径以外的途径，特别是通过其各自机关直接联系的途径，以便送达司法文书。

第十二条

发自缔约一国的司法文书的送达不应产生因文书发往国提供服务所引起的税款或费用的支付或补偿。

申请者应支付或补偿下列情况产生的费用：

（一）有司法助理人员或依送达目的地国法律主管人员的参与；

（二）特定送达方法的使用。

第十三条

如果送达请求书符合本公约的规定，则文书发往国只在其认为执行请求将损害其主权或安全时才可拒绝执行。

一国不得仅根据下列理由拒绝执行，即：依其国内法，该国主张对该项诉讼标的专属管辖权，或其国内法不允许进行该项申请所依据的诉讼。

在拒绝执行的情况下，中央机关应迅速通知申请者，并说明拒绝的理由。

第十四条

在为了送达而递送司法文书的过程中可能产生的困难，应通过外交途径解决。

第十五条

如需根据本公约向国外递送传票或类似文书，以便送达，而被告没有出庭，则在确定以下情况之前，不得作出判决：

（一）该文书已依文书发往国的国内法所规定的在国内诉讼中对在其境内的人送达文书的方法予以送达；或

（二）该文书已依本公约规定的其他方法被实际交付被告或

其居所。

并且，在上述任何一种情况下，送达或交付均应在能保证被告进行答辩的足够时间内完成。

每一缔约国均可声明，只要满足下述条件，即使未收到送达或交付的证明书，法官仍可不顾本条第一款的规定，作出判决：

（一）已依本公约所规定的一种方法递送该文书；

（二）法官根据具体案件认为自递送文书之日起不少于六个月的适当期间已满；

（三）尽管为获取证明书已通过文书发往国的主管机关尽了一切合理的努力，但仍未收到任何种类的证明书。

虽有上述各款规定，法官仍可在紧急情况下决定采取任何临时性或保护性的措施。

第十六条

如需根据本公约向国外递送传票或类似文书，以便送达，且已对未出庭的被告作出败诉判决，则在满足下述条件的情况下，法官有权使被告免于该判决因上诉期间届满所产生的丧失上诉权的效果：

（一）被告非因自己的过失，未能在足够期间内知悉该文书，以便提出答辩，或未能在足够期间内知悉该判决，以便提起上诉，并

（二）被告对该案的实质问题提出了表面可以成立的答辩理由。

被告只能在其知悉该判决后的合理期间内提出免除丧失上诉权效果的申请。

每一缔约国均可声明对在该声明中所指明的期间届满后提出的申请不予受理，但这一期间在任何情况下均不得少于自判决之

日起的一年。

本条不适用于有关人的身份或能力的判决。

第二章　司法外文书

第十七条

缔约一国的机关和司法助理人员发出的司法外文书可依本公约的方法并按照本公约各条规定递送到缔约另一国，以便送达。

第三章　一般条款

第十八条

每一缔约国除指定中央机关外，还可指定其他机关，并应确定这些机关的主管范围。

但在任何情况下，申请者均有权将请求书直接送交中央机关。

联邦制国家有权指定一个以上的中央机关。

第十九条

只要缔约国的国内法允许使用上述各条规定之外的其他方法递送来自国外的文书，以便在其境内送达，本公约不影响此类规定。

第二十条

本公约不妨碍两个或更多的缔约国达成协议，以免除下列规定的适用：

（一）第三条第二款关于须予递送的文书必须一式两份的要求；

（二）第五条第三款和第七条关于文字的要求；

（三）第五条第四款的规定；

（四）第十二条第二款的规定。

第二十一条

每一缔约国均应在其交存批准书或加入书时或在此之后，就下述事项通知荷兰外交部：

（一）根据第二条和第十八条指定的机关；

（二）根据第六条指定的有权出具证明书的机关；

（三）根据第九条指定的有权接收通过领事途径递送的文书的机关。

适当时，每一缔约国还应通知荷兰外交部：

（一）对使用第八条和第十条所规定的递送方法所提出的异议；

（二）根据第十五条第二款和第十六条第三款所作出的声明；

（三）对上述指定、异议和声明的任何修改。

第二十二条

如本公约当事国亦为1905年7月17日和1954年3月1日订于海牙的两个《民事诉讼程序公约》或其中之一的缔约国，则本公约应在这些国家之间取代上述两公约第一条至第七条的规定。

第二十三条

本公约不应影响1905年7月17日订于海牙的《民事诉讼程序公约》第二十三条和1954年3月1日订于海牙的《民事诉讼程序公约》第二十四条的适用。

但只在使用与上述公约规定一致的联系方法时才应适用这些条款。

第二十四条

1905年和1954年公约当事国之间缔结的补充协定应被认为同样适用于本公约，除非上述当事国另有协议。

第二十五条

在不损害第二十二条和第二十四条规定的情况下，本公约不损及缔约国已经或将要成为当事国并含有本公约所规定事项的条款的其他公约。

第二十六条

本公约应开放供出席海牙国际私法会议第十届会议的国家签署。

本公约须经批准，批准书应交存荷兰外交部。

第二十七条

本公约自第二十六条第二款所指的第三份批准书交存后的第六十天起生效。

对于此后批准本公约的签署国，本公约自其交存批准书后的第六十天起对其生效。

第二十八条

在本公约依第二十七条第一款规定生效后，任何未出席海牙国际私法会议第十届会议的国家均可加入本公约。加入书应交存荷兰外交部。

如该加入书交存前已批准本公约的国家在荷兰外交部将这一加入行为通知该国之日后六个月期间内并未通知荷兰外交部表示异议，则本公约对该加入国生效。

如未提出任何异议，则本公约自前款所指的最后期间届满后下个月的第一天起对该加入国生效。

第二十九条

任何国家均可在签署、批准或加入时声明，本公约应扩展适用于其为之负责国际关系的全部领土，或其中一个或几个部分。这类声明自本公约对有关国家生效之日起发生效力。

在其后任何时候，此类扩展适用事项均应通知荷兰外交部。

本公约自前款所指的通知发出后第六十天起对扩展适用通知中所提及的领土生效。

第三十条

本公约自依第二十七条第一款规定生效之日起五年有效，即使对后来批准或加入本公约的国家亦如此。

如未经通知退出，本公约应每五年自动展期一次。

任何退出通知均须在五年期满的至少六个月前通知荷兰外交部。

这类退出通知可仅限于适用本公约的某些领土。

此项退出通知只对通知退出的国家有效。本公约对其他缔约国应继续有效。

第三十一条

荷兰外交部应将下述事项通知第二十六条所指的国家以及已依第二十八条加入本公约的国家：

（一）　第二十六条所指的签署和批准；

（二）　本公约依第二十七条第一款生效的日期；

（三）　第二十八条所指的加入及其生效日期；

（四）　第二十九条所指的扩展适用及其生效日期；

（五）　第二十一条所指的指定、异议和声明；

（六）　第三十条第三款所指的退出通知。

下列签署人经正式授权，签署本公约，以昭信守。

1965 年 11 月 15 日订于海牙，用英文和法文写成，两种文本同一作准。正本一份，存于荷兰政府档案库。经证明无误的副本应通过外交途径送交出席海牙国际私法会议第十届会议的各国。

（译自公约英文作准文本）

1991 年 6 月 21 日—29 日，第七届全国人大常委会举行第二十次会议。会议通过《关于批准〈制止危及海上航行安全非法行为公约〉的决定》及《关于批准〈制止危及大陆架固定平台安全非法行为议定书〉的决定》《关于批准〈中华人民共和国和古巴共和国领事条约〉的决定》《关于批准〈中华人民共和国和阿根廷共和国领事条约〉的决定》[1]

全国人民代表大会常务委员会关于批准《制止危及海上航行安全非法行为公约》及《制止危及大陆架固定平台安全非法行为议定书》的决定

（1991 年 6 月 29 日第七届全国人民代表大会常务委员会
第二十次会议通过）

第七届全国人民代表大会常务委员会第二十次会议决定：批准中华人民共和国代表冀朝铸于 1988 年 10 月 25 日签署的《制止危及海上航行安全非法行为公约》及《制止危及大陆架固定平台安全非法行为议定书》，同时声明不受《制止危及海上航行安全非法行为公约》第十六条第一款的约束。

制止危及海上航行安全非法行为公约

本公约各缔约国，考虑到联合国宪章有关维护国际和平与安全和促进国家间友好关系与合作的宗旨和原则，尤其认识到，正如世界人权宣言及公民权利和政治权利国际公约所述，每个人均有生活、人身自由和人身安全的权利，深切关注各种形式的恐怖主义行为的世界性升级，该类行为危及或夺取无辜性命，危害人的基本自由并严重地损伤人的尊严，考虑到危及海上航行安全的

---

[1] 全国人大常委会办公厅编：《全国人民代表大会及其常务委员会大事记 (1954—2014)》，中国民主法制出版社 2014 年版，第 366 页。

非法行为危及人身和财产安全，严重影响海上业务的经营并有损于世界人民对海上航行安全的信心，考虑到整个国际社会对此种行为的发生极其关注，深信迫切需要在国家间开展国际合作，拟定和采取切实有效的措施，防止一切危及海上航行安全的非法行为，对凶犯起诉并加以惩罚，回顾到 1985 年 12 月 9 日联合国大会第 40/61 号决议，它特别"敦促一切国家（单方面或与其他国家合作）和联合国有关机构，为逐步消除造成国际恐怖主义的根本原因而作出贡献，并特别注意可能导致国际恐怖主义和可能危及国际和平与安全的一切局势，包括殖民主义、种族主义，以及大规模肆意侵犯人权和基本自由和外国占领的局势"，进一步回顾到第 40/61 号决议"断然地谴责在任何地方由任何人从事的恐怖主义的一切行动、方式和做法，包括那些危害国家间友好关系及其安全的恐怖主义行动、方式和做法，为犯罪行为"，还回顾到第 40/61 号决议请国际海事组织"研究在船上发生或针对船舶的恐怖主义行为的问题，以便就适当措施提出建议"，考虑到国际海事组织大会 1985 年 11 月 20 日第 A.584（14）号决议要求拟定防止威胁船舶及其旅客和船员安全的非法行为的措施，注意到受通常船上纪律约束的船员行为不在本公约的范围内，确认需要检查关于防止和控制危及船舶及船上人员非法行为的规则和标准，以便作出必要的更新，并为此满意地注意到国际海事组织海上安全委员会所建议的防止危及船上旅客和船员非法行为的措施，进一步确认本公约未规定的事项仍应按照一般国际法的规划和原则处理，认识到在防止危及海上航行安全非法行为方面需要所有国家严格遵守一般国际法的规则和原则，特协议如下：

第一条

就本公约而言，"船舶"系指任何种类的非永久依附于海床的船舶，包括动力支撑船、潜水器或任何其他水上船艇。

第二条

1. 本公约不适用于：

（a）军舰；或

（b）国家拥有或经营的用作海军辅助船或用于海关或警察目的的船舶；或

（c）已退出航行或闲置的船舶。

2. 本公约的任何规定不影响军舰和用于非商业目的的其他政府船舶的豁免权。

第三条

1. 任何人如非法并故意从事下列活动，则构成犯罪：

（a）以武力或武力威胁或任何其他恐吓形式夺取或控制船舶；或

（b）对船上人员施用暴力，而该行为有可能危及船舶航行安全；或

（c）毁坏船舶或对船舶或其货物造成有可能危及船舶航行安全的损坏；或

（d）以任何手段把某种装置或物质放置或使之放置于船上，而该装置或物质有可能毁坏船舶或对船舶或其货物造成损坏而危及或有可能危及船舶航行安全；或

（e）毁坏或严重损坏海上导航设施或严重干扰其运行，而此种行为有可能危及船舶的航行安全；或

（f）传递其明知是虚假的情报，从而危及船舶的航行安全；或

（g）因从事（a）至（f）项所述的任何罪行或从事该类罪行未遂而伤害或杀害任何人。

2. 任何人如从事下列活动，亦构成犯罪：

（a）从事第 1 款所述的任何罪行未遂；或

（b）唆使任何人从事第 1 款所述的任何罪行或是从事该罪行者的同谋；或

（c）无论国内法对威胁是否规定了条件，以从事第 1 款（b）项（c）项和（e）项所述的任何罪行相威胁，旨在迫使某自然人或法人从事或不从事任何行为，而该威胁有可能危及船舶的航行安全。

第四条

1. 本公约适用于正在或准备驶入、通过或来自一个国家的领海外部界限或其与之相邻国家的领海侧面界限以外水域的船舶。

2. 在根据第 1 款本公约不适用的情况下，如果罪犯或被指称的罪犯在非第 1 款所述国家的某一缔约国的领土内被发现，本公约仍然适用。

第五条

每一缔约国应使第三条所述罪行受到适当惩罚，这种惩罚应考虑到罪行的严重性。

第六条

1. 在下列情况下，每一缔约国应采取必要措施，对第三条所述的罪行确定管辖权：

（a）罪行发生时是针对悬挂其国旗的船舶或发生在该船上；或

（b）罪行发生在其领土内，包括其领海；或

（c）罪犯是其国民。

2. 在下列情况下，一缔约国也可以对任何此种罪行确定管辖权：

（a）罪行系由惯常居所在其国内的无国籍人所犯；或

（b）在案发过程中，其国民被扣押、威胁、伤害或杀害；或

（c）犯罪的意图是迫使该国从事或不从事某种行为。

3. 任何缔约国，在确定了第 2 款所述的管辖权后，应通知国际海事组织秘书长（以下称秘书长）。如该缔约国以后撤销该管辖权，也应通知秘书长。

4. 如被指称的罪犯出现在某缔约国领土内，而该缔约国又不将他引渡给根据本条第 1 和第 2 款确定了管辖权的任何国家，该缔约国应采取必要措施，确定其对第三条所述罪行的管辖权。

5. 本公约不排除按照国内法行使的任何刑事管辖权。

第七条

1. 罪犯或被指称的罪犯出现在其领土内的任何缔约国，在确信情况有此需要时，应根据其法律，将罪犯或被指称的罪犯拘留或采取其他措施，确保其在提起刑事诉讼或引渡程序所必要的时间内留在其国内。

2. 该缔约国应按照本国法律立即对事实作初步调查。

3. 任何人，如对其采取第 1 款所述的措施，有权：

（a）及时地与其国籍国或有权建立此种联系的国家的最近的适当代表联系，或者，如其为无国籍人时，与其惯常居所地国的此种代表联系；

（b）接受该国代表探视。

4. 第 3 款所述权利应按照罪犯或被指称的罪犯所在地国的法律和规章行使，但这些法律和规章必须能使第 3 款所给予的权力的目的得以充分实现。

5. 当缔约国根据本条将某人拘留时，应立即将该人被拘留的事实和应予拘留的情况通知已按照第六条第 1 款确定管辖权的国

家，在认为适当时，应立即通知其他有关国家。进行本条第2款所述初步调查的国家应迅速将调查结果报告上述国家，并应表明它是否有意行使管辖权。

第八条

1. 缔约国（船旗国）船舶的船长可以将其有正当理由相信已犯下第三条所述的某一罪行的任何人移交给任何其他缔约国（接收国）当局。

2. 船旗国应确保其船长有义务，在船上带有船长意欲根据第1款移交的任何人员时，只要可行和可能，在进入接收国的领海前将他要移交该人员的意向和理由通知接收国当局。

3. 除非有理由认为本公约不适用于导致移交的行为，接收国应接受移交并按第七条规定进行处理，如拒绝接受移交，应说明拒绝的理由。

4. 船旗国应确保其船舶的船长有义务向接收国当局提供船长所掌握的与被指称的罪行有关的证据。

5. 已按第3款接受移交的接收国可以再要求船旗国接受对该人的移交。船旗国应考虑任何此类要求，若同意，则应按第七条进行处理。如船旗国拒绝此要求，则应向接收国说明理由。

第九条

本公约的任何规定不应以任何方式影响关于各国有权对非悬挂其国旗的船舶行使调查权或强制管辖权的国际法规则。

第十条

1. 在其领土内发现罪犯或被指称的罪犯的缔约国，在第六条适用的情况下，如不将罪犯引渡，则无论罪行是否在其领土内发生，应有义务毫无例外地立即将案件送交其主管当局，以便通过其国内法律规定的程序起诉。主管当局应以与处理本国法中其他严重犯罪案件相同的方式作出决定。

2. 对因第三条所述任何罪行而被起诉的任何人，应保证其在诉讼的所有阶段均能获得公平对待，包括享有所在国法律就此类诉讼规定的一切权利与保障。

第十一条

1. 第三条所述罪行应被视为包括在任何缔约国之间任何现有引渡条约中的可引渡的罪行。缔约国承允将此类罪行作为可引渡的罪行列入他们之间将要缔结的每一个引渡条约中。

2. 以订有条约为引渡条件的缔约国，如收到未与其订有引渡条约的另一缔约国的引渡要求，被要求国可以根据自己的选择以本公约为就第三条所述罪行进行引渡的法律依据。引渡应符合被要求国法律规定的其他条件。

3. 不以订有条约为引渡条件的缔约国，在符合被要求国法律规定的条件下，应把第三条所述的罪行作为他们之间可引渡的罪行。

4. 必要时，为了缔约国间引渡的目的，第三条所述的罪行应被视为不仅发生在罪行的发生地，而且发生在要求引渡的缔约国管辖范围内的某个地方。

5. 如一缔约国接到按第七条确定管辖权的多个国家的一个以上的引渡要求，并决定自己不起诉，在选择将罪犯或被指称的罪犯引渡的国家时，应适当考虑罪行发生时船舶悬挂其国旗的缔约国的利益和责任。

6. 在考虑按照本公约引渡被指称的罪犯的要求时，被要求国应适当考虑第七条第3款所述的被指称的罪犯的权利是否能在要求国中行使。

7. 就本公约所规定的罪行而言，在缔约国间适用的所有引渡条约的规定和安排，只要与本公约不符的，均视为已在缔约国间作了修改。

第十二条

1. 缔约国应就对第三条所述罪行提起的刑事诉讼相互提供最大程度的协助，包括协助收集他们所掌握的为诉讼所需的证据。

2. 缔约国应按照他们之间可能存在的任何相互协助条约履行第 1 款的义务。如无此类条约，缔约国应按照各自的国内法相互提供协助。

第十三条

1. 缔约国应特别通过下列方式在防止第三条所述的罪行方面进行合作：

（a）采取一切切实可行的措施，防止在其领土内为在其领土以内或以外犯罪进行准备工作；

（b）按照其国内法交换情报，并协调旨在防止第三条所述罪行而采取的适当的行政及其他措施。

2. 如因发生第三条所述的罪行，船舶航行被延误或中断，船舶或旅客或船员所在的任何缔约国应尽力使船舶及其旅客、船员或货物免遭不适当的扣留或延误。

第十四条

任何缔约国在有理由确信第三条所述的某项罪行将要发生时，应按照其国内法向其认为是已按第六条确定管辖权的国家尽快提供其所掌握的任何有关情报。

第十五条

1. 各缔约国应根据其国内法，尽快向秘书长提供所掌握的任何下列有关情报：

（a）犯罪的情况；

（b）按照第十三条第 2 款所采取的行动；

（c）对罪犯或被指称的罪犯采取的措施，尤其是任何引渡程序或其他法律程序的结果。

2. 对被指称的罪犯起诉的缔约国应根据其国内法，将诉讼的最后结果通知秘书长。

3. 按第 1 款和第 2 款所提供的情报应由秘书长通知所有缔约国、国际海事组织（以下称本组织）的会员国、其他有关国家和适当的政府间国际组织。

第十六条

1. 两个或两个以上的缔约国之间有关本公约的解释或适用方面的任何争端，如在一合理时间内不能通过谈判解决，经其中一方要求，应交付仲裁。如自要求仲裁之日起六个月内，当事各方不能就仲裁的组成达成协议，其中任何一方可根据国际法院规约要求将争端提交国际法院。

2. 在签署、批准、接受、核准或加入本公约时，一国可以声明不受第 1 款任何或全部规定的约束。对作出该保留的任何缔约国而言，其他缔约国也不受这些规定的约束。

3. 按照第 2 款作出保留的任何缔约国，可以在任何时候通知秘书长撤销该保留。

第十七条

1. 本公约于 1988 年 3 月 10 日在罗马开放供参加制止危及海上航行安全非法行为国际会议的国家签字。自 1988 年 3 月 14 日至 1989 年 3 月 9 日在本组织总部向所有国家开放供签字。此后继续开放供加入。

2. 各国可按下列方式表示同意受本公约的约束：

（a）签字并对批准、接受或核准无保留；或

（b）签字而有待批准、接受或核准，随后再予批准、接受或核准；或

（c）加入。

3. 批准、接受、核准、或加入应向秘书长交存一份相应的文件。

第十八条

1. 本公约在十五个国家签字并对批准、接受或核准无保留或交存有关批准、接受、核准或加入的文件之日后九十天生效。

2. 对于在本公约生效条件满足后交存有关批准、接受、核准或加入书的国家，其批准、接受、核准或加入应在交存之日后九十天生效。

第十九条

1. 任何缔约国在本公约对其生效之日起一年后，可随时退出本公约。

2. 退出须向秘书长交存一份退出文件方为有效。

3. 退出本公约，应在秘书长收到退出文件一年之后，或在退出文件载明的较此更长的期限届满后生效。

第二十条

1. 本组织可召开修订或修正本公约的会议。

2. 经三分之一或十个缔约国的要求，以数大者为准，秘书长应召集修订或修正本公约的缔约国会议。

3. 在本公约的修正案生效之日后交存的有关批准、接受、核准或加入的任何文件应被视为适用于经修正的公约。

第二十一条

1. 本公约由秘书长保存。

2. 秘书长应：

（a）将下列事项通知所有签署或加入了本公约的国家以及本组织的所有会员国：

（Ⅰ）每一新的签署或每一新的批准、接受、核准或加入书的交存及其日期；

（Ⅱ）本公约的生效日期；

（Ⅲ）任何退出本公约的文件的交存及其收到和退出生效日期；

（Ⅳ）收到根据本公约所作出的任何声明或通知。

（b）将本公约核证无误的副本分发给已签署或加入了本公约的所有国家。

3. 本公约一经生效，其保存人应按照联合国宪章第一百零二条的规定，将本公约核证无误的副本一份送交联合国秘书长，供登记和公布。

第二十二条

本公约正本一份，用阿拉伯文、中文、英文、法文、俄文和西班牙文写成，各种文本具有同等效力。

下列署名者，经各自政府正式授权，特签署本公约，以昭信守。

1988 年 3 月 10 日订于罗马。

1991 年 8 月 27 日—9 月 4 日，七届全国人大常委会举行第二十一次会议。会议通过《关于批准〈中华人民共和国和罗马尼亚领事条约〉的决定》和《关于批准〈控制危险废物越境转移及其处置巴塞尔公约〉的决定》。[1]

---

〔1〕 全国人大常委会办公厅编：《全国人民代表大会及其常务委员会大事记(1954—2014)》，中国民主法制出版社 2014 年版，第 368 页。

全国人民代表大会常务委员会关于批准
《〈巴塞尔公约〉缔约方会议第三次会议通过的决定
第Ⅲ/1 号决定对〈巴塞尔公约〉的修正》的决定

（1999 年 10 月 31 日第九届全国人民代表大会常务委员会

第十二次会议通过）

第九届全国人民代表大会常务委员会第十二次会议决定：批准 1995 年 9 月在日内瓦召开的《控制危险废物越境转移及其处置巴塞尔公约》缔约方会议第三次会议通过的《〈巴塞尔公约〉缔约方会议第三次会议通过的决定第Ⅲ/1 号决定对〈巴塞尔公约〉的修正》。

1991 年 10 月 25 日—30 日，七届全国人大常委会举行第二十二次会议。会议听取邮电部部长杨泰芳关于建议批准万国邮政联盟组织法第四附加议定书的说明。会议通过《关于批准〈万国邮政联盟组织法第四附加议定书〉的决定》。[1]

全国人民代表大会常务委员会关于批准
《万国邮政联盟组织法第四附加议定书》的决定

（1991 年 10 月 30 日第七届全国人民代表大会常务委员会

第二十二次会议通过）

第七届全国人民代表大会常务委员会第二十二次会议决定：批准我国政府代表于 1989 年 12 月 14 日在华盛顿签署的《万国邮政联盟组织法第四附加议定书》。

万国邮政联盟组织法第四附加议定书

根据 1964 年 7 月 10 日在维也纳签订的万国邮政联盟组织法

---

〔1〕　全国人大常委会办公厅编：《全国人民代表大会及其常务委员会大事记 (1954—2014)》，中国民主法制出版社 2014 年版，第 370 页。

第 30 条第 2 项规定，万国邮政联盟各会员国政府全权代表在华盛顿大会上对本组织法作了修改。通过的修改条文如下，待批准后生效。

第 1 条　货币单位

（修改原第 7 条）

邮联法规内使用的货币单位，是国际货币基金组织的记账单位。

第 2 条　加入或准予参加邮联的条件和手续

（修改原第 11 条）

1. 联合国组织的所有会员国，均可加入邮联。

2. 不是联合国会员的任何主权国家，可以申请准予参加邮联，取得会员国资格。

3. 加入或申请准予参加邮联，应正式声明承认邮联组织法和具有约束力的各项法规。该项声明应通过有关国家政府向国际局总局长提出，并由总局长根据情况，通知邮联各会员国，或就申请问题与它们协商。

4. 不是联合国会员的国家，如果它的申请得到至少三分之二邮联会员国的同意，即被认为取得会员国资格。会员国在接到申请通知后四个月内未作答复者，当以弃权论。

5. 加入或准予参加邮联成为会员国一事，由国际局总局长通知各会员国政府。会员资格自通知之日起生效。

第 3 条　退出邮联的条件和手续

（修改原第 12 条）

1. 各会员国可以通过有关国家政府通知国际局总局长停止执行本组织法，退出邮联，再由国际局总局长转告各会员国政府。

2. 从国际局总局长接到第 1 项所规定的通知之日起，期满一年后，退出邮联开始生效。

第4条　邮联的经费和各会员国的会费

（修改原第 21 条）

1. 每届大会规定下列经费的最高数额。

（1）邮联每年的经费；

（2）下届大会的会议费用。

2. 如果情况需要，只要符合总规则有关条款，邮联的经费可超过第 1 项所规定的最高数额。

3. 邮联的经费，包括第 2 项所列的经费在内，由会员国共同分担。为此，各会员国自愿选择其会费分摊等级。分摊等级在总规则中规定。

4. 按第 11 条规定加入或准予参加邮联的国家，可以自由选择它希望列入何种邮联会费分摊等级以分担邮联经费。

第5条　邮联的法规

（修改原第 22 条）

1. 邮联组织法是邮联的基本法规。它列有邮联的组织条例。

2. 总规则列有确保实施组织法和进行邮联工作的各项规定。它对各会员国均有约束力。

3. 万国邮政公约及其实施细则列有适用于国际邮政业务的共同规则和关于函件业务的各项规定。这些法规对各会员国均有约束力。

4. 邮联的各项协定及其实施细则，对参加这些协定的各会员国作出了除函件以外的其他各项业务的有关规定。这些规定仅对参加国有约束力。

5. 实施细则包括为执行公约和各项协定所采取的必要措施，由执行理事会根据大会所做的决定来制定。

6. 对第 3 项、第 4 项和第 5 项所列各项邮联法规的保留，列入附在这些法规后面的最后议定书内。

第 6 条　在某会员国负责国际关系的地区实施邮联法规问题

（修改原第 23 条）

1. 任何国家可以随时声明，它所接受的邮联法规适用于由它负责国际关系的所有地区，或仅适用于其中的某些地区。

2. 第 1 项所提到的声明，应送交国际局总局长。

3. 任何会员国，虽已按第 1 项规定提出过声明，可以随时通知国际局总局长，停止执行邮联法规。此项通知，从国际局总局长接到之日起一年后生效。

4. 第 1 项和第 3 项所列的声明和通知，由国际局总局长转告各会员国。

5. 第 1 项至第 4 项不适用于享有邮联会员资格而其国际关系由另一会员国负责的地区。

第 7 条　邮联法规的签字、认证、批准和其他核准方式

（修改原第 25 条）

1. 大会产生的邮联法规由各会员国全权代表签署。

2. 实施细则由执行理事会主席和秘书长予以认证。

3. 邮联组织法签字国应尽快予以批准。

4. 邮联组织法以外的其他法规的核准方式，按各签字国的宪法规定办理。

5. 如果某一国家未批准组织法或未核准它已签署的邮联其他法规，这项组织法和其他法规对已批准或核准的各国仍属有效。

第 8 条　关于批准和以其他方式核准邮联法规的通知

（修改原第 26 条）

邮联组织法及其附加议定书的批准书和邮联其他法规的核准

书，应尽快送交国际局总局长，由其将此情况通知各会员国。

第9条　关于参加万国邮政联盟组织法附加议定书的通知

自 1989 年华盛顿大会法规生效起，有关 1969 年东京附加议定书，1974 年洛桑第二附加议定书和 1984 年汉堡第三附加议定书的参加证书应送交国际局总局长，由他将此情况通知各会员国政府。

第10条　参加附加议定书和邮联其他法规

1. 未签署本附加议定书的邮联各会员国，可以随时参加本附加议定书。

2. 原参加各项法规、但未签署经大会重订的这些法规的会员国，应尽快参加这些法规。

3. 在第 1、2 两项所指情况下参加各项法规的证书，应送交国际局总局长，由其转交各会员国政府。

第11条　万国邮政联盟组织法附加议定书的生效日期和有效期限

本附加议定书自 1991 年 1 月 1 日起生效，无限期有效。

各会员国政府全权代表制定了本附加议定书，其各项条款与列入组织法的正文具有同等效力和价值，本附加议定书正本经各会员国政府全权代表签署，并交由国际局总局长存档，以资信守。副本由大会所在国政府送交各缔约国一份。

1989 年 12 月 14 日在华盛顿签订。

1991 年 12 月 23 日—29 日，七届全国人大常委会举行第二十三次会议。会议通过《关于批准〈儿童权利公约〉的决定》《关于批准〈中华人民共和国和老挝人民民主共和国边界条约〉的决定》。会议再次审议国务院关于提请审议决定加入不扩散核武器条约的议案，通过《关于加入〈不扩散核武器条约〉的决定》。[1]

<h1 style="text-align:center">全国人民代表大会常务委员会关于加入
《不扩散核武器条约》的决定</h1>

（1991 年 12 月 29 日第七届全国人民代表大会常务委员会
第二十三次会议通过）

第七届全国人民代表大会常务委员会第二十三次会议决定：中华人民共和国加入 1968 年《不扩散核武器条约》。

<h2 style="text-align:center">不扩散核武器条约</h2>

1968 年 7 月 1 日在伦敦、莫斯科和华盛顿开放供签署

生效日期：1970 年 3 月 5 日

保存国政府：苏维埃社会主义共和国联盟、大不列颠及北爱尔兰联合王国和美利坚合众国

本条约各缔约国（以下称"各缔约国"），考虑到一场核战争将使全人类遭受浩劫，因而需要竭尽全力避免发生这种战争的危险并采取措施以保障各国人民的安全，认为扩散核武器将使发生核战争的危险严重增加，根据联合国大会要求缔结一项防止更广泛地扩散核武器的协定的各项决议，承诺进行合作为应用国际原子能机构对和平核活动的各种保障措施提供便利，表示支持进行研究、发展和其他努力，以促进在国际原子能机构保障制度范围内应用下述原则，即通过在一定战略地点使用仪器和其他技术有效地保障原料和特殊裂变物质的流动，确认下述原则：一切缔约国，不论是有核武器国家或无核武器国家，均能为和平目的而获得和平应用核技术的利益，包括有核武器国家由于发展核爆炸

---

[1] 全国人大常委会办公厅编：《全国人民代表大会及其常务委员会大事记（1954—2014）》，中国民主法制出版社 2014 年版，第 372 页。

装置而可能得到的任何技术副产品，深信在促进此项原则时，所有缔约国均有权参加尽可能充分的科学情报交换，以促进为和平目的而应用原子能的发展，并且单独地或与其他国家合作，对促进这种发展作出贡献，宣布它们的意图是尽早实现停止核军备竞赛和着手采取以核裁军为目标的有效措施，敦促所有国家为达到这个目标而进行合作，回顾到 1963 年禁止在大气层、外层空间和水下进行核武器试验条约的各缔约国在该条约序言中所表示的谋求达到永远停止一切核武器爆炸试验并为此目的继续进行谈判的决心，愿意促进国际紧张局势的缓和以及各国间信任的加强，以利于按照在严格和有效的国际监督下的全面彻底裁军条约停止制造核武器、清除其现有全部储存并从国家武器库中取消核武器及其运载工具，回顾到按照联合国宪章，各国在其国际关系中不得使用武力威胁或使用武力，或以不符合联合国宗旨的任何其他方法侵犯任何国家的领土完整或政治独立，并且回顾到要尽量减少把世界人力及经济资源用于军备，以促进国际和平与安全的建立与维护，议定条款如下：

第一条

每个有核武器的缔约国承诺不直接或间接向任何接受国转让核武器或其他核爆炸装置或对这种武器或爆炸装置的控制权；并不以任何方式协助、鼓励或引导任何无核武器国家制造或以其他方式取得核武器或其他核爆炸装置或对这种武器或爆炸装置的控制权。

第二条

每个无核武器的缔约国承诺不直接或间接从任何让与国接受核武器或其他核爆炸装置或对这种武器或爆炸装置的控制权的转让；不制造或以其他方式取得核武器或其他核爆炸装置；也不寻

求或接受在制造核武器或其他核爆炸装置方面的任何协助。

第三条

1. 每个无核武器的缔约国承诺接受按照国际原子能机构规约及该机构的保障制度与该机构谈判缔结的协定中所规定的各项保障措施，其目的专为核查本国根据本条约所承担的义务的履行情况，以防止将核能从和平用途转用于核武器或其他核爆炸装置。原料或特殊裂变物质，无论是正在任何主要核设施内生产、处理或使用，或在任何这种设施之外，均应遵从本条所要求的保障措施的程序。本条所要求的各种保障措施应适用于在该国领土之内、在其管辖之下或在其控制之下的任何地方进行的一切和平核活动中的一切原料或特殊裂变物质。

2. 每个缔约国承诺不将（a）原料或特殊裂变物质，或（b）特别为处理、使用或生产特殊裂变物质而设计或配备的设备或材料，提供给任何无核武器国家，以用于和平的目的，除非这种原料或特殊裂变物质受本条所要求的各种保障措施的约束。

3. 本条所要求的各种保障措施的实施，应符合本条约第四条，并应避免妨碍各缔约国的经济和技术发展或和平核活动领域中的国际合作，包括按照本条的规定和在本条约序言中阐明的保障原则，为和平目的在国际上交换核材料和处理、使用或生产核材料的设备。

4. 无核武器的缔约国应单独地或会同其他国家，按照国际原子能机构规约与国际原子能机构订立协定，以适应本条的要求。这类协定的谈判应自本条约最初生效后一百八十天内开始进行。在上述一百八十天期限届满后交存其批准书或加入书的各国，至迟应自交存之日开始进行这类协定的谈判。这类协定的生效应不迟于谈判开始之日起十八个月。

第四条

1. 本条约的任何规定不得解释为影响所有缔约国不受歧视地并按照本条约第一条及第二条的规定开展为和平目的而研究、生产和使用核能的不容剥夺的权利。

2. 所有缔约国承诺促进并有权参加在最大可能范围内为和平利用核能而交换设备、材料和科学技术情报。有条件参加这种交换的各缔约国还应单独地或会同其他国家或国际组织，在进一步发展为和平目的而应用核能方面，特别是在无核武器的各缔约国领土上发展为和平目的的应用核能方面，进行合作以作出贡献，对于世界上发展中地区的需要应给予应有的考虑。

第五条

每个缔约国承诺采取适当措施以保证按照本条约，在适当国际观察下并通过适当国际程序，使无核武器的缔约国能在不受歧视的基础上获得对核爆炸的任何和平应用的潜在利益，对这些缔约国在使用爆炸装置方面的收费应尽可能低廉，并免收研究和发展方面的任何费用。无核武器的缔约国得根据一项或几项特别国际协定，通过各无核武器国家具有充分代表权的适当国际机构，获得这种利益。就此问题的谈判应在条约生效后尽速开始进行。具有这种愿望的无核武器的缔约国也可以根据双边协定获得这种利益。

第六条

每个缔约国承诺就及早停止核军备竞赛和核裁军方面的有效措施，以及就一项在严格和有效国际监督下的全面彻底裁军条约，真诚地进行谈判。

第七条

本条约的任何规定均不影响任何国家集团为了保证其各自领土上完全没有核武器而缔结区域性条约的权利。

第八条

1. 任何缔约国得对本条约提出修正案。提出的任何修正案应提交各保存国政府，由各保存国政府分发给所有缔约国。随后如经三分之一或三分之一以上缔约国请求，各保存国政府应召集会议，邀请所有缔约国参加，以审议这项修正案。

2. 本条约的任何修正案须经所有缔约国的多数票通过，多数票中应包括所有有核武器的缔约国以及在分发修正案之日系国际原子能机构理事会理事国的所有其他缔约国的票数。该修正案对于每个交存其对该修正案的批准书的缔约国，应于所有缔约国的过半数国家，其中包括所有有核武器国家以及在分发修正案之日系国际原子能机构理事会理事国的所有其他缔约国，交存其对修正案的批准书时起生效。此后，该修正案对于任何其他缔约国应在其交存修正案批准书时开始生效。

3. 本条约生效后五年，应在瑞士日内瓦举行缔约国会议，审查本条约的实施情况，以保证本条约序言的宗旨和本条约的各项条款正在得到实现。此后，每隔五年，经超过半数缔约国向各保存国政府提出以上内容的建议，得另行召集为审查本条约实施情况这一相同目的的会议。

第九条

1. 本条约应开放供所有国家签署。凡未在本条约按照本条第三款的规定生效前在本条约上签字的国家，得随时加入本条约。

2. 本条约须经签署国批准。批准书和加入书应交经指定为保存国政府的大不列颠及北爱尔兰联合王国、苏维埃社会主义共和国联盟和美利坚合众国三国政府保存。

3. 本条约应在指定为条约保存国政府的各国和本条约的其他四十个签署国批准本条约并交存其批准书后生效。本条约所称有核武器国家系指在 1967 年 1 月 1 日前制造并爆炸核武器或其他核爆炸装置的国家。

4. 对于在本条约生效后交存其批准书或加入书的国家，本条约应自各该国交存其批准书或加入书之日起生效。

5. 各保存国政府应将每一签字的日期、每份批准书或加入书的交存日期、本条约的生效日期、收到关于召集会议的任何请求的日期以及其他通知事项，迅速告知所有签署国和加入国。

6. 本条约应由各保存国政府遵照联合国宪章第一百零二条办理登记。

第十条

1. 每个缔约国如果断定与本条约主题有关的非常事件已危及其国家的最高利益，为行使其国家主权，应有权退出本条约。该国应在退出前三个月将此事通知所有其他缔约国和联合国安全理事会。这项通知应包括关于该国认为已危及其最高利益的非常事件的说明。

2. 本条约生效后二十五年应举行一次会议，以决定本条约是否应无限期地继续有效或应延长一段确定的时期。这种决定应由过半数缔约国作出。

第十一条

本条约的英文、俄文、法文、西班牙文和中文文本具有同等效力；本条约应保存在各保存国政府的档案库内。各保存国政府应将经正式核证的本条约副本分送各签署国和加入国政府。

下列签署人，经正式授权，在本条约上签字，以资证明。

1968 年 7 月 1 日订于伦敦、莫斯科和华盛顿，一式三份。

1992 年 2 月 20 日—25 日七届全国人大常委会举行第二十四次会议。会议通过《关于批准〈中华人民共和国和苏维埃社会主

义共和国联盟关于中苏国界东段的协定〉的决定》。[1] 6 月 23 日
—7 月 1 日，七届全国人大常委会举行第二十六次会议。会议通
过《关于批准〈中华人民共和国和意大利共和国关于民事司法协
助的条约〉的决定》《关于批准〈中华人民共和国和罗马尼亚关
于民事和刑事司法协助的条约〉的决定》《关于批准〈中华人民
共和国和印度共和国领事条约〉的决定》《关于批准〈关于解决
国家和他国国民之间投资争端公约〉的决定》《关于我国加入
〈伯尔尼保护文学和艺术作品公约〉的决定》《关于我国加入〈世
界版权公约〉的决定》。[2]

全国人民代表大会常务委员会关于我国加入
《伯尔尼保护文学和艺术作品公约》的决定

（1992 年 7 月 1 日第七届全国人民代表大会常务委员会
第二十六次会议通过）

第七届全国人民代表大会常务委员会第二十六次会议决定：
中华人民共和国加入《伯尔尼保护文学和艺术作品公约》，同
时声明，中华人民共和国根据《伯尔尼保护文学和艺术作品公
约》附件第一条的规定，享有附件第二条和第三条规定的
权利。

伯尔尼保护文学和艺术作品公约

（1886 年 9 月 9 日签订）

1896 年 5 月 4 日在巴黎补充完备，1908 年 11 月 13 日在柏林

---

〔1〕 全国人大常委会办公厅编：《全国人民代表大会及其常务委员会大事记
（1954—2014）》，中国民主法制出版社 2014 年版，第 375 页。
〔2〕 全国人大常委会办公厅编：《全国人民代表大会及其常务委员会大事记
（1954—2014）》，中国民主法制出版社 2014 年版，第 382 页。

修订，1914 年 3 月 20 日在伯尔尼补充完备，1928 年 6 月 2 日在罗马修订，1948 年 6 月 26 日在布鲁塞尔修订，1967 年 7 月 14 日在斯德哥尔摩修订，1971 年 7 月 24 日在巴黎修订，1979 年 10 月 2 日更改。

本同盟各成员国，共同受到尽可能有效、尽可能一致地保护作者对其文学和艺术作品所享权利的愿望的鼓舞，承认 1967 年在斯德哥尔摩举行的修订会议工作的重要性，决定修订斯德哥尔摩会议通过的公约文本但不更动该公约文本第一至二十条和第二十二至二十六条。下列签字的全权代表经交验全权证书认为妥善后，兹协议如下：

第一条

适用本公约的国家为保护作者对其文学和艺术作品所享权利结成一个同盟。

第二条

1. "文学和艺术作品"一词包括文学、科学和艺术领域内的一切成果，不论其表现形式或方式如何，诸如书籍、小册子和其他文学作品；讲课、演讲、讲道和其他同类性质作品；戏剧或音乐戏剧作品；舞蹈艺术作品和哑剧；配词或未配词的乐曲；电影作品和以类似摄制电影的方法表现的作品；图画、油画、建筑、雕塑、雕刻和版画作品；摄影作品和以类似摄影的方法表现的作品；实用艺术作品；与地理、地形、建筑或科学有关的插图、地图、设计图、草图和立体作品。

2. 本同盟各成员国得通过国内立法规定所有作品或任何特定种类的作品如果未以某种物质形式固定下来便不受保护。

3. 翻译、改编、乐曲改编以及对文学或艺术作品的其他变动应得到与原作同等的保护，但不得损害原作的版权。

4. 本同盟各成员国对立法、行政或司法性质的官方文件以及这些文件的正式译本的保护由其国内立法确定。

5. 文学或艺术作品的汇编，诸如百科全书和选集，凡由于对材料的选择和编排而构成智力创作的，应得到相应的、但不损害汇编内每一作品的版权的保护。

6. 本条所提到的作品在本同盟所有成员国内享受保护。此种保护系为作者及其权利继承人的利益而行使。

7. 在遵守本公约第七条第四款之规定的前提下，本同盟各成员国得通过国内立法规定其法律在何种程度上适用于实用艺术作品以及工业品平面和立体设计，以及此种作品和平面与立体设计受保护的条件。在起源国仅仅作为平面与立体设计受到保护的作品，在本同盟其他成员国只享受各该国给予平面和立体设计的那种专门保护；但如在该国并不给予这种专门保护，则这些作品将作为艺术作品得到保护。

8. 本公约的保护不适用于日常新闻或纯属报刊消息性质的社会新闻。

第二条之二

1. 政治演说和诉讼过程中发表的言论是否全部或部分地排除于上条提供的保护之外，属于本同盟各成员国国内立法的范围。

2. 公开发表的讲课、演说或其他同类性质的作品，如为新闻报道的目的有此需要，在什么条件下可由报刊登载，进行广播或向公众传播，以及以第十一条之二第一款的方式公开传播，也属于本同盟各成员国国内立法的范围。

3. 然而，作者享有将上两款提到的作品汇编的专有权利。

第三条

1. 根据本公约，

（a）作者为本同盟任何成员国的国民者，其作品无论是否已经出版，都受到保护；

（b）作者为非本同盟任何成员国的国民者，其作品首次在本同盟一个成员国出版，或在一个非本同盟成员国和一个同盟成员国同时出版的都受到保护；

2. 非本同盟任何成员国的国民但其惯常住所在一个成员国国内的作者，为实施本公约享有该成员国国民的待遇。

3. "已出版作品"一词指得到作者同意后出版的作品，而不论其复制件的制作方式如何，只要从这部作品的性质来看，复制件的发行方式能满足公众的合理需要。戏剧、音乐戏剧或电影作品的表演，音乐作品的演奏，文学作品的公开朗诵，文学或艺术作品的有线传播或广播，美术作品的展出和建筑作品的建造不构成出版。

4. 一个作品在首次出版后三十天内在两个或两个以上国家内出版，则该作品应视为同时在几个国家内出版。

第四条

下列作者，即使不具备第三条规定的条件，仍然适用本公约的保护：

（a）制片人的总部或惯常住所在本同盟某一成员国内的电影作品的作者；

（b）建造在本同盟某一成员国内的建筑作品或构成本同盟某一成员国内建筑物一部分的平面和立体艺术作品的作者。

第五条

1. 就享有本公约保护的作品而论，作者在作品起源国以外的本同盟成员国中享有各该国法律现在给予和今后可能给予其国民的权利，以及本公约特别授予的权利。

2. 享有和行使这些权利不需要履行任何手续，也不论作品起源国是否存在保护。因此，除本公约条款外，保护的程度以及为保护作者权利而向其提供的补救方法完全由被要求给以保护的国家的法律规定。

3. 起源国的保护由该国法律规定。如作者不是起源国的国民，但其作品受公约保护，该作者在该国仍享有同本国作者相同的权利。

4. 起源国指的是：

（a）对于首次在本同盟某一成员国出版的作品，以该国家为起源国；对于在分别给予不同保护期的几个本同盟成员国同时出版的作品，以立法给予最短保护期的国家为起源国；

（b）对于同时在非本同盟成员国和本同盟成员国出版的作品，以后者为起源国；

（c）对于未出版的作品或首次在非本同盟成员国出版而未同时在本同盟成员国出版的作品，以作者为其国民的本同盟成员国为起源国，然而

（1）对于制片人总部或惯常住所在本同盟一成员国内的电影作品，以该国为起源国。

（2）对于建造在本同盟一成员国内的建筑作品或构成本同盟某一成员国建筑物一部分的平面和立体艺术作品，以该国为起源国。

第六条

1. 任何非本同盟成员国如未能充分保护本同盟某一成员国国民作者的作品，成员国可对首次出版时系该非同盟成员国国民而

又不在成员国内有惯常住所的作者的作品的保护加以限制。如首次出版国利用这种权利，则本同盟其他成员国对由此而受到特殊待遇的作品也无须给予比首次出版国所给予的更广泛的保护。

2. 前款所规定的任何限制均不影响在此种限制实施之前作者在本同盟任一成员国出版的作品已经获得的权利。

3. 根据本条对版权之保护施加限制的本同盟成员国应以书面声明通知世界知识产权组织总干事（以下称总干事），说明保护受到限制的国家以及这些国家国民的作者的权利所受的限制。总干事应立即向本同盟所有成员国通报该项声明。

第六条之二

1. 不受作者经济权利的影响，甚至在上述经济权利转让之后，作者仍保有要求其作品作者身份的权利，并有权反对对其作品的任何有损其声誉的歪曲、割裂或其他更改，或其他损害行为。

2. 根据以上第1款给予作者的权利，在其死后应至少保留到作者经济权利期满为止，并由被要求给予保护的国家本国法所授权的人或机构行使之。但在批准或加入本公约文本时其法律中未包括有保证在作者死后保护以上第一款承认的全部权利的各国，有权规定对这些权利中某些权利在作者死后不予保留。

3. 为保障本条所承认的权利而采取的补救方法由被要求给予保护的国家的法律规定。

第七条

1. 本公约给予保护的期限为作者有生之年及其死后五十年内。

2. 但就电影作品而言，本同盟成员国有权规定保护期在作者同意下自作品公之于众后五十年期满，如自作品完成后五十年内尚未公之于众，则自作品完成后五十年期满。

3. 至于不具名作品和假名作品，本公约给予的保护期自其合法公之于众之日起五十年内有效。但根据作者采用的假名可以毫无疑问地确定作者身份时，该保护期则为第 1 款所规定的期限。如不具名作品或假名作品的作者在上述期间内公开其身份，所适用的保护期为第 1 款所规定的保护期限。本同盟成员国没有义务保护有充分理由推定其作者已死去五十年的不具名作品或假名作品。

4. 摄影作品和作为艺术作品保护的实用艺术作品的保护期限由本同盟各成员国的法律规定；但这一期限不应少于自该作品完成之后算起的二十五年。

5. 作者死后的保护期和以上第二、三、四款所规定的期限从其死亡或上述各款提及事件发生之时开始，但这种期限应从死亡或所述事件发生之后次年的 1 月 1 日开始计算。

6. 本同盟成员国有权给予比前述各款规定更长的保护期。

7. 受本公约罗马文本约束并在此公约文本签署时有效的本国法律中规定了短于前述各款期限的保护期的本同盟成员国，有权在加入或批准此公约文本时维持这种期限。

8. 无论如何，期限将由被要求给予保护的国家的法律加以规定；但是，除该国家的法律另有规定者外，这种期限不得超过作品起源国规定的期限。

第七条之二

前条的规定同样适用于版权为合作作者共有的作品，但作者死后的保护期应从最后死亡的作者死亡时算起。

第八条

受本公约保护的文学艺术作品的作者，在对原作享有权利的整个保护期内，享有翻译和授权翻译其作品的专有权利。

第九条

1. 受本公约保护的文学艺术作品的作者，享有授权以任何方式和采取任何形式复制这些作品的专有权利。

2. 本同盟成员国法律得允许在某些特殊情况下复制上述作品，只要这种复制不损害作品的正常使用也不致无故侵害作者的合法利益。

3. 所有录音或录像均应视为本公约所指的复制。

第十条

1. 从一部合法公之于众的作品中摘出引文，包括以报刊提要形式引用报纸期刊的文章，只要符合合理使用，在为达到目的的正当需要范围内，就属合法。

2. 本同盟成员国法律以及成员国之间现有或将要签订的特别协议的规定，可以合法地通过出版物、无线电广播或录音录像使用文学艺术作品作为教学的解说的权利，只要是在为达到目的的正当需要范围内使用，并符合合理作用。

3. 前面各款提到的摘引和使用应说明出处，如原出处有作者姓名，也应同时说明。

第十条之二

1. 本同盟各成员国的法律得允许通过报刊、广播或对公众有线传播，复制发表在报纸、期刊上的讨论经济、政治或宗教的时事性文章，或具有同样性质的已经广播的作品，但以对这种复制、广播或有线传播并未明确予以保留的为限。然而，均应明确说明出处；对违反这一义务的法律责任由被要求给予保护的国家的法律确定。

2. 在用摄影或电影手段，或通过广播或对公众有线传播报道时事新闻时，在事件过程中看到或听到的文学艺术作品在为报道目的正当需要范围内予以复制和公之于众的条件，也由本同盟各成员国的法律规定。

第十一条

1. 戏剧作品、音乐戏剧作品和音乐作品的作者享有下列专有权利：（1）授权公开表演和演奏其作品，包括用各种手段和方式公开表演和演奏；（2）授权用各种手段公开播送其作品的表演和演奏。

2. 戏剧作品或音乐戏剧作品的作者，在享有对其原作的权利的整个期间应享有对其作品的译作的同等权利。

第十一条之二

1. 文学艺术作品的作者享有下列专有权利：（1）授权广播其作品或以任何其他无线传送符号、声音或图像的方法向公众传播其作品；（2）授权由原广播机构以外的另一机构通过有线传播或转播的方式向公众传播广播的作品；（3）授权通过扩音器或其他任何传送符号、声音或图像的类似工具向公众传播广播的作品。

2. 行使以上第一款所指的权利的条件由本同盟成员国的法律规定，但这些条件的效力严格限于对此作出规定的国家。在任何情况下，这些条件均不应有损于作者的精神权利，也不应有损于作者获得合理报酬的权利，该报酬在没有协议情况下应由主管当局规定。

3. 除另有规定外，根据本条第一款的授权，不意味着授权利用录音或录像设备录制广播的作品。但本同盟成员国法律得确定一广播机构使用自己的设备并为自己播送之用而进行临时录制的规章。本同盟成员国法律也可以由于这些录制品具有特殊文献性质而批准由国家档案馆保存。

第十一条之三

1. 文学作品的作者享有下列专有权利：（1）授权公开朗诵其作品，包括用各种手段或方式公开朗诵。（2）授权用各种手段公开播送其作品的朗诵。

2. 文学作品作者在对其原作享有权利的整个期间，应对其作品的译作享有同等的权利。

第十二条

文学艺术作品的作者享有授权对其作品进行改编、音乐改编和其他变动的专有权利。

第十三条

1. 本同盟每一成员国可就其本国情况对音乐作品作者及允许其歌词与音乐作品一道录音的歌词作者授权对上述音乐作品以及有歌词的音乐作品进行录音的专有权利规定保留及条件；但这类保留及条件之效力严格限于对此作出规定的国家，而且在任何情况下均不得损害作者获得在没有协议情况下由主管当局规定的合理报酬的权利。

2. 根据1928年6月2日在罗马和1948年6月26日在布鲁塞尔签订的公约第十三条第三款在本同盟成员国内录制的音乐作品的录音，自该国受本文本约束之日起的两年期限以内，可以不经音乐作品的作者同意在该国进行复制。

3. 根据本条第一、二款制作的录音制品，如未经有关方面批准进口，视此种录音为侵权录音制品的国家，可予扣押。

第十四条

1. 文学艺术作品的作者享有下列专有权利：

（1）授权将这类作品改编和复制成电影以及发行经过如此改

编或复制的作品；（2）授权公开表演、演奏以及向公众有线传播经过如此改编或复制的作品。

2. 根据文学或艺术作品制作的电影作品以任何其他艺术形式改编，在不妨碍电影作品作者授权的情况下，仍须经原作作者授权。

3. 第十三条第一款的规定应不适用（于电影）。

第十四条之二

1. 在不损害已被改编或复制的作品的版权的情况下，电影作品应作为原作受到保护。电影作品版权所有者享有与原作作者同等的权利，包括前一条提到的权利。

2.（a）确定电影作品版权的所有者，属于被要求给予保护的国家法律规定的范围。

（b）然而，在其法律承认参加电影作品制作的作者应属于版权所有者的本同盟成员国内，这些作者，如果应允许参加此项工作，除非有相反或特别的规定，不能反对对电影作品的复制、发行、公开表演、演奏、向公众有线传播、广播、公开传播、配制字幕和配音。

（c）为适用本款 b 项，上面提到的应允形式是否应是一项书面合同或一项相当的文书，这一问题应由电影制片人总部或惯常住所所在的本同盟成员国的法律加以规定。然而被要求给予保护的本同盟成员国的法律的规定这一应允应以书面合同或相当的文书的形式。法律作出此种规定的国家应以书面声明通知总干事，并由后者将这一声明立即通知本同盟所有其他成员国。

（d）"相反或特别的规定"指与上述应允有关的任何限制性条件。

3. 除非本国法律另有规定，本条第二款 b 项之规定不适用于为电影作品创作的剧本、台词和音乐作品的作者，也不适用于电影作品的主要导演。但本同盟成员国中其法律并未规定对电影导演适用本条第二款 b 项者，应以书面声明通知总干事，总干事应将此声明立即转达本同盟所有其他成员国。

第十四条之三

1. 对于艺术作品原作和作家与作曲家的手稿，作者或作者死后由国家法律所授权的人或机构享有不可剥夺的权利，在作者第一次转让作品之后对作品进行的任何出售中分享利益。

2. 只有在作者本国法律承认这种保护的情况下，才可在本同盟的成员国内要求上款所规定的保护，而且保护的程度应限于被要求给予保护的国家的法律所允许的程度。

3. 分享利益之方式和比例由各国法律确定。

第十五条

1. 受本公约保护的文学艺术作品的作者，只要其名字以通常方式出现在该作品上，在没有相反证据的情况下，即视为该作品的作者并有权在本同盟成员国中对侵犯其权利的人提起诉讼。即使作者采用的是假名，只要根据作者的假名可以毫无疑问地确定作者的身份，本款也同样适用。

2. 以通常方式在电影作品上署名的自然人或法人，除非有相反的证据，即推定为该作品的制片人。

3. 对于不具名作品和以上第一款所述情况以外的假名作品，如果出版者的名字出现在作品上，在没有相反证据的情况下，该出版者即视为作者的代表，并以此资格有权维护和行使作者的权利。当作者公开其身份并证实其为作者时，本款的规定即停止适用。

4.（a）对作者的身份不明但有充分理由推定该作者是本同

盟某一成员国国民的未出版的作品，该国法律得指定主管当局代表该作者并有权维护和行使作者在本同盟成员国内之权利。

（b）根据本规定而指定主管当局的本同盟成员国应以书面声明将此事通知总干事，声明中写明被指定的当局全部有关情况。总干事应将此声明立即通知本同盟所有其他成员国。

第十六条

1. 对作品的侵权复制品，在作品受法律保护的本同盟成员国应予扣押。

2. 上款规定同样适用于来自对某作品不予保护或停止保护的国家的复制品。

3. 扣押应按各国法律实行。

第十七条

如果本同盟任何成员国的主管当局认为有必要对于任何作品或制品的发行、演出、展出，通过法律或条例行使许可、监督或禁止的权力，本公约的条款绝不应妨碍本同盟各成员国政府的这种权力。

第十八条

1. 本公约适用于所有在本公约开始生效时尚未因保护期满而在其起源国进入公有领域的作品。

2. 但是，如果作品因原来规定的保护期已满而在被要求给予保护的国家已进入公有领域，则该作品不再重新受保护。

3. 本原则应按照本同盟成员国之间现有的或将要缔结的有关特别公约所规定的条款实行。在没有这种条款的情况下，各国分别规定实行上述原则的条件。

4. 新加入本同盟时以及因实行第七条或放弃保留而扩大保护范围时，以上规定也同样适用。

第十九条

如果本同盟成员国的本国法律提供更广泛的保护，本公约条款不妨碍要求适用这种规定。

第二十条

本同盟各成员国政府保留在它们之间签订给予作者比本公约所规定的更多的权利，或者包括不违反本公约的其他条款的特别协议的权利。凡符合上述条件的现有协议的条款仍然适用。

第二十一条

1. 有关发展中国家的特别条款载于附件。

2. 在符合第二十八条第一款 b 项规定的前提下，附件构成本文本的组成部分。

第二十二条

1. （a）本同盟设一大会，由受第二十二至二十六条约束的本同盟成员国组成。

（b）每一国家的政府由一名代表作为其代表，并可由若干名副代表、顾问及专家协助之。

（c）每个代表团的费用由指派它的政府负担。

2. （a）大会：

（1）处理有关维持及发展本同盟以及实施本公约的一切问题；

（2）在适当考虑到不受第二十二至二十六条约束的本同盟成员国的意见的情况下，向成立世界知识产权组织（以下称"产权组织"）的公约中提到的国际知识产权局（以下称"国际局"）发出有关筹备修订会议的指示；

（3）审查和批准产权组织总干事有关本同盟的报告及活动，向其发出有关本同盟主管问题的必要指示；

（4）选举大会执行委员会成员；

（5）审查和批准执行委员会的报告及活动，并向它发出指示；

（6）制定计划，通过本同盟二年期预算和批准其决算；

（7）通过本同盟财务条例；

（8）设立为实现同盟目标而需要的专家委员会和工作组；

（9）决定哪些非本同盟成员国和政府间组织及非政府间国际性组织以观察员身份参加它的会议；

（10）通过对第二十二至二十六条的修改；

（11）为实现本同盟目标而采取其他适宜行动；

（12）履行本公约所包含的其他所有任务；

（13）行使成立产权组织的公约所赋予它的并为它所接受的权利。

（b）对于还涉及产权组织管理的其他同盟的问题，大会在了解到产权组织协调委员会的意见后作出决定。

3.（a）大会每一成员国有一票。

（b）大会成员国的半数构成法定人数。

（c）尽管有 b 项的规定，如开会时出席国家不足半数，但相当或多于大会成员国三分之一，则可作出决定；除有关大会程序之决定外，大会的决定须具备下列条件方可执行：国际局将上述决定通知未出席大会的成员国，请它们在上述通知之日起三个月内用书面投票或弃权。如果在期满时，用这样方式投票或弃权的国家的数目达到开会时法定人数的欠缺数目，同时已获得必要的多数，上述决定即可执行。

（d）除第二十六条第二款规定的情况外，大会的决定以投票数三分之二的多数通过。

（e）弃权不视为投票。

（f）一名代表只能代表一国，也只能以该国名义投票。

（g）非大会成员国的本同盟成员国以观察员身份参加会议。

4.（a）大会每二年举行一届常会，由总干事召集，除特殊情况外，与产权组织的全体大会在同时同地举行。

（b）大会在执行委员会的要求下或大会成员国四分之一的国家的要求下，由总干事召集应举行特别会议。

5. 大会通过其议事规则。

第二十三条

1. 大会设执行委员会。

2.（a）执委会由大会在其成员国中选出的国家组成。此外，产权组织所在地的国家除第二十五条第七款b项的情况外，在执委会中有一当然席位。

（b）执委会每一成员国政府有一名代表作为其代表，可由若干名副代表、顾问及专家协助之。

（c）每个代表团的费用由指派它的政府负担。

3. 执委会成员国数目为大会成员国数目的四分之一。在计算席位时，以四相除剩下的余数不计算。

4. 在选举执委会成员国时，大会要适当考虑按地区公平分配和保证使可能签订有关本同盟的特别协议的国家参加执委会的必要性。

5.（a）执委会成员国的任期自它们当选的该届大会闭会时起至大会下届常会闭会时止。

（b）执委会的成员国重新当选的数目最多不得超过三分之二。

（c）大会制定执委会成员国选举和可能重新当选的程序。

6. （a）执行委员会：

（1）拟定大会议程草案；

（2）向大会提交有关总干事草拟的本同盟的计划草案和二年期预算草案的建议；

（3）（取消）；

（4）向大会提交总干事的定期报告和年度财务审计报告，并附以必要的评论意见；

（5）根据大会决定并考虑到大会两届常会之间出现的情况，采取有利于总干事执行本同盟计划的一切措施；

（6）履行在本公约范围内赋予它的其他一切任务。

（b）对于还涉及产权组织管理的其他同盟的问题，执行委员会在了解到产权组织协调委员会的意见后作出决定。

7. （a）执委会在总干事的召集下，每年举行一届常会，尽可能与产权组织协调委员会同时同地举行。

（b）执委会在总干事倡议下，或是应执委会主席或四分之一成员国的要求，由总干事召集举行特别会议。

8. （a）执委会每一成员国有一票。

（b）执委会成员国的半数构成法定人数。

（c）决议以投票数中简单多数票作出。

（d）弃权不视为投票。

（e）一名代表只能代表一国，也只能以该国名义投票。

9. 非执委会成员国的本同盟成员国以观察员身份参加其会议。

10. 执行委员会通过其议事规则。

第二十四条

1. （a）本同盟的行政工作由国际局负责，该局接替与保护工业产权国际公约设立的同盟局合并的本同盟局的工作。

（b）国际局负担本同盟各机构的秘书处的工作。

（c）产权组织总干事是本同盟最高官员并代表本同盟。

2. 国际局汇集并出版有关保护版权的资料，本同盟每一成员国应尽快将有关保护版权的所有新法律及官方文件通知国际局。

3. 国际局出版一种月刊。

4. 国际局应本同盟各成员国之请求，向它们提供有关保护版权问题的资料。

5. 国际局从事各项研究并提供有利于保护版权的服务。

6. 总干事及由他指派的任何工作人员均可出席大会、执委会、其他各种专家委员会或工作组的会议，但无表决权。总干事或由他指派的一名工作人员为这些机构的当然秘书。

7. （a）国际局根据大会指示和与执委会合作，筹备修订除第二十二至二十六条外的公约条款的会议。

（b）国际局可就筹备修订会议征询政府间组织和非政府间国际性组织的意见。

（c）总干事和由他指派的人员可参加这些会议的审议，但无表决权。

8. 国际局执行交付给它的所有其他工作。

第二十五条

1. （a）本同盟有自己的预算。

（b）本同盟的预算包括本同盟本身的收入及支出，它对各同盟共同开支预算的缴款，以及在情况需要时，交给产权组织会议预算支配的款项。

（c）不专属本同盟而同样属于产权组织管理的其他一个或几个同盟的开支，视为各同盟的共同开支。本同盟在共同开支中所占份额视这些开支与它的关系而定。

2. 本同盟预算的确定须考虑到与其他由产权组织管理的同盟的预算相协调的要求。

3. 本同盟预算的经费来源如下：

（1）本同盟成员国的会费；

（2）国际局代表本同盟提供服务的收入；

（3）销售国际局有关本同盟的出版物的所得以及这些出版物的版税；

（4）捐款、遗赠及资助；

（5）租金、利息及其他杂项收入。

4.（a）为确定成员国在预算中缴纳的份额，本同盟的每个成员国分别归入各级并根据下列所定数量单位缴纳每年的会费：

第一级 …………………………… 二十五个单位

第二级 …………………………… 二十个单位

第三级 …………………………… 十五个单位

第四级 …………………………… 十个单位

第五级 …………………………… 五个单位

第六级 …………………………… 三个单位

第七级 …………………………… 一个单位

（b）除以前已经指明者外，每个国家在交存其批准书或加入书时，须说明它希望被列入哪一级。也可以改变级别。如果某一成员国希望降低其级别，它应在某一届常会期间将此事通知大会。这一变动自该届会议后的那一日历年开始时生效。

（c）每个国家每年会费数额在所有国家每年向本同盟交付的会费总数中所占比例，同它所在的那一级的单位数在全部国家的单位总数中所占比例相同。

（d）会费应于每年 1 月 1 日支付。

（e）逾期未缴纳会费的国家，如拖欠总数达到或超过过去整整两年内它应缴纳的会费数，则不得行使它在本同盟任何机构中的表决权。但如该机构认为这种拖欠系由于非常及不可避免之情况，则可允许该国保留行使其表决权。

（f）如在新的会计年度开始前还未通过预算，则可按照财务条例规定的手续将前一年的预算延期实行。

5. 国际局代表本同盟提供的服务应得收入的数额由总干事确定，总干事向大会和执委会就此提出报告。

6. （a）本同盟拥有一笔由每一成员国一次付款组成的周转基金。如基金不足，由大会决定增加。

（b）每个国家对上述基金的首次付款数以及追加数应按基金成立或决定增加当年该国缴纳会费数的比例。

（c）付款的比例及方式由大会根据总干事的提议并征求产权协调委员会意见后决定。

7. （a）与产权组织所在地的国家签订的会址协定规定，如周转基金不足，可由该国垫款。垫款数和垫款条件由该国和产权组织每次分别签订协定。在该国承诺垫付款项期间，该国在执委会中占有一席当然席位。

（b）a 项所指国家和产权组织均有权以书面通知方式废止提供垫款的保证。这种废止自通知提出那一年底起三年后生效。

8. 根据财务条例规定的方式，账目审计由大会同意指派的一个或几个本同盟成员国或外聘审计员担任。

第二十六条

1. 所有大会成员国，执委会或总干事均可提出修改第二十二、二十三、二十四、二十五条及本条的建议。这些建议由总干事在提交大会审查前至少六个月通知大会成员国。

2. 第一款所指的各条的修改应由大会通过，通过需要投票数的四分之三；但对第二十二条及本款的任何修改需经投票数的五分之四通过。

3. 第一款所提各条的任何修改，至少要在总干事收到在修改通过时为大会成员国的四分之三国家根据它们各自的宪法批准修改的书面通知一个月后才能生效。以这种方式接受的这些条款的修改对修改生效时为大会成员国的所有国家或其后成为成员国的国家具有约束力；但任何增加本同盟成员国财务义务的修改只对那些已通知表示接受这类修改的国家有约束力。

第二十七条

1. 本公约可进行修订，以便使之得到改善，从而使本同盟体制臻于完善。

2. 为此目的，可相继在本同盟一个成员国内举行同盟成员国代表的会议。

3. 除第二十六条有关修改第二十二至二十六条的规定外，所有对本文本的修订，包括附件的修订，均需投票数全体一致通过。

第二十八条

1. （a）凡签署此公约文本的任何本同盟成员国均可批准此公约文本，如尚未签署，则可加入本公约。批准书或加入书交存总干事处。

（b）本同盟任何成员国在其批准书或加入书中均可声明其批准或加入不适用第一至二十一条及附件；但如该国已根据附件第六条第一款作出声明，则它在上述文件中可只声明其批准或加入不适用于第一至二十条。

（c）凡根据 b 项已声明其批准或加入对该项所提到的条款不发生效力的本同盟任何成员国可在其后任何时候声明将其批准或加入的效力扩大到这些条款。这一声明交存总干事处。

2.（a）第一至二十一条及附件在实现下述两个条件后三个月生效：

（1）至少有五个本同盟成员国批准或加入此公约文本而未按照第一款 b 项作过声明；

（2）法国、西班牙、大不列颠及北爱尔兰联合王国、美利坚合众国已受到 1971 年 7 月 24 日在巴黎修订过的世界版权公约的约束。

（b）a 项提到的生效，对于至少在生效前三个月交存批准书或加入书但未按第一款 b 项作过声明的本同盟成员国具有效力。

（c）就 b 项对之不适用的已批准或加入此公约文本而未按照第一款 b 项作过声明的所有本同盟成员国而言，第一至二十一条及附件在总干事通知该批准书或加入书交存之日后三个月生效，除非交存文件中注明有更晚的日期。在后一情况下，第一至二十一条及附件则在注明的日期对该国生效。

（d）a 至 c 项的规定不影响附件第六条的适用。

3. 对不管是否按照第一款 b 项作过声明而批准或加入此公约文本的任何本同盟成员国，第二十二至三十八条在总干事通知已交存批准书或加入书之日后三个月生效，除非交存文件中注明有更晚的日期。在后一情况下，第二十二至三十八条则在注明的日期对该国生效。

第二十九条

1. 非本同盟成员国可加入本公约成为本公约的缔约国和本同盟成员国。加入书交存总干事处。

2. （a）除 b 项规定的情况外，对所有非本同盟成员国，本公约在总干事通知其加入书交存之日后三个月生效，除非交存文件中注明有更晚的日期。在后一情况下，本公约则在注明的日期对该国生效。

（b）如适用 a 项的生效先于适用第二十八条第二款 a 项的第一至二十一条及附件的生效，则在此间隔期间，上述国家将受本公约布鲁塞尔文本第一至二十条的约束，以代替第一至二十一条及附件的约束。

第二十九条之二

不受本公约斯德哥尔摩文本第二十二至三十八条约束的任何国家，为适用建立产权组织公约第十四条第二款的唯一目的，其批准或加入此公约文本即等于批准或加入斯德哥尔摩文本，但受该文本第二十八条第一款 b 项第一目的限制。

第三十条

1. 除本条第二款、第二十八条第一款 b 项、第三十三条第二款以及附件所允许的例外以外，批准或加入当然意味着接受本公约的一切条款并享有本公约规定的一切利益。

2. （a）凡批准或加入此公约文本的本同盟成员国，除附件第五条第二款规定的情况外，可保有它原来作出的保留的利益，条件是在交存其批准书或加入书时作出这项声明。

（b）所有非本同盟成员国在加入本公约并在不违反附件第五条第二款的情况下，可以声明它准备以 1896 年在巴黎补充完备的本同盟 1886 年公约第五条的规定至少临时代替此公约文本有关翻译权的第八条，条件是这些规定仅指译成该国通用语文的翻译。在不违反附件第一条第六款 b 项的情况下，任何国家对于使用持此保留条件的国家为其起源国的作品的翻译权，有权实行与后一国提供的相同的保护。

（c）任何国家可随时通知总干事，撤回这类保留。

第三十一条

1. 任何国家可在其批准书或加入书中声明，或在以后随时书面通知总干事，本公约适用于在声明或通知中指明的其对外关系由该国负责的全部或部分领土。

2. 任何已作出这种声明或通知的国家可随时通知总干事本公约不再适用于这些领土的全部或一部分。

3. （a）按照第一款作出的任何声明和载有该声明的文件中的批准或加入同时生效，按照该款作出的任何通知在总干事发出通知三个月后生效。

（b）按照第二款作出的通知在总干事收到该通知十二个月后生效。

4. 本条不得解释为意指本同盟任何成员国承认或默许本同盟另一成员国根据适用第一款作出的声明而使本公约对之适用的任何领土的事实状态。

第三十二条

1. 此公约文本在本同盟各成员国之间的关系方面和在它适用的限度内，代替1886年9月9日的伯尔尼公约及其以后的修订文本。在与未批准或未加入此公约文本的本同盟成员国的关系方面，以前生效的文本全部保持其适用性，或在此公约文本不能根据前句规定代替以前文本的限度内保持其适用性。

2. 成为此公约文本缔约国的非本同盟成员国，在除第三款规定的情况外，对于不受此公约文本约束或虽受其约束但已作过第二十八条第一款b项规定的声明的本同盟任何成员国，适用此公约文本。上述国家承认，本同盟该成员国，在同它们的关系上：

（1）适用它受其约束的最近文本的规定，并且

（2）在不违反附件第一条第六款规定的情况下，有权使保护与此公约文本规定的水平相适应。

3. 援用附件规定的任何权利的任何国家在同不受此公约文本约束的本同盟其他任何成员国的关系上，可以适用附件中有关它援用的一种或多种权利的规定，但以该其他成员国已接受适用上述规定为条件。

第三十三条

1. 两个或两个以上本同盟成员国在解释或适用本公约方面发生的争端，经谈判不能解决时，如果有关国家不能就其他解决办法达成协议，则其中任何一方均可按国际法院规约的方式通过起诉将争端提交国际法院。将争端提交国际法院的起诉国应通知国际局；国际局应将此事告知本同盟其他成员国。

2. 任何国家在签署此公约文本或交存其批准书或加入书时，可声明它不受第一款规定的约束。在有关该国和本同盟其他任何成员国间的任何争端方面，不适用第一款的规定。

3. 任何按照第二款规定作出声明的国家，可随时通知总干事撤回其声明。

第三十四条

1. 在遵守第二十九条之二规定的情况下，任何国家在第一至二十一条及附件生效后，不得批准或加入本公约以前的各次文本。

2. 在第一至二十一条及附件生效后，任何国家不得根据附在斯德哥尔摩文本后的有关发展中国家的议定书第五条发表声明。

第三十五条

1. 本公约无限期生效。

2. 任何国家可通知总干事废止此公约文本。这一废止也连带废止以前的所有文本，并只对废止的该国有效，而对本同盟其他成员国，本公约继续有效和继续执行。

3. 废止自总干事收到通知之日起一年后生效。

4. 任何国家自成为本同盟成员国之日算起未满五年者，不得行使本条规定之废止权。

第三十六条

1. 本公约的所有缔约国家承诺根据其宪法采取必要措施保证本公约的实施。

2. 不言而喻，一国在受到本公约约束时，应按照其本国法律使本公约的规定付诸实施。

第三十七条

1. （a）此公约文本在以英法两种语文写成的单一文本上签署，除第二款规定的情况外，此公约文本由总干事保存。

（b）总干事在与有关政府协商后，制定德文、阿拉伯文、西班牙文、意大利文和葡萄牙文以及大会指定的其他语文的正式文本。

（c）在对不同语文文本的解释发生争议时，以法文本为准。

2. 此公约文本开放供签署直到 1972 年 1 月 31 日为止。在此日期以前，第一款 a 项提到的文本交由法兰西共和国政府保存。

3. 总干事应将签字的此公约文本的两份副本核证无误后转送本同盟所有成员国政府，并可根据请求，转送任何其他国家的政府。

4. 本文本由总干事送请联合国秘书处登记。

5. 总干事将下列情况通知本同盟所有成员国政府：签署情况，批准书或加入书的交存，包括在这些文件中的或适用第二十八条第一款 c 项、第三十条第二款 a、b 项和第三十三条第二款而作出的声明的交存，此公约文本全部规定的生效情况，废止的通知和适用第三十条第二款 c 项、第三十一条第一、二款、第三十三条第三款和第三十八条第一款的通知以及附件中提到的通知。

第三十八条

1. 凡未批准或加入此公约文本以及不受斯德哥尔摩文本第二十二至二十六条约束的本同盟成员国，如果愿意，均可在 1975 年 4 月 26 日前，行使上述各条规定的权利，就像受它们约束的那样。任何愿意行使上述权利的国家均可为此目的向总干事交存一份书面通知，该通知自收到之日起生效。直到上述日期为止，这些国家应视为大会成员国。

2. 在本同盟成员国尚未全部成为产权组织成员国之前，产权组织国际局同时作为本同盟的局进行工作，总干事即该局局长。

3. 在本同盟所有成员国均成为产权组织成员国时，本同盟局的权利、义务和财产即归属产权组织国际局。

全国人民代表大会常务委员会关于我国加入《世界版权公约》的决定

（1992 年 7 月 1 日第七届全国人民代表大会常务委员会
第二十六次会议通过）

第七届全国人民代表大会常务委员会第二十六次会议决定：中华人民共和国加入《世界版权公约》，同时声明，中华人民共和国根据《世界版权公约》第五条之二的规定，享有该公约第五条之三、之四规定的权利。

世界版权公约

（1971 年 7 月 24 日修订于巴黎）

缔约各国，出于保证在所有国家给文学、科学和艺术作品以版权保护的愿望；

确信适用于世界各国并以世界公约确定下来的、补充而无损于现行各种国际制度的版权保护制度，将保证对个人权利的尊重，并鼓励文学、科学和艺术的发展；相信这种世界版权保护制度将会促进人类精神产品更加广泛地传播和增进国际了解；决定修订 1952 年 9 月 6 日于日内瓦签订的《世界版权公约》（下称"1952 年公约"），为此特协议如下：

第一条

缔约各国承允对文学、科学、艺术作品——包括文字、音乐、戏剧和电影作品，以及绘画、雕刻和雕塑——的作者及其他版权所有者的权利，提供充分有效的保护。

第二条

（一）任何缔约国国民出版的作品及在该国首先出版的作品，在其他各缔约国中，均享有其他缔约国给予其本国国民在本国首先出版之作品的同等保护，以及本公约特许的保护。

（二）任何缔约国国民未出版的作品，在其他各缔约国中，享有该其他缔约国给予其国民未出版之作品的同等保护，以及本公约特许的保护。

（三）为实施本公约，任何缔约国可依本国法律将定居该国的任何人视为本国国民。

第三条

（一）任何缔约国依其国内法要求履行手续——如缴送样本、注册登记、刊登启事、办理公证文件、偿付费用或在该国国内制作出版等——作为版权保护的条件者，对于根据本公约加以保护并在该国领土以外首次出版而其作者又非本国国民的一切作品，应视为符合上述要求，只要经作者或版权所有者授权出版的作品的所有各册，自首次出版之日起，标有 c 的符号，并注明版权所有者之姓名、首次出版年份等，其标注的方式和位置应使人注意到版权的要求。

（二）本条第（一）款的规定，不得妨碍任何缔约国在本国初版的作品或其国民于任何地方出版的作品为取得和享有版权而提出的履行手续或其他条件的要求。

（三）本条第（一）款的规定，不得妨碍任何缔约国作出如下的规定：凡要求司法救助者，必须在起诉时履行程序性要求，诸如起诉人须通过本国辩护人出庭，或由起诉人将争讼的作品送交法院或行政当局，或兼送两处；但未能履行上述程序性要求，不应影响版权的效力，而且如对要求给予版权保护的所在地国家的国民不作这种要求，也不应将这种要求强加于另一缔约国的国民。

（四）缔约各国应有法律措施保护其他各缔约国国民尚未出版的作品，而无须履行手续。

（五）如果某缔约国准许有一个以上的版权保护期限，而第一个期限比第四条中规定的最短期限之一更长，则对于第二个或其后的版权期限，不应要求该国执行本条第（一）款的规定。

第四条

（一）根据第二条和本条规定，某作品的版权保护期限，应由该作品要求给予版权保护所在地的缔约国的法律来规定。

（二）甲、受本公约保护的作品，其保护期限不得少于作者有生之年及其死后的二十五年。但是，如果任何缔约国在本公约对该国生效之日，已将某些种类作品的保护期限规定为自该作品首次出版以后的某一段时间，则该缔约国有权保持其规定，并可将这些规定扩大应用于其他种类的作品。对所有这些种类的作品，其版权保护期限自首次出版之日起，不得少于二十五年。

乙、任何缔约国如在本公约对该国生效之日尚未根据作者有生之年确定保护期限，则有权根据情况，从作品首次出版之日或从出版前的登记之日起计算版权保护期，只要根据情况从作品首次出版之日或出版前的登记之日算起，版权保护期限不少于二十五年。

丙、如果某缔约国的法律准许有两个或两个以上的连续保护期限，则第一个保护期限不得短于本款甲、乙两项所规定的最短期限之一。

（三）本条第（二）款的规定不适用于摄影作品或实用美术作品；但这些缔约国对摄影作品或实用美术作品作为艺术品给予保护时，对上述每一类作品规定期限不得少于十年。

（四）甲、任何缔约国对某一作品给予的保护期限，均不长于有关缔约国（如果是未出版的作品，则指作家所属的缔约国；如果是已出版的作品，则指首先出版作品的缔约国）的法律对该作品所属的同类作品规定的保护期限。

乙、为实施本款甲项，如果某缔约国的法律准予有两个或两个以上的连续保护期限，该国的保护期限应视为是这些期限的总和。但是，如果上述国家对某一特定作品在第二或任何后续的期限内，因某种原因不给予版权保护，则其他各缔约国无义务在第二或任何后续的期限内给予保护。

（五）为实施本条第（四）款，某缔约国国民在非缔约国首次出版的作品应按照在该作者所属的缔约国首先出版来处理。

（六）为实施本条第（四）款，如果某作品在两个或两个以上缔约国内同时出版，该作品应视为在保护期限最短的缔约国内首先出版。任何作品如在首次出版三十日内在两个或两个以上缔约国内出版，则应视为在上述缔约国内同时出版。

第四条之二

（一）本公约第一条所述的权利，应包括保证作者经济利益的各种基本权利，其中有准许以任何方式复制、公开表演及广播等专有权利。本条的规定可扩大适用于受本公约保护的各类作品，无论它们是原著形式还是从原著演绎而来的任何形式。

（二）但是，任何缔约国根据其国内法可以对本条第（一）款所述的权利作出符合本公约精神和内容的例外规定。凡法律允许作出例外规定的任何缔约国，必须对已作出例外规定的各项权利给予合理而有效的保护。

第五条

（一）第一条所述各项权利，应包括作者翻译和授权他人翻译受本公约保护的作品，以及出版和授权他人出版上述作品译本的专有权利。

（二）然而，任何缔约国根据其国内法可以对文字作品的翻译权利加以限制；但必须遵照如下规定：

甲、如果一部文字作品自首次出版算起七年期满而翻译权所有者或在其授权下尚未以该缔约国通用语文出版译本，该缔约国任何国民都可从主管当局得到用该国通用语文翻译该作品并出版译本的非专有许可证。

乙、该国民须按照有关国家的现行规定，证明他根据不同情况已向翻译权所有者提出翻译和出版译本的要求，而又未能得到授权，或经过相当努力仍未能找到权利所有者。如果以缔约国通用语文翻译的以前所有版本均已售完，也可根据同样条件发给许可证。

丙、如申请人无法找到翻译权所有者，即应将申请书的副本寄给该作品上列有名称的出版者，如果翻译权所有者国籍业已弄清，则应将申请书的副本送交翻译权所有者所属国家的外交或领事代表，或送交该国政府指定的机构。许可证不得在寄出申请书副本后两个月期满以前发给。

丁、国内法律应作出相应规定，以保证翻译权所有者得到公平而符合国际标准的补偿，保证这种补偿的支付和传递，并保证准确地翻译该作品。

戊、凡经出版的译本复制品，均应刊印原著名称及作者姓名。许可证只适用于在申请许可证的该缔约国领土内出版译本。此种出版的复制品可以输入到另一缔约国并在其境内出售，只要该国通用语文和作品的译文是同一种语文，并且该国的法律对此种许可作出了规定，而且对进口和出售不予禁止。如无上述条件，在某缔约国进口和销售上述译本应受该国法律和协定的管制。许可证不得由被许可人转让。

己、在作者已停止全部作品复制品的发行时，不得发给任何许可证。

第五条之二

（一）根据联合国大会惯例被视为发展中国家的任何缔约国，可在批准、接受或参加本公约时，或在以后任何日期向联合国教育科学文化组织总干事（下称总干事）提交的通知中声明，将援用第五条之三或之四中任何一条或全部例外规定。

（二）任何这种通知书自公约生效之日起十年内有效，或在提交该通知书时十年期限的所余时间内有效；如果在现行期限期满前最多十五个月最少三个月向总干事提交通知，该通知可以全部或部分地每十年顺延一次。根据本条规定，首次通知书也可在延续的十年期间提出。

（三）尽管有本条第二款的规定，任何不再被认为是第（一）款所指的发展中国家的缔约国，不再有资格像第（一）款或第（二）款所规定的那样延长其通知，不论它是否正式撤回其通知，该国在现行十年期限期满时，或在停止被视为发展中国家三年后即失去援用第五条之三和之四的例外规定的可能性。

（四）根据第五条之三和之四的例外规定而制作的作品复制品，在根据本条规定交存的通知书有效期满后，可以继续发行直到售完为止。

（五）依照第十三条就使公约适用于其情况可能类似本条第一款所指国家的情况的特定国家或领地而提交通知的缔约国，或依照本条就此国家或领地提交或延长通知。在这种通知有效期间本公约第五条之三和之四的规定应适用于它所指的国家或领地。由上述国家或领地向缔约国运寄作品复制品应视为第五条之三和之四所称的出口。

第五条之三

（一）甲、凡适用第五条之二第（一）款的任何缔约国，均可以该国法律规定的三年或三年以上的期限取代第五条第（二）款规定的七年期限；然而，某一作品译成的文字如在一个或若干个发达国家内并非通用，而上述国家又是本公约或仅是1952年公约的缔约国，则上述期限应是一年而不是三年。

乙、在通用同一种语文的本公约或仅参加1952年公约的发达国家的一致协议下，如果要译成这种语文，第五条之二第一款所提到的所有国家都可以根据该协议规定的另一期限来代替本款甲项规定的三年期限，但不得少于一年。尽管如此，如涉及的语文为英文、法文或西班牙文，此项规定仍不适用。所有这方面的协议应通知总干事。

　　丙、许可证的发给，须经申请人按照有关国家现行规定，证明他已向翻译权所有者提出授权要求，而又未能得到，或经过相当努力仍未能找到权利所有者。在向权利所有者提出这一要求的同时，申请人还必须将这一申请通知联合国教育科学文化组织设立的国际版权情报中心，或出版者主要营业地点所在的缔约国政府交存总干事的通知书中所指定的任何国家或地区的情报中心。

　　丁、如果申请人无法找到翻译权所有者，即应通过挂号航邮将申请书的副本寄给该作品上列有名称的出版者，并同时寄给本款丙项所述的任何国家或地区的情报中心。如无上述中心可通知，他应将申请书的抄件送交联合国教育科学文化组织设立的国际版权情报中心。

　　（二）甲、根据本条规定三年后可获得的许可证须再过六个月后才能颁发，一年后可获得的许可证须再过九个月后才能颁发。上述六或九个月的期限应按第（一）款丙项的规定，从申请许可证之日算起，如翻译权所有者的身份、地址不详，则按第（一）款丁的规定从申请书的副本发出之日算起。

　　乙、翻译权所有者本人或授权他人在上述六个月或九个月内已将译著出版，则不得再颁发许可证。

　　（三）本条所指任何许可证之颁发只限于教学、学习或研究之用。

　　（四）甲、任何根据本条发给的许可证不得扩大到作品复制品的出口，许可证只适用于在申请许可证的该国领土内出版。

　　乙、所有根据本条发给许可证出版的作品复制品均需载有有关语文的通知，说明作品复制品只能在发给许可证的缔约国内发行。如果该作品刊有第三条第（一）款规定的启事，其译本各册均应刊印相同的启事。

丙、某缔约国政府机构或其他公众团体根据本条规定已颁发许可证将某作品译成除英、法、西班牙语之外的另一种文字，而当该政府机构或公众团体向另一国递送根据上述许可证而准备好的译本复制品，则不适用本款甲项有关禁止出口的规定，如果

（1）收件人为发给许可证的缔约国国民个人，或由这些国民组成的组织；

（2）作品复制品只供教学、学习或研究使用；

（3）作品复制品寄给收件人及其进一步分发均无任何营利性质，并且

（4）作品复制品寄往的国家与缔约国订有协议，批准这种作品复制品的接收或分发或两者同时批准，任何一方政府已将该协议通知总干事。

（五）在国家范围内作出适当的规定，以保证

甲、许可证之发给应给予一笔合理的报酬，此种报酬应符合有关两国个人之间自由谈判的许可证通常支付版税的标准；而且

乙、保证这笔报酬的支付和转递；如果存在着国家对外汇的管制，则主管当局应通过国际机构，尽一切努力保证使这笔报酬以国际上可兑换的货币或某等值货币转递。

（六）如果某作品的译本一旦由翻译权所有者本人或授权他人在某缔约国内出版发行，其文字与该国已特许的版本一样，其内容又大体相同，其价格与该国同类作品的一般索价相当，则根据本条规定由上述缔约国颁发之许可证应停止生效。在撤销许可前业已出版的作品复制品可一直发行到售完为止。

（七）对主要由图画组成的作品，其文字的翻译与图画的复制的许可证只有在第五条之四规定的条件也得到履行的情况下才能发给。

（八）甲、对翻译一部已以印刷形式或其他类似的复制形式出版的受本公约保护的作品发给的许可证，也可根据总部设在适用第五条之二的缔约国的广播机构在该国提出的要求，发给该广播机构，但必须符合下列条件：

（1）译文是根据该缔约国法律制作并获得的作品复制品翻译的；

（2）译文只能用于教学广播或向特定专业的专家传播专门技术或科学研究成果的广播；

（3）译文专门为第二目所指目的使用，并通过对缔约国境内听众的合法广播进行，其中包括专为此项广播目的而通过录音或录像手段合法录制的广播；

（4）译文的录音或录像只能在其总部设在颁发许可证的缔约国的广播组织之间交换；

（5）所有译文的使用均无任何营利性质。

乙、只要符合甲项列举的所有准则和条件，也可对广播机构颁发许可证以翻译专为大、中、小学使用而制作与出版的视听教材中的所有课文。

丙、在遵守本条规定的条件下，依本条颁发的任何许可证应受第五条各项规定的约束；即使在第五条第（二）款规定的七年期限届满后，上述许可证也应继续受第五条和本条规定的约束。但上述期限到期后，许可证持有者有权请求以仅受第五条约束的新许可证来代替上述许可证。

（九）在遵守本条规定的条件下，依本条颁发的任何许可证应受第五条各项规定的约束。即使在第五条第（二）款规定的七年期限届满后，上述许可证也应继续受到第五条和本条规定的约束；但上述期限到期后，许可证持有者有权请求以仅受第五条约束的新许可证来代替上述许可证。

第五条之四

（一）凡适用第五条之二第（一）款规定的任何缔约国均可采纳下述规定：

甲、（1）自本条第（三）款所述的文学、科学或艺术作品特定版本首次出版之日算起在丙项规定的期限期满时，或

（2）由缔约国国家法律规定的日期算起的更长的期限期满时，若该版的作品复制品尚无复制权所有者或在其授权下，以与同类作品在该国通行的价格相似的价格在该国出售，以满足广大公众或大、中、小学教学之需要，则该国任何国民均可向主管当局申请得到非专有许可证，以此种价格或更低价格复制和出版该版本供大、中、小学教学之用。许可证的发给，须经国民按照该国现行规定，证明他已向权利所有者提出出版作品的要求，而又未能得到授权，或经过相当努力仍未能找到权利所有者。在向权利所有者提出这一要求的同时，申请人还必须将这一申请通知联合国教育科学文化组织设立的国际版权情报中心，或丁项所述的任何国家或地区的情报中心。

乙、根据同样的条件，也可发给许可证，如果经权利所有者授权制作的该版作品复制品在该国已脱销六个月，而无法以同该国内对同类作品要求的价格相似的价格供应广大公众或供大、中、小学教学之用。

丙、本款甲项所指的期限为五年。但

（1）对有关数学和自然科学以及技术的作品，则为三年；

（2）小说、诗歌、戏剧和音乐作品以及美术书籍，则为七年。

丁、如果申请人无法找到复制权所有者，即应通过挂号航邮

将申请书的副本，寄给该作品上列有名称的出版者和据信为出版者主要业务中心所在国的政府为此目的向总干事递交的通知中所指定的任何国内或国际情报中心。如无上述通知书，他应将申请书的抄件递交联合国教育科学文化组织设立的国际情报中心。在发出申请书抄件之日起三个月内不得颁发许可证。

戊、在下述情况下，不得按本条规定颁发三年后可获得的许可证：

（1）从本款甲项所述的申请许可证之日算起未满六个月者，或如果复制权所有者的身份或地址不明，则从本款丁项所述的申请书的副本发出之日起未满六个月者；

（2）如果在此期间本款甲项所述的版本的作品复制品已开始发行。

己、作者姓名及其作品原版的标题应刊印在复制出版的所有作品复制品上。许可证持有者不得转让其许可证。

庚、应通过国家法律采取适当措施，以保证作品原版的准确复制。

辛、在下列情况下不得根据本条发给复制和出版一部作品的译本许可证。

（1）所涉及的译本并非由翻译权所有者或在其授权下出版；

（2）译本所用的不是有权颁发许可证的国家的通用语文。

（二）第（一）款的例外规定应受下述补充规定的约束：

甲、所有根据本条发给许可证出版的作品复制品均需载有有关语文的通知，说明该作品复制品只能在该许可证适用的缔约国内发行。如果该版本载有第三条第（一）款规定的启事，则该版本的所有各册均应刊印相同的启事。

乙、在国家范围内作出适当的规定，以保证

（1）许可证之发给应给一笔合理的报酬，此种报酬应符合有关两国个人之间自由谈判的许可证通常支付版税的标准；而且

（2）保证这笔报酬的支付和转递；如果存在着国家对外汇的管制，则主管当局应通过国际机构，尽一切努力保证使这笔报酬以国际上可兑换的货币或其等值货币转递。

丙、如果某一作品某版的复制品是由复制权所有者或经其授权以同该国同类作品相似的价格，为供应广大公众或为大、中、小学教学之用而在该缔约国内出售，而该版的语文和基本内容又同根据许可证出版的版本语文和内容相同，则应撤销本条发给的许可证。在撤销许可证前业已制作的作品复制品可一直发行到售完为止。

丁、在作者已停止该版的全部作品复制品的发行时，不得发给任何许可证。

（三）甲、除乙项规定的情况外，本条适用的文学、科学或艺术作品只限于以印刷形式或任何其他类似的复制形式出版的作品。

乙、本条同样适用于以视听形式合法复制的受保护作品或包含受保护作品的视听资料，以及用有权颁发许可证的缔约国通用语文翻译的该视听资料中的文学部分的译本，条件是所涉及的视听资料的制作和出版限大、中、小学教学使用的唯一目的。

第六条

本公约所用"出版"一词，系指以有形形式复制，并向公众发行的能够阅读或可看到的作品复制品。

第七条

本公约不适用于公约在被要求给予保护的缔约国家生效之日已完全丧失保护或从未受过保护的作品或作品的权利。

第八条

（一）本公约的修订日期为 1971 年 7 月 24 日，它应交由总干事保存，并应在上述日期起的一百二十天内向 1952 年公约的所有参加国开放签字。本公约须经各签字国批准或接受。

（二）未在本公约上签字的国家均可加入。

（三）批准、接受或加入本公约须向总干事交存有关文件方为有效。

第九条

（一）本公约将于交存十二份批准、接受或加入证书之后三个月生效。

（二）其后，本公约将对每个国家在其交存批准、接受或加入证书三个月后生效。

（三）加入本公约的任何国家，如未加入 1952 年公约，也应被视为加入了该公约；但是，如果交存其加入证书是在本公约生效之前，则该国加入 1952 年公约须以本公约生效为条件。在本公约生效后，任何国家均不得只加入 1952 年公约。

（四）本公约参加国与只参加 1952 年公约的国家之间的关系，应服从 1952 年公约的规定。但是，只参加 1952 年公约的任何国家，可向总干事交存通知书，宣布承认 1971 年公约适用于该国国民的作品和在该国首次出版的本公约签字国的作品。

第十条

（一）所有缔约国承诺根据其宪法采取必要措施保证本公约的实施。

（二）不言而喻，本公约在任何缔约国生效时，应按照其本国法律使本公约的规定付诸实施。

第十一条

(一) 设立一"政府间委员会",其职责如下：

甲、研究世界版权公约的适用和实施事宜；

乙、做好定期修订本公约的准备工作；

丙、与"联合国教育科学文化组织""国际保护文学艺术作品联盟""美洲国家组织"等各有关国际组织合作,研究有关国际保护版权的任何问题；

丁、将"政府间委员会"的各项活动通知世界版权公约的参加国。

(二) 该委员会将由参加本公约或只参加 1952 年公约的十八个国家的代表组成。

(三) 该委员会成员的选择应根据各国的地理位置、人口、语文和发展水平,适当考虑到各国利益的均衡。

(四) 联合国教育科学文化组织总干事、世界知识产权组织总干事和美洲国家组织秘书长的代表可以顾问身份参加该委员会的会议。

第十二条

政府间委员会认为必要时,或经本公约至少十个缔约国的要求,得召集会议对本公约进行修改。

第十三条

(一) 任何缔约国,在交存其批准、接受或加入证书时,或在其后的任何时间内,可在致总干事的通知书中,宣布本公约适用于由它对其国际关系负责的所有国家或领地,或其中任何一个国家或领地；因此,本公约于第九条规定的三个月期限期满后,将适用于通知书中提到的国家或领地。倘无此类通知书,本公约将不适用于此类国家或领地。

（二）但是，本条款不得理解为某一缔约国承认或默认另一缔约国根据本条规定使本公约对之适用的国家或领地的事实状况。

第十四条

（一）任何缔约国可以自己的名义、或代表根据第十三条规定发出的通知书所涉及的所有或其中一个国家或领地，废除本公约。废除本公约应以通知书方式寄交总干事。此种废除也构成对1952年公约的废除。

（二）此种废除只对有关的缔约国或其所代表的国家或领地有效，并应于收到通知书之日起十二个月后生效。

第十五条

两个或两个以上缔约国在解释或适用本公约方面发生的争端，经谈判不能解决时，如果有关国家不能就其他解决办法达成协议，应将争议提交国际法院裁决。

第十六条

（一）本公约用英文、法文和西班牙文三种文字制定，三种文本应予签署并具有同等效力。

（二）总干事在和有关政府协商后，将制定阿拉伯文、德文、意大利文和葡萄牙文的正式文本。

（三）某个或数个缔约国有权与总干事协商后由总干事制定它们选择的语文的其他文本。

（四）所有这些文本均附在本公约签字文本之后。

第十七条

（一）本公约绝不影响伯尔尼保护文学艺术作品公约的条款或由该公约设立的联盟的会员资格。

（二）为实施前款规定，本条附有一项声明。对于在1951年

1月1日受伯尔尼公约约束的各国或已受或在以后某一日期可能受该公约约束的国家，此声明是本公约的组成部分。这些国家在本公约上签字也应视为在该声明上签字，而这些国家的批准、接受或加入本公约应包括该声明。

第十八条

本公约将不废除美洲各共和国中仅限两国或数国之间现在有效或可能生效的多边或双边版权公约或协定。无论在现有的此类公约或协定生效的条款与本公约的条款之间，或在本公约的条款与本公约生效之后美洲两个或数个共和国可能制定的新公约或协定的条款之间出现分歧时，应以最近制定的公约或协定为准。任何缔约国在本公约生效前，对该国依据现有公约或协定所获得的版权不应受到影响。

第十九条

本公约将不废除在两个或数个缔约国之间有效的多边或双边公约或协定。一旦此类现有公约或协定的条款与本公约的条款出现分歧时，将以本公约的条款为准。任何缔约国于本公约在该国生效前，依据现有公约或协定所获得的版权将不受影响，本条规定将不影响第十七条、第十八条各款的实行。

第二十条

对本公约不得有任何保留。

第二十一条

（一）总干事应将本公约的核证无误的副本送交各有关国家并送交联合国秘书长登记。

（二）总干事还应将已交存的批准、接受和加入证书，本公约的生效日期，根据本公约发出的通知书及根据第十四条作出的废除，通知所有有关国家。

关于第十七条的附加声明

国际保护文学艺术作品联盟（以下称"伯尔尼联盟"）的会员国和本公约的签字国，为了在该联盟基础上加强其相互关系，并避免在伯尔尼公约和世界版权公约并存的情况下可能出现的任何冲突，认识到某些国家按照其文化、社会和经济发展阶段而调整其版权保护水平的暂时需要，经共同商定，接受以下声明的各项规定：

甲、除本声明乙项规定外，某作品起源国为伯尔尼公约成员国的国家，已于 1951 年 1 月 1 日之后退出伯尔尼联盟者，将不得在伯尔尼联盟的国家境内受到世界版权公约的保护。

乙、如某一缔约国按联合国大会确定的惯例被视为发展中的国家，并在该国退出伯尔尼联盟时，将一份它认为自己是发展中国家的通知书交存联合国教育科学文化组织总干事，只要该国可以援用本公约第五条之二的例外规定，则本声明甲项的规定不应适用。

丙、只要涉及所保护的某些作品，按伯尔尼公约规定，其原出版国家是伯尔尼联盟的一个成员国，世界版权公约即不应适用于伯尔尼联盟各国的关系上。

有关第十一条的决议

修订世界版权公约会议，

考虑了本公约第十一条规定的政府间委员会的问题，对此附加了本决议，特决议如下：

（一）委员会创始时应包括依 1952 年公约第十一条及其所附的决议而设立的政府间委员会的十二个成员国的代表；此外，还包括以下国家的代表：阿尔及利亚、澳大利亚、日本、墨西哥、塞内加尔和南斯拉夫。

（二）任何未参加 1952 年公约并在本公约生效后召开的本委员会第一次例会之前未加入本公约的国家，应由委员会根据第十一条第（二）款和第（三）款的规定在其第一次例会上选择的其他国家来取代。

（三）本公约一经生效，依本决议第（一）款成立的本委员会应被认为按本公约第十一条规定组成。

（四）本公约生效后一年内，委员会应举行一次会议。此后委员会应至少每两年举行一次例会。

（五）委员会应选举主席一人、副主席两人。并应按照下列原则确立自己的程序规则：

甲、委员会的成员国任期通常应为六年，每两年有三分之一成员国离任，但经理解：首批三分之一成员国的任期，应在本公约生效后召开的第二次例会结束时终止，下一批三分之一成员国的任期应在第三次例会结束时终止，最后一批三分之一成员国的任期应在第四次例会结束时终止。

乙、委员会递补空缺职位的程序、成员资格期满的次序连任资格和选举程序的规则应以平衡成员国连任的需要和成员国代表轮换的需要，以及本公约第十一条第（三）款的各点考虑为基础。

希望由联合国教育科学文化组织提供委员会秘书处的人员。

下列签署人交存各自的全权证书后，在本公约上签字，以昭信守。1971 年 7 月 24 日订于巴黎，正本一份。

附件一：《世界版权公约》1971 年 7 月 24 日巴黎修订本关于本公约适用于无国籍人士和流亡人士作品的附件

议定书之一

本议定书及《世界版权公约》1971 年 7 月 24 日巴黎修订本

（下称"1971 年公约"）各参加国，承认下述各项规定：

（一）为实施 1971 年公约，应将通常居住在本议定书参加国的无国籍人士及流亡人士视为该国国民。

（二）甲、本议定书须经签署，并须经批准或接受，也可加入，如同 1971 年公约第八条所规定那样。

乙、本议定书于有关国家交存批准、接受或加入证书之日起对各该国生效，或于 1971 年公约对各该国生效之日起生效，以两个日期中何者在后为准。

下列签署人经正式授权在本议定书上签字，以昭信守。1971 年 7 月 24 日订于巴黎，用英文、法文和西班牙文写成，三种文本具有同等效力。正本一份交存联合国教育科学文化组织总干事。总干事应将核证无误的副本送交各签字国，并送交联合国秘书长登记。

附件二：《世界版权公约》1971 年 7 月 24 日巴黎修订本关于本公约适用于某些国际组织作品的附件

议定书之二

本议定书及《世界版权公约》1971 年 7 月 24 日巴黎修订本（下称"1971 年公约"）各参加国，承认下述各项规定：

（一）甲、1971 年公约第二条第（一）款规定的版权保护，适用于联合国、联合国所属各专门机构或美洲国家组织首次出版的作品。

乙、1971 年公约第二条第（二）款同样地适用于上述组织或机构。

（二）甲、本议定书须经签署，并须经批准或接受，也可加入，如同 1971 年公约第八条所规定那样。

乙、本议定书于有关国家交存批准、接受或加入证书之日起生效，或于1971年公约对该国生效之日起生效，以两个日期中何者在后为准。

下列签署人经正式授权在本议定书上签字，以昭信守。1971年7月24日订于巴黎，用英文、法文和西班牙文写成，三种文本具有同等效力。正本一份交存联合国教育科学文化组织总干事。总干事应将核证无误的副本送交各签字国，并送交联合国秘书长登记。

1992年10月30日—11月7日，七届全国人大常委会举行第二十八次会议。会议通过《关于我国加入〈保护录音制品制作者防止未经许可复制其录音制品公约〉的决定》《关于批准〈中华人民共和国和阿拉伯也门共和国领事条约〉的决定》《关于批准〈联合国气候变化框架公约〉的决定》《关于批准〈生物多样性公约〉的决定》。[1]

全国人民代表大会常务委员会关于批准
《联合国气候变化框架公约》的决定

(1992年11月7日第七届全国人民代表大会常务委员会
第二十八次会议通过)

第七届全国人民代表大会常务委员会第二十八次会议决定：批准国务院总理李鹏代表中华人民共和国于1992年6月11日在里约热内卢签署的《联合国气候变化框架公约》。

联合国气候变化框架公约

承认地球气候的变化及其不利影响是人类共同关心的问题，

---

〔1〕 全国人大常委会办公厅编：《全国人民代表大会及其常务委员会大事记(1954—2014)》，中国民主法制出版社2014年版，第387页。

感到忧虑的是，人类活动已大幅增加大气中温室气体的浓度，这种增加增强了自然温室效应，平均而言将引起地球表面和大气进一步增温，并可能对自然生态系统和人类产生不利影响，注意到历史上和目前全球温室气体排放的最大部分源自发达国家；发展中国家的人均排放仍相对较低；发展中国家在全球排放中所占的份额将会增加，以满足其社会和发展需要，意识到陆地和海洋生态系统中温室气体汇和库的作用和重要性，注意到在气候变化的预测中，特别是在其时间、幅度和区域格局方面，有许多不确定性，承认气候变化的全球性要求所有国家根据其共同但有区别的责任和各自的能力及其社会和经济条件，尽可能开展最广泛的合作，并参与有效和适当的国际应对行动，回顾1972年6月16日于斯德哥尔摩通过的《联合国人类环境会议宣言》的有关规定，又回顾各国根据《联合国宪章》和国际法原则，拥有主权权利按自己的环境和发展政策开发自己的资源，也有责任确保在其管辖或控制范围内的活动不对其他国家的环境或国家管辖范围以外地区的环境造成损害，重申在应付气候变化的国际合作中的国家主权原则，认识到各国应当制定有效的立法；各种环境方面的标准、管理目标和优先顺序应当反映其所适用的环境和发展方面情况；并且有些国家所实行的标准对其他国家特别是发展中国家可能是不恰当的，并可能会使之承担不应有的经济和社会代价，回顾联合国大会关于联合国环境与发展会议的1989年12月22日第44/228号决议的规定，以及关于为人类当代和后代保护全球气候的1988年12月6日第43/53号、1989年12月22日第44/207号、1990年12月21日第45/212号和1991年12月19日第46/169号决议，又回顾联合国大会关于海平面上升对岛屿和沿海地区特别是低洼沿海地区可能产生的不利影响的1989年12月22日第

44/206 号决议各项规定，以及联合国大会关于防治沙漠化行动计划实施情况的 1989 年 12 月 19 日第 44/172 号决议的有关规定，并回顾 1985 年《保护臭氧层维也纳公约》和于 1990 年 6 月 29 日调整和修正的 1987 年《关于消耗臭氧层物质的蒙特利尔议定书》，注意到 1990 年 11 月 7 日通过的第二次世界气候大会部长宣言，意识到许多国家就气候变化所进行的有价值的分析工作，以及世界气象组织、联合国环境规划署和联合国系统的其他机关、组织和机构及其他国际和政府间机构对交换科学研究成果和协调研究工作所作的重要贡献，认识到了解和应付气候变化所需的步骤只有基于有关的科学、技术和经济方面的考虑，并根据这些领域的新发现不断加以重新评价，才能在环境、社会和经济方面最为有效，认识到应付气候变化的各种行动本身在经济上就能够是合理的，而且还能有助于解决其他环境问题，又认识到发达国家有必要根据明确的优先顺序，立即灵活地采取行动，以作为形成考虑到所有温室气体并适当考虑它们对增强温室效应的相对作用的全球、国家和可能议定的区域性综合应对战略的第一步，并认识到地势低洼国家和其他小岛屿国家、拥有低洼沿海地区、干旱和半干旱地区或易受水灾、旱灾和沙漠化影响地区的国家以及具有脆弱的山区生态系统的发展中国家特别容易受到气候变化的不利影响，认识到其经济特别依赖于矿物燃料的生产、使用和出口的国家特别是发展中国家由于为了限制温室气候排放而采取的行动所面临的特殊困难，申明应当以统筹兼顾的方式把应付气候变化的行动与社会和经济发展协调起来，以免后者受到不利影响，同时充分考虑到发展中国家实现持续经济增长和消除贫困的正当的优先需要，认识到所有国家特别是发展中国家需要得到实现可持续的社会和经济发展所需的资源；发展中国家为了迈向这一目标，其能源消耗将需要增加，虽然考虑到有可能包括排过在具有经济和社会效益的条件下应用新技术来提高能源效率和一般地控制温室气候通放，决心为当代和后代保护气候系统，兹协议如下：

第一条　定　义

为本公约的目的：

1. "气候变化的不利影响"指气候变化所造成的自然环境或生物区系的变化，这些变化对自然的和管理下的生态系统的组成、复原力或生产力、或对社会经济系统的运作、或对人类的健康和福利产生重大的有害影响。

2. "气候变化"指除在类似时期内所观测的气候的自然变异之外，由于直接或间接的人类活动改变了地球大气的组成而造成的气候变化。

3. "气候系统"指大气圈、水圈、生物圈和地圈的整体及其相互作用。

4. "排放"指温室气体和/或其前体在一个特定地区和时期内向大气的释放。

5. "温室气体"指大气中那些吸收和重新放出红外辐射的自然和人为的气态成分。

6. "区域经济一体化组织"指一个特定区域的主权国家组成的组织，有权处理本公约或其议定书所规定的事项，并经按其内部程序获得正式授权签署、批准、接受、核准或加入有关文书。

7. "库"指气候系统内存储温室气体或其前体的一个或多个组成部分。

8. "汇"指从大气中清除温室气体、气溶胶或温室气体前体的任何过程、活动或机制。

9. "源"指向大气排放温室气体、气溶胶或温室气体前体的任何过程或活动。

第二条　目　　标

本公约以及缔约方会议可能通过的任何相关法律文书的最终目标是：根据本公约的各项有关规定，将大气中温室气体的浓度稳定在防止气候系统受到危险的人为干扰的水平上。这一水平应当在足以使生态系统能够自然地适应气候变化、确保粮食生产免受威胁并使经济发展能够可持续地进行的时间范围内实现。

第三条　原　　则

各缔约方在为实现本公约的目标和履行其各项规定而采取行动时，除其他外，应以下列作为指导：

1. 各缔约方应当在公平的基础上，并根据它们共同但有区别的责任和各自的能力，为人类当代和后代的利益保护气候系统。因此，发达国家缔约方应当率先对付气候变化及其不利影响。

2. 应当充分考虑到发展中国家缔约方尤其是特别易受气候变化不利影响的那些发展中国家缔约方的具体需要和特殊情况，也应当充分考虑到那些按本公约必须承担不成比例或不正常负担的缔约方特别是发展中国家缔约方的具体需要和特殊情况。

3. 各缔约方应当采取预防措施，预测、防止或尽量减少引起气候变化的原因，并缓解其不利影响。当存在造成严重或不可逆转的损害的威胁时，不应当以科学上没有完全的确定性为理由推迟采取这类措施，同时考虑到应付气候变化的政策和措施应当讲求成本效益，确保以尽可能最低的费用获得全球效益。为此，这种政策和措施应当考虑到不同的社会经济情况，并且应当具有全面性，包括所有有关的温室气体源、汇和库及适应措施，并涵盖所有经济部门。应付气候变化的努力可由有关的缔约方合作进行。

4. 各缔约方有权并且应当促进可持续的发展。保护气候系统免遭人为变化的政策和措施应当适合每个缔约方的具体情况，并应当结合到国家的发展计划中去，同时考虑到经济发展对于采取措施应付气候变化是至关重要的。

5. 各缔约方应当合作促进有利的和开放的国际经济体系，这种体系将促成所有缔约方特别是发展中国家缔约方的可持续经济增长和发展，从而使它们有能力更好地应付气候变化的问题。为对付气候变化而采取的措施，包括单方面措施，不应当成为国际贸易上的任意或无理的歧视手段或者隐蔽的限制。

第四条 承 诺

1. 所有缔约方，考虑到它们共同但有区别的责任，以及各自具体的国家和区域发展优先顺序、目标和情况，应：

（a）用待由缔约方会议议定的可比方法编制、定期更新、公布并按照第十二条向缔约方会议提供关于《蒙特利尔议定书》未予管制的所有温室气体的各种源的人为排放和各种汇的清除的国家清单；

（b）制定、执行、公布和经常地更新国家的以及在适当情况下区域的计划，其中包含从《蒙特利尔议定书》未予管制的所有温室气体的源的人为排放和汇的清除来着手减缓气候变化的措施，以及便利充分地适应气候变化的措施；

（c）在所有有关部门，包括能源、运输、工业、农业、林业和废物管理部门，促进和合作发展、应用和传播（包括转让）各种用来控制、减少或防止《蒙特利尔议定书》未予管制的温室气体的人为排放的技术、做法和过程；

（d）促进可持续地管理，并促进和合作酌情维护和加强

《蒙特利尔议定书》未予管制的所有温室气体的汇和库，包括生物质、森林和海洋以及其他陆地、沿海和海洋生态系统；

（e）合作为适应气候变化的影响做好准备；拟订和详细制定关于沿海地区的管理、水资源和农业以及关于受到旱灾和沙漠化及洪水影响的地区特别是非洲的这种地区的保护和恢复的适当的综合性计划；

（f）在它们有关的社会、经济和环境政策及行动中，在可行的范围内将气候变化考虑进去，并采用由本国拟订和确定的适当办法，例如进行影响评估，以期尽量减少它们为了减缓或适应气候变化而进行的项目或采取的措施对经济、公共健康和环境质量产生的不利影响；

（g）促进和合作进行关于气候系统的科学、技术、工艺、社会经济和其他研究、系统观测及开发数据档案，目的是增进对气候变化的起因、影响、规模和发生时间以及各种应对战略所带来的经济和社会后果的认识，和减少或消除在这些方面尚存的不确定性；

（h）促进和合作进行关于气候系统和气候变化以及关于各种应对战略所带来的经济和社会后果的科学、技术、工艺、社会经济和法律方面的有关信息的充分、公开和迅速的交流；

（i）促进和合作进行与气候变化有关的教育、培训和提高公众意识的工作，并鼓励人们对这个过程最广泛参与，包括鼓励各种非政府组织的参与；

（j）依照第十二条向缔约方会议提供有关履行的信息。

2. 附件一所列的发达国家缔约方和其他缔约方具体承诺如下所规定：

（a）每一个此类缔约方应制定国家（注：其中包括区域经济

一体化组织制定的政策和采取的措施。) 政策和采取相应的措施,通过限制其人为的温室气体排放以及保护和增强其温室气体库和汇,减缓气候变化。这些政策和措施将表明,发达国家是在带头依循本公约的目标,改变人为排放的长期趋势,同时认识到至本十年末使二氧化碳和《蒙特利尔议定书》未予管制的其他温室气体的人为排放回复到较早的水平,将会有助于这种改变,并考虑到这些缔约方的起点和做法、经济结构和资源基础方面的差别、维持强有力和可持续经济增长的需要、可以采用的技术以及其他个别情况,又考虑到每一个此类缔约方都有必要对为了实现该目标而作的全球努力作出公平和适当的贡献。这些缔约方可以同其他缔约方共同执行这些政策和措施,也可以协助其他缔约方为实现本公约的目标特别是本项的目标作出贡献;

(b) 为了推动朝这一目标取得进展,每一个此类缔约方应依照第十二条,在本公约对其生效后六个月内,并在其后定期地就其上述 (a) 项所述的政策和措施,以及就其由此预测在 (a) 项所述期间内《蒙特利尔议定书》未予管制的温室气体的源的人为排放和汇的清除,提供详细信息,目的在个别地或共同地使二氧化碳和《蒙特利尔议定书》未予管制的其他温室气体的人为排放回复到 1990 年的水平。按照第七条,这些信息将由缔约方会议在其第一届会议上以及在其后定期地加以审评;

(c) 为了上述 (b) 项的目的而计算各种温室气体源的排放和汇的清除时,应该参考可以得到的最佳科学知识,包括关于各种汇的有效容量和每一种温室气体在引起气候变化方面的作用的知识。缔约方会议应在其第一届会议上考虑和议定进行这些计算的方法,并在其后经常地加以审评;

(d) 缔约方会议应在其第一届会议上审评上述 (a) 项和

（b）项是否充足。进行审评时应参照可以得到的关于气候变化及其影响的最佳科学信息和评估，以及有关的工艺、社会和经济信息。在审评的基础上，缔约方会议应采取适当的行动，其中可以包括通过对上述（a）项和（b）项承诺的修正。缔约方会议第一届会议还应就上述（a）项所述共同执行的标准作出决定。对（a）项和（b）项的第二次审评应不迟于 1998 年 12 月 31 日进行，其后按由缔约方会议确定的定期间隔进行，直至本公约的目标达到为止；

（e）每一个此类缔约方应：

（一）酌情同其他此类缔约方协调为了实现本公约的目标而开发的有关经济和行政手段；和

（二）确定并定期审评其本身有哪些政策和做法鼓励了导致《蒙特利尔议定书》未予管制的温室气体的人为排放水平因而更高的活动。

（f）缔约方会议应至迟在 1998 年 12 月 31 日之前审评可以得到的信息，以便经有关缔约方同意，作出适当修正附件一和二内名单的决定；

（g）不在附件一之列的任何缔约方，可以在其批准、接受、核准或加入的文书中，或在其后任何时间，通知保存人其有意接受上述（a）项和（b）项的约束。保存人应将任何此类通知通报其他签署方和缔约方。

3. 附件二所列的发达国家缔约方和其他发达缔约方应提供新的和额外的资金，以支付经议定的发展中国家缔约方为履行第十二条第 1 款规定的义务而招致的全部费用。它们还应提供发展中国家缔约方所需要的资金，包括用于技术转让的资金，以支付经议定的为执行本条第 1 款所述并经发展中国家缔约方同第十一条所述那个或那些国际实体依该条议定的措施的全部增加费用。这些承诺的履行应考虑到资金流量应充足和可以预测的必要性，以及发达国家缔约方间适当分摊负担的重要性。

4. 附件二所列的发达国家缔约方和其他发达缔约方还应帮助特别易受气候变化不利影响的发展中国家缔约方支付适应这些不利影响的费用。

5. 附件二所列的发达国家缔约方和其他发达缔约方应采取一切实际可行的步骤，酌情促进、便利和资助向其他缔约方特别是发展中国家缔约方转让或使它们有机会得到无害环境的技术和专有技术，以使它们能够履行本公约的各项规定。在此过程中，发达国家缔约方应支持开发和增强发展中国家缔约方的自生能力和技术。有能力这样做的其他缔约方和组织也可协助便利这类技术的转让。

6. 对于附件一所列正在朝市场经济过渡的缔约方，在履行其在上述第 2 款下的承诺时，包括在《蒙特利尔议定书》未予管制的温室气体人为排放的可资参照的历史水平方面，应由缔约方会议允许它们有一定程度的灵活性，以增强这些缔约方应付气候变化的能力。

7. 发展中国家缔约方能在多大程度上有效履行其在本公约下的承诺，将取决于发达国家缔约方对其在本公约下所承担的有关资金和技术转让的承诺的有效履行，并将充分考虑到经济和社会发展及消除贫困是发展中国家缔约方的首要和压倒一切的优先事项。

8. 在履行本条各项承诺时，各缔约方应充分考虑按照本公约需要采取哪些行动，包括与提供资金、保险和技术转让有关的行动，以满足发展中国家缔约方由于气候变化的不利影响和/或执行应对措施所造成的影响，特别是对下列各类国家的影响，而产生的具体需要和关注：

（a）小岛屿国家；

（b）有低洼沿海地区的国家；

（c）有干旱和半干旱地区、森林地区和容易发生森林退化的地区的国家；

（d）有易遭自然灾害地区的国家；

（e）有容易发生旱灾和沙漠化的地区的国家；

（f）有城市大气严重污染的地区的国家；

（g）有脆弱生态系统包括山区生态系统的国家；

（h）其经济高度依赖于矿物燃料和相关的能源密集产品的生产、加工和出口所带来的收入，和/或高度依赖于这种燃料和产品的消费的国家；和

（i）内陆国和过境国。

此外，缔约方会议可酌情就本款采取行动。

9. 各缔约方在采取有关提供资金和技术转让的行动时，应充分考虑到最不发达国家的具体需要和特殊情况。

10. 各缔约方应按照第十条，在履行本公约各项承诺时，考虑到其经济容易受到执行应付气候变化的措施所造成的不利影响之害的缔约方、特别是发展中国家缔约方的情况。这尤其适用于其经济高度依赖于矿物燃料和相关的能源密集产品的生产、加工和出口所带来的收入，和/或高度依赖于这种燃料和产品的消费，和/或高度依赖于矿物燃料的使用，而改用其他燃料又非常困难的那些缔约方。

第五条　研究和系统观测

在履行第四条第 1 款（g）项下的承诺时，各缔约方应：

（a）支持并酌情进一步制定旨在确定、进行、评估和资助研究、数据收集和系统观测的国际和政府间计划和站网或组织，同时考虑到有必要尽量减少工作重复；

（b）支持旨在加强尤其是发展中国家的系统观测及国家科学和技术研究能力的国际和政府间努力，并促进获取和交换从国家管辖范围以外地区取得的数据及其分析；和

（c）考虑发展中国家的特殊关注和需要，并开展合作提高它们参与上述（a）项和（b）项中所述努力的自生能力。

第六条　教育、培训和公众意识

在履行第四条第 1 款（i）项下的承诺时，各缔约方应：

（a）在国家一级并酌情在次区域和区域一级，根据国家法律和规定，并在各自的能力范围内，促进和便利：

（一）拟订和实施有关气候变化及其影响的教育及提高公众意识的计划；

（二）公众获取有关气候变化及其影响的信息；

（三）公众参与应付气候变化及其影响和拟订适当的对策；和

（四）培训科学、技术和管理人员。

（b）在国际一级，酌情利用现有的机构，在下列领域进行合作并促进：

（一）编写和交换有关气候变化及其影响的教育及提高公众意识的材料；和

（二）拟订和实施教育和培训计划，包括加强国内机构和交流或借调人员来特别是为发展中国家培训这方面的专家。

第七条　缔约方会议

1. 兹设立缔约方会议。

2. 缔约方会议作为本公约的最高机构，应定期审评本公约和缔约方会议可能通过的任何相关法律文书的履行情况，并应在其职权范围内作出为促进本公约的有效履行所必要的决定。为此目的，缔约方会议应：

（a）根据本公约的目标、在履行本公约过程中取得的经验和科学与技术知识的发展，定期审评本公约规定的缔约方义务和机构安排；

（b）促进和便利就各缔约方为应付气候变化及其影响而采取的措施进行信息交流，同时考虑到各缔约方不同的情况、责任和能力以及各自在本公约下的承诺；

（c）应两个或更多的缔约方的要求，便利将这些缔约方为应付气候变化及其影响而采取的措施加以协调，同时考虑到各缔约方不同的情况、责任和能力以及各自在本公约下的承诺；

（d）依照本公约的目标和规定，促进和指导发展和定期改进由缔约方会议议定的，除其他外，用来编制各种温室气体源的排放和各种汇的清除的清单，和评估为限制这些气体的排放及增进其清除而采取的各种措施的有效性的可比方法；

（e）根据依本公约规定获得的所有信息，评估各缔约方履行公约的情况和依照公约所采取措施的总体影响，特别是环境、经济和社会影响及其累计影响，以及当前在实现本公约的目标方面取得的进展；

（f）审议并通过关于本公约履行情况的定期报告，并确保予以发表；

（g）就任何事项作出为履行本公约所必需的建议；

（h）按照第四条第3、第4和第5款及第十一条，设法动员资金；

（i）设立其认为履行公约所必需的附属机构；

（j）审评其附属机构提出的报告，并向它们提供指导；

（k）以协商一致方式议定并通过缔约方会议和任何附属机构的议事规则和财务规则；

（l）酌情寻求和利用各主管国际组织和政府间及非政府机构提供的服务、合作和信息；和

（m）行使实现本公约目标所需的其他职能以及依本公约所赋予的所有其他职能。

3. 缔约方会议应在其第一届会议上通过其本身的议事规则以及本公约所设立的附属机构的议事规则，其中应包括关于本公约所述各种决策程序未予规定的事项的决策程序。这类程序可包括通过具体决定所需的特定多数。

4. 缔约方会议第一届会议应由第二十一条所述的临时秘书处召集，并应不迟于本公约生效日期后一年举行。其后，除缔约方会议另有决定外，缔约方会议的常会应年年举行。

5. 缔约方会议特别会议应在缔约方会议认为必要的其他时间举行，或应任何缔约方的书面要求而举行，但须在秘书处将该要求转达给各缔约方后六个月内得到至少三分之一缔约方的支持。

6. 联合国及其专门机构和国际原子能机构，以及它们的非为本公约缔约方的会员国或观察员，均可作为观察员出席缔约方会议的各届会议。任何在本公约所涉事项上具备资格的团体或机构，不管其为国家或国际的、政府或非政府的，经通知秘书处其愿意作为观察员出席缔约方会议的某届会议，均可予以接纳，除非出席的缔约方至少三分之一反对。观察员的接纳和参加应遵循缔约方会议通过的议事规则。

第八条　秘书处

1. 兹设立秘书处。

2. 秘书处的职能应为：

（a）安排缔约方会议及依本公约设立的附属机构的各届会议，并向它们提供所需的服务；

（b）汇编和转递向其提交的报告；

（c）便利应要求时协助各缔约方特别是发展中国家缔约方汇编和转递依本公约规定所需的信息；

（d）编制关于其活动的报告，并提交给缔约方会议；

（e）确保与其他有关国际机构的秘书处的必要协调；

（f）在缔约方会议的全面指导下订立为有效履行其职能而可能需要的行政和合同安排；和

（g）行使本公约及其任何议定书所规定的其他秘书处职能和缔约方会议可能决定的其他职能。

3. 缔约方会议应在其第一届会议上指定一个常设秘书处，并为其行使职能作出安排。

第九条　附属科技咨询机构

1. 兹设立附属科学和技术咨询机构，就与公约有关的科学和技术事项，向缔约方会议并酌情向缔约方会议的其他附属机构及时提供信息和咨询。该机构应开放供所有缔约方参加，并应具有多学科性。该机构应由在有关专门领域胜任的政府代表组成。该机构应定期就其工作的一切方面向缔约方会议报告。

2. 在缔约方会议指导下和依靠现有主管国际机构，该机构应：

（a）就有关气候变化及其影响的最新科学知识提出评估；

（b）就履行公约所采取措施的影响进行科学评估；

（c）确定创新的、有效率的和最新的技术与专有技术，并就促进这类技术的发展和/或转让的途径与方法提供咨询；

（d）就有关气候变化的科学计划和研究与发展的国际合作，以及就支持发展中国家建立自生能力的途径与方法提供咨询；和

（e）答复缔约方会议及其附属机构可能向其提出的科学、技术和方法问题。

3. 该机构的职能和职权范围可由缔约方会议进一步制定。

第十条　附属履行机构

1. 兹设立附属履行机构，以协助缔约方会议评估和审评本公约的有效履行。该机构应开放供所有缔约方参加，并由为气候变化问题专家的政府代表组成。该机构应定期就其工作的一切方面向缔约方会议报告。

2. 在缔约方会议的指导下，该机构应：

（a）考虑依第十二条第 1 款提供的信息，参照有关气候变化的最新科学评估，对各缔约方所采取步骤的总体合计影响作出评估；

（b）考虑依第十二条第 2 款提供的信息，以协助缔约方会议进行第四条第 2 款（d）项所要求的审评；和

（c）酌情协助缔约方会议拟订和执行其决定。

第十一条　资金机制

1. 兹确定一个在赠予或转让基础上提供资金、包括用于技术转让的资金的机制。该机制应在缔约方会议的指导下行使职能并向其负责，并应由缔约方会议决定该机制与本公约有关的政策、计划优先顺序和资格标准。该机制的经营应委托一个或多个现有的国际实体负责。

2. 该资金机制应在一个透明的管理制度下公平和均衡地代表

所有缔约方。

3. 缔约方会议和受托管资金机制的那个或那些实体应议定实施上述各款的安排，其中应包括：

（a）确保所资助的应付气候变化的项目符合缔约方会议所制定的政策、计划优先顺序和资格标准的办法；

（b）根据这些政策、计划优先顺序和资格标准重新考虑某项供资决定的办法；

（c）依循上述第 1 款所述的负责要求，由那个或那些实体定期向缔约方会议提供关于其供资业务的报告；

（d）以可预测和可认定的方式确定履行本公约所必需的和可以得到的资金数额，以及定期审评此一数额所应依据的条件。

4. 缔约方会议应在其第一届会议上作出履行上述规定的安排，同时审评并考虑到第二十一条第 3 款所述的临时安排，并应决定这些临时安排是否应予维持。在其后四年内，缔约方会议应对资金机制进行审评，并采取适当的措施。

5. 发达国家缔约方还可通过双边、区域性和其他多边渠道提供并由发展中国家缔约方获取与履行本公约有关的资金。

第十二条 提供有关履行的信息

1. 按照第四条第 1 款，第一缔约方应通过秘书处向缔约方会议提供含有下列内容的信息：

（a）在其能力允许的范围内，用缔约方会议所将推行和议定的可比方法编成的关于《蒙特利尔议定书》未予管制的所有温室气体的各种源的人为排放和各种汇的清除的国家清单；

（b）关于该缔约方为履行公约而采取或设想的步骤的一般性描述；和

（c）该缔约方认为与实现本公约的目标有关并且适合列入其

所提供信息的任何其他信息，在可行情况下，包括与计算全球排放趋势有关的资料。

2. 附件一所列每一发达国家缔约方和每一其他缔约方应在其所提供的信息中列入下列各类信息：

（a）关于该缔约方为履行其第四条第 2 款（a）项和（b）项下承诺所采取政策和措施的详细描述；和

（b）关于本款（a）项所述政策和措施在第四条第 2 款（a）项所述期间对温室气体各种源的排放和各种汇的清除所产生影响的具体估计。

3. 此外，附件二所列每一发达国家缔约方和第一其他发达缔约方应列入按照第四条第 3、第 4 和第 5 款所采取措施的详情。

4. 发展中国家缔约方可在自愿基础上提出需要资助的项目，包括为执行这些项目所需要的具体技术、材料、设备、工艺或做法，在可能情况下并附上对所有增加的费用、温室气体排放的减少量及其清除的增加量的估计，以及对其所带来效益的估计。

5. 附件一所列每一发达国家缔约方和每一其他缔约方应在公约对该缔约方生效后六个月内第一次提供信息。未列入该附件的每一缔约方应在公约对该缔约方生效后或按照第四条第 3 款获得资金后三年内第一次提供信息。最不发达国家缔约方可自行决定何时第一次提供信息。其后所有缔约方提供信息的频度应由缔约方会议考虑到本款所规定的差别时间表予以确定。

6. 各缔约方按照本条提供的信息应由秘书处尽速转交给缔约方会议和任何有关的附属机构。如有必要，提供信息的程序可由缔约方会议进一步考虑。

7. 缔约方会议从第一届会议起，应安排向有此要求的发展中国家缔约方提供技术和资金支持，以汇编和提供本条所规定的信息，和确定与第四条规定的所拟议的项目和应对措施相联系的技术和资金需要。这些支持可酌情由其他缔约方、主管国际组织和秘书处提供。

8. 任何一组缔约方遵照缔约方会议制定的指导方针并经事先通知缔约方会议，可以联合提供信息来履行其在本条下的义务，但这样提供的信息须包括关于其中每一缔约方履行其在本公约下的各自义务的信息。

9. 秘书处收到的经缔约方按照缔约方会议制定的标准指明为机密的信息，在提供给任何参与信息的提供和审评的机构之前，应由秘书处加以汇总，以保护其机密性。

10. 在不违反上述第9款，并且不妨碍任何缔约方在任何时候公开其所提供信息的能力的情况下，秘书处应将缔约方按照本条提供的信息在其提交给缔约方会议的同时予以公开。

第十三条 解决与履行有关的问题

缔约方会议应在其第一届会议上考虑设立一个解决与公约履行有关的问题的多边协商程序，供缔约方有此要求时予以利用。

第十四条 争端的解决

1. 任何两个或两个以上缔约方之间就本公约的解释或适用发生争端时，有关的缔约方应寻求通过谈判或它们自己选择的任何其他和平方式解决该争端。

2. 非为区域经济一体化组织的缔约方在批准、接受、核准或加入本公约时，或在其后任何时候，可在交给保存人的一份文书中声明，关于本公约的解释或适用方面的任何争端，承认对于接受同样义务的任何缔约方，下列义务为当然而具有强制性的，无须另订特别协议：

（a）将争端提交国际法院，和/或

（b）按照将由缔约方会议尽早通过的、载于仲裁附件中的程序进行仲裁。作为区域经济一体化组织的缔约方可就依上述（b）项中所述程序进行仲裁发表类似声明。

3. 根据上述第 2 款所作的声明，在其所载有效期期满前，或在书面撤回通知交存于保存人后的三个月内，应一直有效。

4. 除非争端各当事方另有协议，新作声明、作出撤回通知或声明有效期满丝毫不得影响国际法院或仲裁庭正在进行的审理。

5. 在不影响上述第 2 款运作的情况下，如果一缔约方通知另一缔约方它们之间存在争端，过了十二个月后，有关的缔约方尚未能通过上述第 1 款所述方法解决争端，经争端的任何当事方要求，应将争端提交调解。

6. 经争端一当事方要求，应设立调解委员会。调解委员会应由每一当事方委派的数目相同的成员组成，主席由每一当事方委派的成员共同推选。调解委员会应作出建议性裁决。各当事方应善意考虑之。

7. 有关调解的补充程序应由缔约方会议尽早以调解附件的形式予以通过。

8. 本条各项规定应适用于缔约方会议可能通过的任何相关法律文书，除非该文书另有规定。

第十五条　公约的修正

1. 任何缔约方均可对本公约提出修正。

2. 对本公约的修正应在缔约方会议的一届常会上通过。对本公约提出的任何修正案文应由秘书处在拟议通过该修正的会议之前至少六个月送交各缔约方。秘书处还应将提出的修正送交本公约各签署方，并送交保存人以供参考。

3. 各缔约方应尽一切努力以协商一致方式就对本公约提出的

任何修正达成协议。如为谋求协商一致已尽了一切努力，仍未达成协议，作为最后的方式，该修正应以出席会议并参加表决的缔约方四分之三多数票通过。通过的修正应由秘书处送交保存人，再由保存人转送所有缔约方供其接受。

4. 对修正的接受文书应交存于保存人。按照上述第 3 款通过的修正，应于保存人收到本公约至少四分之三缔约方的接受文书之日后第九十天起对接受该修正的缔约方生效。

5. 对于任何其他缔约方，修正应在该缔约方向保存人交存接受该修正的文书之日后第九十天起对其生效。

6. 为本条的目的，"出席并参加表决的缔约方"是指出席并投赞成票或反对票的缔约方。

第十六条　公约附件的通过和修正

1. 本公约的附件应构成本公约的组成部分，除另有明文规定外，凡提到本公约时即同时提到其任何附件。在不妨害第十四条第 2 款（b）项和第 7 款规定的情况下，这些附件应限于清单、表格和任何其他属于科学、技术、程序或行政性质的说明性资料。

2. 本公约的附件应按照第十五条第 2、第 3 和第 4 款中规定的程序提出和通过。

3. 按照上述第 2 款通过的附件，应于保存人向公约的所有缔约方发出关于通过该附件的通知之日起六个月后对所有缔约方生效，但在此期间以书面形式通知保存人不接受该附件的缔约方除外。对于撤回其不接受的通知的缔约方，该附件应自保存人收到撤回通知之日后第九十天起对其生效。

4. 对公约附件的修正的提出、通过和生效，应依照上述第 2 和第 3 款对公约附件的提出、通过和生效规定的同一程序进行。

5. 如果附件或对附件的修正的通过涉及对本公约的修正，则该附件或对附件的修正应待对公约的修正生效之后方可生效。

第十七条　议定书

1. 缔约方会议可在任何一届常会上通过本公约的议定书。

2. 任何拟议的议定书案文应由秘书处在举行该届会议至少六个月之前送交各缔约方。

3. 任何议定书的生效条件应由该文书加以规定。

4. 只有本公约的缔约方才可成为议定书的缔约方。

5. 任何议定书下的决定只应由该议定书的缔约方作出。

第十八条　表决权

1. 除下述第 2 款所规定外，本公约第一缔约方应有一票表决权。

2. 区域经济一体化组织在其权限内的事项上应行使票数与其作为本公约缔约方的成员国数目相同的表决权。如果一个此类组织的任一成员国行使自己的表决权，则该组织不得行使表决权，反之亦然。

第十九条　保存人

联合国秘书长应为本公约及按照第十七条通过的议定书的保存人。

第二十条　签　　署

本公约应于联合国环境与发展会议期间在里约热内卢，其后自 1992 年 6 月 20 日至 1993 年 6 月 19 日在纽约联合国总部，开放供联合国会员国或任何联合国专门机构的成员国或《国际法院规约》的当事国和各区域经济一体化组织签署。

第二十一条 临时安排

1. 在缔约方会议第一届会议结束前，第八条所述的秘书处职能将在临时基础上由联合国大会 1990 年 12 月 21 日第 45/212 号决议所设立的秘书处行使。

2. 上述第 1 款所述的临时秘书处首长将与政府间气候变化专门委员会密切合作，以确保该委员会能够对提供客观科学和技术咨询的要求作出反应。也可以咨询其他有关的科学机构。

3. 在临时基础上，联合国开发计划署、联合国环境规划署和国际复兴开发银行的"全球环境融资"应为受托经营第十一条所述资金机制的国际实体。在这方面，"全球环境融资"应予适当改革，并使其成员具有普遍性，以使其能满足第十一条的要求。

第二十二条 批准、接受、核准或加入

1. 本公约须经各国和各区域经济一体化组织批准、接受、核准或加入。公约应自签署截止日之次日起开放供加入。批准、接受、核准或加入的文书应交存于保存人。

2. 任何成为本公约缔约方而其成员国均非缔约方的区域经济一体化组织应受本公约一切义务的约束。如果此类组织的一个或多个成员国为本公约的缔约方，该组织及其成员国应决定各自在履行公约义务方面的责任。在此种情况下，该组织及其成员国无权同时行使本公约规定的权利。

3. 区域经济一体化组织应在其批准、接受、核准或加入的文书中声明其在本公约所规定事项上的权限。此类组织还应将其权限范围的任何重大变更通知保存人，再由保存人通知各缔约方。

第二十三条 生 效

1. 本公约应自第五十份批准、接受、核准或加入的文书交存

之日后第九十天起生效。

2. 对于在第五十份批准、接受、核准或加入的文书交存之后批准、接受、核准或加入本公约的每一国家或区域经济一体化组织，本公约应自该国或该区域经济一体化组织交存其批准、接受、核准或加入的文书之日后第九十天起生效。

3. 为上述第 1 和第 2 款的目的，区域经济一体化组织所交存的任何文书不应被视为该组织成员国所交存文书之外的额外文书。

第二十四条　保　　留

对本公约不得作任何保留。

第二十五条　退　　约

1. 自本公约对一缔约方生效之日起三年后，该缔约方可随时向保存人发出书面通知退出本公约。

2. 任何退出应自保存人收到退出通知之日起一年期满时生效，或在退出通知中所述明的更后日期生效。

3. 退出本公约的任何缔约方，应被视为亦退出其作为缔约方的任何议定书。

第二十六条　作准文本

本公约正本应交存于联合国秘书长，其阿拉伯文、中文、英文、法文、俄文和西班牙文本同为作准。

下列签署人，经正式授权，在本公约上签字，以昭信守。

1992 年 5 月 9 日订于纽约。

1992 年 12 月 22 日—28 日，七届全国人大常委会举行第二十九次会议。会议通过《关于我国加入〈反对劫持人质国际公约〉的决定》《关于批准〈中华人民共和国和俄罗斯联邦关于民事和刑事司法协助的条约〉的决定》《关于批准〈中华人民共和国和突尼斯共和国领事条约〉的决定》《关于批准〈中华人民共和国和立陶宛共和国领事条约〉的决定》。[1]

四、1993 年 3 月—1998 年 3 月

第八届全国人民代表大会及其常务委员会成立于 1993 年 3 月,任期 5 年。八届全国人大常委会听取审议关于国际公约、双边条约和协定的说明 59 件,批准国际公约、双边条约和协定 62 件。[2]

1993 年 6 月 22 日—7 月 2 日,八届全国人大常委会举行第二次会议。会议通过《关于批准〈中华人民共和国和摩尔多瓦共和国领事条约〉的决定》《关于批准〈中华人民共和国和玻利维亚共和国领事条约〉的决定》《关于批准〈中华人民共和国和白俄罗斯共和国关于民事和刑事司法协助的条约〉的决定》《关于批准〈中华人民共和国和哈萨克斯坦共和国关于民事和刑事司法协助的条约〉的决定》《关于批准〈中华人民共和国和乌克兰关于民事和刑事司法协助的条约〉的决定》。[3] 8 月 25 日—9 月 2 日,八届全国人大常委会举行第三次会议。会议通过《关于批准〈中华人民共和国和古巴共和国关于民事和刑事司法协助的协定〉的决定》《关于批准〈中华人民共和国和乌克兰领事条约〉的决定》。[4] 10 月 22 日—31 日,八届全国人大常委会举行第四次会

---

〔1〕 全国人大常委会办公厅编:《全国人民代表大会及其常务委员会大事记(1954—2014)》,中国民主法制出版社 2014 年版,第 390 页。

〔2〕 全国人大常委会办公厅编:《全国人民代表大会及其常务委员会大事记(1954—2014)》,中国民主法制出版社 2014 年版,第 396 页。

〔3〕 全国人大常委会办公厅编:《全国人民代表大会及其常务委员会大事记(1954—2014)》,中国民主法制出版社 2014 年版,第 412—413 页。

〔4〕 全国人大常委会办公厅编:《全国人民代表大会及其常务委员会大事记(1954—2014)》,中国民主法制出版社 2014 年版,第 417 页。

议。会议通过《关于批准〈中华人民共和国和西班牙王国关于民
事、商事司法协助的条约〉的决定》《关于批准〈中华人民共和
国和哈萨克斯坦共和国领事条约〉的决定》《关于批准〈中华人
民共和国和巴基斯坦伊斯兰共和国领事条约〉的决定》《关于批
准〈中华人民共和国和白俄罗斯共和国领事条约〉的决定》《关
于批准〈中华人民共和国和土库曼斯坦领事条约的决定》[1] 12
月20日—29日，八届全国人大常委会举行第五次会议。会议通
过《关于我国加入〈1989年国际救助公约〉的决定》。[2]

1994年3月2日—5日，八届全国人大常委会举行第六次会
议。会议决定：中华人民共和国加入《统一船舶碰撞某些法律规
定的国际公约》、决定中华人民共和国加入《1974年海上旅客及
其行李运输雅典公约》和《1974年海上旅客及其行李运输雅典
公约的议定书》。会议通过《关于批准〈中华人民共和国和泰王
国引渡条约〉的决定》《关于批准〈中华人民共和国和吉尔吉斯
共和国领事条约〉的决定》。[3]

1994年6月28日—7月5日，八届全国人大常委会举行第八
次会议。会议通过《关于批准〈中华人民共和国政府和老挝人民
民主共和国政府边界制度条约〉的决定》。[4] 8月24日—31日，
八届全国人大常委会举行第九次会议。会议通过《关于批准〈中
华人民共和国和保加利亚共和国关于民事司法协助的协定〉的决

〔1〕　全国人大常委会办公厅编:《全国人民代表大会及其常务委员会大事记
(1954—2014)》，中国民主法制出版社2014年版，第422页。
〔2〕　全国人大常委会办公厅编:《全国人民代表大会及其常务委员会大事记
(1954—2014)》，中国民主法制出版社2014年版，第426页。
〔3〕　全国人大常委会办公厅编:《全国人民代表大会及其常务委员会大事记
(1954—2014)》，中国民主法制出版社2014年版，第432页。
〔4〕　全国人大常委会办公厅编:《全国人民代表大会及其常务委员会大事记
(1954—2014)》，中国民主法制出版社2014年版，第443页。

定》；通过《关于批准〈中华人民共和国和蒙古国友好合作关系条约〉的决定》[1] 10 月 21 日—27 日，八届全国人大常委会举行第十次会议。会议通过《关于批准〈作业场所安全使用化学品公约〉的决定》[2] 12 月 21 日—29 日，八届全国人大常委会举行第十一次会议。会议通过《关于批准〈中华人民共和国和泰王国关于民商事司法协助和仲裁合作的协定〉的决定》《关于批准〈中华人民共和国和哈萨克斯坦共和国关于中哈国界的协定〉的决定》《关于批准〈中华人民共和国和阿拉伯埃及共和国关于民事、商事和刑事司法协助的协定〉的决定》《关于〈中华人民共和国和俄罗斯联邦关于中俄国界西段的协定〉的决定》。[3]

1995 年 2 月 21 日—28 日，八届全国人大常委会举行第十二次会议。会议通过《关于批准〈中华人民共和国和加拿大关于刑事司法协助的条约〉的决定》。[4] 5 月 5 日—10 日，八届全国人大常委会举行第十三次会议。会议通过《关于批准〈中华人民共和国和秘鲁共和国领事条约〉的决定》《关于批准〈中华人民共和国和阿塞拜疆共和国领事条约〉的决定》。[5] 6 月 23 日—30 日，八届全国人大常委会举行第十四次会议。会议通过《关于批准〈中华人民共和国和土耳其共和国关于民事、商事和刑事司法

---

〔1〕 全国人大常委会办公厅编：《全国人民代表大会及其常务委员会大事记（1954—2014）》，中国民主法制出版社 2014 年版，第 445 页。

〔2〕 全国人大常委会办公厅编：《全国人民代表大会及其常务委员会大事记（1954—2014）》，中国民主法制出版社 2014 年版，第 450 页。

〔3〕 全国人大常委会办公厅编：《全国人民代表大会及其常务委员会大事记（1954—2014）》，中国民主法制出版社 2014 年版，第 453 页。

〔4〕 全国人大常委会办公厅编：《全国人民代表大会及其常务委员会大事记（1954—2014）》，中国民主法制出版社 2014 年版，第 457 页。

〔5〕 全国人大常委会办公厅编：《全国人民代表大会及其常务委员会大事记（1954—2014）》，中国民主法制出版社 2014 年版，第 466 页。

协助的协定〉的决定》。[1] 8 月 23 日—29 日，八届全国人大常委会举行第十五次会议。会议通过《关于批准〈中华人民共和国和希腊共和国关于民事和刑事司法协助的协定〉的决定》《关于批准〈中华人民共和国和乌兹别克斯坦共和国领事条约〉的决定》。[2] 10 月 23 日—30 日，八届全国人大常委会举行第十六次会议。会议通过《关于批准〈中华人民共和国和塞浦路斯共和国关于民事、商事和刑事司法协助的条约〉的决定》《关于批准〈中华人民共和国和保加利亚共和国关于刑事司法协助的条约〉的决定》。[3]

1996 年 2 月 28 日—3 月 1 日，八届全国人大常委会举行第十八次会议。会议通过《关于批准〈中华人民共和国和俄罗斯联邦引渡条约〉的决定》《关于批准〈中华人民共和国和白俄罗斯共和国引渡条约〉的决定》《关于批准〈中华人民共和国和匈牙利共和国关于民事和商事司法协助的条约〉的决定》《关于批准〈核安全公约〉的决定》。[4]

全国人民代表大会常务委员会关于批准《核安全公约》的决定

（1996 年 3 月 1 日第八届全国人民代表大会常务委员会
第十八次会议通过）

第八届全国人民代表大会常务委员会第十八次会议决定：批

---

〔1〕　全国人大常委会办公厅编：《全国人民代表大会及其常务委员会大事记（1954—2014）》，中国民主法制出版社 2014 年版，第 469 页。

〔2〕　全国人大常委会办公厅编：《全国人民代表大会及其常务委员会大事记（1954—2014）》，中国民主法制出版社 2014 年版，第 471 页。

〔3〕　全国人大常委会办公厅编：《全国人民代表大会及其常务委员会大事记（1954—2014）》，中国民主法制出版社 2014 年版，第 475 页。

〔4〕　全国人大常委会办公厅编：《全国人民代表大会及其常务委员会大事记（1954—2014）》，中国民主法制出版社 2014 年版，第 482 页。

准由国际原子能机构 1994 年 6 月 17 日在维也纳举行的外交会议
上通过的《核安全公约》。

核安全公约

1. 《核安全公约》已于 1994 年 6 月 17 日由国际原子能机构
1994 年 6 月 14 日—17 日在其总部举行的外交会议通过。该公约
将自机构大会第三十八届常会期间的 1994 年 9 月 20 日起开放供
签署，并将在保存人（机构总干事）收到第二十二份批准书、接
受书或核准书之日起第九十天生效，其中应包括十七个每个至少
有一座其一个堆芯已达到临界的核设施的国家的此类文书。

2. 所通过的公约全文转载于本文附件以通告所有成员国。

序　　言

缔约各方

（Ⅰ）认识到确保核能利用安全、受良好监督管理和与环境
相容对国际社会的重要性；

（Ⅱ）重申继续促进世界范围内的核安全高水平的必要性；

（Ⅲ）重申核安全的责任由对核设施有管辖权的国家承担；

（Ⅳ）希望促进有效的核安全文化；

（Ⅴ）认识到核设施事故有超越国界影响的可能性；

（Ⅵ）铭记《核材料实物保护公约》（1979 年）、《及早通报
核事故公约》（1986 年）和《核事故或辐射紧急情况援助公约》
（1986 年）；

（Ⅶ）确认通过现有的双边和多边机制和制定这一鼓励性公
约开展国际合作以提高核安全的重要性；

（Ⅷ）承认本公约仅要求承诺适用核设施的安全基本原则，
而非详细的安全标准；并承认存在着国际编制的各种安全指导文

件，这些指导文件不时更新因而能提供实现高水平安全的最新方法方面的指导；

（Ⅸ）确认一旦正在进行的制定放射性废物管理安全基本原则的工作达成国际广泛一致，便立即开始制订有关放射性废物安全管理的国际公约的必要性；

（Ⅹ）承认进一步开展与核燃料循环其他部分的安全有关的技术工作十分有益，并承认这一工作迟早会有利于当前或未来的国际文件的制定；

兹协议如下：

第一章　目的、定义和适用范围
第一条　目　　的

本公约的目的是：

（Ⅰ）通过加强本国措施与国际合作，包括适当情况下与安全有关的技术合作，以在世界范围内实现和维持高水平的核安全；

（Ⅱ）在核设施内建立和维持防止潜在辐射危害的有效防御措施，以保护个人、社会和环境免受来自此类设施的电离辐射的有害影响；

（Ⅲ）防止带有放射后果的事故发生和一旦发生事故时减轻此种后果。

第二条　定　　义

就本公约而言：

（Ⅰ）"核设施"：对每一缔约方而言，系指在其管辖下的任何陆基民用核动力厂，包括设在同一场址并与该核动力厂的运行直接有关的设施，如贮存、装卸和处理放射性材料的设施。当按照批准的程序永久地从堆芯卸出所有核燃料元件和安全贮存以及

307

其退役计划经监管机构同意后，该厂即不再为核设施。

（Ⅱ）"监管机构"：对每一缔约方而言，系指由该缔约方授予法定权力，颁发许可证，并对核设施的选址、设计、建造、调试、运行或退役进行监管的任何一个或几个机构。

（Ⅲ）"许可证"系指由监管机构颁发给申请者使其对核设施的选址、设计、建造、调试、运行或退役承担责任的任何批准文件。

第三条　适用范围

本公约应适用于核设施的安全。

第二章　义　　务

（a）一般规定

第四条　履约措施

每一缔约方应在其本国法律的框架内采取为履行本公约规定义务所必需的立法、监管和行政措施及其他步骤。

第五条　提交报告

每一缔约方应在召开第 20 条所述的每次会议之前，就它为履行本公约的每项义务已采取的措施提出报告，以供审议。

第六条　已有的核设施

每一缔约方应采取适当步骤，以确保本公约对该缔约方生效时已有的核设施的安全状况能尽快得到审查。就本公约而言，必要时该缔约方应确保作为紧急事项采取一切合理可行的改进措施，以提高核设施的安全性。如果此种提高无法实现，则应尽可能快地执行使这一核设施停止运行的计划。确定停止运行的日期时得考虑整个能源状况和可能的替代方案以及社会、环境和经济影响。

（b）立法和监督管理

第七条　立法和监管框架

1. 每一缔约方应建立并维持一个管理核设施安全的立法和监管框架。

2. 该立法和监管框架应包括：

（Ⅰ）可适用的本国安全要求和安全法规的制定；

（Ⅱ）对核设施实行许可证制度和禁止无许可证的核设施运行的制度；

（Ⅲ）对核设施进行监管性检查和评价以查明是否遵守可适用的法规和许可证条款的制度；

（Ⅳ）对可适用的法规和许可证条款的强制执行，包括中止、修改和吊销许可证。

第八条　监管机构

1. 每一缔约方应建立或指定一个监管机构，委托其实施第七条中所述的立法和监督管理框架，并给予履行其规定责任所需的适当的权力、职能和财政与人力资源。

2. 每一缔约方应采取适当步骤确保将监管机构的职能与参与促进或利用核能的任何其他机构或组织的职能有效地分开。

第九条　许可证持有者的责任

每一缔约方应确保核设施安全的首要责任由有关许可证的持有者承担，并应采取适当步骤确保此种许可证的每一持有者履行其责任。

（c）一般安全考虑

第十条　安全优先

每一缔约方应采取适当步骤确保从事与核设施直接有关活动的一切组织为核安全制定应有的优先政策。

第十一条 财政与人力资源

1. 每一缔约方应采取适当步骤，以确保有充足的财政资源可用于支持每座核设施在其整个寿期内的安全。

2. 每一缔约方应采取适当步骤，以确保备有数量足够、受过相应教育、培训和再培训的合格人员，在每个核设施整个寿期内在该设施中或为该设施从事一切有关安全的活动。

第十二条 人的因素

每一缔约方应采取适当步骤，以确保在核设施的整个寿期内都要考虑到人的工作能力和局限性。

第十三条 质量保证

每一缔约方应采取适当步骤，以确保制定和执行质量保证计划，以便使人相信一切核安全重要活动的具体要求在核设施的整个寿期内都得到满足。

第十四条 安全的评价和核实

每一缔约方应采取适当步骤以确保：

（Ⅰ）在核设施建造和调试之前及在其整个寿期内进行全面而系统的安全评价。此类评价应形成文件并妥善归档，随后根据运行经验和新的重要安全资料不断更新，并在监管机构的主管下进行审查；

（Ⅱ）利用分析、监视、试验和检查进行核实，以确保核设施的实际状况和运行始终符合其设计、可适用的本国安全要求以及运行限值和条件。

第十五条 辐射防护

每一缔约方应采取适当步骤，以确保由核设施引起的对工作人员和公众的辐射照射量在各种运行状态下保持在合理可行尽量低的水平，并确保任何个人受到的辐照剂量不超过本国规定的剂量限值。

第十六条　应急准备

1. 每一缔约方应采取适当步骤，以确保核设施备有厂内和厂外应急计划，并定期进行演习，并且此类计划应涵盖一旦发生紧急情况将要进行的活动。

对于任何新的核设施，此类计划应在该核设施以监管机构同意的高于某个低功率水平开始运行前编制好并作过演习。

2. 每一缔约方应采取适当步骤，以确保可能受到辐射紧急情况影响的本国居民以及邻近该设施的国家的主管部门得到制定应急计划和作出应急响应所需的适当信息。

3. 在本国领土上没有核设施但很可能受到邻近核设施一旦发生的辐射紧急情况影响的缔约方，应采取适当步骤以编制和演习其领土上的、涵盖一旦发生此类紧急情况将要进行的活动的应急计划。

（d）设施的安全

第十七条　选　　址

每一缔约方应采取适当步骤，以确保制定和执行相应的程序，以便：

（Ⅰ）评价在该核设施的预定寿期内可能影响其安全的与厂址有关的一切有关因素；

（Ⅱ）评价拟议中的核设施对个人、社会和环境的安全可能造成的影响；

（Ⅲ）必要时重新评价（Ⅰ）和（Ⅱ）分款中提及的一切有关因素，以确保该核设施在安全方面仍然是可以接受的；

（Ⅳ）在邻近拟议中的核设施的缔约方可能受到此设施影响

的情况下与其磋商，并应其要求向这些缔约方提供必要的信息，以便它们能就该核设施很可能对其自己领土的安全影响进行评价和作出自己的估计。

第十八条　设计和建造

每一缔约方应采取适当步骤以确保：

（Ⅰ）核设施的设计和建造能提供防止放射性物质释放的若干可靠的保护层次和保护方法（纵深防御），以防止事故发生和一旦事故发生时能减轻其放射后果；

（Ⅱ）设计和建造核设施时采用的工艺技术是经过实践证明可靠的，或经过试验或分析证明合格的；

（Ⅲ）核设施的设计考虑到运行可靠、稳定和容易管理，并特别注意人的因素和人机接口。

第十九条　运　　行

每一缔约方应采取适当步骤以确保：

（Ⅰ）初始批准核设施的运行是基于能证明所建造的该设施符合设计要求和安全要求的相应的安全分析和调试计划；

（Ⅱ）对于由安全分析、试验和运行经验导出的运行限值和条件有明确的规定并在必要时加以修订，以便确定运行的安全界限；

（Ⅲ）核设施的运行、维护、检查和试验按照经批准的程序进行；

（Ⅳ）制定对预计的运行事件和事故的响应程序；

（Ⅴ）在核设施的整个寿期内，在安全有关的一切领域备有必要的工程和技术支援；

（Ⅵ）有关许可证的持有者及时向监管机构报告安全重要事件；

（Ⅶ）制定收集和分析运行经验的计划，以便根据获得的结果和得出的结论采取行动，并利用现有的机制与国际机构、其他运营单位和监管机构分享重要的经验；

（Ⅷ）就有关的过程而言，由核设施运行所导致的放射性废物的生成应在活度和数量两方面都保持在实际可行的最低水平；与运行直接有关并在核设施所在的同一厂址进行的乏燃料和废物的任何必要的处理和贮存，要顾及形态调整和处置。

第三章　缔约方会议
第二十条　审议会议

1. 缔约方应举行会议（下称"审议会议"）以便按照根据第二十二条通过的程序审议依据第五条提交的报告。

2. 在第二十四条的规定之下，为审议报告所载的特定课题，在认为有必要时得设立由缔约方代表组成的分组，并在审议会议期间发挥作用。

3. 每一缔约方应有合理的机会讨论其他缔约方提交的报告和要求解释这些报告。

第二十一条　时间表

1. 应于不迟于本公约生效之日后六个月内举行缔约方筹备会议。

2. 在筹备会议上，缔约方应确定第一次审议会议的日期。这一审议会议应尽快举行，最晚不得迟于本公约生效之日后三十个月。

3. 缔约方在每次审议会议上应确定下次审议会议的日期。两次审议会议的间隔不得超过三年。

第二十二条　程序安排

1. 在依照第二十一条召开的筹备会议上，缔约方应起草并经协商一致通过《议事规则》和《财务规则》。缔约方应尤其和依照《议事规则》规定：

（Ⅰ）依据第五条将提交的报告的格式和结构的细则；

（Ⅱ）提交此种报告的日期；

（Ⅲ）审议此种报告的程序。

2. 必要时，缔约方得在审议会议上审议根据上述（Ⅰ）—（Ⅲ）分款所做的安排，并且除非《议事规则》中另有规定得经协商一致通过修订。缔约方也得经协商一致修正《议事规则》和《财务规则》。

第二十三条　特别会议

在下列条件下，应召开缔约方特别会议：

（Ⅰ）经出席会议和参加表决的缔约方过半数同意（弃权被视为参加表决）；或

（Ⅱ）一缔约方提出书面请求，且第二十八条中所述秘书处将这一请求分送各缔约方并收到过半数缔约方赞成这一请求的通知后六个月之内。

第二十四条　出席会议

1. 每一缔约方应出席缔约方会议，并由一名代表及由该缔约方认为必要时随带的副代表、专家和顾问出席此类会议。

2. 缔约方经协商一致得邀请在本公约所规定的事务方面有能力的政府间组织以观察员身份出席任何会议或任何会议的特定会议。应要求观察员以书面方式事先接受第二十七条的规定。

第二十五条　简要报告

缔约方应经协商一致通过并向公众提供一个文件，介绍会议期间讨论过的问题和所得出的结论。

第二十六条　语　　文

1. 缔约方会议的语文为阿拉伯文、中文、英文、法文、俄文和西班牙文，《议事规则》另有规定者除外。

2. 缔约方依照第五条提交的报告，应以提交报告的缔约方的本国语文或以将在《议事规则》中商定的一种指定语文书写。如果提交的报告系以指定语文之外的本国语文书写，则该缔约方应提供该报告的指定语文的译本。

3. 虽有第2款的规定，如果提供报酬，秘书处将负责把以会议的任何其他语文提交的报告译成指定语文的译本。

第二十七条　保　　密

1. 本公约的规定不得影响缔约方按照其本国法律防止情报泄密的权利和义务。就本条而言，"情报"尤其包括：（Ⅰ）人事资料；（Ⅱ）受知识产权保护的或受工商保密规定保护的资料；（Ⅲ）有关国家安全或有关核材料或核设施实物保护的资料。

2. 就本公约而言，当缔约方提供了它所确定的应受到第1款所述那种保护的情报时，此种情报应仅用于指定目的，其机密性应受到尊重。

3. 每次会议上审议缔约方提交的报告期间辩论的内容应予保密。

第二十八条　秘书处

1. 国际原子能机构（以下简称"机构"）应为缔约方会议提供秘书处。

2. 秘书处应：

（Ⅰ）召集和筹备缔约方会议，并为会议提供服务；

（Ⅱ）向各缔约方发送按照本公约的规定收到或准备的情报。

机构在履行（Ⅰ）和（Ⅱ）分款提及的职能时需要的费用应由机构承担，并作为其经常预算的一部分。

3. 缔约方经协商一致得请求机构提供帮助缔约方会议的其他服务。如果能够在机构计划和经常预算内承担，机构可提供此类服务。如果此事为不可能，但有其他自愿提供的资金来源，机构也可提供此类服务。

第四章　最后条款和其他规定
第二十九条　分歧的解决

在两个或多个缔约方之间对本公约的解释或适用发生分歧时，缔约方应在缔约方会议的范围内磋商解决此种分歧。

第三十条　签署、批准、接受、核准和加入

1. 本公约从 1994 年 9 月 20 日起在维也纳机构总部开放供所有国家签署，直至其生效之日为止。

2. 本公约需经签署国批准、接受或核准。

3. 本公约生效后应开放供所有国家加入。

4. （Ⅰ）本公约应开放供一体化或其他性质的区域性组织签署或加入，条件是任何此类组织系由主权国家组成并具有就本公约所涉事项谈判、缔结和适用国际协定的能力。

（Ⅱ）对其能力范围内的事项，此类组织应能代表其本身行使和履行本公约赋予各缔约国的权利和义务。

（Ⅲ）一个组织成为本公约缔约方时，该组织应向第三十四条中所述的保存人提交一份声明，说明哪些国家是其成员国，哪些本公约条款对其适用及其在这些条款所涉事项上所具有的能力。

（Ⅳ）这一组织除其成员国以外，不得享有任何表决权。

5. 批准书、接受书、核准书或加入书应交存保存人。

第三十一条　生　　效

1. 本公约应在保存人收到第二十二份批准书、接受书或核准书之日起第九十天生效,其中应包括十七个每个至少有一座其一个堆芯已达到临界的核设施的国家的此类文书。

2. 对于在满足第 1 款中规定的条件所要求的最后一份文书交存之日以后批准、接受、核准或加入本公约的每一国家或每一区域性一体化或其他性质的组织,本公约在该国家或组织向保存人交存相应文书之日后第九十天生效。

第三十二条　公约的修正

1. 任一缔约方得对本公约提出修正案。提出的修正案应在审议会议或特别会议上审议。

2. 提出的任何修正条文及修正理由应提交保存人,保存人应在该提案被提交其审议的会议召开至少九十天前将该提案尽快分送各缔约方。保存人应将收到的有关该提案的任何意见通报各缔约方。

3. 缔约方应在审议所提出的修正案后决定是否以协商一致方式通过此修正案,或在不能协商一致时是否将其提交外交会议。将所提出的修正案提交外交会议的决定应需出席会议并参加表决的缔约方三分之二多数票作出,条件是表决时至少一半缔约方在场。弃权应被视为参加表决。

4. 审议和通过对本公约的修正的外交会议应由保存人召集并在不迟于按照本条第 3 款作出适当决定后一年内召开。外交会议应尽一切努力确保协商一致通过修正。如果此事为不可能,应以所有缔约方的三分之二多数通过修正。

5. 根据上述第 3 款和第 4 款通过的对本公约的修正,应经由缔约方批准、接受、核准或确认,并应在保存人收到至少四分之三缔约方的批准、接受、核准或确认文书后第九十天,对已批准、接受、核准或确认这些修正的缔约方生效。对于在其后批准、接受、核准或确认所述修正的缔约方，此种修正将在该缔约方交存其有关文书之后第九十天生效。

第三十三条　退　　约

1. 任何缔约方得以书面通知保存人退出本公约。

2. 退约于保存人收到此通知书之日后一年或通知书中可能标明的更晚的日期生效。

第三十四条　保存人

1. 机构总干事应为本公约保存人。

2. 保存人应向缔约方通报：

（Ⅰ）根据第三十条签署本公约和交存批准书、接受书、核准书或加入书的情况；

（Ⅱ）本公约按照第三十一条生效的日期；

（Ⅲ）根据第三十三条提出的退出本公约的通知和通知的日期；

（Ⅳ）根据第三十二条缔约方提出的对本公约的建议的修正案，有关外交会议或缔约方会议通过的修正以及所述修正的生效日期。

第三十五条　作准文本

本公约的原本交保存人保存，其阿拉伯文、中文、英文、法文、俄文和西班牙文文本具有同等效力；保存人应将经认证的副本分送各缔约方。

1996 年 5 月 7 日—15 日，八届全国人大常委会举行第十九次会议。会议通过《关于批准〈联合国海洋法公约〉的决定》。[1]

---

〔1〕 全国人大常委会办公厅编：《全国人民代表大会及其常务委员会大事记（1954—2014）》，中国民主法制出版社 2014 年版，第 489 页。

8 月 23 日—29 日，八届全国人大常委会举行第二十一次会议。会议通过《关于批准〈中华人民共和国和哈萨克斯坦共和国、吉尔吉斯共和国、俄罗斯联邦、塔吉克斯坦共和国关于在边境地区加强军事领域信任的协定〉的决定》。[1] 10 月 23 日—29 日，八届全国人大常委会举行第二十二次会议。会议通过《关于批准〈中华人民共和国和格鲁吉亚共和国领事条约〉的决定》《关于批准〈中华人民共和国和亚美尼亚共和国领事条约〉的决定》。[2]

全国人民代表大会常务委员会关于批准
《联合国海洋法公约》的决定

（1996 年 5 月 15 日第八届全国人民代表大会常务委员会
第十九次会议通过）

第八届全国人民代表大会常务委员会第十九次会议决定，批准《联合国海洋法公约》，同时声明如下：

一、按照《联合国海洋法公约》的规定，中华人民共和国享有二百海里专属经济区和大陆架的主权权利和管辖权。

二、中华人民共和国将与海岸相向或相邻的国家，通过协商，在国际法基础上，按照公平原则划定各自海洋管辖权界限。

三、中华人民共和国重申对 1992 年 2 月 25 日颁布的《中华人民共和国领海及毗连区法》第二条所列各群岛及岛屿的主权。

四、中华人民共和国重申：《联合国海洋法公约》有关领海内无害通过的规定，不妨碍沿海国按其法律规章要求外国军舰通过领海必须事先得到该国许可或通知该国的权利。

---

〔1〕　全国人大常委会办公厅编：《全国人民代表大会及其常务委员会大事记（1954—2014）》，中国民主法制出版社 2014 年版，第 495 页。

〔2〕　全国人大常委会办公厅编：《全国人民代表大会及其常务委员会大事记（1954—2014）》，中国民主法制出版社 2014 年版，第 500 页。

1996 年 12 月 24 日—30 日，八届全国人大常委会举行第二十三次会议。会议通过《关于批准〈联合国关于在发生严重干旱和/或荒漠化的国家特别是在非洲防治荒漠化的公约〉的决定》《关于批准〈中华人民共和国和吉尔吉斯共和国关于中吉国界的协定〉的决定》《关于批准〈关于禁止发展、生产、储存和使用化学武器及销毁此种武器的公约〉的决定》。[1]

全国人民代表大会常务委员会关于批准《关于禁止发展、生产、储存和使用化学武器及销毁此种武器的公约》的决定

（1996 年 12 月 30 日第八届全国人民代表大会常务委员会
第二十三次会议通过）

第八届全国人民代表大会常务委员会第二十三次会议决定：批准由中华人民共和国国务院国务委员兼外交部部长钱其琛于 1993 年 1 月 13 日在巴黎签署的《关于禁止发展、生产、储存和使用化学武器及销毁此种武器的公约》，同时声明如下：

一、中国一贯主张全面禁止和彻底销毁化学武器。《禁止化学武器公约》的宗旨、目标和原则。

二、中国呼吁拥有庞大化学武器库的国家尽早批准《禁止化学武器公约》，以利于早日实现《禁止化学武器公约》的宗旨和目标。

三、《禁止化学武器公约》的宗旨、目标和原则应当得到严格遵守。关于质疑视察的规定不得被滥用，不得损害缔约国与化学武器无关的国家安全利益。中国坚决反对任何滥用核查规定危害中国主权与安全的做法。

四、在外国遗弃化学武器的国家应当切实履行《禁止化学武器公约》的有关规定，承担销毁这些化学武器的义务，尽快彻底

---

〔1〕 全国人大常委会办公厅编：《全国人民代表大会及其常务委员会大事记（1954—2014）》，中国民主法制出版社 2014 年版，第 505 页。

销毁遗弃在别国领土上的化学武器。

五、《禁止化学武器公约》应当确实发挥促进化工领域为和平目的的国际贸易、科技交流与合作的作用。《禁止化学武器公约》应当成为规范缔约国之间在化工领域进行贸易、国际合作与交流方面的有效法律依据。

1997 年 2 月 19 日—25 日，八届全国人大常委会举行第二十四次会议。会议通过《关于批准〈中华人民共和国和保加利亚共和国引渡条约〉的决定》《关于批准〈中华人民共和国和哈萨克斯坦共和国引渡条约〉的决定》《关于批准〈中华人民共和国和罗马尼亚引渡条约〉的决定》《关于批准〈中华人民共和国和摩洛哥王国关于民事和商事司法协助的协定〉的决定》《关于批准〈中华人民共和国和吉尔吉斯共和国关于民事和刑事司法协助的条约〉的决定》[1] 5 月 6 日—9 日，八届全国人大常委会举行第二十五次会议。会议决定批准国际劳工组织 1964 年第四十八届大会通过的《就业政策公约》、中华人民共和国政府代表于 1992 年 12 月 22 日在日内瓦签署的《国际电信联盟组织法》和《国际电信联盟公约》、中华人民共和国政府代表于 1994 年 9 月 14 日在汉城签署的《万国邮政联盟组织法第五附加议定书》。会议还通过了《关于中华人民共和国加入〈维也纳条约法公约〉的决定》《关于批准〈中华人民共和国和克罗地亚共和国领事条约〉的决定》《关于批准〈中华人民共和国政府和印度共和国政府关于在中印边境实际控制线地区军事领域建立信任措施的协定〉的决定》[2]

---

〔1〕　全国人大常委会办公厅编：《全国人民代表大会及其常务委员会大事记（1954—2014）》，中国民主法制出版社 2014 年版，第 507—508 页。

〔2〕　全国人大常委会办公厅编：《全国人民代表大会及其常务委员会大事记（1954—2014）》，中国民主法制出版社 2014 年版，第 517 页。

1997 年 6 月 27 日—7 月 3 日，八届全国人大常委会举行第二十六次会议。会议通过《关于我国加入〈关于从国外调取民事或商事证据的公约〉的决定》《关于批准〈非洲无核武器区条约〉第一号议定书、第二号议定书的决定》。[1] 8 月 25 日—29 日，八届全国人大常委会举行第二十七次会议。会议通过《关于批准〈中华人民共和国和哈萨克斯坦共和国、吉尔吉斯共和国、俄罗斯联邦、塔吉克斯坦共和国关于在边境地区相互裁减军事力量的协定〉的决定》《关于批准〈中华人民共和国和塔吉克斯坦共和国关于民事和刑事司法协助的条约〉的决定》。[2]

1998 年 2 月 27 日—28 日，八届全国人大常委会举行第三十次会议。会议通过《关于批准〈中华人民共和国和哈萨克斯坦共和国关于中哈国界的补充协定〉的决定》。[3]

五、1998 年 3 月—2003 年 3 月

第九届全国人民代表大会及其常务委员会成立于 1998 年 3 月，任期 5 年。九届全国人大常委会听取审议关于国际公约、双边条约和协定的说明 59 件，批准国际公约、双边条约和协定 61 件。[4]

1998 年 4 月 26 日—29 日，九届全国人大常委会举行第二次

---

〔1〕 全国人大常委会办公厅编:《全国人民代表大会及其常务委员会大事记（1954—2014）》，中国民主法制出版社 2014 年版，第 520 页。

〔2〕 全国人大常委会办公厅编:《全国人民代表大会及其常务委员会大事记（1954—2014）》，中国民主法制出版社 2014 年版，第 523 页。

〔3〕 全国人大常委会办公厅编:《全国人民代表大会及其常务委员会大事记（1954—2014）》，中国民主法制出版社 2014 年版，第 532 页。

〔4〕 全国人大常委会办公厅编:《全国人民代表大会及其常务委员会大事记（1954—2014）》，中国民主法制出版社 2014 年版，第 533 页。

会议。会议决定批准国务院副总理兼外交部部长钱其琛代表中华人民共和国于 1997 年 12 月 11 日在北京签署的《中华人民共和国和乌兹别克斯坦共和国关于民事和刑事司法协助的条约》。[1] 6 月 22 日—26 日，九届全国人大常委会举行第三次会议。会议通过《关于批准〈中华人民共和国和蒙古国引渡条约〉的决定》。[2] 8 月 24 日—29 日，九届全国人大常委会举行第四次会议。会议通过《关于加入〈国际植物新品种保护公约（1978 年文本）〉的决定》。会议通过《关于批准〈禁止或限制使用某些可被认为具有过分伤害力或滥杀滥伤作用的常规武器公约〉所附的〈禁止或限制使用地雷、诱杀装置和其他装置的修正议定书〉》和《关于批准〈禁止或限制使用某些可被认为具有过分伤害力或滥杀滥伤作用的常规武器公约〉附加议定书〉的决定》。[3]

全国人民代表大会常务委员会关于加入
《国际植物新品种保护公约（1978 年文本）》的决定
（1998 年 8 月 29 日第九届全国人民代表大会常务委员会
第四次会议通过）

第九届全国人民代表大会常务委员会第四次会议决定，加入《国际植物新品种保护公约（1978 年文本）》。同时，声明如下：

在中华人民共和国政府另行通知之前，《国际植物新品种保护公约（1978 年文本）》暂不适用于中华人民共和国香港特别行政区。

---

〔1〕　全国人大常委会办公厅编：《全国人民代表大会及其常务委员会大事记（1954—2014）》，中国民主法制出版社 2014 年版，第 543 页。

〔2〕　全国人大常委会办公厅编：《全国人民代表大会及其常务委员会大事记（1954—2014）》，中国民主法制出版社 2014 年版，第 548 页。

〔3〕　全国人大常委会办公厅编：《全国人民代表大会及其常务委员会大事记（1954—2014）》，中国民主法制出版社 2014 年版，第 552 页。

1998 年 10 月 27 日—11 月 4 日，九届全国人大常委会举行第五次会议。会议通过《关于批准〈中华人民共和国和吉尔吉斯共和国引渡条约〉的决定》《关于批准〈中华人民共和国和哈萨克斯坦共和国关于中哈国界的补充协定〉的决定》《关于批准〈制止在用于国际民用航空的机场发生的非法暴力行为以补充 1971 年 9 月 23 日订于蒙特利尔的制止危害民用航空安全的非法行为的公约的议定书〉的决定》。[1] 12 月 23 日—29 日，九届全国人大常委会举行第六次会议。会议通过《关于批准〈中华人民共和国政府和加拿大政府领事协定〉的决定》《关于批准〈准予就业最低年龄公约〉的决定》。[2]

全国人民代表大会常务委员会关于批准
《准予就业最低年龄公约》的决定

（1998 年 12 月 29 日第九届全国人民代表大会常务委员会
第六次会议通过）

第九届全国人民代表大会常务委员会第六次会议决定，批准《准予就业最低年龄公约》；同时，声明如下：

一、在中华人民共和国领土内及中华人民共和国注册的运输工具上就业或者工作的最低年龄为 16 周岁；

二、在中华人民共和国政府另行通知前，《准予就业最低年龄公约》暂不适用于中华人民共和国香港特别行政区。

1999 年 4 月 26 日—29 日，九届全国人大常委会举行第九次会议。会议通过《关于批准〈中华人民共和国政府、朝鲜民主主

---

〔1〕 全国人大常委会办公厅编：《全国人民代表大会及其常务委员会大事记（1954—2014）》，中国民主法制出版社 2014 年版，第 558 页。

〔2〕 全国人大常委会办公厅编：《全国人民代表大会及其常务委员会大事记（1954—2014）》，中国民主法制出版社 2014 年版，第 562—563 页。

义人民共和国政府和俄罗斯联邦政府关于确定图们江三国国界水域分界线的协定〉的决定》，决定批准 1997 年 4 月 28 日外交部副部长唐家璇代表中华人民共和国在北京签署的《中华人民共和国和新加坡共和国关于民事和商事司法协助的条约》。[1] 6 月 22日—28 日，九届全国人大常委会举行第十次会议。会议决定批准 1998 年 10 月 19 日外交部部长唐家璇代表中华人民共和国在北京签署的《中华人民共和国和越南社会主义共和国关于民事和刑事司法协助的条约》、批准 1998 年 11 月 12 日外交部部长唐家璇代表中华人民共和国在北京签署的《中华人民共和国和大韩民国关于刑事司法协助的条约》，通过《关于批准〈中华人民共和国和乌克兰引渡条约〉的决定》。[2] 10 月 25 日—31 日，九届全国人大常委会举行第十二次会议。会议通过《关于批准〈巴塞尔公约缔约方会议第三次会议通过的决定第Ⅲ/1 号决定对《巴塞尔公约》的修正〉的决定》《关于加入〈国际承认航空器权利公约〉的决定》。会议决定中华人民共和国加入《关于发生武装冲突时保护文化财产的公约》和《关于发生武装冲突时保护文化财产的公约议定书》。[3] 12 月 17 日—25 日，九届全国人大常委会举行第十三次会议。会议批准《关于批准〈中华人民共和国、俄罗斯联邦和哈萨克斯坦共和国关于确定三国国界交界点的协定〉的决定》。[4]

---

〔1〕　全国人大常委会办公厅编：《全国人民代表大会及其常务委员会大事记(1954—2014)》，中国民主法制出版社 2014 年版，第 575 页。

〔2〕　全国人大常委会办公厅编：《全国人民代表大会及其常务委员会大事记(1954—2014)》，中国民主法制出版社 2014 年版，第 580 页。

〔3〕　全国人大常委会办公厅编：《全国人民代表大会及其常务委员会大事记(1954—2014)》，中国民主法制出版社 2014 年版，第 589 页。

〔4〕　全国人大常委会办公厅编：《全国人民代表大会及其常务委员会大事记(1954—2014)》，中国民主法制出版社 2014 年版，第 595 页。

全国人民代表大会常务委员会关于
加入《国际承认航空器权利公约》的决定

（1999 年 10 月 31 日第九届全国人民代表大会常务委员会
第十二次会议通过）

第九届全国人民代表大会常务委员会第十二次会议决定：中华人民共和国加入《国际承认航空器权利公约》；同时声明：

一、中华人民共和国政府不承认旧中国政府对《国际承认航空器权利公约》的签署；

二、在中华人民共和国政府另行通知前，《国际承认航空器权利公约》暂不适用于中华人民共和国香港特别行政区。

2000 年 2 月 28 日—3 月 1 日，九届全国人大常委会举行第十四次会议。会议通过《关于批准〈中华人民共和国和柬埔寨王国引渡条约〉的决定》《关于批准〈中华人民共和国和突尼斯共和国关于民事和商事司法协助的条约〉的决定》《关于批准〈中华人民共和国和塔吉克斯坦共和国关于中塔国界的协定〉的决定》[1] 4 月 25 日—29 日，九届全国人大常委会举行第十五次会议。会议通过《关于批准〈中华人民共和国和越南社会主义共和国陆地边界条约〉的决定》《关于批准〈中华人民共和国和越南社会主义共和国领事条约〉的决定》《关于批准〈中华人民共和国、吉尔吉斯共和国和哈萨克斯坦共和国关于三国国界交界点的协定〉的决定》《关于批准〈中华人民共和国和吉尔吉斯共和国关于中吉国界的补充协定〉的决定》[2] 7 月 3 日—8 日，九

---

〔1〕 全国人大常委会办公厅编：《全国人民代表大会及其常务委员会大事记（1954—2014）》，中国民主法制出版社 2014 年版，第 599 页。

〔2〕 全国人大常委会办公厅编：《全国人民代表大会及其常务委员会大事记（1954—2014）》，中国民主法制出版社 2014 年版，第 606 页。

届全国人大常委会举行第十六次会议。会议通过《关于批准〈中华人民共和国和乌兹别克斯坦共和国引渡条约〉的决定》《关于批准〈中华人民共和国和哥伦比亚共和国关于刑事司法协助的条约〉的决定》《关于批准〈中华人民共和国和突尼斯共和国关于刑事司法协助的条约〉的决定》《关于批准〈中华人民共和国和澳大利亚领事协定〉的决定》。[1] 8 月 21 日—25 日，九届全国人大常委会举行第十七次会议。会议通过《关于批准〈中华人民共和国和立陶宛共和国关于民事和刑事司法协助的条约〉的决定》。[2] 12 月 22 日—28 日，九届全国人大常委会举行第十九次会议。会议通过《关于批准〈中国政府和美利坚合众国政府关于刑事司法协助的协定〉的决定》。[3]

2001 年 2 月 26 日—28 日，九届全国人大常委会举行第二十次会议。会议通过《关于批准〈经济、社会及文化权利国际公约〉的决定》《关于批准〈中华人民共和国和印度尼西亚共和国关于刑事司法协助的条约〉的决定》。[4] 4 月 24 日—28 日，九届全国人大常委会举行第二十一次会议。会议通过《关于批准〈中华人民共和国和老挝人民民主共和国关于民事和刑事司法协助的条约〉的决定》《关于批准〈中华人民共和国和菲律宾共和国关于刑事司法协助的条约〉的决定》《关于批准〈中华人民共和国、塔吉克斯坦共和国和吉尔吉斯共和国关于三国国界交界点

---

〔1〕 全国人大常委会办公厅编:《全国人民代表大会及其常务委员会大事记 (1954—2014)》，中国民主法制出版社 2014 年版，第 611 页。

〔2〕 全国人大常委会办公厅编:《全国人民代表大会及其常务委员会大事记 (1954—2014)》，中国民主法制出版社 2014 年版，第 613 页。

〔3〕 全国人大常委会办公厅编:《全国人民代表大会及其常务委员会大事记 (1954—2014)》，中国民主法制出版社 2014 年版，第 623 页。

〔4〕 全国人大常委会办公厅编:《全国人民代表大会及其常务委员会大事记 (1954—2014)》，中国民主法制出版社 2014 年版，第 626 页。

的协定〉的决定》。〔1〕

全国人民代表大会常务委员会关于批准
《经济、社会及文化权利国际公约》的决定

（2001 年 2 月 28 日第九届全国人民代表大会常务委员会
第二十次会议通过）

第九届全国人民代表大会常务委员会第二十次会议决定：批准我国政府于 1997 年 10 月 27 日签署的《经济、社会及文化权利国际公约》。同时，声明如下：

一、中华人民共和国政府对《经济、社会及文化权利国际公约》第八条第一款（甲）项，将依据《中华人民共和国宪法》、《中华人民共和国工会法》和《中华人民共和国劳动法》等法律的有关规定办理。

二、根据 1997 年 6 月 20 日和 1999 年 12 月 2 日中华人民共和国常驻联合国代表先后致联合国秘书长的照会，《经济、社会及文化权利国际公约》适用于中华人民共和国香港特别行政区和中华人民共和国澳门特别行政区，依照《中华人民共和国香港特别行政区基本法》和《中华人民共和国澳门特别行政区基本法》的规定，通过各该特别行政区的法律予以实施。

三、台湾当局于 1967 年 10 月 5 日盗用中国名义对《经济、社会及文化权利国际公约》所作的签署是非法和无效的。

2001 年 10 月 22 日—27 日，九届全国人大常委会举行第二十四次会议。会议通过《关于批准〈中华人民共和国和俄罗斯联邦睦邻友好合作条约〉的决定》《关于加入〈制止恐怖主义爆炸

---

〔1〕 全国人大常委会办公厅编：《全国人民代表大会及其常务委员会大事记(1954—2014)》，中国民主法制出版社 2014 年版，第 634 页。

的国际公约〉的决定》《关于批准〈打击恐怖主义、分裂主义和极端主义上海公约〉的决定》《关于批准〈劳动行政管理公约〉的决定》《关于批准〈建筑业安全卫生公约〉的决定》。[1]

<h2 style="text-align:center">全国人大常委会关于加入
《制止恐怖主义爆炸的国际公约》的决定</h2>

（2001 年 10 月 27 日第九届全国人民代表大会常务委员会
第二十四次会议通过）

第九届全国人民代表大会常务委员会第二十四次会议决定：中华人民共和国加入《制止恐怖主义爆炸的国际公约》；同时声明：

中华人民共和国对《制止恐怖主义爆炸的国际公约》第 20 条第 1 款予以保留，不受该款约束。

<h2 style="text-align:center">全国人大常委会关于批准《打击恐怖主义、
分裂主义和极端主义上海公约》的决定</h2>

（2001 年 10 月 27 日第九届全国人民代表大会常务委员会
第二十四次会议通过）

第九届全国人民代表大会常务委员会第二十四次会议决定：批准国家主席江泽民代表中华人民共和国于 2001 年 6 月 15 日在上海签署的《打击恐怖主义、分裂主义和极端主义上海公约》。

2001 年 11 月 9 日，公布在 2000 年 8 月 25 日第九届全国人民代表大会常务委员会第十七次会议通过的《全国人民代表大会常务委员会关于我国加入世界贸易组织的决定》，11 月 11 日，在卡塔尔首都多哈，中国代表团团长石广生在《中华人民共和国加

---

〔1〕　全国人大常委会办公厅编：《全国人民代表大会及其常务委员会大事记（1954—2014）》，中国民主法制出版社 2014 年版，第 646—647 页。

入世界贸易组织议定书》上签字。12 月 24 日—29 日，九届全国人大常委会举行第二十五次会议。会议通过《关于批准〈中华人民共和国和阿根廷关于民事和商事司法协助的条约〉的决定》《关于批准〈中华人民共和国和大韩民国引渡条约〉的决定》。[1]

全国人民代表大会常务委员会关于
我国加入世界贸易组织的决定

（2000 年 8 月 25 日第九届全国人民代表大会常务委员会
第十七次会议通过）

第九届全国人民代表大会常务委员会第十五次会议听取并审议了对外贸易经济合作部受国务院委托所作的《关于我国加入世界贸易组织进展情况的报告》，对我国政府为我国加入世界贸易组织所作的努力予以充分肯定。

会议认为：我国作为世界上最大的发展中国家，加入世界贸易组织，有利于我国改革开放和经济发展，也是建立完整开放的国际贸易体系的需要。我国加入世界贸易组织，只能以发展中国家的身份加入，并坚持权利与义务平衡、循序渐进开放市场的原则，以确保国家控制国民经济命脉，维护国家经济安全和国家主权。

根据第十五次会议以后我国加入世界贸易组织谈判的新的进展情况，本次会议决定：同意国务院根据上述原则完成加入世界贸易组织的谈判和委派代表签署的中国加入世界贸易组织议定书，经国家主席批准后，完成我国加入世界贸易组织的程序。

（此决定于 2001 年 11 月 9 日公布）

2002 年 4 月 24 日—28 日，九届全国人大常委会举行第二十

---

〔1〕 全国人大常委会办公厅编：《全国人民代表大会及其常务委员会大事记（1954—2014）》，中国民主法制出版社 2014 年版，第 651—652 页。

七次会议。会议通过《关于批准〈中华人民共和国和乌克兰关于移管被判刑人的条约〉的决定》[1] 6 月 24 日—29 日，九届全国人大常委会举行第二十八次会议。会议听取劳动与社会保障部部长张左己关于提请审议批准禁止和立即行动消除最恶劣形式的童工劳动公约的议案的说明。会议通过《关于批准〈禁止和立即行动消除最恶劣形式的童工劳动公约〉的决定》[2]。

全国人民代表大会常务委员会关于批准《禁止和立即行动消除最恶劣形式的童工劳动公约》的决定

（2002 年 6 月 29 日第九届全国人民代表大会常务委员会第二十八次会议通过）

第九届全国人民代表大会常务委员会第二十八次会议决定：批准于 1999 年 6 月 17 日经第八十七届国际劳工大会通过、2000 年 11 月 19 日生效的《禁止和立即行动消除最恶劣形式的童工劳动公约》。

2002 年 8 月 23 日—29 日，九届全国人大常委会举行第二十九次会议。会议决定批准于 2000 年 5 月 25 日经联合国大会通过、同年 9 月 6 日我国政府签署的《〈儿童权利公约〉关于买卖儿童、儿童卖淫和儿童色情制品问题的任择议定书》，会议通过《关于批准〈中华人民共和国和老挝人民民主共和国引渡条约〉的决定》《关于批准〈上海合作组织宪章〉的决定》[3] 10 月 25 日—28 日，九届全国人大常委会举行第三十次会议。会议通过《关于批

---

〔1〕　全国人大常委会办公厅编：《全国人民代表大会及其常务委员会大事记（1954—2014）》，中国民主法制出版社 2014 年版，第 663 页。

〔2〕　全国人大常委会办公厅编：《全国人民代表大会及其常务委员会大事记（1954—2014）》，中国民主法制出版社 2014 年版，第 667 页。

〔3〕　全国人大常委会办公厅编：《全国人民代表大会及其常务委员会大事记（1954—2014）》，中国民主法制出版社 2014 年版，第 671 页。

准〈中华人民共和国和突尼斯共和国引渡条约〉的决定》《关于批
准〈中华人民共和国和秘鲁共和国引渡条约〉的决定》。[1] 12 月
23 日—28 日，九届全国人大常委会举行第三十一次会议。会议通
过《关于批准〈中华人民共和国和南非共和国引渡条约〉的决定》
《关于批准〈中华人民共和国和立陶宛共和国引渡条约〉的决定》
《关于批准〈中华人民共和国和爱沙尼亚共和国关于刑事司法协助
的条约〉的决定》《关于批准〈中华人民共和国和阿拉伯联合酋长
国引渡条约〉的决定》《关于批准〈中华人民共和国和塔吉克斯坦
共和国关于中塔国界的补充协定〉的决定》《关于批准〈上海合作
组织成员国关于地区反恐怖机构的协定〉的决定》。[2]

2003 年 2 月 27 日—28 日，九届全国人大常委会举行第三十
二次会议。会议通过《关于批准〈中华人民共和国政府和尼日利
亚联邦共和国政府领事协定〉的决定》《关于批准〈中华人民共
和国和俄罗斯联邦领事条约〉的决定》。[3]

六、2003 年 3 月—2008 年 3 月

第十届全国人民代表大会及其常务委员会成立于 2003 年 3
月，任期 5 年。十届全国人大常委会听取审议关于国际公约、双
边条约和协定的说明 63 件[4]，批准国际公约、双边条约和协定

---

〔1〕 全国人大常委会办公厅编：《全国人民代表大会及其常务委员会大事记
(1954—2014)》，中国民主法制出版社 2014 年版，第 675 页。
〔2〕 全国人大常委会办公厅编：《全国人民代表大会及其常务委员会大事记
(1954—2014)》，中国民主法制出版社 2014 年版，第 680 页。
〔3〕 全国人大常委会办公厅编：《全国人民代表大会及其常务委员会大事记
(1954—2014)》，中国民主法制出版社 2014 年版，第 684 页。
〔4〕 全国人大常委会办公厅编：《全国人民代表大会及其常务委员会大事记
(1954—2014)》，中国民主法制出版社 2014 年版，第 687 页。

76 件。[1]

2003 年 4 月 25 日—26 日，十届全国人大常委会举行第二次会议。会议通过《关于批准〈中华人民共和国和吉尔吉斯共和国睦邻友好合作条约〉的决定》《关于批准〈中华人民共和国和哈萨克斯坦共和国睦邻友好合作条约〉的决定》《关于批准〈中华人民共和国和哈萨克斯坦共和国关于打击恐怖主义、分裂主义和极端主义的合作协定〉的决定》[2] 6 月 23 日—28 日，十届全国人大常委会举行第三次会议。会议通过《关于批准〈禁止或限制使用某些可被认为具有过分伤害力或滥杀滥伤作用的常规武器公约第一条修正案〉的决定》《关于批准〈万国邮政联盟组织法第六附加议定书〉的决定》；会议决定中华人民共和国加入《东南亚友好合作条约》《东南亚友好合作条约修改议定书》《东南亚友好合作条约第二次修改议定书》。[3]

2003 年 8 月 22 日—27 日，十届全国人大常委会举行第四次会议。会议通过《关于批准〈中华人民共和国和南非共和国关于刑事司法协助的条约〉的决定》《关于批准〈中华人民共和国和吉尔吉斯共和国关于打击恐怖主义、分裂主义和极端主义的合作协定〉的决定》《关于批准〈联合国打击跨国有组织犯罪公约〉的决定》。[4] 12 月 22 日—27 日，十届全国人大常委会举行第六次会议。会议通过《关于批准〈中华人民共和国和俄罗斯联邦关

---

〔1〕　全国人大外事委法案室编：《全国人大常委会决定批准或加入的条约和重要协定汇编》(2018 年版)，中国民主法制出版社 2020 年版，第 855 页。

〔2〕　全国人大常委会办公厅编：《全国人民代表大会及其常务委员会大事记(1954—2014)》，中国民主法制出版社 2014 年版，第 701 页。

〔3〕　全国人大外事委法案室编：《全国人大常委会决定批准或加入的条约和重要协定概览：2009 年平装版》，中国民主法制出版社 2010 年版，第 279 页。

〔4〕　全国人大常委会办公厅编：《全国人民代表大会及其常务委员会大事记(1954—2014)》，中国民主法制出版社 2014 年版，第 707 页。

于移管被判刑人的条约〉的决定》《关于批准〈中华人民共和国和泰王国关于刑事司法协助的条约〉的决定》。[1]

全国人民代表大会常务委员会关于批准
《联合国打击跨国有组织犯罪公约》的决定

（2003 年 8 月 27 日第十届全国人民代表大会常务委员会
第四次会议通过）

第十届全国人民代表大会常务委员会第四次会议决定：批准 2000 年 11 月 15 日第 55 届联合国大会通过、同年 12 月 12 日中国政府签署的《联合国打击跨国有组织犯罪公约》；同时声明：

一、中华人民共和国对本公约第三十五条第二款予以保留，不受该款约束。

二、在中华人民共和国政府另行通知前，本公约暂不适用于中华人民共和国香港特别行政区。

2004 年 2 月 26 日—29 日，十届全国人大常委会举行第七次会议。会议通过《关于批准〈中华人民共和国和大韩民国关于民事和商事司法协助的条约〉的决定》。[2] 6 月 21 日—25 日，十届全国人大常委会举行第十次会议。会议决定批准外交部部长李肇星代表中华人民共和国于 2003 年 9 月 5 日在塔什干签署的《关于修改 2001 年 6 月 15 日在上海（中华人民共和国）签署的〈打击恐怖主义、分裂主义和极端主义上海公约〉的议定书》、《关于修改 2002 年 6 月 7 日在圣彼得堡（俄罗斯联邦）签署的〈上海合作组织宪章〉的议定书》和《关于修改 2002 年 6 月 7 日在圣彼得堡（俄罗斯联邦）签署的〈上海合作组织成员国关于

---

〔1〕　全国人大常委会办公厅编：《全国人民代表大会及其常务委员会大事记（1954—2014）》，中国民主法制出版社 2014 年版，第 717 页。

〔2〕　全国人大常委会办公厅编：《全国人民代表大会及其常务委员会大事记（1954—2014）》，中国民主法制出版社 2014 年版，第 721 页。

地区反恐怖机构的协定〉的议定书》，并通过了《关于批准〈中华人民共和国和新西兰领事协定〉的决定》《关于批准〈中华人民共和国和越南社会主义共和国关于两国在北部湾领海、专属经济区和大陆架的划界协定〉的决定》《关于批准〈关于持久性有机污染物的斯德哥尔摩公约〉的决定》。[1]

全国人民代表大会常务委员会关于批准
《关于持久性有机污染物的斯德哥尔摩公约》的决定

（2004 年 6 月 25 日第十届全国人民代表大会常务委员会
第十次会议通过）

第十届全国人民代表大会常务委员会第十次会议决定：批准于 2001 年 5 月 22 日在斯德哥尔摩通过、同年 5 月 23 日中国政府签署的《关于持久性有机污染物的斯德哥尔摩公约》；同时声明，根据《公约》第 25 条第 4 款的规定，对附件 A、B 或者 C 的任何修正案，只有在中华人民共和国对该修正案交存了批准、接受、核准或者加入书之后方对中华人民共和国生效。

2004 年 8 月 23 日—28 日，十届全国人大常委会举行第十一次会议。会议通过了《关于加入〈联合国人员和有关人员安全公约〉的决定》《关于批准〈中华人民共和国和乌兹别克斯坦共和国关于打击恐怖主义、分裂主义和极端主义的合作协定〉的决定》《关于批准〈保护非物质文化遗产公约〉的决定》。[2] 10 月 22 日—27 日，十届全国人大常委会举行第十二次会议。会议通过《关于批准〈中华人民共和国和塔吉克斯坦共和国关于打击恐

---

〔1〕　全国人大常委会办公厅编：《全国人民代表大会及其常务委员会大事记(1954—2014)》，中国民主法制出版社 2014 年版，第 734 页。

〔2〕　全国人大常委会办公厅编：《全国人民代表大会及其常务委员会大事记(1954—2014)》，中国民主法制出版社 2014 年版，第 739 页。

怖主义、分裂主义和极端主义的合作协定〉的决定》《关于批准〈中华人民共和国和莱索托王国引渡条约〉的决定》[1] 12 月 25 日—29 日，十届全国人大常委会举行第十三次会议。会议通过《关于批准〈关于在国际贸易中对某些危险化学品和农药采用事先知情同意程序的鹿特丹公约〉的决定》《关于批准〈上海合作组织成员国关于合作打击非法贩运麻醉药品、精神药物及其前体的协议〉的决定》《关于批准〈中华人民共和国和阿拉伯联合酋长国关于民事和商事司法协助的协定〉的决定》[2]

全国人民代表大会常务委员会关于批准
《保护非物质文化遗产公约》的决定

（2004 年 8 月 28 日第十届全国人民代表大会常务委员会
第十一次会议通过）

第十届全国人民代表大会常务委员会第十一次会议决定：批准于 2003 年 11 月 3 日在第 32 届联合国教科文组织大会上通过的《保护非物质文化遗产公约》；同时声明，在中华人民共和国政府另行通知前，《保护非物质文化遗产公约》暂不适用于中华人民共和国香港特别行政区。

2005 年 2 月 25 日—28 日，十届全国人大常委会举行第十四次会议。会议通过《关于批准〈统一国际航空运输某些规则的公约〉的决定》《关于批准〈上海合作组织特权与豁免公约〉的决定》[3] 4 月 24 日—27 日，十届全国人大常委会举行第十五次

---

〔1〕 全国人大常委会办公厅编：《全国人民代表大会及其常务委员会大事记（1954—2014）》，中国民主法制出版社 2014 年版，第 745 页。

〔2〕 全国人大常委会办公厅编：《全国人民代表大会及其常务委员会大事记（1954—2014）》，中国民主法制出版社 2014 年版，第 750 页。

〔3〕 全国人大常委会办公厅编：《全国人民代表大会及其常务委员会大事记（1954—2014）》，中国民主法制出版社 2014 年版，第 753 页。

会议。会议通过《关于加入〈禁止为军事或任何其他敌对目的使用改变环境的技术的公约〉的决定》《关于批准〈跨国收养方面保护儿童及合作公约〉的决定》《关于批准〈中华人民共和国和俄罗斯联邦关于中俄国界东段的补充协定〉的决定》。[1]

全国人大常委会关于批准
《跨国收养方面保护儿童及合作公约》的决定

（2005 年 4 月 27 日第十届全国人民代表大会常务委员会
第十五次会议通过）

第十届全国人民代表大会常务委员会第十五次会议决定：批准于 1993 年 5 月 29 日经海牙国际私法会议第 17 次外交大会通过的、2000 年 11 月 30 日由中华人民共和国政府代表签署的《跨国收养方面保护儿童及合作公约》；同时声明：

一、中华人民共和国民政部为中华人民共和国履行《公约》赋予职责的中央机关。

二、《公约》第十五条至第二十一条规定的中央机关职能由中华人民共和国政府委托的收养组织——中国收养中心履行；只有在收养国政府或政府委托的组织履行有关中央机关职能的情况下，该国公民才能收养惯常居住在中华人民共和国的中国儿童。

三、中华人民共和国涉外收养证明的出具机关为被收养人常住户口所在地的省、自治区、直辖市人民政府民政部门，其出具的收养登记证为收养证明。

四、中华人民共和国没有义务承认根据《公约》第三十九条第二款所达成的协议而进行的收养。

2005 年 6 月 26 日—7 月 1 日，十届全国人大常委会举行第十

---

〔1〕　全国人大常委会办公厅编：《全国人民代表大会及其常务委员会大事记（1954—2014）》，中国民主法制出版社 2014 年版，第 762 页。

六次会议。会议通过《关于批准〈中华人民共和国和巴西联邦共和国关于刑事司法协助的条约〉的决定》《关于批准〈中华人民共和国和拉脱维亚共和国关于刑事司法协助的条约〉的决定》《关于批准〈中华人民共和国和菲律宾共和国引渡条约〉的决定》。[1] 8月23日—28日，十届全国人大常委会举行第十七次会议。会议通过《关于批准世界卫生组织〈烟草控制框架公约〉的决定》《关于批准〈1958年消除就业和职业歧视公约〉的决定》《关于批准〈中华人民共和国和巴基斯坦伊斯兰共和国睦邻友好合作条约〉的决定》《关于批准〈中华人民共和国和朝鲜民主主义人民共和国关于民事和刑事司法协助的条约〉的决定》。[2] 10月22日—27日，十届全国人大常委会举行第十八次会议。会议通过《关于批准〈联合国反腐败公约〉的决定》《关于批准〈中华人民共和国和巴基斯坦伊斯兰共和国引渡条约〉的决定》。12月24日—29日，十届全国人大常委会举行第十九次会议。会议通过《关于批准〈中华人民共和国和秘鲁共和国刑事司法协助的条约〉的决定》《关于批准〈中华人民共和国和乌兹别克斯坦共和国友好合作伙伴关系条约〉的决定》。[3]

全国人大常委会关于批准《联合国反腐败公约》的决定
(2005年10月27日第十届全国人民代表大会常务委员会
第十八次会议通过)

第十届全国人民代表大会常务委员会第十八次会议决定：批

---

〔1〕 全国人大常委会办公厅编：《全国人民代表大会及其常务委员会大事记(1954—2014)》，中国民主法制出版社2014年版，第768页。
〔2〕 全国人大常委会办公厅编：《全国人民代表大会及其常务委员会大事记(1954—2014)》，中国民主法制出版社2014年版，第771—772页。
〔3〕 全国人大常委会办公厅编：《全国人民代表大会及其常务委员会大事记(1954—2014)》，中国民主法制出版社2014年版，第777页。

准于 2003 年 10 月 31 日在第 58 届联合国大会上通过的《联合国反腐败公约》；同时声明：中华人民共和国不受《联合国反腐败公约》第六十六条第二款的约束。

2006 年 2 月 25 日—28 日，十届全国人大常委会举行第二十次会议。会议听取外交部副部长武大伟关于提请审议批准制止向恐怖主义提供资助的国际公约的议案的说明。会议通过《关于批准〈制止向恐怖主义提供资助的国际公约〉的决定》[1]4 月 25 日—29 日，十届全国人大常委会举行第二十一次会议。会议通过《关于加入〈乏燃料管理安全和放射性废物管理安全联合公约〉的决定》《关于批准〈中华人民共和国和巴西联邦共和国引渡条约〉的决定》《关于批准〈中华人民共和国和西班牙王国关于刑事司法协助的条约〉的决定》《关于批准〈中华人民共和国和西班牙王国引渡条约〉的决定》《关于批准〈中华人民共和国政府和法兰西共和国政府关于刑事司法协助的协定〉的决定》。[2]

全国人民代表大会常务委员会关于批准
《制止向恐怖主义提供资助的国际公约》的决定

（2006 年 2 月 28 日第十届全国人民代表大会常务委员会
第二十次会议通过）

第十届全国人民代表大会常务委员会第二十次会议决定：批准于 1999 年 12 月 9 日在第 54 届联合国大会上通过的《制止向恐怖主义提供资助的国际公约》（以下简称《公约》），同时声明：

---

〔1〕　全国人大常委会办公厅编：《全国人民代表大会及其常务委员会大事记（1954—2014）》，中国民主法制出版社 2014 年版，第 786 页。

〔2〕　全国人大常委会办公厅编：《全国人民代表大会及其常务委员会大事记（1954—2014）》，中国民主法制出版社 2014 年版，第 792 页。

一、中华人民共和国不受《公约》第 24 条第 1 款的约束。

二、根据《公约》第 7 条第 3 款，中华人民共和国确立《公约》第 7 条第 2 款规定的 5 项管辖权。但是，该 5 项管辖权不适用于中华人民共和国香港特别行政区。

三、对于中华人民共和国澳门特别行政区，以下 3 项条约不在《公约》第 2 条第 1 款第（a）项所指附件的适用范围之内：

（一）1980 年 3 月 3 日在维也纳通过的《关于核材料的实物保护公约》。

（二）1988 年 3 月 10 日在罗马签署的《制止危害航海安全的非法行为公约》。

（三）1988 年 3 月 10 日在罗马签署的《制止危害大陆架固定平台安全非法行为议定书》。

2006 年 6 月 24 日—29 日，十届全国人大常委会举行第二十二次会议。会议通过《关于批准〈亚太空间合作组织公约〉的决定》《关于批准〈防止倾倒废物及其他物质污染海洋的公约〉1996 年议定书〉的决定》，通过《关于批准〈中华人民共和国和西班牙王国关于移管被判刑人的条约〉的决定》《关于批准〈中华人民共和国和墨西哥合众国关于刑事司法协助的条约〉的决定》[1] 8 月 22 日—27 日，十届全国人大常委会举行第二十三次会议。会议通过《关于批准〈中华人民共和国政府和巴基斯坦伊斯兰共和国政府关于打击恐怖主义、分裂主义和极端主义的合作协定〉的决定》[2] 10 月 27 日—31 日，十届全国人大常委会

---

〔1〕 全国人大常委会办公厅编：《全国人民代表大会及其常务委员会大事记（1954—2014）》，中国民主法制出版社 2014 年版，第 798 页。

〔2〕 全国人大常委会办公厅编：《全国人民代表大会及其常务委员会大事记（1954—2014）》，中国民主法制出版社 2014 年版，第 802 页。

举行第二十四次会议。会议通过《关于批准 1981 年〈职业安全和卫生及工作环境公约〉的决定》《关于批准〈中华人民共和国和土库曼斯坦关于打击恐怖主义、分裂主义和极端主义的合作协定〉的决定》《关于批准〈中华人民共和国和澳大利亚关于刑事司法协助的条约〉的决定》《关于批准〈中华人民共和国和阿富汗伊斯兰共和国睦邻友好合作条约〉的决定》《关于批准〈中华人民共和国和阿塞拜疆共和国引渡条约〉的决定》。[1]

2006 年 12 月 24 日—29 日，十届全国人大常委会举行第二十五次会议。会议通过《关于批准〈保护和促进文化表现形式多样性公约〉的决定》《关于加入〈世界知识产权组织版权条约〉的决定》《关于加入〈世界知识产权组织表演和录音制品条约〉的决定》《关于批准〈关于修改 2002 年 6 月 7 日在圣彼得堡（俄罗斯联邦）签署的上海合作组织宪章的议定书〉的决定》《关于批准〈中华人民共和国和葡萄牙共和国关于刑事司法协助的协定〉的决定》。[2]

全国人民代表大会常务委员会关于加入
《世界知识产权组织版权条约》的决定

（2006 年 12 月 29 日第十届全国人民代表大会常务委员会
第二十五次会议通过）

第十届全国人民代表大会常务委员会第二十五次会议决定：加入世界知识产权组织于 1996 年 12 月 20 日在瑞士日内瓦召开的关于版权和邻接权若干问题的外交会议上通过的《世界知识产权

---

〔1〕　全国人大常委会办公厅编：《全国人民代表大会及其常务委员会大事记（1954—2014）》，中国民主法制出版社 2014 年版，第 808 页。

〔2〕　全国人大常委会办公厅编：《全国人民代表大会及其常务委员会大事记（1954—2014）》，中国民主法制出版社 2014 年版，第 813 页。

组织版权条约》。同时声明：在中华人民共和国政府另行通知前，《世界知识产权组织版权条约》不适用于中华人民共和国香港特别行政区和澳门特别行政区。

全国人民代表大会常务委员会关于加入
《世界知识产权组织表演和录音制品条约》的决定
(2006 年 12 月 29 日第十届全国人民代表大会常务委员会
第二十五次会议通过)

第十届全国人民代表大会常务委员会第二十五次会议决定：加入世界知识产权组织于 1996 年 12 月 20 日在瑞士日内瓦召开的关于版权和邻接权若干问题的外交会议上通过的《世界知识产权组织表演和录音制品条约》。同时声明：

一、中华人民共和国不受《世界知识产权组织表演和录音制品条约》第 15 条第（1）款的约束。

二、在中华人民共和国政府另行通知前，《世界知识产权组织表演和录音制品条约》不适用于中华人民共和国香港特别行政区和澳门特别行政区。

2007 年 2 月 26 日—28 日，十届全国人大常委会举行第二十六次会议。会议通过《关于批准〈中华人民共和国、越南社会主义共和国和老挝人民民主共和国关于确定三国国界交界点的条约〉的决定》[1] 4 月 24 日—27 日，十届全国人大常委会举行第二十七次会议。会议通过《关于批准〈中华人民共和国和纳米比亚共和国引渡条约〉的决定》《关于批准〈中华人民共和国和

---

[1] 全国人大常委会办公厅编：《全国人民代表大会及其常务委员会大事记(1954—2014)》，中国民主法制出版社 2014 年版，第 817 页。

安哥拉共和国引渡条约〉的决定》。[1] 6 月 24 日—29 日，十届全国人大常委会举行第二十八次会议。会议通过《关于批准〈中华人民共和国和新西兰关于刑事司法协助的条约〉的决定》《关于批准〈中华人民共和国和塔吉克斯坦共和国睦邻友好合作条约〉的决定》《关于批准〈中华人民共和国和俄罗斯联邦关于举行联合军事演习期间其部队临时处于对方领土的地位的协定〉的决定》。[2] 8 月 24 日—30 日，十届全国人大常委会举行第二十九次会议。会议通过《关于批准〈联合实施国际热核聚变实验堆计划建立国际聚变能组织的协定〉的决定》《关于批准〈联合实施国际热核聚变实验堆计划国际聚变能组织特权和豁免协定〉的决定》。[3]

2007 年 10 月 28 日，十届全国人大常委会举行第三十次会议，会议决定批准 2005 年 12 月 6 日由世贸组织总理事会通过的《修改〈与贸易有关的知识产权协定〉的议定书》[4]。12 月 23 日—29 日，十届全国人大常委会举行第三十一次会议。会议通过《关于批准〈儿童权利公约关于儿童卷入武装冲突问题的任择议定书〉的决定》《关于批准〈中华人民共和国和葡萄牙共和国关于移管被判刑人的条约〉的决定》。[5]

---

〔1〕 全国人大常委会办公厅编：《全国人民代表大会及其常务委员会大事记（1954—2014）》，中国民主法制出版社 2014 年版，第 825 页。

〔2〕 全国人大常委会办公厅编：《全国人民代表大会及其常务委员会大事记（1954—2014）》，中国民主法制出版社 2014 年版，第 828 页。

〔3〕 全国人大常委会办公厅编：《全国人民代表大会及其常务委员会大事记（1954—2014）》，中国民主法制出版社 2014 年版，第 833 页。

〔4〕 全国人大外事委法案室编：《全国人大常委会决定批准或加入的条约和重要协定概览：2009 年版》，中国民主法制出版社 2010 年版，第 355 页。

〔5〕 全国人大常委会办公厅编：《全国人民代表大会及其常务委员会大事记（1954—2014）》，中国民主法制出版社 2014 年版，第 842 页。

全国人民代表大会常务委员会关于批准
《修改〈与贸易有关的知识产权协定〉议定书》的决定

(2007 年 10 月 28 日第十届全国人民代表大会常务委员会
第三十次会议通过)

第十届全国人民代表大会常务委员会第三十次会议决定：批准 2005 年 12 月 6 日由世界贸易组织总理事会通过的《修改〈与贸易有关的知识产权协定〉议定书》。

修改《与贸易有关的知识产权协定》议定书
(中译本)

世界贸易组织各成员，注意到总理事会依照《马拉喀什建立世界贸易组织协定》(以下称《WTO 协定》) 第 10 条第 1 段在文件 WT/L/641 中的决定，特此协议如下：

一、《与贸易有关的知识产权协定》(以下称《TRIPS 协定》)，在本议定书根据第 4 段生效之时，应按照本议定书附件规定修改，在《TRIPS 协定》第 31 条后插入第 31 条之二，并在第 73 条后插入《TRIPS 协定》附件。

二、在未获得其他成员同意的情况下，不得就本议定书的任何条款作出保留。

三、本议定书应开放供各成员接受，直至 2007 年 12 月 1 日或者部长级会议可能决定的更晚的日期。

四、本议定书应按照《WTO 协定》第 10 条第 3 段生效。

五、本议定书应交存世界贸易组织总干事，总干事须及时向每一成员提供一份经核正无误的副本，以及每一根据第 3 段作出接受的通报。

六、本议定书须根据《联合国宪章》第 102 条的规定进行登记。

二〇〇五年十二月六日订于日内瓦。正本一份，用英文、法文和西班牙文写成，三种文本同等作准。

附件一：

第 31 条之二

一、一出口成员在第 31 条（f）项下的义务不适用于，在为生产并出口药品至一有资格进口的成员之目的的必要范围内，并在符合本协定附件第 2 段所列的条件下，授予之强制许可。

二、若一出口成员根据本条及本协定附件确立的体制，授予一项强制许可，则该成员须依据第 31 条（h）项支付适当报酬，同时考虑该出口成员授权之使用对于有关进口成员的经济价值。若该有资格进口的成员对同一产品授予一项强制许可，因其报酬根据本段第一句已在有关出口成员支付，该进口成员在第 31 条（h）项下之义务不适用于这些产品。

三、为了利用规模经济以增强药品的购买力，并促进药品的本地生产：若一个发展中或者最不发达的 WTO 成员是 GATT1994 第 24 条以及 1979 年 11 月 28 日《关于发展中成员差别和更优惠待遇、互惠和更充分参与的决定》（L/4903）意义下的区域贸易协定的成员，且该区域贸易协定至少一半以上的现有成员属于联合国最不发达国家名单上的国家，则在确保该成员的一项强制许可项下生产或者进口的一种药品能够出口到有关区域贸易协定下其他遭受共同公共健康问题的发展中或者最不发达成员市场的必要限度内，该成员在第 31 条（f）项下的义务不再适用。各方理解此规定将不影响有关专利权的地域属性。

四、各成员不得根据 GATT1994 第 23 条第 1 款（b）项及（c）项，对任何与本条及本协定附件的规定相一致的措施提出质疑。

五、本条及本协定附件不影响成员在本协定下享有的在第 31 条（f）项和（h）项之外的，包括经《关于〈TRIPS 协定〉与公共健康的宣言》[WT/MIN（01）/DEC/2] 重申的权利、义务和灵活性，以及对其的解释。本条及本协定附件也并不影响依照第 31 条（f）项规定在强制许可下所生产的药品能够出口的限度。

附件二：

《与贸易有关的知识产权协定》附件

一、在第 31 条之二和本附件中：

（一）"药品"是指，为了解决《关于〈TRIPS 协定〉与公共健康的宣言》[WT/MIN（01）/DEC/2] 第 1 段中确认的公共健康问题所需的医药行业的专利产品或通过专利方法生产的产品。各方理解该产品生产所必需的活性成分及其使用所需的配套诊断器具亦包括在内本款不影响本段第 2 款的内容；

（二）"有资格进口的成员"是指，任何最不发达成员及任何已向 TRIPS 理事会通报各方理解，为了使用这一体制，此项通报不必获得某个 WTO 机构的批准。意图作为进口成员利用依第 31 条之二及本附件建立的体制（以下称体制）的其他成员。各方理解成员可以在任何时间通报其将完全或者在一定限度内利用这一体制，例如仅在国家紧急状态下或者其他极端紧迫情形或者非商业性的公共使用的情况下。各方注意到，部分成员将不作为进口成员澳大利亚、加拿大、欧共体及（就第 31 条之二及本附件而言）其成员、冰岛、日本、新西兰、挪威、瑞士和美国。使用本体制，同时另外部分成员声明使用该体制的情况将不超出国家紧急状态或者其他极端紧迫的情形；

（三）"出口成员"是指，利用本体制，为有资格进口的成员生产及向其出口药品的成员。

二、第 31 条之二第 1 款中所提及的条件包括：

（一）有资格进口的成员第 31 条之二第 3 款规定的区域组织，可以代表其成员中使用本体制的有资格进口成员，在其同意的情况下，作出联合通报，以提供本款所要求信息。已向 TRIPS 理事会通报各方理解，为了使用这一体制，此项通报不必获得某个 WTO 机构的批准。

1. 列明所需产品的名称和预计数量此通报将由 WTO 秘书处通过 WTO 网站上专为本体制设立的网页予以公开；

2. 确认该有资格进口的成员，除最不发达成员以外，已通过一种本附件附录所列方法证明其医药行业没有或者没有足够的有关产品的生产能力；并且

3. 确认，若一药品在其地域内被授予专利，其已经或者计划根据本协定第 31 条、第 31 条之二及本附件的规定授予一项强制许可。本项不影响本协定第 66 条第 1 款。

（二）出口成员在本体制下授予的强制许可须包括以下条件：

1. 在该许可下可生产的数量仅以满足有资格进口成员的需求为限，且此项生产的全部必须出口至业已将其需求通报 TRIPS 理事会的成员；

2. 在该许可下生产的产品必须通过特定标签或标记明确注明该产品是在本体制下生产的。供应商应通过特殊包装和（或）通过产品本身的特殊颜色和（或）形状对此类产品加以区别，只要这一区别是可行的且不对价格产生显著影响；并且

3. 装运前，被许可人须在网站被许可人为此目的可以使用自己的网站，也可以在 WTO 秘书处的帮助下，使用 WTO 网站专为

本体制设立的网页。发布如下信息:

　　——运往上述第 1 项所列每一目的地的数量;及

　　——上述第 2 项所指的该产品的区别特征;

　　(三)出口成员须将有关强制许可的授予,包括其所附条件,向 TRIPS 理事会通报各方理解,为了使用这一体制,此项通报不必获得某个 WTO 机构的批准。此通报将由 WTO 秘书处通过 WTO 网站上专为本体制设立的网页予以公开。所提供的信息必须包括:被许可人的名称和地址,被授予许可的产品,许可的生产数量,产品供应的目的国,及许可期限。通报还须指明上述第 2 款第 3 项中的网址。

　　三、为了确保根据本体制进口的有关产品在其进口后被用于公共健康目的,有资格进口的成员在其措施范围内,必须采取与其行政能力和贸易转移风险相适应的合理措施,以防止本体制下其实际进口入境产品的再出口。当有资格进口的成员是发展中成员或者最不发达成员,且在实施本条时遇到困难时,发达成员必须,应请求且在双方同意的条件下,提供技术和资金合作,以促进本条的实施。

　　四、各成员必须运用本协定下业已要求具备的法律手段,确保适用有效的法律措施以防止在本体制下生产的产品以不符合本体制规定的方式进口、在其境内销售或向其市场转移。若任何成员认为此种措施被证明不足以实现此目标,则该成员可以就该事项提请 TRIPS 理事会审议。

　　五、为了利用规模经济以增强药品的购买力,并促进药品的本地生产,各方确认应促进适用于第 31 条之二第 3 款所述成员的授予区域专利体制的发展。为此,发达成员承诺根据本协定第 67 条,包括与其他相关政府间组织联合,提供技术合作。

六、为了解决没有或者缺乏医药行业生产能力的成员所面临的问题，各成员确认在医药行业推动技术转让和能力建设必要性。为此，鼓励有资格进口的成员和出口成员以促进上述目标实现的方式使用本体制。各成员承诺在开展本协定第66条第2款、《关于〈TRIPS协定〉与公共健康的宣言》第7段及TRIPS理事会的任何其他相关工作时，在给予医药行业技术转让和能力建设特别关注方面，进行合作。

七、为了确保本体制的有效运行，TRIPS理事会须对其运行状况进行年度审议，并每年将其运行情况报告总理事会。

《〈与贸易有关的知识产权协定〉附件》的附录
医药行业生产能力的评估

最不发达成员被认为在医药行业没有或者缺乏足够生产能力。

对于其他有资格进口的成员，可以通过下列方式之一确定其没有或者缺乏有关药品的生产能力：

（一）该有关成员已经证明其在医药行业没有生产能力；或者

（二）在该成员在此行业具有部分生产能力的情况下，该成员已调查了该能力并发现，除专利所有者拥有或控制的生产能力之外，其目前不足以满足自身需要。当证明此种生产能力已经充分可以满足该成员需要时，本体制不得再适用于该成员。

七、2008年3月—2013年3月

第十一届全国人民代表大会及其常务委员会成立于2008年3月，任期5年。十一届全国人大常委会听取审议关于国际公约、双边条约和协定的说明 38 件[1]，批准国际公约、双边条约和协定 39 件。[2]

2008 年 4 月 22 日—24 日，十一届全国人大常委会举行第二次会议。会议通过《关于批准〈中华人民共和国和澳大利亚引渡条约〉的决定》《关于批准〈中华人民共和国和法兰西共和国引渡条约〉的决定》《关于批准〈中华人民共和国和科威特国关于民事和商事司法协助的协定〉的决定》。[3]

2008 年 6 月 24 日—26 日，十一届全国人大常委会举行第三次会议。会议通过《关于批准〈残疾人权利公约〉的决定》《关于批准〈上海合作组织成员国长期睦邻友好合作条约〉的决定》《关于批准〈中华人民共和国和阿尔及利亚民主人民共和国关于刑事司法协助的条约〉的决定》《关于批准〈中华人民共和国和阿尔及利亚民主人民共和国引渡条约〉的决定》。[4]

全国人民代表大会常务委员会关于批准
《残疾人权利公约》的决定

（2008 年 6 月 26 日第十一届全国人民代表大会常务委员会
第三次会议通过）

第十一届全国人民代表大会常务委员会第三次会议决定：批准 2006 年 12 月 13 日由第 61 届联合国大会通过的《残疾人权利

---

〔1〕 全国人大常委会办公厅编：《全国人民代表大会及其常务委员会大事记（1954—2014）》，中国民主法制出版社 2014 年版，第 851 页。

〔2〕《全国人民代表大会常务委员会工作报告（2013 年）》，王汉斌主编：《人民代表大会制度文献集成》（第五卷），中国民主法制出版社 2016 年版，第 3627 页。

〔3〕 全国人大常委会办公厅编：《全国人民代表大会及其常务委员会大事记（1954—2014）》，中国民主法制出版社 2014 年版，第 864 页。

〔4〕 全国人大常委会办公厅编：《全国人民代表大会及其常务委员会大事记（1954—2014）》，中国民主法制出版社 2014 年版，第 867 页。

公约》，同时声明：《残疾人权利公约》条文中关于"迁徙自由"和"国籍"的规定对于中华人民共和国香港特别行政区的适用，不改变中华人民共和国香港特别行政区关于出入境管制和国籍申请的法律的效力。

2008年8月25日—29日，十一届全国人大常委会举行第四次会议。会议通过《关于批准〈万国邮政联盟组织法第七附加议定书〉的决定》《关于批准〈中华人民共和国和纳米比亚共和国关于刑事司法协助的条约〉的决定》《关于批准〈中华人民共和国政府和巴基斯坦伊斯兰共和国政府关于刑事司法协助的协定〉的决定》《关于批准〈中华人民共和国和日本国关于刑事司法协助的条约〉的决定》。[1] 10月23日—28日，十一届全国人大常委会举行第五次会议。会议决定批准2005年7月8日在维也纳通过的《核材料实物保护公约》修订案；决定批准2001年11月16日在国际民航组织理事会和国际统一私法协会联合召开的外交会议上通过的《移动设备国际利益公约》和《移动设备国际利益公约关于航空器设备特定问题的议定书》，并通过《关于批准〈中华人民共和国和葡萄牙共和国引渡条约〉的决定》。[2] 12月22日—27日，十一届全国人大常委会举行第六次会议。会议通过《关于批准〈上海合作组织成员国关于举行联合军事演习的协定〉的决定》《关于批准〈中华人民共和国和阿拉伯联合酋长国关于刑事司法协助的条约〉的决定》。[3]

---

〔1〕　全国人大常委会办公厅编：《全国人民代表大会及其常务委员会大事记（1954—2014）》，中国民主法制出版社2014年版，第872页。

〔2〕　全国人大常委会办公厅编：《全国人民代表大会及其常务委员会大事记（1954—2014）》，中国民主法制出版社2014年版，第877页。

〔3〕　全国人大常委会办公厅编：《全国人民代表大会及其常务委员会大事记（1954—2014）》，中国民主法制出版社2014年版，第882页。

全国人民代表大会常务委员会关于批准
《移动设备国际利益公约》和《移动设备国际
利益公约关于航空器设备特定问题的议定书》的决定

(2008 年 10 月 28 日第十一届全国人民代表大会常务委员会
第五次会议通过)

第十一届全国人民代表大会常务委员会第五次会议决定：批准 2001 年 11 月 16 日在国际民航组织理事会和国际统一私法协会联合召开的外交会议上通过的《移动设备国际利益公约》和《移动设备国际利益公约关于航空器设备特定问题的议定书》(以下简称《公约》和《议定书》)，同时声明：

一、对《公约》第三十九条第 1 款 (a) 项声明：依照中华人民共和国法律优先于有担保的债权人的全部非约定权利或者利益无须登记即可优先于已经登记的国际利益，包括但不限于破产费用和共益债务请求权，职工工资，产生于该民用航空器被抵押、质押或留置之前的税款，援救该民用航空器的报酬请求权，保管维护该民用航空器的必须费用请求权等。

对《公约》第三十九条第 1 款 (b) 项声明：《公约》不影响国家或国家实体、政府间组织或者其他公共服务的私人提供者依照中华人民共和国法律扣留或者扣押标的物，以向此种实体、组织或者提供者支付与使用该标的物或者另一标的物的服务直接有关的欠款的权利。

对《公约》第三十九条第 4 款声明：根据第三十九条第 1 款 (a) 项所作出的声明中所含种类的权利或者利益，优先于批准《议定书》之前已登记的国际利益。

二、对《公约》第四十条声明：为执行判决债务而获得的附属于债务人设备的利益为可登记的非约定权利或利益。

三、对《公约》第四十三条声明：中华人民共和国适用《公约》第四十三条，其中适用第 1 款和第 2 款第（a）项的条件是当事方选定的缔约国法院为与协议争议有实际联系的地点的法院。

四、对《公约》第五十条第 1 款声明：《公约》不适用于中华人民共和国的国内交易。

五、对《公约》第五十三条声明：中华人民共和国各航空公司总部所在地的中级人民法院对《公约》所涉及的航空器设备租赁纠纷具有管辖权。

六、对《公约》第五十四条第 1 款声明：用于担保的标的物位于中华人民共和国境内的，担保权人不得在中华人民共和国境内出租该标的物。

对《公约》第五十四条第 2 款声明：债权人依据《公约》任何条款可以获得但条款中并未明确要求必须向法院申请的任何救济，必须经过中华人民共和国人民法院同意后方可施行。

七、中华人民共和国适用《议定书》第八条、第十二条、第十三条的规定。

八、中华人民共和国适用《议定书》第十条第 1、2、3、4、6、7 款的规定。中华人民共和国法院在收到申请后，对于《公约》第十三条第 1 款（a）、（b）、（c）项规定的救济，在 10 天内作出裁定并立即开始执行；对于《公约》第十三条第 1 款（d）、（e）项规定的救济，在 30 天内作出裁定并立即开始执行。

九、中华人民共和国对《议定书》定义的所有破产程序适用《议定书》第十一条方案 A，等待期为 60 天。

十、根据《议定书》第十九条的规定，中华人民共和国指定中国民用航空局的权利登记机构为接入点。

十一、在中华人民共和国政府另行通知前，《公约》和《议定书》暂不适用于中华人民共和国香港特别行政区和澳门特别行政区。

2009 年 2 月 25 日—28 日，十一届全国人大常委会举行第七次会议。会议通过《关于批准〈中华人民共和国和秘鲁共和国关于民事和商事司法协助的条约〉的决定》《关于批准〈中华人民共和国和墨西哥合众国引渡条约〉的决定》《关于批准〈中华人民共和国和日本国领事协定〉的决定》。[1] 4 月 20 日—24 日，十一届全国人大常委会举行第八次会议。会议通过《关于批准〈中华人民共和国和大韩民国关于移管被判刑人的条约〉的决定》《关于批准〈中华人民共和国和澳大利亚关于移管被判刑人的条约〉的决定》《关于批准〈中华人民共和国和委内瑞拉玻利瓦尔共和国关于刑事司法协助的条约〉的决定》。[2] 10 月 27 日—31 日，十一届全国人大常委会举行第十一次会议。会议通过《关于批准〈中华人民共和国和巴西联邦共和国关于民事和商事司法协助的条约〉的决定》。[3] 12 月 22 日—26 日，十一届全国人大常委会举行第十二次会议。会议通过《关于批准〈联合国打击跨国有组织犯罪公约关于预防、禁止和惩治贩运人口特别是妇女和儿童行为的补充议定书〉的决定》《关于批准〈中华人民共和国和马耳他关于刑事司法协助的条约〉的决定》。[4]

---

〔1〕 全国人大常委会办公厅编：《全国人民代表大会及其常务委员会大事记（1954—2014）》，中国民主法制出版社 2014 年版，第 886 页。

〔2〕 全国人大常委会办公厅编：《全国人民代表大会及其常务委员会大事记（1954—2014）》，中国民主法制出版社 2014 年版，第 894 页。

〔3〕 全国人大常委会办公厅编：《全国人民代表大会及其常务委员会大事记（1954—2014）》，中国民主法制出版社 2014 年版，第 905 页。

〔4〕 全国人大常委会办公厅编：《全国人民代表大会及其常务委员会大事记（1954—2014）》，中国民主法制出版社 2014 年版，第 909—910 页。

2010 年 2 月 24 日—26 日，十一届全国人大常委会举行第十三次会议。会议通过《关于批准〈中华人民共和国和菲律宾共和国领事协定〉的决定》[1] 4 月 26 日—29 日，十一届全国人大常委会举行第十四次会议。会议通过《关于批准〈战争遗留爆炸物议定书〉的决定》《关于批准〈中华人民共和国和印度尼西亚共和国引渡条约〉的决定》[2]。6 月 22 日—25 日，十一届全国人大常委会举行第十五次会议。会议通过《关于批准〈中华人民共和国和柬埔寨王国领事条约〉的决定》[3] 8 月 23 日—28 日，十一届全国人大常委会举行第十六次会议。会议通过《关于批准〈制止核恐怖主义行为国际公约〉的决定》[4]

全国人民代表大会常务委员会关于批准
《制止核恐怖主义行为国际公约》的决定

（2010 年 8 月 28 日第十一届全国人民代表大会常务委员会
第十六次会议通过）

第十一届全国人民代表大会常务委员会第十六次会议决定：批准 2005 年 4 月 13 日在第 59 届联合国大会上通过的《制止核恐怖主义行为国际公约》（以下简称《公约》），同时声明：

一、中华人民共和国不受《公约》第二十三条第一款规定的约束。

---

〔1〕　全国人大常委会办公厅编：《全国人民代表大会及其常务委员会大事记（1954—2014）》，中国民主法制出版社 2014 年版，第 914 页。

〔2〕　全国人大常委会办公厅编：《全国人民代表大会及其常务委员会大事记（1954—2014）》，中国民主法制出版社 2014 年版，第 924 页。

〔3〕　全国人大常委会办公厅编：《全国人民代表大会及其常务委员会大事记（1954—2014）》，中国民主法制出版社 2014 年版，第 928 页。

〔4〕　全国人大常委会办公厅编：《全国人民代表大会及其常务委员会大事记（1954—2014）》，中国民主法制出版社 2014 年版，第 931 页。

二、根据《公约》第九条第三款的规定，中华人民共和国确立《公约》第九条第二款规定的管辖权。

三、在中华人民共和国政府另行通知前，《公约》暂不适用于中华人民共和国香港特别行政区。

制止核恐怖主义行为国际公约
（中文本）

本公约缔约国，铭记《联合国宪章》有关维护国际和平与安全及促进各国间睦邻和友好关系与合作的宗旨和原则，回顾1995年10月24日《联合国50周年纪念宣言》，确认所有国家享有为和平目的发展和利用核能的权利及其从和平利用核能获得潜在益处的合法利益，铭记1980年《核材料实物保护公约》，深切关注世界各地一切形式和表现的恐怖主义行为不断升级，回顾大会1994年12月9日第49/60号决议所附《消除国际恐怖主义措施宣言》，其中除其他外，联合国会员国庄严重申毫不含糊地谴责恐怖主义的一切行为、方法和做法，包括那些危害国家间和人民间友好关系及威胁国家领土完整和安全的行为、方法和做法，不论在何处发生，也不论是何人所为，均为犯罪而不可辩护，注意到该《宣言》还鼓励各国紧急审查关于防止、制止和消除一切形式和表现的恐怖主义的现行国际法律规定的范围，以期确保有一个涵盖这个问题的所有方面的全面法律框架，回顾大会1996年12月17日第51/210号决议及其中所附的《补充1994年〈消除国际恐怖主义措施宣言〉的宣言》，又回顾已按照大会第51/210号决议设立了一个特设委员会，以期除其他外，拟订一项制止核恐怖主义行为国际公约补充现有的相关国际文书，注意到核恐怖主义行为可能带来最严重的后果并可能对国际和平与安全构成威胁，又注意到现有多边法律规定不足以处理这些袭击，深信迫切需要在各国之间加强国际合作，制定和采取有效和切实的措施，以防止这种恐怖主义行为，并起诉和惩罚行为人，注意到国家军事部队的活动由本公约框架以外的国际法规则规定，某些行动被排除在本公约适用范围之外并非是容许不合法行为或使不合法行为合法化，或禁止根据其他法律提出起诉，议定如下：

第一条

为本公约的目的：

一、"放射性材料"是指核材料和其他含有可自发蜕变（一个伴随有放射一种或多种致电离射线，如 α 粒子、β 粒子、中子和 γ 射线的过程）核素的放射性物质，此种材料和物质，由于其放射或可裂变性质，可能致使死亡、人体受到严重伤害或财产或环境受到重大损害。

二、"核材料"是指钚，但钚-238 同位素含量超过 80% 者除外；铀-233；富集了同位素 235 或 233 的铀；非矿石或矿渣形式的铀，其中同位素的比例与自然界存在的天然铀同位素混合的比例相同；或任何含有一种或多种上述物质的材料；

"富集了同位素 235 或 233 的铀"是指含有同位素 235 或 233 或兼含二者的铀，而这些同位素的总丰度与同位素 238 的丰度比大于自然界中同位素 235 与同位素 238 的丰度比。

三、"核设施"是指：

（一）任何核反应堆，包括装在船舶、车辆、飞行器或航天物体上，用作推动这种船舶、车辆、飞行器或航天物体的能源以及用于其他任何目的的反应堆；

（二）用于生产、储存、加工或运输放射性材料的任何工厂或运输工具。

四、"装置"是指：

（一）任何核爆炸装置；或

（二）任何散布放射性物质或释出辐射的装置，此种装置由于其放射性质，可能致使死亡、人体受到严重伤害或财产或环境受到重大损害。

五、"国家或政府设施"包括一国代表，政府、立法机关或司法机关成员，或一国或任何其他公共当局或实体的官员或雇员，或一个政府间组织的雇员或官员，因公务使用或占用的任何长期或临时设施或交通工具。

六、"一国军事部队"是指一国按照其国内法，主要为国防或国家安全目的而组织、训练和装备的武装部队以及在其正式指挥、控制和负责下向其提供支助的人员。

第二条

一、本公约所称的犯罪是指任何人非法和故意：

（一）拥有放射性材料或制造或拥有一个装置：

1. 目的是致使死亡或人体受到严重伤害；或

2. 目的是致使财产或环境受到重大损害；

（二）以任何方式利用放射性材料或装置，或以致使放射性材料外泄或有外泄危险的方式利用或破坏核设施：

1. 目的是致使死亡或人体受到严重伤害；或

2. 目的是致使财产或环境受到重大损害；或

3. 目的是迫使某一自然人或法人、某一国际组织或某一国家实施或不实施某一行为。

二、任何人实施以下行为也构成犯罪：

（一）在显示威胁确实可信的情况下，威胁实施本条第一款第（二）项所述犯罪；或

（二）在显示威胁确实可信的情况下通过威胁，或使用武力，非法和故意索要放射性材料、装置或核设施。

三、任何人实施本条第一款所述犯罪未遂也构成犯罪。

四、任何人实施以下行为也构成犯罪：

（一）以共犯身份参加本条第一、第二或第三款所述犯罪；或

（二）组织或指使他人实施本条第一、第二或第三款所述犯罪；或

（三）以任何其他方式促进以共同目的行动的群体实施本条第一、第二或第三款所述犯罪；促进行动应当为故意的，并且是为了助长该群体的一般犯罪活动或目的，或明知该群体有意实施有关犯罪。

第三条

本公约不适用于犯罪仅在一国境内实施、被指控罪犯和被害人均为该国国民、被指控罪犯在该国境内被发现，而且没有其他国家具有根据第九条第一或第二款行使管辖权的基础的情况，但第七条、第十二条、第十四条、第十五条、第十六条和第十七条的规定应酌情适用于这些情况。

第四条

一、本公约的任何条款均不影响国际法特别是《联合国宪章》的宗旨和原则以及国际人道主义法规定的其他国家和个人的权利、义务和责任。

二、武装冲突中武装部队的活动，按照国际人道主义法所理解的意义，由国际人道主义法予以规定，不受本公约管辖；一国军事部队为执行公务而进行的活动，由国际法其他规则予以规定，因此不受本公约管辖。

三、本条第二款的规定不得被解释为容许不合法行为或使不合法行为合法化，或禁止根据其他法律提出起诉。

四、本公约不以任何方式涉及，也不能被解释为以任何方式涉及国家使用核武器或威胁使用核武器的合法性问题。

第五条

每一缔约国应酌情采取必要措施：

（一）在其国内法中将第二条所述犯罪定为刑事犯罪；

（二）根据这些犯罪的严重性质规定适当的刑罚。

第六条

每一缔约国应酌情采取必要措施，包括在适当时制定国内立法，以确保本公约范围内的犯罪行为，特别是故意或有意使公众、某一群体或特定个人产生恐怖感的犯罪行为，在任何情况下都不得以政治、思想、意识形态、种族、族裔、宗教或其他类似性质的考虑因素为之辩解，并受到与其严重性质相符的刑罚。

第七条

一、缔约国应以下列方式进行合作：

（一）采取一切切实可行的措施，包括在必要时修改其国内法，防止和制止在其境内为在其境内或境外实施第二条所述犯罪进行准备，包括采取措施禁止鼓励、唆使、组织、故意资助或故意以技术协助或情报支助，或从事实施这些犯罪的个人、团体和组织在其境内进行非法活动；

（二）依照其国内法，以本条规定的方式及遵照本条规定的条件，交换准确和经核实的情报，并协调酌情采取的行政及其他措施，以便侦查、防止、制止和调查第二条所述犯罪，以及对被控实施这些犯罪的人提起刑事诉讼。缔约国特别应采取适当措施，不加迟延地将有人实施第二条所述犯罪的情况，以及该国所了解的有关实施这些犯罪的准备活动通知第九条所述的其他国家，并斟酌情况通知国际组织。

二、缔约国应采取符合其国内法的适当措施，以保护由于本公约的规定而从另一缔约国得到的，或经由参与为执行本公约而进行的活动而得到的任何保密情报的机密性。如果缔约国向国际组织提供保密情报，应采取步骤确保保护此种情报的机密性。

三、本公约不应要求缔约国提供国内法规定不得传送或可能危及有关国家安全或核材料实物保护的任何情报。

四、缔约国应将本国负责发送和接收本条所述情报的主管机关和联络点告知联合国秘书长。联合国秘书长应将有关主管机关和联络点的信息通知所有缔约国和国际原子能机构。这些主管机关和联络点必须可随时联系。

第八条

为了防止本公约所述犯罪，缔约国应竭尽全力采取适当措施确保放射性材料受到保护，并考虑到国际原子能机构的相关建议和职能。

第九条

一、每一缔约国应酌情采取必要措施，在下列情况下确立对第二条所述犯罪的管辖权：

（一）犯罪在本国境内实施；或

（二）犯罪发生在犯罪实施时悬挂本国国旗的船舶或根据本国法律登记的航空器上；或

（三）犯罪行为人是本国国民。

二、在下列情况下，缔约国也可以确立对任何这些犯罪的管辖权：

（一）犯罪的对象是本国国民；或

（二）犯罪的对象是本国在国外的国家或政府设施，包括本国使馆或其他外交或领事馆舍；或

（三）犯罪行为人是其惯常居所在本国境内的无国籍人；或

（四）犯罪的意图是迫使本国实施或不实施某一行为；或

（五）犯罪发生在本国政府营运的航空器上。

三、每一缔约国在批准、接受、核准或加入本公约时，应通知联合国秘书长本国根据国内法，依照本条第二款规定确立的管辖权。遇有修改，有关缔约国应立即通知秘书长。

四、如果被指控罪犯在某一缔约国境内，而该缔约国不将该人引渡至根据本条第一和第二款确立了管辖权的缔约国，该缔约国也应酌情采取必要措施，确立其对第二条所述犯罪的管辖权。

五、本公约不阻止缔约国行使依照其国内法确立的任何刑事管辖权。

第十条

一、在收到关于有人在某一缔约国境内实施了或正在实施第二条所述的一种犯罪，或者实施或被指控实施这种犯罪的人可能在其境内的情报后，有关缔约国即应根据其国内法酌情采取必要措施，调查情报所述事实。

二、罪犯或被指控罪犯在其境内的缔约国，在确信情况有此需要时，应根据其国内法采取适当措施，确保该人在被起诉或引渡时在场。

三、对其采取本条第二款所述措施的人有权：

（一）毫不迟延地与其国籍国或有权保护其权利的国家之距离最近的适当代表联系，如果该人是无国籍人，则有权与其惯常居住地国的此种代表联系；

（二）接受该国代表探视；

（三）获告知其根据第（一）和第（二）项享有的权利。

四、本条第三款所述权利应按照罪犯或被指控罪犯所在地国的法律和法规行使，但这些法律和法规必须能使第三款所给予的权利的目的得以充分实现。

五、本条第三和第四款的规定不妨害依照第九条第一款第（三）项或第二款第（三）项的规定主张管辖权的缔约国邀请红十字国际委员会与被指控罪犯联系和前往探视的权利。

六、缔约国根据本条将某人拘留时，应立即直接或通过联合国秘书长将该人被拘留的事实和构成羁押理由的情况，通知已依照第九条第一和第二款规定确立管辖权的缔约国，及其认为适宜的任何其他有关缔约国。进行本条第一款所述调查的国家应迅速将调查结果通知上述缔约国，并应表明是否有意行使管辖权。

第十一条

一、在第九条适用的情况下，被指控罪犯在其境内的缔约国，不将该人引渡的，无论犯罪是否在其境内实施，均有义务毫无例外地不作无理拖延，将案件送交其主管当局，以便通过该国法律规定的程序进行起诉。主管当局应以处理本国法律规定的任何其他严重犯罪的方式作出决定。

二、如果缔约国国内法允许引渡或移交一名本国国民，但条件是须将该人遣回本国服刑，以执行要求引渡或移交该人的审判或诉讼程序所判处的刑罚，而且该国与要求引渡该人的国家均同意这个办法及双方认为适当的其他条件，则此种有条件的引渡或移交应足以履行本条第一款所规定的义务。

第十二条

应保证根据本公约被拘留或对其采取任何其他措施或被起诉的人获得公平待遇，包括享有一切符合其所在国法律和包括国际人权法在内可适用的国际法规定的权利与保障。

第十三条

一、第二条所述犯罪应被视为包括在任何缔约国之间在本公约生效前已有的任何引渡条约中的可引渡罪行。缔约国承诺将此类犯罪作为可引渡罪行列入缔约国间以后缔结的每一项引渡条约中。

二、以订有条约为引渡条件的缔约国，在收到未与其订有引渡条约的另一缔约国的引渡请求时，被请求国可以自行选择，以本公约为就第二条所述犯罪进行引渡的法律依据。引渡应符合被请求国法律规定的其他条件。

三、不以订有条约为引渡条件的缔约国，在符合被请求国法律规定的条件下，应视第二条所述犯罪为它们之间的可引渡罪行。

四、为缔约国间引渡的目的，必要时应将第二条所述犯罪视为不仅在发生地实施，而且也在依照第九条第一和第二款的规定确立管辖权的国家的境内实施。

五、缔约国间关于第二条所述犯罪的所有引渡条约和安排的规定，凡是与本公约不符的，应视为已在缔约国间作了修改。

第十四条

一、对于就第二条所述犯罪进行的调查和提起的刑事诉讼或引渡程序，缔约国应相互提供最大程度的协助，包括协助取得本国所掌握的诉讼或引渡程序所需证据。

二、缔约国应按照它们之间可能存在的关于相互司法协助的任何条约或其他安排履行本条第一款规定的义务。如无此类条约或安排，缔约国应按照其国内法规定相互提供协助。

第十五条

为了引渡或相互司法协助的目的，第二条所述的任何犯罪不得视为政治罪、同政治罪有关的犯罪或由政治动机引起的犯罪。因此，就此种犯罪提出的引渡或相互司法协助的请求，不可只以其涉及政治罪、同政治罪有关的犯罪或由政治动机引起的犯罪为由而加以拒绝。

第十六条

如果被请求的缔约国有实质理由认为，请求为第二条所述犯罪进行引渡或请求就此种犯罪提供相互司法协助的目的，是为了基于某人的种族、宗教、国籍、族裔或政治观点而对该人进行起诉或惩罚，或认为接受这一请求将使该人的情况因任何上述理由受到损害，则本公约的任何条款均不应被解释为规定该国有引渡或提供相互司法协助的义务。

第十七条

一、被某一缔约国羁押或在该国境内服刑的人，如果被要求到另一缔约国作证、进行辨认或提供协助以取得调查或起诉本公约规定的犯罪所需的证据，在满足以下条件的情况下可予移送：

（一）该人自由表示知情同意；和

（二）两国主管当局均同意，但须符合两国认为适当的条件。

二、为本条的目的：

（一）受移送国应有权力和义务羁押被移送人，除非移送国另有要求或授权；

（二）受移送国应不加迟延地履行其义务，按照两国主管当局事先商定或另行商定的方式，将被移送人交回移送国羁押；

（三）受移送国不得要求移送国为交回被移送人提起引渡程序；

（四）被移送人在受移送国的羁押时间应折抵其在移送国所服刑期。

三、除非获得依照本条规定作出移送的缔约国的同意，无论被移送人国籍为何，不得因其在离开移送国国境前的行为或判罪而在受移送国境内受到起诉或羁押，或受到对其人身自由的任何其他限制。

第十八条

一、遇发生第二条所述犯罪，在收缴或以其他方式获得放射性材料、装置或核设施后，持有上述物项的缔约国即应：

（一）采取步骤使放射性材料、装置或核设施无害化；

（二）确保按照可适用的国际原子能机构保障监督条款保管任何核材料；和

（三）注意到国际原子能机构公布的实物保护建议以及健康和安全标准。

二、在与第二条所述犯罪有关的诉讼结束后，或按照国际法规定于结束之前，经与有关缔约国特别是就归还和储存的方式进行协商，任何放射性材料、装置或核设施，应归还其所属缔约国，或拥有这些放射性材料、装置或设施的自然人或法人为其国民或居民的缔约国，或物项在其境内被盗窃或非法获取的缔约国。

三、（一）如果国内法或国际法禁止某一缔约国归还或接受这些放射性材料、装置或核设施，或有关缔约国以符合本条第三款第（二）项规定的方式达成协议，则持有放射性材料、装置或核设施的缔约国应继续采取本条第一款所述步骤；这些放射性材料、装置或核设施应只用于和平目的；

（二）如果持有放射性材料、装置或核设施的缔约国依法不得持有这些物项，该国应确保尽快将其移交给可以合法持有并已酌情同该国磋商，提出了符合本条第一款的保证的国家，以使之无害化；这些放射性材料、装置或核设施应只用于和平目的。

四、如果本条第一和第二款所述放射性材料、装置或核设施不属于任何缔约国或缔约国国民或居民所有，或并非在某一缔约国境内被盗窃或非法获取，或没有国家愿意按照本条第三款的规定予以接受，则应在有关国家与任何相关国际组织协商后，另行作出处置的决定，但须符合本条第三款第（二）项的规定。

五、为本条第一、第二、第三和第四款的目的，持有放射性材料、装置或核设施的缔约国可请求其他缔约国，特别是有关缔约国，以及任何相关国际组织，特别是国际原子能机构给予协助和合作。鼓励缔约国和相关国际组织按照本款规定尽量提供协助。

六、根据本条规定参与处置或保存放射性材料、装置或核设施的缔约国应将这些物项的处置或保存方式通知国际原子能机构总干事。国际原子能机构总干事应将此种信息转送其他缔约国。

七、如果第二条所述犯罪涉及任何散布情况，本条的规定不影响规定核损害责任的国际法规则或其他国际法规则。

第十九条

起诉被指控罪犯的缔约国应依照其国内法或可适用的程序，将诉讼程序的终局结果通知联合国秘书长，由其将此情况转达其他缔约国。

第二十条

缔约国应直接或通过联合国秘书长，并在必要时通过国际组织的协助进行协商，以确保有效实施本公约。

第二十一条

缔约国应以符合各国主权平等和领土完整以及不干涉他国内

政等原则的方式履行本公约规定的义务。

第二十二条

本公约的任何条款均不给予缔约国在另一缔约国境内行使管辖权和履行该另一缔约国当局根据其国内法拥有的专属职能的权利。

第二十三条

一、两个或多个缔约国之间有关本公约的解释或适用的争端，不能在合理时间内通过谈判解决的，经其中任何一方要求，应交付仲裁。如果自要求仲裁之日起六个月内，各当事方不能就仲裁的组成达成协议，其中任何一方可根据《国际法院规约》请求将争端提交国际法院。

二、每一国家在签署、批准、接受、核准或加入本公约时，可以声明本国不受本条第一款的约束。对于作出此种保留的任何缔约国，其他缔约国也不受第一款的约束。

三、依照本条第二款规定作出保留的缔约国，可以在任何时候通知联合国秘书长撤回保留。

第二十四条

一、本公约自 2005 年 9 月 14 日至 2006 年 12 月 31 日在纽约联合国总部开放供所有国家签字。

二、本公约须经批准、接受或核准。批准书、接受书或核准书应交存联合国秘书长。

三、本公约开放供任何国家加入。加入书应交存联合国秘书长。

第二十五条

一、本公约在第二十二份批准书、接受书、核准书或加入书交存联合国秘书长之日后第三十天生效。

二、对于在第二十二份批准书、接受书、核准书或加入书交存后批准、接受、核准或加入本公约的每一个国家，本公约在该国交存其批准书、接受书、核准书或加入书后第三十天生效。

第二十六条

一、缔约国可以对本公约提出修正案。提议的修正案应提交保存人，由保存人立即分发所有缔约国。

二、如果过半数缔约国请求保存人召开会议以审议提议的修正案，保存人应邀请所有缔约国出席这一会议。该会议不得在发出邀请后三个月内举行。

三、会议应作出一切努力，确保以协商一致方式通过修正案。无法取得协商一致时，应以全体缔约国的三分之二多数通过修正案。会议通过的任何修正案应由保存人迅速分发所有缔约国。

四、对于交存修正案批准书、接受书、加入书或核准书的各缔约国，依照本条第三款规定通过的修正案在三分之二缔约国将其有关文书交存保存人之日后第三十天生效。此后，修正案在有关缔约国交存其相关文书之日后第三十天对该缔约国生效。

第二十七条

一、任何缔约国可书面通知联合国秘书长退出本公约。

二、退出应在联合国秘书长接到通知之日起一年后生效。

第二十八条

本公约正本交存联合国秘书长，其阿拉伯文、中文、英文、法文、俄文和西班牙文文本同等作准。联合国秘书长应将本公约核对无误的副本分送所有国家。

本公约于 2005 年 9 月 14 日在纽约联合国总部开放供签字。下列签署人经各自政府正式授权在本公约上签字，以昭信守。

2011 年 6 月 27 日—30 日，十一届全国人大常委会举行第二十一次会议。会议通过《关于批准〈中华人民共和国和阿尔及利亚民主人民共和国关于民事和商事司法协助的条约〉的决定》[1] 8 月 24 日—26 日，十一届全国人大常委会举行第二十二次会议。会议通过《关于批准〈东南亚友好合作条约第三修改议定书〉的决定》[2] 12 月 26 日—31 日，十一届全国人大常委会举行第二十四次会议。会议听取外交部部长杨洁篪的相关说明，通过《关于批准〈中华人民共和国和俄罗斯联邦关于打击恐怖主义、分裂主义和极端主义的合作协定〉的决定》《关于批准〈中华人民共和国和意大利共和国引渡条约〉的决定》《关于批准〈中华人民共和国政府和意大利共和国政府关于刑事司法协助的条约〉的决定》。[3]

2012 年 4 月 24 日—27 日，十一届全国人大常委会举行第二十六次会议。会议通过《关于批准〈万国邮政联盟组织法第八附加议定书〉的决定》[4] 10 月 23 日—26 日，十一届全国人大常委会举行第二十九次会议。会议通过《关于批准〈中华人民共和国、塔吉克斯坦共和国和阿富汗伊斯兰共和国关于确定三国国界交界点的协定〉的决定》《关于批准〈中华人民共和国和泰王国关于移管被判刑人的条约〉的决定》。[5]

---

〔1〕 全国人大常委会办公厅编：《全国人民代表大会及其常务委员会大事记（1954—2014）》，中国民主法制出版社 2014 年版，第 960 页。

〔2〕 全国人大常委会办公厅编：《全国人民代表大会及其常务委员会大事记（1954—2014）》，中国民主法制出版社 2014 年版，第 964 页。

〔3〕 全国人大常委会办公厅编：《全国人民代表大会及其常务委员会大事记（1954—2014）》，中国民主法制出版社 2014 年版，第 972 页。

〔4〕 全国人大常委会办公厅编：《全国人民代表大会及其常务委员会大事记（1954—2014）》，中国民主法制出版社 2014 年版，第 984 页。

〔5〕 全国人大常委会办公厅编：《全国人民代表大会及其常务委员会大事记（1954—2014）》，中国民主法制出版社 2014 年版，第 995 页。

/ 第六章 /

新时代全国人大常委会决定批准或加入的条约和重要协定情况概览

党的十八大以来，党和国家事业取得历史性成就、发生历史性变革，中国特色社会主义进入了新时代。为实现"两个一百年"奋斗目标和实现中华民族伟大复兴的中国梦营造更为有利的外部环境，第十二届、第十三届全国人大常委会，按照中央外交工作的总方针和总体部署，通过决定批准或加入的条约和重要协定，着力加强人大对外交往，争取有利的国际环境。截至2022年8月底，第十二届和第十三届全国人大常委会共决定批准或加入的条约和重要协定共66件。

一、2013 年 3 月—2018 年 3 月

第十二届全国人民代表大会及其常务委员会成立于 2013 年 3 月，任期 5 年。十二届全国人大共召开 5 次会议，十二届全国人大常委会共召开 33 次会议。五年间，全国人大常委会决定批准我国与外国缔结的条约、协定以及加入的国际公约 43 件。[1]

2013 年 6 月 26 日—29 日，十二届全国人大常委会举行第三次会议。会议通过《关于批准〈上海合作组织成员国组织和举行联合反恐演习的程序协定〉的决定》《关于批准〈关于在上海合作组织成员国境内组织和举行联合反恐行动的程序协定〉的

---

〔1〕 宋锐主编：《全国人民代表大会年鉴》（2018 年卷），中国民主法制出版社 2019 年版，第 110 页。

决定》〔1〕8月26日—30日，十二届全国人大常委会举行第四次会议。会议决定批准分别于2009年5月8日和2011年4月29日经《关于持久性有机污染物的斯德哥尔摩公约》缔约方大会第四次会议和第五次会议通过的《〈关于持久性有机污染物的斯德哥尔摩公约〉新增列九种持久性有机污染物修正案》和《〈关于持久性有机污染物的斯德哥尔摩公约〉新增列硫丹修正案》〔2〕12月23日—28日，十二届全国人大常委会举行第六次会议。会议通过《关于批准〈中华人民共和国和吉尔吉斯共和国关于移管被判刑人的条约〉的决定》〔3〕

2014年4月21日—24日，十二届全国人大常委会举行第八次会议。会议通过《关于批准〈视听表演北京条约〉的决定》《关于批准〈中华人民共和国和阿根廷共和国关于刑事司法协助的条约〉的决定》〔4〕

全国人民代表大会常务委员会关于批准
《视听表演北京条约》的决定

（2014年4月24日第十二届全国人民代表大会常务委员会
第八次会议通过）

第十二届全国人民代表大会常务委员会第八次会议决定：批准世界知识产权组织于2012年6月26日在北京召开的保

---

〔1〕 全国人大常委会办公厅编：《全国人民代表大会及其常务委员会大事记（1954—2014）》，中国民主法制出版社2014年版，第1032页。

〔2〕 全国人大常委会办公厅编：《全国人民代表大会及其常务委员会大事记（1954—2014）》，中国民主法制出版社2014年版，第1036页。

〔3〕 全国人大常委会办公厅编：《全国人民代表大会及其常务委员会大事记（1954—2014）》，中国民主法制出版社2014年版，第1053页。

〔4〕 全国人大常委会办公厅编：《全国人民代表大会及其常务委员会大事记（1954—2014）》，中国民主法制出版社2014年版，第1073—1074页。

护音像表演外交会议上通过的《视听表演北京条约》；同时声明：

一、中华人民共和国不受《视听表演北京条约》第十一条第一款和第二款规定的约束。

二、在中华人民共和国政府另行通知前，《视听表演北京条约》暂不适用于中华人民共和国香港特别行政区。

2014 年 6 月 23 日—27 日，十二届全国人大常委会举行第九次会议。会议通过《关于批准〈中华人民共和国和波斯尼亚和黑塞哥维那关于刑事司法协助〉的决定》《关于批准〈中华人民共和国和波斯尼亚和黑塞哥维那关于民事和商事司法协助〉的决定》《关于批准〈中华人民共和国和波斯尼亚和黑塞哥维那引渡条约〉的决定》《关于批准〈中华人民共和国和蒙古国关于移管被判刑人的条约〉的决定》《关于批准〈中华人民共和国和乌兹别克斯坦共和国友好合作条约〉的决定》[1] 12 月 22 日—28 日，十二届全国人大常委会举行第十二次会议。会议通过《关于批准〈上海合作组织反恐怖主义公约〉的决定》[2]《关于批准〈中华人民共和国和阿富汗伊斯兰共和国引渡条约〉的决定》[3]《关于批准〈中华人民共和国和伊朗伊斯兰共和国引渡条约〉的决定》[4]

---

〔1〕　全国人大常委会办公厅编：《全国人民代表大会及其常务委员会大事记（1954—2014）》，中国民主法制出版社 2014 年版，第 1079 页。

〔2〕　窦树华主编：《全国人民代表大会年鉴》（2014 年卷），中国民主法制出版社 2015 年版，第 406 页。

〔3〕　窦树华主编：《全国人民代表大会年鉴》（2014 年卷），中国民主法制出版社 2015 年版，第 413 页。

〔4〕　窦树华主编：《全国人民代表大会年鉴》（2014 年卷），中国民主法制出版社 2015 年版，第 417 页。

全国人民代表大会常务委员会关于批准
《上海合作组织反恐怖主义公约》的决定

（2014 年 12 月 28 日第十二届全国人民代表大会常务委员会
第十二次会议通过）

第十二届全国人民代表大会常务委员会第十二次会议决定：批准 2009 年 6 月 16 日由时任国家主席胡锦涛代表中华人民共和国在叶卡捷琳堡签署的《上海合作组织反恐怖主义公约》，同时声明：在中华人民共和国政府另行通知前，《上海合作组织反恐怖主义公约》暂不适用于中华人民共和国香港特别行政区。

2015 年 2 月 27 日，十二届全国人大常委会举行第十三次会议。会议通过《关于批准〈中华人民共和国和乌克兰友好合作条约〉的决定》[1]《关于批准〈中华人民共和国和土库曼斯坦友好合作条约〉的决定》[2]《关于批准〈中华人民共和国和大韩民国领事协定〉的决定》[3]。4 月 20 日—24 日，十二届全国人大常委会举行第十四次会议。会议通过关于批准《〈中亚无核武器区条约〉议定书》的决定[4] 6 月 24 日—7 月 1 日，十二届全国人大常委会举行第十五次会议。会议通过《关于批准〈成立新开发银行的协议〉的决定》[5]《关于批准〈中华人民共和国和哈萨

---

〔1〕 窦树华、郭振华主编：《全国人民代表大会年鉴》（2015 年卷），中国民主法制出版社 2016 年版，第 601 页。

〔2〕 窦树华、郭振华主编：《全国人民代表大会年鉴》（2015 年卷），中国民主法制出版社 2016 年版，第 604 页。

〔3〕 窦树华、郭振华主编：《全国人民代表大会年鉴》（2015 年卷），中国民主法制出版社 2016 年版，第 607 页。

〔4〕 窦树华、郭振华主编：《全国人民代表大会年鉴》（2015 年卷），中国民主法制出版社 2016 年版，第 610 页。

〔5〕 窦树华、郭振华主编：《全国人民代表大会年鉴》（2015 年卷），中国民主法制出版社 2016 年版，第 612 页。

克斯坦共和国关于移管被判刑人的条约〉的决定》[1]《关于批准〈多边税收征管互助公约〉的决定》[2]。8 月 24 日—29 日，十二届全国人大常委会举行第十六次会议。会议通过《关于批准〈2006 年海事劳工公约〉的决定》[3]《关于批准〈中华人民共和国和大不列颠及北爱尔兰联合王国关于刑事司法协助的条约〉的决定》[4]《关于批准〈中华人民共和国和比利时王国关于刑事司法协助的条约〉的决定》[5]《关于批准〈设立东盟与中日韩宏观经济研究办公室协议〉的决定》[6]。

2015 年 10 月 30 日—11 月 4 日，十二届全国人大常委会举行第十七次会议。会议通过《关于批准〈亚洲基础设施投资银行协定〉的决定》[7] 12 月 27 日，十二届全国人大常委会举行第十八次会议。会议通过《关于批准〈中华人民共和国和伊朗伊斯兰共和国关于移管被判刑人的条约〉的决定》[8]《关于批准〈中华人民共和国和白俄罗斯共和国友好合作

〔1〕 窦树华、郭振华主编：《全国人民代表大会年鉴》（2015 年卷），中国民主法制出版社 2016 年版，第 622 页。

〔2〕 窦树华、郭振华主编：《全国人民代表大会年鉴》（2015 年卷），中国民主法制出版社 2016 年版，第 625 页。

〔3〕 窦树华、郭振华主编：《全国人民代表大会年鉴》（2015 年卷），中国民主法制出版社 2016 年版，第 633 页。

〔4〕 窦树华、郭振华主编：《全国人民代表大会年鉴》（2015 年卷），中国民主法制出版社 2016 年版，第 679 页。

〔5〕 窦树华、郭振华主编：《全国人民代表大会年鉴》（2015 年卷），中国民主法制出版社 2016 年版，第 685 页。

〔6〕 窦树华、郭振华主编：《全国人民代表大会年鉴》（2015 年卷），中国民主法制出版社 2016 年版，第 689 页。

〔7〕 窦树华、郭振华主编：《全国人民代表大会年鉴》（2015 年卷），中国民主法制出版社 2016 年版，第 695 页。

〔8〕 窦树华、郭振华主编：《全国人民代表大会年鉴》（2015 年卷），中国民主法制出版社 2016 年版，第 709 页。

条约〉的决定》[1]。

全国人民代表大会常务委员会关于批准
《亚洲基础设施投资银行协定》的决定

〔2015 年 11 月 4 日第十二届全国人民代表大会常务委员会
第十七次会议通过〕

第十二届全国人民代表大会常务委员会第十七次会议决定：批准 2015 年 6 月 29 日由中华人民共和国代表在北京签署的《亚洲基础设施投资银行协定》。

亚洲基础设施投资银行协定
（中文本）

本协定签署国一致同意：考虑到在全球化背景下，区域合作在推动亚洲经济体持续增长及经济和社会发展方面具有重要意义，也有助于提升本地区应对未来金融危机和其他外部冲击的能力；认识到基础设施发展在推动区域互联互通和一体化方面具有重要意义，也有助于推进亚洲经济增长和社会发展，进而为全球经济发展提供新动力；认识到亚洲基础设施投资银行（以下简称"银行"）通过与现有多边开发银行开展合作，将更好地为亚洲地区长期的巨额基础设施建设融资缺口提供资金支持；确信作为旨在支持基础设施发展的多边金融机构，银行的成立将有助于从亚洲域内及域外动员更多的亟须资金，缓解亚洲经济体面临的融资瓶颈，与现有多边开发银行形成互补，推进亚洲实现持续稳定增长；同意成立银行，并遵照本协定所做出的如下规定进行运作：

---

〔1〕 窦树华、郭振华主编：《全国人民代表大会年鉴》（2015 年卷），中国民主法制出版社 2016 年版，第 712 页。

第一章　宗旨、职能和成员资格
第一条　宗　　旨

一、银行宗旨在于：（一）通过在基础设施及其他生产性领域的投资，促进亚洲经济可持续发展、创造财富并改善基础设施互联互通；（二）与其他多边和双边开发机构紧密合作，推进区域合作和伙伴关系，应对发展挑战。

二、本协定中凡提及"亚洲"和"本区域"之处，除理事会另有规定外，均指根据联合国定义所指的属亚洲和大洋洲的地理区划和组成。

第二条　职　　能

为履行其宗旨，银行应具备以下职能：

（一）推动区域内发展领域的公共和私营资本投资，尤其是基础设施和其他生产性领域的发展；

（二）利用其可支配资金为本区域发展事业提供融资支持，包括能最有效支持本区域整体经济和谐发展的项目和规划，并特别关注本区域欠发达成员的需求；

（三）鼓励私营资本参与投资有利于区域经济发展，尤其是基础设施和其他生产性领域发展的项目、企业和活动，并在无法以合理条件获取私营资本融资时，对私营投资进行补充；并且，

（四）为强化这些职能开展的其他活动和提供的其他服务。

第三条　成员资格

一、银行成员资格向国际复兴开发银行和亚洲开发银行成员开放。

（一）域内成员是指列入附件一第一部分的成员及依照第一条第二款属亚洲区域的其他成员，其余则为域外成员。

（二）创始成员指已列入附件一、在第五十七条规定的日期当日或之前签署本协定并在第五十八条第一款规定的最终日期前已满足所有成员条件的成员。

二、国际复兴开发银行和亚洲开发银行成员，如未能依照第五十八条规定加入银行，可依照第二十八条规定经理事会特别多数投票同意后，遵照银行决定的加入条件成为银行成员。

三、不享有主权或无法对自身国际关系行为负责的申请方，应由对其国际关系行为负责的银行成员同意或代其向银行提出加入申请。

第二章 资　　本
第四条　法定股本

一、银行法定股本为壹仟亿美元，分为壹佰万股，每股的票面价值为拾万美元，只供成员依照本协定第五条的规定认缴。

二、初始法定股本分为实缴股本和待缴股本。实缴股本的票面总价值为贰佰亿美元，待缴股本的票面总价值为捌佰亿美元。

三、理事会可依照第二十八条规定，在适当时间按适当条件，经理事会超级多数投票同意后，增加银行的法定股本，包括实缴股本和待缴股本之间的比例。

四、本协定凡提及"美元"及"＄"符号均指美利坚合众国的法定支付货币。

第五条　股本认缴

一、每个成员均须认缴银行的股本。认缴初始法定股本时，实缴股本与待缴股本之间的比例应为2：8。依照第五十八条规定获得成员资格的国家，其初始认缴股份数按本协定附件一执行。

二、依照本协定第三条第二款加入的成员，其初始认缴股份数应由理事会决定；若其认缴将使域内成员持有股本在总股本中的比例降至百分之七十五以下时，除非理事会依照第二十八条规定经超级多数投票通过，否则不予批准。

三、理事会可以应某一成员要求，依照第二十八条规定，经超级多数投票通过，同意该成员按照确定的条件和要求增加认缴；若其认缴使域内成员持有股本在总股本中的比例降至百分之七十五以下时，除非理事会依照第二十八条规定经超级多数投票通过，否则不予批准。

四、理事会每隔不超过五年对银行的总股本进行审议。法定股本增加时，每个成员都将有合理机会按理事会决定的条件进行认缴，其认缴部分占总增加股本的比例应与此次增资前其认缴股本占总认缴股本的比例相同。任何成员均无义务认缴任何增加股本。

第六条 对认缴股本的支付

一、依照第五十八条获得成员资格的本协定签署方，其初始认缴股本中实缴股本分五次缴清，每次缴纳百分之二十，本条第五款中特殊规定的除外。第一次缴付应在本协定生效后三十天内完成，或在第五十八条第一款规定的批准书、接受书或核准书递交之日或之前缴付，以后发生者为准。第二次缴付在本协定生效期满一年内完成。其余三次将相继在上一次到期一年内完成。

二、除本条第五款规定之外，对初始认缴中原始实缴股本的每次缴付均应使用美元或其他可兑换货币。银行可随时将此类缴付转换为美元。如若到期未能完成缴付，则相应的实缴和待缴股本所赋予的权利，包括投票权等都将中止，直至银行收到到期股本的缴付。

三、银行的待缴股本，仅在银行需偿付债务时方予催缴。成员可选择美元或银行偿债所需货币进行缴付。在催缴待缴股本

381

时，所有待缴股份的催缴比例应一致。

四、本条提及的各种缴付的地点由银行决定，但在理事会举行首次会议之前，本条第一款所指的首次付款应支付给银行的托管方，即中华人民共和国政府。

五、就本款而言，被认定为欠发达国家的成员在缴付本条第一款和第二款所规定的股本时可选择以下任一方式完成，即：

（一）可全部使用美元或其他可兑换货币，最多分十次缴付，每次缴付金额相当于总额的百分之十，第一次和第二次缴付的到期日参照第一款规定，第三次至第十次的缴付应在本协定生效两年内及之后每满一年内相继完成；或者

（二）每次缴付中，成员可在部分使用美元或其他可兑换货币的同时，使用本币完成其中不超过百分之五十的缴付，并按照本条第一款规定的时间完成每次缴付，同时此类缴付应符合以下规定：

1. 成员应在本条第一款规定的缴付时间向银行说明其将用本币缴付的金额比例。

2. 依照本条第五款规定完成的每次本币缴付金额应由银行按照与美元完全等值的金额计算。首次缴付时成员可自行确定应缴付金额，但银行可在付款到期日前九十天内做出适当调整，以使所缴付金额与按美元计算的金额完全等值。

3. 无论何时，只要银行认为一个成员的货币已大幅贬值，该成员应在一段合理期限内向银行缴付额外的本币金额，以确保银行账面持有的该成员以本币认缴股本的价值不变。

4. 无论何时，只要银行认为一个成员的货币已大幅升值，银行应在一段合理期限内向该成员退付一定数量的本币金额，以调整银行账面持有的该成员以本币认缴股本的价值。

5. 银行可放弃本项第 3 目赋予的偿付权利，成员可放弃本项第 4 目赋予的偿付权利。

六、银行接受任何成员使用该成员政府或其指定的存托机构所发行的本票或其他债券缴付该成员依照本条第五款第（二）项规定的以本币缴付金额，前提是银行在经营中不需要使用上述金额的成员货币。上述本票或债券应为不可转让、无息并可应银行要求按面值见票即付。

第七条　股份缴付条件

一、成员初始认缴股份应按面值发行。其他股份也应按照面值发行，除非理事会在特殊情况下依照第二十八条规定经特别多数投票通过，决定以其他条件发行股份。

二、股份不得以任何形式进行质押或抵押，且仅可以向银行转让。

三、成员股权债务应仅限于其所持股份发行额中未缴付部分。

四、成员不因其成员地位而对银行的债务负责。

第八条　普通资本

本协定中"普通资本"一词包括以下内容：

（一）依照本协定第五条规定认缴的银行法定股本，包括实缴股本和待缴股本；

（二）银行依照第十六条第一款授权筹集的资金，此类资金的兑付承诺适用本协定第六条第三款的规定；

（三）因使用本条第（一）、（二）项资金发放贷款或担保的偿付所得，或使用上述资金进行股权投资或依照第十一条第二款第（六）项批准的其他类型融资的所得收益；

（四）使用前述资金发放贷款或依照第六条第三款的兑付承

诺所做担保获得的收入；

（五）银行收到的其他不属于本协定第十七条规定的特别基金的其他任何资金或收入。

第三章　银行业务运营
第九条　资金使用

银行资金仅可依照稳健的银行原则用于履行本协定第一条和第二条所规定的宗旨和职能。

第十条　普通业务与特别业务

一、银行的业务包括：

（一）本协定第八条提及的，由银行普通资本提供融资的普通业务；

（二）本协定第十七条提及的，由银行特别基金提供融资的特别业务。

两种业务可以同时为同一个项目或规划的不同部分提供融资。

二、银行的普通资本和特别基金在持有、使用、承诺、投资或作其他处置时，在任何时候、各个方面均须完全分离。银行的财务报表亦应将普通业务和特别业务分别列出。

三、任何情况下银行普通资本都不得用以缴付或清偿由特别基金担负或承诺的特别业务或其他活动发生的支出、亏损或负债。

四、普通业务直接发生的支出由普通资本列支；特别业务发生的支出由特别基金列支。其他任何支出的列支由银行另行决定。

第十一条　业务对象及方法

一、（一）银行可以向任何成员或其机构、单位或行政部门，或在成员的领土上经营的任何实体或企业，以及参与本区域经济发展的国际或区域性机构或实体提供融资。

（二）在特殊情况下，银行可以向本款第（一）项以外的业务对象提供援助，前提是理事会依照第二十八条规定经超级多数投票通过：1. 确认该援助符合银行的宗旨与职能以及银行成员的利益；2. 明确可以向业务对象提供的本条第二款规定的融资支持类别。

二、银行可以下列方式开展业务：

（一）直接贷款、联合融资或参与贷款；

（二）参与机构或企业的股权资本投资；

（三）作为直接或间接债务人，全部或部分地为用于经济发展的贷款提供担保；

（四）根据特别基金的使用协定，配置特别基金的资源；

（五）依照第十五条的规定提供技术援助；

（六）理事会依照第二十八条规定经特别多数投票通过决定的其他融资方式。

第十二条　普通业务的限制条件

一、银行依照本协定第十一条第二款第（一）、（二）、（三）和（四）项从事的贷款、股权投资、担保和其他形式融资等普通业务中的未收清款项，任何时候都不得超过普通资本中未动用认缴股本、储备资金和留存收益的总额。但理事会有权依照本协定第二十八条规定，经超级多数投票通过后，根据银行的财务状况随时提高上述对银行普通业务的财务限制，最高可至普通资本中未动用认缴股本、储备资金和留存收益总额的250%。

二、银行已拨付股权投资的总额不得超过当期相应的银行未动用实缴股本和普通储备资金总额。

第十三条　业务原则

银行应依据下列原则开展业务：

（一）银行应按照稳健的银行原则开展业务；

（二）银行业务应主要是特定项目或特定投资规划融资、股权投资以及第十五条规定的技术援助；

（三）银行不得在成员反对的情况下，在该成员境内开展融资业务；

（四）银行应保证其从事的每项业务均符合银行的业务和财务政策，包括但不限于针对环境和社会影响方面的政策；

（五）银行审议融资申请时，应在综合考虑有关因素的同时，适当关注借款人以银行认为合理的条件从别处获得资金的能力；

（六）银行在提供或担保融资时，应适当关注借款人及担保人未来按融资合同规定的条件履行其义务的可能性；

（七）银行在提供或担保融资时，应采取银行认为对该项融资和银行风险均适宜的融资条件，包括利率、其他费用和还本安排；

（八）银行不应对普通业务或特别业务中银行融资项目的货物和服务采购进行国别限制；

（九）银行应采取必要措施保证其提供、担保或参与的融资资金仅用于融资所规定的目标，并应兼顾节约和效率；

（十）银行应尽可能避免不均衡地将过多资金用于某一或某些成员的利益；

（十一）银行应设法保持其股权资本投资的多样化。除非出于保护其投资的需要，否则银行在其股权投资项目中，对所投资的实体或企业不应承担任何管理责任，也不应寻求对该实体或企业的控制权。

第十四条　融资条件

一、银行在发放、参与或担保贷款时，应依照本协定第十三条规定的业务原则及本协定其他条款的规定，订立合同明确该贷款或担保的条件。在制定上述条件时，银行应充分考虑保障银行收益和财务状况的需要。

二、当贷款或担保对象本身并非银行成员时，如银行认为可行，可以要求该项目执行所在地的成员，或者银行接受的该成员某个政府机构或其他机构，为贷款本金、利息和其他费用的按期如约偿还提供担保。

三、任何股权投资的金额不得超过董事会通过的政策文件所允许地对该实体或企业进行股权投资的比例。

四、按照有关货币风险最小化的政策规定，银行可以使用一国的本币为银行在该国的业务提供融资。

第十五条　技术援助

一、在符合银行宗旨和职能的情况下，银行可提供技术咨询、援助及其他类似形式的援助。

二、如遇提供上述服务的费用无法补偿时，银行可从其收益中支出。

第四章　银行资金
第十六条　一般权力

除本协定其他条款中明确规定的权力外，银行还应有以下权力。

（一）银行可以根据相关法律规定在成员国或其他地方通过举债或其他方式筹集资金。

（二）银行可以对其发行或担保或投资的证券进行买卖。

（三）为推动证券销售，银行可为其投资的证券提供担保。

（四）银行可以承销或参与承销任何实体或企业发行的、目的与银行宗旨一致的证券。

（五）银行可以将其业务经营未使用资金进行投资或存储。

（六）银行应确保在银行发行或担保的每份证券的外观上标有显著字样，声明该证券并非任何政府的债务；如该证券确实是某个特定政府的债务，则应做如实表述。

（七）根据理事会通过的信托基金框架，在信托基金的目标与银行宗旨和职能一致的前提下，银行可接受其他相关方的委托，成立并管理该信托基金。

（八）银行可以在理事会依照本协定第二十八条规定经特别多数投票通过后，以实现银行宗旨和职能为目的，成立附属机构。

（九）在符合本协定规定的前提下，银行可行使为进一步实现其宗旨和职能所需的适当的其他权力，并制定与此有关的规章。

第十七条　特别基金

一、银行可以接受与银行宗旨和职能一致的特别基金，此类特别基金属银行资源。特别基金的所有管理成本均应从该基金支出。

二、银行接受的特别基金的使用原则和条件应与银行的宗旨和职能一致，并符合就此类基金达成的相关协议。

三、银行应根据成立、管理和使用每个特别基金的需要制定特别规章。该规章应与本协定中除明确仅适用于普通业务的规定以外的所有条款保持一致。

四、"特别基金资源"一词应指所有特别基金的资源，包括：

（一）银行接收并纳入特别基金的资金；

（二）根据银行管理特别基金的规章，用特别基金发放或担保的贷款所得，及其股权投资的收益，归属该特别基金；

（三）特别基金资金投资产生的任何收入；及

（四）可由特别基金支配使用的任何其他资金。

第十八条　净收入的分配和处置

一、理事会至少每年都应在扣除储备资金之后，就银行净收入在留存收益或其他事项以及可分配给成员的利润（如适用）之间的分配作出决定。任何将银行净收入分配用作其他用途的此类决策应依照第二十八条规定以超级多数投票通过。

二、上一款中提及的分配应按照各成员所持股份的数量按比例完成，支付的方式和货币应由理事会决定。

第十九条　货　　币

一、银行或任何银行款项接受方所接受、持有、使用或转让的货币在任何国家内进行缴付时，成员均不得对此施加任何限制。

二、当根据本协定需要以一种货币对另一货币进行估值，或决定某货币是否可兑换时，该估值或决定应由银行做出。

第二十条　银行偿债的方式

一、银行从事普通业务时，若其所发放、参与或担保的贷款出现拖欠或违约，或其所投资的股权或依照第十一条第二款第（六）项做出的其他融资出现损失，银行可采取其认为适当的措施。银行应保持适当的拨备水平以应对可能发生的损失。

二、银行普通业务发生的损失，应当：

（一）首先依照本条第一款的规定处置；

（二）其次，由净收入支付；

（三）第三，从储备资金和留存收益中支付；

（四）第四，从未动用实缴股本中支付；

（五）最后，从可依照第六条第三款的规定进行催缴的待缴股本中适量缴付。

第五章 治 理
第二十一条 治理结构

银行应设立理事会、董事会、一名行长、一名或多名副行长，以及其他必要的高级职员与普通职员职位。

第二十二条 理事会：构成

一、每个成员均应在理事会中有自己的代表，并应任命一名理事和一名副理事。每个理事和副理事均受命于其所代表的成员。除理事缺席情况外，副理事无投票权。

二、在银行每次年会上，理事会应选举一名理事担任主席，任期至下届主席选举为止。

三、理事和副理事任职期间，银行不予给付薪酬，但可支付其因出席会议产生的合理支出。

第二十三条 理事会：权力

一、银行一切权力归理事会。

二、理事会可将其部分或全部权力授予董事会，但以下权力除外：

（一）吸收新成员和确定新成员加入条件；

（二）增加或减少银行法定股本；

（三）中止成员资格；

（四）裁决董事会对本协定的相关解释或适用提出的申诉；

（五）选举银行董事并依照第二十五条第六款决定须由银行负担的董事和副董事的支出及薪酬（如适用）；

（六）选举行长，中止或解除行长职务，并决定行长的薪酬及其他任职条件；

（七）在审议审计报告后，批准银行总资产负债表和损益表；

（八）决定银行的储备资金及净收益的配置与分配；

（九）修订本协定；

（十）决定终止银行业务并分配银行资产；及

（十一）行使本协定明确规定属于理事会的其他权力。

三、对于理事会依照本条第二款授予董事会办理的任何事项，理事会均保留其执行决策的全部权力。

第二十四条　理事会：程序

一、理事会应举行年会，并按理事会规定或董事会要求召开其他会议。当五个银行成员提出请求时，董事会即可要求召开理事会会议。

二、当出席会议的理事超过半数，且所代表的投票权不低于总投票权三分之二时，即构成任何理事会会议的法定人数。

三、理事会应按照规定建立议事程序，允许董事会在毋需召集理事会会议的情况下取得理事对某一具体问题的投票表决，或在特殊情况下通过电子方式召开理事会会议。

四、理事会及董事会在授权范围内，可根据银行开展业务的必要性或适当性，设立附属机构、制定规章制度。

第二十五条　董事会：构成

一、董事会应由十二名成员组成，董事会成员不得兼任理事会成员，其中：

（一）九名应由代表域内成员的理事选出；

（二）三名应由代表域外成员的理事选出。

董事应是在经济与金融事务方面具有较强专业能力的人士，并应根据本协定附件二选举产生。董事所代表的成员包括选其做董事的理事所属成员以及将选票委派给其的理事所属成员。

二、理事会应不定期审议董事会的规模与构成，并可依照第二十八条规定以超级多数投票形式，适当调整董事会的规模或构成。

三、每名董事应任命一名副董事，在董事缺席时代表董事行使全部权力。理事会应通过规则，允许一定数量以上成员选举产生的董事任命第二名副董事。

四、董事和副董事应为成员国的国民。不得同时有两名或两名以上董事同属一个国籍，也不得同时有两名或两名以上副董事同属一个国籍。副董事可参加董事会会议，但只有代表董事行使权力时才可以投票。

五、董事任期两年，可以连选连任。

（一）董事任职应持续至下任董事选定并就职。

（二）若在董事任期截止日前一百八十天以上时，董事职位出缺，须由选举该董事职位的相关理事根据附件二选出一名继任者，完成余下任期。此类选举须相关理事经半数以上所投投票权表决通过。若在董事任期截止日前一百八十天或以下时董事职位出缺，可由选举该董事职位的理事以上述同样方式选出一名继任者。

（三）在董事职位出缺期间，其副董事应代表董事行使除任命副董事之外的所有权力。

六、除非理事会另有决定，董事与副董事任职期间，银行不付薪酬，但银行可向其支付参加会议产生的合理支出。

第二十六条　董事会：权力

董事会负责指导银行的总体业务，为此，除行使本协定明确赋予的权力之外，还应行使理事会授予的一切权力，特别是：

（一）理事会的准备工作；

（二）制定银行的政策；并以不低于成员总投票权四分之三的多数，根据银行政策对银行主要业务和财务政策的决策，及向行长下放权力事宜做出决定；

（三）对第十一条第二款明确的银行业务做出决定；并以不低于成员总投票权四分之三的多数，就向行长下放相关权力做出决定；

（四）常态化监督银行管理与业务运营活动，并根据透明、公开、独立和问责的原则，建立以此为目的的监督机制；

（五）批准银行战略、年度计划和预算；

（六）视情成立专门委员会；并

（七）提交每个财年的经审计账目，由理事会批准。

第二十七条　董事会：程序

一、董事会应根据银行业务需要，全年定期召开会议。董事会在非常驻基础上运作，除非理事会依照第二十八条规定经超级多数投票通过，另行做出决定。董事会主席或三名董事提出要求，即可召开董事会会议。

二、当出席会议的董事人数超过半数，且其代表的投票权不低于成员总投票权的三分之二时，即构成任何董事会会议的法定人数。

三、理事会应订立规章，允许没有董事席位的成员，在董事会审议对该国有特别影响的事项时，可指派一名代表出席会议，但无投票权。

四、董事会应建立议事程序，允许董事会通过电子方式召开会议或者通过非会议方式对某一事项进行投票。

第二十八条　投　　票

一、每个成员的投票权总数是基本投票权、股份投票权以及创始成员享有的创始成员投票权的总和。

（一）每个成员的基本投票权是全体成员基本投票权、股份投票权和创始成员投票权总和的百分之十二在全体成员中平均分配的结果。

（二）每个成员的股份投票权与该成员持有的银行股份数相当。

（三）每个创始成员均享有六百票创始成员投票权。

如成员不能依照第六条足额缴付其任何到期的实缴股份金额，在全部缴清之前，其所能行使的投票权将等比例减少，减少比例为到期未缴金额与该成员实缴股份总面值的百分比。

二、理事会进行投票时，每名理事应有权行使其所代表成员的投票权。

（一）除本协定另有明确规定，理事会讨论的所有事项均应由所投投票权的简单多数决定。

（二）理事会超级多数投票通过指：理事人数占理事总人数三分之二以上、且所代表投票权不低于成员总投票权四分之三的多数通过。

（三）理事会特别多数投票通过指：理事人数占理事总人数半数以上、且所代表投票权不低于成员总投票权一半的多数通过。

三、在董事会投票时，每名董事均有权行使选举其担任董事的理事所拥有的投票权，以及任何根据附件二将投票权委派给其的理事拥有的投票权。

（一）有权代表一个以上成员投票的董事可代表这些成员分开投票。

（二）除本协定另有明确规定外，董事会讨论的所有问题，均应由所投投票权的简单多数决定。

第二十九条　行　　长

一、理事会通过公开、透明、择优的程序，依照第二十八条规定，经超级多数投票通过选举银行行长。行长应是域内成员国的国民。任职期间，行长不得兼任理事、董事或副理事、副董事。

二、行长任期五年，可连选连任一次。理事会可依照第二十八条规定经超级多数投票通过，决定中止或解除行长职务。

若行长职位不论任何原因在任期结束前出缺，理事会应任命一名代理行长暂时履行行长职责，或依照本条第一款的规定，选举一名新行长。

三、行长担任董事会主席，无投票权，仅在正反票数相等时拥有决定票。行长可参加理事会会议，但无投票权。

四、行长是银行的法人代表，是银行的最高管理人员，应在董事会指导下开展银行日常业务。

第三十条　银行高级职员与普通职员

一、董事会应按照公开、透明和择优的程序，根据行长推荐任命一名或多名副行长。副行长的任期、行使的权力及其在银行管理层中的职责可由董事会决定。在行长出缺或不能履行职责时，应由一名副行长行使行长的权力，履行行长的职责。

二、根据董事会批准的规章，行长负责银行所有高级职员与普通职员的组织、任命与解雇，上述第一款规定的副行长职位除外。

三、在任命高级职员和普通职员及推荐副行长时，行长应以确保效率与技术能力达到最高标准为重要前提，适当考虑在尽可能广泛的区域地理范围内招聘人员。

第三十一条　银行的国际性

一、银行不得接受可能对其宗旨或职能产生任何损害、限制、歪曲或改变的特别基金、贷款或资助。

二、银行及其行长、高级职员和普通职员不得干预任何成员的政治事务，也不得在决策时受任何成员政治特性的影响。决策只应考虑经济因素。上述考虑应不偏不倚，以实现和落实银行的宗旨和职能。

三、银行行长、高级职员和普通职员在任职期间，完全对银行负责，而不对任何其他当局负责。银行每个成员都应尊重此项职责的国际性，在上述人员履行职责时，不得试图对其施加影响。

第六章　一般规定
第三十二条　银行办公室

一、银行总部设在中华人民共和国北京市。

二、银行可在其他地方建立机构或办公室。

第三十三条　沟通渠道；存托机构

一、每个成员都应指定一个合适的官方实体，以便银行通过该实体与成员就本协定下的任何问题进行沟通。

二、每个成员都应指定其中央银行或其他经成员与银行双方认可的类似机构作为存托机构，银行可将其持有的该成员货币资金及银行的其他资产存托于该机构。

三、银行可依照董事会决定将其资产存托于上述存托机构。

第三十四条　报告与信息

一、银行的工作语言为英语，银行在做出所有决定和依照本协定第五十四条规定进行解释时，应以本协定英语文本为准。

二、成员应向银行提供银行为履行职能而合理要求成员提供的信息。

三、银行应向其成员发送包括经审计账目报表的年度报告，并应公布上述报告。银行还应每季度向其成员发送银行财务状况总表及损益表，说明其业务经营状况。

四、银行应制定信息披露政策，以推动提高业务透明度。在银行认为对履行其宗旨与职能有益的情况下，可公布相关报告。

第三十五条　与成员及国际组织的合作

一、银行应与所有成员保持紧密合作，并在本协定条款范围内以其认为合适的方式，与其他国际金融机构及参与本地区经济发展或银行业务领域的国际机构紧密合作。

二、为实现与本协定一致的宗旨，经董事会批准，银行可与此类组织缔结合作安排。

第三十六条　指　　称

一、本协定中凡提及"条款"或"附件"，除非另外说明，皆指称本协定的条款和附件。

二、本协定中对具体性别的指称，同等适用于任何性别。

第七章　成员退出和资格中止
第三十七条　成员退出

一、任何成员均可随时以书面形式通知银行总部退出银行。

二、自通知指明的日期起，但该日期不得早于银行收到该通知之日起六个月内，该成员退出即应生效，该成员之成员资格即应终止。但在退出最终生效前，该成员可随时以书面形式通知银行撤回其退出意向通知。

三、正在履行退出程序的成员对其在递交退出通知之日对银行负有的所有直接与或有债务继续负有责任。如退出最终生效，则该成员对银行在收到退出通知之日以后开展业务所引发的债务不承担任何责任。

第三十八条　成员资格中止

一、成员如不履行其对银行的义务，理事会可依照第二十八条规定经超级多数投票通过，中止其成员资格。

二、中止满一年后，该成员的银行成员资格自动终止，除非理事会在此一年内依照第二十八条规定经超级多数投票通过，同意恢复该成员的成员资格。

三、在成员资格中止期间，该成员除退出权外，无权行使本协定规定的任何权利，但将继续承担其全部义务。

第三十九条　账目清算

一、在成员资格终止之日后，该成员继续对其对银行的直接债务承担责任，并对成员资格终止前与银行所签订的贷款、担保、股权投资或依照第十一条第二款第（六）项规定的其他融资方式（以下简称"其他融资"）合同中尚未偿清部分形成的或有债务承担责任。但对成员资格终止后银行开展的贷款、担保、股权投资或其他融资不再承担债务责任，也不再分享银行收入或分担其支出。

二、在终止成员资格时，银行应依照本条第三款和第四款规定，对回购该国股份做出安排，作为与其清算账目的一部分。为此，股份回购价格应是该国终止成员资格当日银行账面所显示之价值。

三、银行依照本条回购股份时，应按照以下条件进行：

（一）在该国、其中央银行或其机构、单位或行政部门作为借款人、担保人或其他合同方仍对银行的股权投资或其他融资负有责任时，银行应从应付给该国的股份回购资金中予以扣除，并在此类债务到期时有权用所扣款项做出抵偿。但不得对该国因本协定第六条第三款规定的待缴股份所形成的或有负债扣留款项。

因回购股份而应付给成员的款项，在任何情况下都只能在该国终止成员资格六个月之后方予支付。

（二）按照本条第二款规定的股份回购价格回购股份时，当应付给成员国的金额超过本款第（一）项中所指的到期应偿还贷款、担保、股权投资和其他融资的负债总额时，超出部分可在收到该国的相应股票凭证后随时支付，直至该国收回其股份回购的全部款项。

（三）付款使用的货币，由银行综合考虑其财务状况后决定。

（四）在成员资格终止之日，该国仍持有的对银行任何未偿清贷款、担保、股权投资或其他融资，如蒙受损失且损失金额超过资格终止当日银行计提的损失准备金金额，应银行要求，该国应交还确定回购金额时如考虑上述损失而应相应减少的回购金额部分。此外，该国应依照本协定第六条第三款继续对该国认缴股份中未缴付部分承担缴付责任，其应缴付款额，与银行决定股份回购价格时如出现资本亏损且要求所有成员缴付待缴股份情况下的款额相同。

四、如银行在任何国家终止成员资格后的六个月内，依照本协定第四十一条终止业务，该国的一切权利应依照本协定第四十一至四十三条中的规定予以确定。对上述规定而言，该国仍应被视作成员，但无投票权。

第八章 银行业务中止与终止

第四十条 业务暂时中止

在紧急情况下，董事会在等待理事会做出进一步考虑和采取进一步行动之前，可暂停发放新的贷款、担保、股权投资和依照第十一条第二款第（六）项开展的其他形式的融资业务。

第四十一条 业务终止

一、依照第二十八条规定，经理事会超级多数投票通过决议，银行可终止银行业务。

二、业务终止后，除有序变卖、保护和保存资产以及清偿债务相关的活动外，银行应立即停止一切活动。

第四十二条 成员债务与债权支付

一、银行终止业务后，所有成员应继续承担对银行待缴股本的认缴责任以及因成员货币贬值导致的债务，直至债权人的所有债权，包括或有债权，都已全部清偿为止。

二、持有直接债权的所有债权人应首先从银行资产中得到偿付，然后从银行应收款项或未缴及待缴股本金中偿付。在对持有直接债权的债权人进行任何偿付之前，董事会应根据自身判断做出必要的安排，确保所有直接债权和或有债权持有人按比例得到偿付。

第四十三条 资产分配

一、基于各成员认缴的银行股本分配资产，必须：

（一）在对债权人的所有负债清偿完毕或做出安排之后方可进行；并且

（二）理事会依照第二十八条规定，经超级多数投票通过，决定进行上述分配。

二、银行向成员分配资产，应与各成员持有的股本成比例，并应在银行认为公正平等的时间和条件下生效。各种资产类型间的分配比例不必一致。任何成员在结清对银行的所有债务之前，无权获得资产分配。

三、任何成员依照本条获得资产分配时，其对所分配资产享有的权利，应与分配前银行对这些资产享有的权利相同。

第九章　法律地位、豁免权、特权及免税权
第四十四条　本章目的

一、为使银行能有效地实现其宗旨，履行其所担负的职责，银行在各成员境内享有本章所规定的法律地位、豁免权、特权及免税权。

二、各成员应迅速采取必要的行动，使本章各项规定在其境内生效，并将已采取的行动通知银行。

第四十五条　银行法律地位

银行具有完整的法律人格，特别是具备以下完整的法律能力：

（一）签订合同；

（二）取得与处置动产和不动产；

（三）提起和应对法律诉讼；

（四）为实现宗旨和开展活动采取的其他必要或有用的行动。

第四十六条　司法程序豁免

一、银行对一切形式的法律程序均享受豁免，但银行为筹资而通过借款或其他形式行使的筹资权、债务担保权、买卖或承销债券权而引起的案件，或者与银行行使这些权力有关的案件，银

行不享有豁免。凡属这类案件，在银行设有办公室的国家境内，或在银行已任命代理人专门接受诉讼传票或通知的国家境内，或者在已发行或担保债券的国家境内，可向有充分管辖权的主管法院对银行提起诉讼。

二、尽管有本条第一款的各项规定，但任何成员、成员的任何代理机构或执行机构、任何直接或间接代表一个成员或成员的机构或单位的实体或个人、任何直接或间接从成员或成员的机构或单位获得债权的实体或个人，均不得对银行提起诉讼。成员应采用本协定、银行的细则及各种规章或与银行签订的合同中可能规定的特别程序，来解决银行与成员之间的争端。

三、银行的财产和资产，不论在何地和由何人所持有，在对银行作出最后裁决之前，均不得施以任何形式的没收、查封或强制执行。

第四十七条　资产和档案的豁免

一、银行的财产和资产，不论在何地和由何人所持有，均应免于任何行政或司法的搜查、征用、充公、没收或任何其他形式的占用或禁止赎回。

二、银行的档案及属于银行或由银行持有的所有文件，不论存放于何地和由何人持有，均不得侵犯。

第四十八条　资产免受限制

在有效实施银行宗旨和职能所需范围内，并在遵照本协定规定的情况下，银行的一切财产和资产不受任何性质的限制、管理、管制和延缓偿付的约束。

第四十九条　通讯特权

成员给予银行的官方通讯待遇，应与其给予其他成员的官方通讯待遇相同。

第五十条　银行高级职员和普通职员的豁免与特权

银行的全体理事、董事、副理事、副董事、行长、副行长及高级职员和普通职员，包括为银行履行职能或提供服务的专家和咨询顾问，应享有以下豁免和特权：

（一）对于其以公务身份从事的行为应享有法律程序的豁免，除非银行主动放弃此项豁免，且其持有的官方文件、文档和记录不可侵犯；

（二）若其不是所在国公民或国民，则其在入境限制、外国人登记要求和国民服役方面享有豁免权，并在外汇管制方面享有该成员给予其他成员同等级别的代表、官员和职员的同样的便利；

（三）在差旅期间享受的便利应与该成员给予其他成员同等级别的代表、官员和职员的待遇相同。

第五十一条　税收免除

一、银行及其根据本协定拥有的资产、财产、收益、业务和交易，应免除一切税收和关税，并应免除银行缴纳、代扣代缴或征收任何税收或关税的义务。

二、对银行给付董事、副董事、行长、副行长以及其他高级职员和普通职员，包括为银行履行职能或提供服务的专家和咨询顾问的薪资、报酬和费用不予征税。除非成员在递交批准书、接受书或核准书时，声明该成员及其行政部门对银行向该成员公民或国民支付的薪资和报酬保留征税的权利。

三、对于银行发行的任何债券或证券，包括与此有关的红利和利息，不论由何人持有，均不得因下列原因而征收任何种类的税收：

（一）仅因为此类债券或证券是由银行发行而加以歧视；或

（二）仅以该项债券或证券的发行、兑付或支付的地点或所使用的货币种类，或因银行设立办公室或开展业务的地点为行使税收管辖权的唯一依据而征税。

四、对于银行担保的任何债券或证券，包括有关的红利和利息，不论由何人持有，均不得因下列原因而征收任何种类的税收：

（一）仅因为此类债券或证券是由银行担保而加以歧视；或

（二）仅以银行设立办公室或开展业务的地点为行使税收管辖权的唯一依据而征税。

第五十二条　放弃豁免

银行可自行决定在任何情况或事例中，以其认为最有利于银行的方式和条件，放弃本章赋予其的任何特权、豁免和免税权。

第十章　修改、解释和仲裁
第五十三条　修　　改

一、本协定只有在理事会依照第二十八条规定经超级多数投票通过决议后方可进行修改。

二、虽有本条第一款的规定，但对以下各项的修改须经理事会全票通过后方可进行：

（一）退出银行的权利；

（二）第七条第三款和第四款规定的对负债的各种限制；及

（三）第五条第四款规定的关于购买股本的各项权利。

三、有关本协定的任何修改建议，不论是由成员还是董事会提出，均应送交理事会主席，再由其提交理事会。相关修订一经通过，银行应以正式函件形式通知所有成员。该修订也将于正式函件发出之日起三个月后对所有成员生效，但理事会在正式函件中另外有规定者不受此限。

第五十四条　解　　释

一、成员与银行之间或成员之间在解释或实施本协定规定产生疑问时，应提交董事会决定。如董事会审议的问题与某个成员有特殊关系而董事会无该成员国籍的董事时，该成员有权派代表直接参加董事会会议，但该代表没有投票权。该代表的权利应由董事会规定。

二、董事会做出本条第一款下的决定后，任何成员仍可要求将问题提交理事会讨论，由理事会做出最终裁决。在理事会做出裁决之前，如果银行认为必要，可根据董事会的决定行事。

第五十五条　仲　　裁

在银行与已终止成员资格的国家之间，或者在银行通过终止银行业务的决议之后银行与成员之间发生争议，应提交由三名仲裁员组成的法庭进行仲裁。仲裁员中，一名由银行任命；一名由涉事国家任命；除双方另有协定外，第三名由国际法院院长或银行理事会通过的规章中规定的其他当局指定。仲裁员以简单多数做出决定，该仲裁决定为最终裁决，对双方均有约束力。双方在程序问题上有争议时，第三名仲裁员应有权处理全部程序问题。

第五十六条　默许同意

除本协定第五十三条第二款所列情况之外，银行采取任何行动前，如需征得任何成员同意，应将拟议中的行动通知该成员。如该成员未在银行通知中规定的合理时间内提出反对意见，即应视为业已获得该成员的同意。

第十一章　最后条款
第五十七条　签署和保存

一、本协定由中华人民共和国政府（以下简称"保存人"）

保存，本协定附件一所列各国政府应在二〇一五年十二月三十一日前完成签署。

二、保存人应将本协定经过核定无误的副本寄给所有签署方及其他已成为银行成员的国家。

第五十八条　批准、接受或核准

一、本协定须经签署方批准、接受或核准。批准书、接受书或核准书应于二〇一六年十二月三十一日之前向保存人交存，或如有必要，在理事会依照本协定。

第二十八条规定经特别多数投票通过的稍晚日期之前向保存人交存。保存人应及时将每次交存及交存日期通知其他签署方。

二、在本协定生效日之前交存批准书、接受书或核准书的签署方，在协定生效之日成为银行成员。任何其他履行本条第一款规定的签署方，在交存批准书、接受书或核准书之日起成为银行成员。

第五十九条　生　　效

至少有十个签署方已交存批准书、接受书或核准书，且签署方在本协定附件一列出初始认缴股本的加总数额不少于认缴股本总额的百分之五十，本协定即告生效。

第六十条　首次会议和开业

一、本协定一经生效，每个成员均应任命一名理事，保存人应即召集首次理事会会议。

二、在首次会议上，理事会应：

（一）选举行长；

（二）依照本协定第二十五条第一款规定选举银行董事，考虑到成员数量和尚未成为成员的签署方数量，理事会可决定，在最初不超过两年的时间内，选举较少数量的董事。

（三）对银行开业日期做出安排；及

（四）为准备银行开业做出其他必要安排。

三、银行应将其开业日期通知各成员。

本协定于二〇一五年六月二十九日在中华人民共和国北京签署，仅一份正本，交存保存人；文本分别以英文、中文和法文写成，同等作准。

2016 年 4 月 28 日，十二届全国人大常委会第二十次会议通过《关于批准〈关于汞的水俣公约〉的决定》[1]。7 月 2 日，第十二届全国人大常委会第二十一次会议通过《关于批准〈《关于持久性有机污染物的斯德哥尔摩公约》新增列六溴环十二烷修正案〉的决定》[2] 9 月 3 日，十二届全国人大常委会第二十二次会议通过《关于批准〈巴黎协定〉的决定》[3]《关于批准〈中华人民共和国加入世界贸易组织关税减让表修正案〉的决定》[4]。11 月 7 日，第十二届全国人大常委会第二十四次会议通过《关于批准〈中华人民共和国和塔吉克斯坦共和国引渡条约〉的决定》[5]《关于批准〈中华人民共和国和斯里兰卡民主社会主

〔1〕 郭振华主编：《全国人民代表大会年鉴》（2016 年卷），中国民主法制出版社 2017 年版，第 555 页。

〔2〕 郭振华主编：《全国人民代表大会年鉴》（2016 年卷），中国民主法制出版社 2017 年版，第 573 页。

〔3〕 郭振华主编：《全国人民代表大会年鉴》（2016 年卷），中国民主法制出版社 2017 年版，第 574 页。

〔4〕 郭振华主编：《全国人民代表大会年鉴》（2016 年卷），中国民主法制出版社 2017 年版，第 583 页。

〔5〕 郭振华主编：《全国人民代表大会年鉴》（2016 年卷），中国民主法制出版社 2017 年版，第 647 页。

义共和国关于刑事司法协助的条约〉的决定》[1]。12 月 25 日，第十二届全国人大常委会第二十五次会议通过《关于批准〈中华人民共和国政府和马来西亚政府关于刑事司法协助的条约〉的决定》[2]。

全国人民代表大会常务委员会关于批准《巴黎协定》的决定

（2016 年 9 月 3 日第十二届全国人民代表大会常务委员会
第二十二次会议通过）

第十二届全国人民代表大会常务委员会第二十二次会议决定：批准 2016 年 4 月 22 日由中华人民共和国代表在纽约签署的《巴黎协定》。

巴黎协定
（中文本）

本协定各缔约方，作为《联合国气候变化框架公约》（以下简称《公约》）缔约方，按照《公约》缔约方会议第十七届会议第 1/CP. 17 号决定建立的德班加强行动平台，为实现《公约》目标，并遵循其原则，包括公平、共同但有区别的责任和各自能力原则，考虑不同国情，认识到必须根据现有的最佳科学知识，对气候变化的紧迫威胁作出有效和逐渐的应对，又认识到《公约》所述的发展中国家缔约方的具体需要和特殊情况，尤其是那些特别易受气候变化不利影响的发展中国家缔约方的具体需要和特殊情况，充分考虑到最不发达国家在筹资和技术转让行动方面的具

---

〔1〕 郭振华主编：《全国人民代表大会年鉴》（2016 年卷），中国民主法制出版社 2017 年版，第 651 页。

〔2〕 郭振华主编：《全国人民代表大会年鉴》（2016 年卷），中国民主法制出版社 2017 年版，第 656 页。

体需要和特殊情况，认识到缔约方不仅可能受到气候变化的影响，而且还可能受到为应对气候变化而采取的措施的影响，强调气候变化行动、应对和影响与平等获得可持续发展和消除贫困有着内在的关系，认识到保障粮食安全和消除饥饿的根本性优先事项，以及粮食生产系统特别易受气候变化不利影响，考虑到务必根据国家制定的发展优先事项，实现劳动力公正转型以及创造体面工作和高质量就业岗位，承认气候变化是人类共同关心的问题，缔约方在采取行动应对气候变化时，应当尊重、促进和考虑它们各自对人权、健康权、土著人民权利、当地社区权利、移徙者权利、儿童权利、残疾人权利、弱势人权利、发展权，以及性别平等、妇女赋权和代际公平等的义务，认识到必须酌情维护和加强《公约》所述的温室气体的汇和库，注意到必须确保包括海洋在内的所有生态系统的完整性并保护被有些文化认作地球母亲的生物多样性，并注意到在采取行动应对气候变化时关于"气候公正"概念对一些人的重要性，申明就本协定处理的事项在各级开展教育、培训，公众意识、公众参与和公众获得信息和合作的重要性，认识到按照缔约方各自的国内立法使各级政府和各行为方参与应对气候变化的重要性，又认识到在发达国家缔约方带头下的可持续生活方式以及可持续的消费和生产模式，对应对气候变化所发挥的重要作用，兹协议如下：

第一条

为本协定的目的，《公约》第一条所载的定义应予适用。此外：

（一）"公约"指 1992 年 5 月 9 日在纽约通过的《联合国气候变化框架公约》；

（二）"缔约方会议"指《公约》缔约方会议；

（三）"缔约方"指本协定缔约方。

第二条

一、本协定在加强《公约》，包括其目标的履行方面，旨在联系可持续发展和消除贫困的努力，加强对气候变化威胁的全球应对，包括：

（一）把全球平均气温升幅控制在工业化前水平以上低于2°C之内，并努力将气温升幅限制在工业化前水平以上1.5°C之内，同时认识到这将大大减少气候变化的风险和影响；

（二）提高适应气候变化不利影响的能力并以不威胁粮食生产的方式增强气候复原力和温室气体低排放发展；并

（三）使资金流动符合温室气体低排放和气候适应型发展的路径。

二、本协定的履行将体现公平以及共同但有区别的责任和各自能力的原则，考虑不同国情。

第三条

作为全球应对气候变化的国家自主贡献，所有缔约方将采取并通报第四条、第七条、第九条、第十条、第十一条和第十三条所界定的有力度的努力，以实现本协定第二条所述的目的。所有缔约方的努力将随着时间的推移而逐渐增加，同时认识到需要支持发展中国家缔约方，以有效履行本协定。

第四条

一、为了实现第二条规定的长期气温目标，缔约方旨在尽快达到温室气体排放的全球峰值，同时认识到达峰对发展中国家缔约方来说需要更长的时间；此后利用现有的最佳科学迅速减排，以联系可持续发展和消除贫困，在公平的基础上，在本世纪下半叶实现温室气体源的人为排放与汇的清除之间的平衡。

二、各缔约方应编制、通报并保持它计划实现的连续国家自主贡献。缔约方应采取国内减缓措施，以实现这种贡献的目标。

三、各缔约方的连续国家自主贡献将比当前的国家自主贡献有所进步，并反映其尽可能大的力度，同时体现其共同但有区别的责任和各自能力，考虑不同国情。

四、发达国家缔约方应当继续带头，努力实现全经济范围绝对减排目标。发展中国家缔约方应当继续加强它们的减缓努力，鼓励它们根据不同的国情，逐渐转向全经济范围减排或限排目标。

五、应向发展中国家缔约方提供支助，以根据本协定第九条、第十条和第十一条执行本条，同时认识到增强对发展中国家缔约方的支助，将能够加大它们的行动力度。

六、最不发达国家和小岛屿发展中国家可编制和通报反映它们特殊情况的关于温室气体低排放发展的战略、计划和行动。

七、从缔约方的适应行动和/或经济多样化计划中获得的减缓协同效益，能促进本条下的减缓成果。

八、在通报国家自主贡献时，所有缔约方应根据第1/CP.21号决定和作为本协定缔约方会议的《公约》缔约方会议的任何有关决定，为清晰、透明和了解而提供必要的信息。

九、各缔约方应根据第1/CP.21号决定和作为本协定缔约方会议的《公约》缔约方会议的任何有关决定，并从第十四条所述的全球盘点的结果获取信息，每五年通报一次国家自主贡献。

十、作为本协定缔约方会议的《公约》缔约方会议应在第一届会议上审议国家自主贡献的共同时间框架。

十一、缔约方可根据作为本协定缔约方会议的《公约》缔约方会议通过的指导，随时调整其现有的国家自主贡献，以加强其力度水平。

十二、缔约方通报的国家自主贡献应记录在秘书处保持的一个公共登记册上。

十三、缔约方应核算它们的国家自主贡献。在核算相当于它们国家自主贡献中的人为排放量和清除量时，缔约方应根据作为本协定缔约方会议的《公约》缔约方会议通过的指导，促进环境完整性、透明性、精确性、完备性、可比和一致性，并确保避免双重核算。

十四、在国家自主贡献方面，当缔约方在承认和执行人为排放和清除方面的减缓行动时，应当按照本条第十三款的规定，酌情考虑《公约》下的现有方法和指导。

十五、缔约方在履行本协定时，应考虑那些经济受应对措施影响最严重的缔约方，特别是发展中国家缔约方关注的问题。

十六、缔约方，包括区域经济一体化组织及其成员国，凡是达成了一项协定，根据本条第二款联合采取行动的，均应在它们通报国家自主贡献时，将该协定的条款通知秘书处，包括有关时期内分配给各缔约方的排放量。再应由秘书处向《公约》的缔约方和签署方通报该协定的条款。

十七、本条第十六款提及的这种协定的各缔约方应根据本条第十三款和第十四款以及第十三条和第十五条对该协定为它规定的排放水平承担责任。

十八、如果缔约方在一个其本身是本协定缔约方的区域经济一体化组织的框架内并与该组织一起，采取联合行动开展这项工作，那么该区域经济一体化组织的各成员国单独并与该区域经济一体化组织一起，应根据本条第十三款和第十四款以及第十三条和第十五条，对根据本条第十六款通报的协定为它规定的排放水平承担责任。

十九、所有缔约方应当努力拟定并通报长期温室气体低排放发展战略，同时注意第二条，顾及其共同但有区别的责任和各自能力，考虑不同国情。

第五条

一、缔约方应当采取行动酌情维护和加强《公约》第四条第1款d项所述的温室气体的汇和库，包括森林。

二、鼓励缔约方采取行动，包括通过基于成果的支付，执行和支持在《公约》下已确定的有关指导和决定中提出的有关以下方面的现有框架：为减少毁林和森林退化造成的排放所涉活动采取的政策方法和积极奖励措施，以及发展中国家养护、可持续管理森林和增强森林碳储量的作用；执行和支持替代政策方法，如关于综合和可持续森林管理的联合减缓和适应方法，同时重申酌情奖励与这些方法相关的非碳效益的重要性。

第六条

一、缔约方认识到，有些缔约方选择自愿合作执行它们的国家自主贡献，以能够提高它们减缓和适应行动的力度，并促进可持续发展和环境完整性。

二、缔约方如果在自愿的基础上采取合作方法，并使用国际转让的减缓成果来实现国家自主贡献，就应促进可持续发展，确保环境完整性和透明度，包括在治理方面，并应依作为本协定缔约方会议的《公约》缔约方会议通过的指导运用稳健的核算，除其他外，确保避免双重核算。

三、使用国际转让的减缓成果来实现本协定下的国家自主贡献，应是自愿的，并得到参加的缔约方允许的。

四、兹在作为本协定缔约方会议的《公约》缔约方会议的权力和指导下，建立一个机制，供缔约方自愿使用，以促进温室气体排放的减缓，支持可持续发展。它应受作为本协定缔约方会议的《公约》缔约方会议指定的一个机构的监督，应旨在：

（一）促进减缓温室气体排放，同时促进可持续发展；

（二）奖励和便利缔约方授权下的公私实体参与减缓温室气体排放；

（三）促进东道缔约方减少排放水平，以便从减缓活动导致的减排中受益，这也可以被另一缔约方用来履行其国家自主贡献；并

（四）实现全球排放的全面减缓。

五、从本条第四款所述的机制产生的减排，如果被另一缔约方用作表示其国家自主贡献的实现情况，则不得再被用作表示东道缔约方自主贡献的实现情况。

六、作为本协定缔约方会议的《公约》缔约方会议应确保本条第四款所述机制下开展的活动所产生的一部分收益用于负担行政开支，以及援助特别易受气候变化不利影响的发展中国家缔约方支付适应费用。

七、作为本协定缔约方会议的《公约》缔约方会议应在第一届会议上通过本条第四款所述机制的规则、模式和程序。

八、缔约方认识到，在可持续发展和消除贫困方面，必须以协调和有效的方式向缔约方提供综合、整体和平衡的非市场方法，包括酌情通过，除其他外，减缓、适应、资金、技术转让和能力建设，以协助执行它们的国家自主贡献。这些方法应旨在：

（一）提高减缓和适应力度；

（二）加强公私部门参与执行国家自主贡献；并

（三）创造各种手段和有关体制安排之间协调的机会。

九、兹确定一个本条第八款提及的可持续发展非市场方法的框架，以推广非市场方法。

第七条

一、缔约方兹确立关于提高适应能力、加强复原力和减少对气候变化的脆弱性的全球适应目标，以促进可持续发展，并确保在第二条所述气温目标方面采取充分的适应对策。

二、缔约方认识到，适应是所有各方面临的全球挑战，具有地方、次国家、国家、区域和国际层面，它是为保护人民、生计和生态系统而采取的气候变化长期全球应对措施的关键组成部分和促进因素，同时也要考虑到特别易受气候变化不利影响的发展中国家迫在眉睫的需要。

三、应根据作为本协定缔约方会议的《公约》缔约方会议第一届会议通过的模式承认发展中国家的适应努力。

四、缔约方认识到，当前的适应需要很大，提高减缓水平能减少对额外适应努力的需要，增大适应需要可能会增加适应成本。

五、缔约方承认，适应行动应当遵循一种国家驱动、注重性别问题、参与型和充分透明的方法，同时考虑到脆弱群体、社区和生态系统，并应当基于和遵循现有的最佳科学，以及适当的传统知识、土著人民的知识和地方知识系统，以期将适应酌情纳入相关的社会经济和环境政策以及行动中。

六、缔约方认识到支持适应努力并开展适应努力方面的国际合作的重要性，以及考虑发展中国家缔约方的需要，尤其是特别易受气候变化不利影响的发展中国家的需要的重要性。

七、缔约方应当加强它们在增强适应行动方面的合作，同时考虑到《坎昆适应框架》，包括在下列方面：

（一）交流信息、良好做法、获得的经验和教训，酌情包括与适应行动方面的科学、规划、政策和执行等相关的信息、良好做法、获得的经验和教训；

（二）加强体制安排，包括《公约》下服务于本协定的体制安排，以支持相关信息和知识的综合，并为缔约方提供技术支助和指导；

（三）加强关于气候的科学知识，包括研究、对气候系统的系统观测和早期预警系统，以便为气候服务提供参考，并支持决策；

（四）协助发展中国家缔约方确定有效的适应做法、适应需要、优先事项、为适应行动和努力提供和得到的支助、挑战和差距，其方式应符合鼓励良好做法；并

（五）提高适应行动的有效性和持久性。

八、鼓励联合国专门组织和机构支持缔约方努力执行本条第七款所述的行动，同时考虑到本条第五款的规定。

九、各缔约方应酌情开展适应规划进程并采取各种行动，包括制定或加强相关的计划、政策和/或贡献，其中可包括：

（一）落实适应行动、任务和/或努力；

（二）关于制定和执行国家适应计划的进程；

（三）评估气候变化影响和脆弱性，以拟订国家自主决定的优先行动，同时考虑到处于脆弱地位的人、地方和生态系统；

（四）监测和评价适应计划、政策、方案和行动并从中学习；并

（五）建设社会经济和生态系统的复原力，包括通过经济多样化和自然资源的可持续管理。

十、各缔约方应当酌情定期提交和更新一项适应信息通报，

其中可包括其优先事项、执行和支助需要、计划和行动，同时不对发展中国家缔约方造成额外负担。

十一、本条第十款所述适应信息通报应酌情定期提交和更新，纳入或结合其他信息通报或文件提交，其中包括国家适应计划、第四条第二款所述的一项国家自主贡献和/或一项国家信息通报。

十二、本条第十款所述的适应信息通报应记录在一个由秘书处保持的公共登记册上。

十三、根据本协定第九条、第十条和第十一条的规定，发展中国家缔约方在执行本条第七款、第九款、第十款和第十一款时应得到持续和加强的国际支持。

十四、第十四条所述的全球盘点，除其他外应：

（一）承认发展中国家缔约方的适应努力；

（二）加强开展适应行动，同时考虑本条第十款所述的适应信息通报；

（三）审评适应的充足性和有效性以及对适应提供的支助情况；并

（四）审评在实现本条第一款所述的全球适应目标方面所取得的总体进展。

第八条

一、缔约方认识到避免、尽量减轻和处理与气候变化（包括极端气候事件和缓发事件）不利影响相关的损失和损害的重要性，以及可持续发展对于减少损失和损害风险的作用。

二、气候变化影响相关损失和损害华沙国际机制应置于作为本协定缔约方会议的《公约》缔约方会议的权力和指导下，并可由作为本协定缔约方会议的《公约》缔约方会议决定予以强化和加强。

三、缔约方应当在合作和提供便利的基础上,包括酌情通过华沙国际机制,在气候变化不利影响所涉损失和损害方面加强理解、行动和支持。

四、据此,为加强理解、行动和支持而开展合作和提供便利的领域可包括以下方面:

(一)早期预警系统;

(二)应急准备;

(三)缓发事件;

(四)可能涉及不可逆转和永久性损失和损害的事件;

(五)综合性风险评估和管理;

(六)风险保险机制,气候风险分担安排和其他保险方案;

(七)非经济损失;和

(八)社区、生计和生态系统的复原力。

五、华沙国际机制应与本协定下现有机构和专家小组以及本协定以外的有关组织和专家机构协作。

第九条

一、发达国家缔约方应为协助发展中国家缔约方减缓和适应两方面提供资金,以便继续履行在《公约》下的现有义务。

二、鼓励其他缔约方自愿提供或继续提供这种支助。

三、作为全球努力的一部分,发达国家缔约方应当继续带头,从各种大量来源、手段及渠道调动气候资金,同时注意到公共资金通过采取各种行动,包括支持国家驱动战略而发挥的重要作用,并考虑发展中国家缔约方的需要和优先事项。对气候资金的这一调动应当超过先前的努力。

四、提供规模更大的资金,应当旨在实现适应与减缓之间的平衡，同时考虑国家驱动战略以及发展中国家缔约方的优先事项和需要，尤其是那些特别易受气候变化不利影响的和受到严重的能力限制的发展中国家缔约方，如最不发达国家和小岛屿发展中国家的优先事项和需要，同时也考虑为适应提供公共资源和基于赠款的资源的需要。

五、发达国家缔约方应根据对其适用的本条第一款和第三款的规定，每两年通报指示性定量定质信息，包括向发展中国家缔约方提供的公共资金方面可获得的预测水平。鼓励其他提供资源的缔约方也自愿每两年通报一次这种信息。

六、第十四条所述的全球盘点应考虑发达国家缔约方和/或本协定的机构提供的关于气候资金所涉努力方面的有关信息。

七、发达国家缔约方应按照作为本协定缔约方会议的《公约》缔约方会议第一届会议根据第十三条第十三款的规定通过的模式、程序和指南，就通过公共干预措施向发展中国家提供和调动支助的情况，每两年提供透明一致的信息。鼓励其他缔约方也这样做。

八、《公约》的资金机制，包括其经营实体，应作为本协定的资金机制。

九、为本协定服务的机构，包括《公约》资金机制的经营实体，应旨在通过精简审批程序和提供强化准备活动支持，确保发展中国家缔约方，尤其是最不发达国家和小岛屿发展中国家，在国家气候战略和计划方面有效地获得资金。

第十条

一、缔约方共有一个长期愿景，即必须充分落实技术开发和转让，以改善对气候变化的复原力和减少温室气体排放。

二、注意到技术对于执行本协定下的减缓和适应行动的重要性，并认识到现有的技术部署和推广工作，缔约方应加强技术开发和转让方面的合作行动。

三、《公约》下设立的技术机制应为本协定服务。

四、兹建立一个技术框架，为技术机制在促进和便利技术开发和转让的强化行动方面的工作提供总体指导，以实现本条第一款所述的长期愿景，支持本协定的履行。

五、加快、鼓励和扶持创新，对有效、长期的全球应对气候变化，以及促进经济增长和可持续发展至关重要。应对这种努力酌情提供支助，包括由技术机制和由《公约》资金机制通过资金手段提供支助，以便采取协作性方法开展研究和开发，以及便利获得技术，特别是在技术周期的早期阶段便利发展中国家缔约方获得技术。

六、应向发展中国家缔约方提供支助，包括提供资金支助，以执行本条，包括在技术周期不同阶段的技术开发和转让方面加强合作行动，从而在支助减缓和适应之间实现平衡。第十四条提及的全球盘点应考虑为发展中国家缔约方的技术开发和转让提供支助方面的现有信息。

第十一条

一、本协定下的能力建设应当加强发展中国家缔约方，特别是能力最弱的国家，如最不发达国家，以及特别易受气候变化不利影响的国家，如小岛屿发展中国家等的能力，以便采取有效的气候变化行动，其中包括，除其他外，执行适应和减缓行动，并应当便利技术开发、推广和部署、获得气候资金、教育、培训和公共意识的有关方面，以及透明、及时和准确的信息通报。

二、能力建设，尤其是针对发展中国家缔约方的能力建设，应当由国家驱动，依据并响应国家需要，并促进缔约方的本国自主，包括在国家、次国家和地方层面。能力建设应当以获得的经验教训为指导，包括从《公约》下能力建设活动中获得的经验教训，并应当是一个参与型、贯穿各领域和注重性别问题的有效和叠加的进程。

三、所有缔约方应当合作，以加强发展中国家缔约方履行本协定的能力。发达国家缔约方应当加强对发展中国家缔约方能力建设行动的支助。

四、所有缔约方，凡在加强发展中国家缔约方执行本协定的能力，包括采取区域、双边和多边方式的，均应定期就这些能力建设行动或措施进行通报。发展中国家缔约方应当定期通报为履行本协定而落实能力建设计划、政策、行动或措施的进展情况。

五、应通过适当的体制安排，包括《公约》下为服务于本协定所建立的有关体制安排，加强能力建设活动，以支持对本协定的履行。作为本协定缔约方会议的《公约》缔约方会议应在第一届会议上审议并就能力建设的初始体制安排通过一项决定。

第十二条

缔约方应酌情合作采取措施，加强气候变化教育、培训、公共意识、公众参与和公众获取信息，同时认识到这些步骤对于加强本协定下的行动的重要性。

第十三条

一、为建立互信和信心并促进有效履行，兹设立一个关于行动和支助的强化透明度框架，并内置一个灵活机制，以考虑缔约方能力的不同，并以集体经验为基础。

二、透明度框架应为依能力需要灵活性的发展中国家缔约方提供灵活性，以利于其履行本条规定。本条第十三款所述的模式、程序和指南应反映这种灵活性。

三、透明度框架应依托和加强在《公约》下设立的透明度安排，同时认识到最不发达国家和小岛屿发展中国家的特殊情况，以促进性、非侵入性、非惩罚性和尊重国家主权的方式实施，并避免对缔约方造成不当负担。

四、《公约》下的透明度安排，包括国家信息通报、两年期报告和两年期更新报告、国际评估和审评以及国际磋商和分析，应成为制定本条第十三款下的模式、程序和指南时加以借鉴的经验的一部分。

五、行动透明度框架的目的是按照《公约》第二条所列目标，明确了解气候变化行动，包括明确和追踪缔约方在第四条下实现各自国家自主贡献方面所取得进展；以及缔约方在第七条之下的适应行动，包括良好做法、优先事项、需要和差距，以便为第十四条下的全球盘点提供信息。

六、支助透明度框架的目的是明确各相关缔约方在第四条、第七条、第九条、第十条和第十一条下的气候变化行动方面提供和收到的支助，并尽可能反映所提供的累计资金支助的全面概况，以便为第十四条下的盘点提供信息。

七、各缔约方应定期提供以下信息：

（一）利用政府间气候变化专门委员会接受并由作为本协定缔约方会议的《公约》缔约方会议商定的良好做法而编写的一份温室气体源的人为排放和汇的清除的国家清单报告；并

（二）跟踪在根据第四条执行和实现国家自主贡献方面取得的进展所必需的信息。

八、各缔约方还应当酌情提供与第七条下的气候变化影响和适应相关的信息。

九、发达国家缔约方应提供支助的其他缔约方应当就根据第九条、第十条和第十一条向发展中国家缔约方提供资金、技术转让和能力建设支助的情况提供信息。

十、发展中国家缔约方应当就在第九条、第十条和第十一条下需要和接受的资金、技术转让和能力建设支助情况提供信息。

十一、应根据第1/CP.21号决定对各缔约方根据本条第七款和第九款提交的信息进行技术专家审评。对于那些由于能力问题而对此有需要的发展中国家缔约方，这一审评进程应包括查明能力建设需要方面的援助。此外，各缔约方应参与促进性的多方审议，以对第九条下的工作以及各自执行和实现国家自主贡献的进展情况进行审议。

十二、本款下的技术专家审评应包括适当审议缔约方提供的支助，以及执行和实现国家自主贡献的情况。审评也应查明缔约方需改进的领域，并包括审评这种信息是否与本条第十三款提及的模式、程序和指南相一致，同时考虑在本条第二款下给予缔约方的灵活性。审评应特别注意发展中国家缔约方各自的国家能力和国情。

十三、作为本协定缔约方会议的《公约》缔约方会议应在第一届会议上根据《公约》下透明度相关安排取得的经验，详细拟定本条的规定，酌情为行动和支助的透明度通过通用的模式、程序和指南。

十四、应为发展中国家履行本条提供支助。

十五、应为发展中国家缔约方建立透明度相关能力提供持续支助。

第十四条

一、作为本协定缔约方会议的《公约》缔约方会议应定期盘点本协定的履行情况，以评估实现本协定宗旨和长期目标的集体进展情况（称为"全球盘点"）。盘点应以全面和促进性的方式开展，考虑减缓、适应以及执行手段和支助问题，并顾及公平和利用现有的最佳科学。

二、作为本协定缔约方会议的《公约》缔约方会议应在2023年进行第一次全球盘点，此后每五年进行一次，除非作为本协定缔约方会议的《公约》缔约方会议另有决定。

三、全球盘点的结果应为缔约方以国家自主的方式根据本协定的有关规定更新和加强它们的行动和支助，以及加强气候行动的国际合作提供信息。

第十五条

一、兹建立一个机制，以促进履行和遵守本协定的规定。

二、本条第一款所述的机制应由一个委员会组成，应以专家为主，并且是促进性的，行使职能时采取透明、非对抗的、非惩罚性的方式。委员会应特别关心缔约方各自的国家能力和情况。

三、该委员会应在作为本协定缔约方会议的《公约》缔约方会议第一届会议通过的模式和程序下运作，每年向作为本协定缔约方会议的《公约》缔约方会议提交报告。

第十六条

一、《公约》缔约方会议——《公约》的最高机构，应作为本协定缔约方会议。

二、非为本协定缔约方的《公约》缔约方，可作为观察员参加作为本协定缔约方会议的《公约》缔约方会议的任何届会的议事工作。在《公约》缔约方会议作为本协定缔约方会议时，在本协定之下的决定只应由为本协定缔约方者作出。

三、在《公约》缔约方会议作为本协定缔约方会议时，《公约》缔约方会议主席团中代表《公约》缔约方但在当时非为本协定缔约方的任何成员，应由本协定缔约方从本协定缔约方中选出的另一成员替换。

四、作为本协定缔约方会议的《公约》缔约方会议应定期审评本协定的履行情况，并应在其权限内作出为促进本协定有效履行所必要的决定。作为本协定缔约方会议的《公约》缔约方会议应履行本协定赋予它的职能，并应：

（一）设立为履行本协定而被认为必要的附属机构；并

（二）行使为履行本协定所需的其他职能。

五、《公约》缔约方会议的议事规则和依《公约》规定采用的财务规则，应在本协定下比照适用，除非作为本协定缔约方会议的《公约》缔约方会议以协商一致方式可能另外作出决定。

六、作为本协定缔约方会议的《公约》缔约方会议第一届会议，应由秘书处结合本协定生效之日后预定举行的《公约》缔约方会议第一届会议召开。其后作为本协定缔约方会议的《公约》缔约方会议常会，应与《公约》缔约方会议常会结合举行，除非作为本协定缔约方会议的《公约》缔约方会议另有决定。

七、作为本协定缔约方会议的《公约》缔约方会议特别会议，应在作为本协定缔约方会议的《公约》缔约方会议认为必要的其他任何时间举行，或应任何缔约方的书面请求而举行，但须在秘书处将该要求转达给各缔约方后六个月内得到至少三分之一缔约方的支持。

八、联合国及其专门机构和国际原子能机构，以及它们的非为《公约》缔约方的成员国或观察员，均可派代表作为观察员出席作为本协定缔约方会议的《公约》缔约方会议的各届会议。任何在本协定所涉事项上具备资格的团体或机构，无论是国家或国际的、政府的或非政府的，经通知秘书处其愿意派代表作为观察员出席作为本协定缔约方会议的《公约》缔约方会议的某届会议，均可予以接纳，除非出席的缔约方至少三分之一反对。观察员的接纳和参加应遵循本条第五款所指的议事规则。

第十七条

一、依《公约》第八条设立的秘书处，应作为本协定的秘书处。

二、关于秘书处职能的《公约》第八条第 2 款和关于就秘书处行使职能作出的安排的《公约》第八条第 3 款，应比照适用于本协定。秘书处还应行使本协定和作为本协定缔约方会议的《公约》缔约方会议所赋予它的职能。

第十八条

一、《公约》第九条和第十条设立的附属科学技术咨询机构和附属履行机构，应分别作为本协定的附属科学技术咨询机构和附属履行机构。《公约》关于这两个机构行使职能的规定应比照适用于本协定。本协定的附属科学技术咨询机构和附属履行机构的届会，应分别与《公约》的附属科学技术咨询机构和附属履行机构的会议结合举行。

二、非为本协定缔约方的《公约》缔约方可作为观察员参加附属机构任何届会的议事工作。在附属机构作为本协定附属机构时，本协定下的决定只应由本协定缔约方作出。

三、《公约》第九条和第十条设立的附属机构行使它们的职能处理涉及本协定的事项时，附属机构主席团中代表《公约》缔约方但当时非为本协定缔约方的任何成员，应由本协定缔约方从本协定缔约方中选出的另一成员替换。

第十九条

一、除本协定提到的附属机构和体制安排外，根据《公约》或在《公约》下设立的附属机构或其他体制安排，应按照作为本协定缔约方会议的《公约》缔约方会议的决定，为本协定服务。作为本协定缔约方会议的《公约》缔约方会议应明确规定此种附属机构或安排所要行使的职能。

二、作为本协定缔约方会议的《公约》缔约方会议可为这些附属机构和体制安排提供进一步指导。

第二十条

一、本协定应开放供属于《公约》缔约方的各国和区域经济一体化组织签署并须经其批准、接受或核准。本协定应自 2016 年 4 月 22 日至 2017 年 4 月 21 日在纽约联合国总部开放供签署。此后，本协定应自签署截止日之次日起开放供加入。批准、接受、核准或加入的文书应交存保存人。

二、任何成为本协定缔约方而其成员国均非缔约方的区域经济一体化组织应受本协定各项义务的约束。如果区域经济一体化组织的一个或多个成员国为本协定的缔约方，该组织及其成员国应决定各自在履行本协定义务方面的责任。在此种情况下，该组织及其成员国无权同时行使本协定规定的权利。

三、区域经济一体化组织应在其批准、接受、核准或加入的文书中声明其在本协定所规定的事项方面的权限。这些组织还应将其权限范围的任何重大变更通知保存人，再由保存人通知各缔约方。

第二十一条

一、本协定应在不少于 55 个《公约》缔约方，包括其合计共占全球温室气体总排放量的至少约 55% 的《公约》缔约方交存其批准、接受、核准或加入文书之日后第三十天起生效。

二、只为本条第一款的有限目的，"全球温室气体总排放量"指在《公约》缔约方通过本协定之日或之前最新通报的数量。

三、对于在本条第一款规定的生效条件达到之后批准、接受、核准或加入本协定的每一国家或区域经济一体化组织，本协定应自该国家或区域经济一体化组织批准、接受、核准或加入的文书交存之日后第三十天起生效。

四、为本条第一款的目的，区域经济一体化组织交存的任何文书，不应被视为其成员国所交存文书之外的额外文书。

第二十二条

《公约》第十五条关于通过对《公约》的修正的规定应比照适用于本协定。

第二十三条

一、《公约》第十六条关于《公约》附件的通过和修正的规定应比照适用于本协定。

二、本协定的附件应构成本协定的组成部分，除另有明文规定外，凡提及本协定，即同时提及其任何附件。这些附件应限于清单、表格和属于科学、技术、程序或行政性质的任何其他说明性材料。

第二十四条

《公约》关于争端的解决的第十四条的规定应比照适用于本协定。

第二十五条

一、除本条第二款所规定外，每个缔约方应有一票表决权。

二、区域经济一体化组织在其权限内的事项上应行使票数与其作为本协定缔约方的成员国数目相同的表决权。如果一个此类组织的任一成员国行使自己的表决权，则该组织不得行使表决权，反之亦然。

第二十六条

联合国秘书长应为本协定的保存人。

第二十七条

对本协定不得作任何保留。

第二十八条

一、自本协定对一缔约方生效之日起三年后，该缔约方可随时向保存人发出书面通知退出本协定。

二、任何此种退出应自保存人收到退出通知之日起一年期满时生效，或在退出通知中所述明的更后日期生效。

三、退出《公约》的任何缔约方，应被视为亦退出本协定。

第二十九条

本协定正本应交存于联合国秘书长，其阿拉伯文、中文、英文、法文、俄文和西班牙文文本同等作准。

二〇一五年十二月十二日订于巴黎。

下列签署人，经正式授权，在本协定上签字，以昭信守。

2017 年 4 月 27 日，十二届全国人大常委会第二十七次会议通过《关于批准〈上海合作组织成员国边防合作协定〉的决定》[1]《关于批准〈中华人民共和国和塔吉克斯坦共和国关于移管被判刑人的条约〉的决定》[2]。6 月 27 日，十二届全国人大常

---

〔1〕 郭振华、宋锐主编：《全国人民代表大会年鉴》（2017 年卷），中国民主法制出版社 2018 年版，第 555 页。

〔2〕 郭振华、宋锐主编：《全国人民代表大会年鉴》（2017 年卷），中国民主法制出版社 2018 年版，第 557 页。

委会第二十八次会议通过《关于批准〈关于成立中亚区域经济合作学院的协定〉的决定》[1]《关于批准〈中华人民共和国和阿根廷共和国引渡条约〉的决定》[2]《关于批准〈中华人民共和国和埃塞俄比亚联邦民主共和国引渡条约〉的决定》[3]。11 月 4 日，十二届全国人大常委会第三十次会议通过《关于批准〈中华人民共和国和亚美尼亚共和国关于刑事司法协助的条约〉的决定》[4]《关于批准〈中华人民共和国和埃塞俄比亚联邦民主共和国关于民事和商事司法协助的条约〉的决定》[5]。

全国人民代表大会常务委员会关于批准《上海合作组织成员国边防合作协定》的决定

（2017 年 4 月 27 日第十二届全国人民代表大会常务委员会第二十七次会议通过）

第十二届全国人民代表大会常务委员会第二十七次会议决定：批准 2015 年 7 月 10 日由中华人民共和国代表在乌法签署的《上海合作组织成员国边防合作协定》。

上海合作组织成员国边防合作协定

上海合作组织成员国（以下简称各方），遵照二〇〇六年六

---

〔1〕 郭振华、宋锐主编：《全国人民代表大会年鉴》（2017 年卷），中国民主法制出版社 2018 年版，第 561 页。

〔2〕 郭振华、宋锐主编：《全国人民代表大会年鉴》（2017 年卷），中国民主法制出版社 2018 年版，第 566 页。

〔3〕 郭振华、宋锐主编：《全国人民代表大会年鉴》（2017 年卷），中国民主法制出版社 2018 年版，第 570 页。

〔4〕 郭振华、宋锐主编：《全国人民代表大会年鉴》（2017 年卷），中国民主法制出版社 2018 年版，第 574 页。

〔5〕 郭振华、宋锐主编：《全国人民代表大会年鉴》（2017 年卷），中国民主法制出版社 2018 年版，第 579 页。

月十五日签署的《关于合作查明和切断在上海合作组织成员国境内参与恐怖主义、分裂主义和极端主义活动人员渗透渠道的协定》，遵照公认的国际法原则和本国法律，为加强各方在保卫国界和维护边境地区安全领域里的合作，从采取有效措施应对边防威胁的共同利益出发，达成协议如下：

第一条

本协定涉及的术语如下：

（一）边防行动：指各方主管机关按照本国法律保卫国界、以及对出境入境人员、交通工具、货物和动植物进行验放活动。

（二）边境地区：指各方毗邻国界（包括界河、界湖及其他界水、滨海）依各方法律进行边防活动的区域，以及跨国界的口岸。

第二条

一、落实本协定的主管机关（以下简称主管机关）如下：

哈萨克斯坦共和国：哈萨克斯坦共和国国家安全委员会，

中华人民共和国：中华人民共和国公安部，

吉尔吉斯共和国：吉尔吉斯共和国国家边防局，

俄罗斯联邦：俄罗斯联邦安全局，

塔吉克斯坦共和国：塔吉克斯坦共和国国家安全委员会，

乌兹别克斯坦共和国：乌兹别克斯坦共和国国家安全总局。

二、各方主管机关如有变化，应及时通过外交渠道通知协定保存方。

三、上海合作组织地区反恐怖机构负责协调各方主管机关的合作。

第三条

各方出于共同利益考虑，根据公认的国际法原则、准则和本国法律法规开展合作，目的是：

（一）确保各方边境地区安全；

（二）提升各方主管机关在保卫国界领域的能力；

（三）协调各方主管机关努力在边境地区预防、发现和制止违法行为；

（四）打击边境地区恐怖主义、极端主义和分裂主义，非法贩运武器、弹药、爆炸物和有毒物品及放射性材料，走私麻醉药品、精神药物及前体，以及非法移民和其他跨国犯罪活动；

（五）加强各方边防合作条约法律基础。

第四条

本协定框架内各方合作方向如下：

（一）计划和实施联合边防行动；

（二）情报交流；

（三）根据国际协定开展主管机关干部专业培训和进修；

（四）各方主管机关共同感兴趣且与各方国内法不抵触的其他活动。

第五条

本协定框架内的各方合作形式如下：

（一）各方主管机关在本国边境地区采取经各方商定的行动；

（二）交流边境地区形势，包括准备或者已实施的破坏国界管理制度以及边境地区其他违法犯罪活动的情报信息；

（三）交流有关维护国界管理制度、边境地区管理制度以及口岸管理制度的经验；

（四）交流各方法律法规、出入各方国境的证件式样以及应对边境地区威胁的方法；

（五）举行会见、会议、研讨会及其他工作会晤。

第六条

为协调落实本协定，召开各方主管机关边防部门领导人或其副职会议。

该会议每年举行不少于一次，由上海合作组织地区反恐怖机构理事会轮值主席方主持。

根据一方主管机关提议可举行非例行会议。

在例行会议闭会期间，视情举行各方主管机关专家工作会晤。为有效开展协作，各方主管机关确定责任单位和联系方式，并将此通报上海合作组织地区反恐怖机构执行委员会。

第七条

通过上海合作组织地区反恐怖机构执行委员会交流本协定框架下的情报。

交流情报信息可通过各方主管机关领导人会议和专家会议、公函和其他技术手段进行。

各方主管机关在落实本协定框架内所获取的情报信息在未经提供方书面同意的情况下不得转交第三方。

情报信息的密级由提供方主管机关确定。

本协定框架内的情报信息传递和保密应符合二〇〇四年六月十七日签署的《上海合作组织地区反恐怖机构框架内秘密情报保护协定》的有关规定。

第八条

如各方无其他约定，落实本协定的费用由各方自行承担。

第九条

如解释或适用本协定条款时出现争议，由各方通过磋商和谈判解决。

第十条

本协定框架内进行合作时，各方工作语言为中文和俄文。

第十一条

经各方同意，可以签署单独议定书的方式对本协定进行修改和补充。

第十二条

本协定保存方为上海合作组织秘书处，由其将核对无误的协定副本发送给各方。

第十三条

本协定长期有效，自保存方收到第四份关于完成国内生效程序的书面通知之日起第 30 天生效。

对于协定生效之后完成国内生效程序的国家，协定自保存方收到通知之日起对其生效。

任何一方可退出本协定。退出协定方应在退出之日前不少于 6 个月将书面通知提交保存方。保存方在收到通知之日起 30 天内通知其他方。

退出协定一方退出本协定不影响依据协定正在行使的权利和承担的义务。

第十四条

本协定生效后，成为上海合作组织成员国的国家可加入本协定。

对于加入国，本协定自保存方收到加入书之日起第 30 天对其生效。

保存方通知各方本协定对加入国生效的时间。

本协定于二〇一五年七月十日在乌法市签订，正本一式一份，分别用中文和俄文写成，两种文本同等作准。

哈萨克斯坦共和国总统	努尔苏丹·阿比舍维奇· 纳扎尔巴耶夫（签字）
中华人民共和国主席	习近平（签字）
吉尔吉斯共和国总统	阿尔马兹别克· 阿坦巴耶夫（签字）
俄罗斯联邦总统	弗拉基米尔·弗拉基米 罗维奇·普京（签字）
塔吉克斯坦共和国总统	埃莫马利·拉赫蒙（签字）
乌兹别克斯坦共和国总统	伊斯兰·阿卜杜加尼 耶维奇·卡里莫夫（签字）

二、2018 年 3 月—2023 年 2 月

第十三届全国人大及其常委会成立于 2018 年 3 月。截至 2023 年 2 月底，十三届全国人大共召开 4 次会议。十三届全国人大常委会共召开 38 次会议，决定批准我国与外国缔结的条约、协定以及加入的国际公约 26 件。

2018 年 8 月 31 日，十三届全国人大常委会第五次会议通过《关于批准〈中华人民共和国和巴巴多斯引渡条约〉的决定》[1]。10 月 26 日，十三届全国人大常委会第六次会议通过《关于批准

---

〔1〕　宋锐主编：《全国人民代表大会年鉴》（2018 年卷），中国民主法制出版社 2019 年版，第 791 页。

〈中华人民共和国和格林纳达关于刑事司法协助的条约〉的决定》[1]《关于批准〈中华人民共和国和格林纳达引渡条约〉的决定》[2]。12 月 29 日，十三届全国人大常委会第七次会议通过《关于批准〈上海合作组织反极端主义公约〉的决定》[3]。

全国人民代表大会常务委员会关于批准
《上海合作组织反极端主义公约》的决定

（2018 年 12 月 29 日第十三届全国人民代表大会常务委员会
第七次会议通过）

第十三届全国人民代表大会常务委员会第七次会议决定：批准 2017 年 6 月 9 日由中华人民共和国代表在阿斯塔纳签署的《上海合作组织反极端主义公约》，同时声明：在中华人民共和国政府另行通知前，《上海合作组织反极端主义公约》暂不适用于中华人民共和国香港特别行政区、澳门特别行政区。

上海合作组织反极端主义公约
（中文本）

上海合作组织成员国，高度关切滋生恐怖主义的极端主义日益猖獗，威胁和平与安全、国家领土完整、国与国之间友好关系发展以及人的基本权利和自由保障，遵循《联合国宪章》及二〇〇二年六月七日签署的《上海合作组织宪章》的宗旨和原则，完善二〇〇一年六月十五日签署的《打击恐怖主义、分裂主义和

---

〔1〕 宋锐主编：《全国人民代表大会年鉴》（2018 年卷），中国民主法制出版社 2019 年版，第 795 页。

〔2〕 宋锐主编：《全国人民代表大会年鉴》（2018 年卷），中国民主法制出版社 2019 年版，第 799 页。

〔3〕 宋锐主编：《全国人民代表大会年鉴》（2018 年卷），中国民主法制出版社 2019 年版，第 803 页。

极端主义上海公约》、二〇〇五年七月五日签署的《上海合作组织成员国合作打击恐怖主义、分裂主义和极端主义构想》、《联合国全球反恐战略》、联合国大会及安理会相关反恐决议以及国际反恐公约和协定的有关规定，强烈谴责一切形式的极端主义意识形态和活动，坚决反对公开宣扬和教唆参与极端主义，承认本公约所涵盖的违法犯罪活动，不论在任何情况下实施，均无正当性可言，对实施和（或）参与实施这些违法犯罪活动者应当追究其责任，考虑到极端主义行为规模和性质发生的变化对公民及本组织成员国和国际社会构成的危险性，以及加强该领域合作的重要性，认为必须加大反对极端主义的力度，重申在采取一切措施预防和打击极端主义时，应遵守法律至上、人的基本权利和自由以及国际法准则，特别强调尊重国家主权与平等，防止滋生恐怖主义的极端主义成为实现政治或地缘政治目的的工具，认为在反极端主义及相关国际合作中，国家及其主管机关发挥决定性作用，认识到，只有在伙伴合作框架下共同努力，国际社会才能有效预防和打击极端主义，尤其是其危险的表现形式，达成协议如下：

第一条

本公约旨在提高各方反极端主义合作的效率。

第二条

一、出于本公约之目的，下列术语和概念系指：

（一）"各方"指本公约缔约国。

（二）"极端主义"指将使用暴力和其他违法活动作为解决政治、社会、种族、民族和宗教冲突的主要手段的意识形态和实际活动。

（三）"极端主义行为"指：

2001 年 6 月 15 日《打击恐怖主义、分裂主义和极端主义上海公约》第 1 条第 1 款第 3 项中规定的违法犯罪行为；

组织和参加以极端主义为目的的武装暴乱；

组织、领导和参加极端主义组织；

煽动政治、社会、种族、民族和宗教仇恨或纷争；

宣扬因政治、社会、种族、民族和宗教属性而使人具有特殊性、优越性或卑微性；

公开煽动实施上述活动；

以宣扬极端主义为目的，大量制作、持有和传播极端主义材料。

（四）"资助极端主义"指有预谋地提供和（或）募集资产或提供金融服务，用于资助组织、预备或从事本公约所涵盖的任何违法犯罪活动，或者保障极端主义组织活动。

（五）"极端主义材料"指用于传播极端主义思想或者煽动实施极端主义行为、为极端主义行为开脱罪责的任何信息载体。

（六）"极端主义组织"指：

以实施本公约所涵盖的违法犯罪活动为目的而成立的有组织团伙；

因从事极端主义活动，依据各方国内法律依法取缔和（或）禁止活动的社会或宗教团体或其他组织。

（七）"法人"指依据各方国内法的规定建立和（或）开展活动的组织。

（八）本公约所涵盖的"违法犯罪活动"是指，以政治、社会、种族、民族、宗教仇恨或纷争为动机，需追究刑事、行政或民事法律责任的（作为或不作为）。

（九）"反极端主义"指各方保卫公民权利和自由、宪法体制、领土完整、国家安全免受极端主义危害的活动，预防、查明和阻止极端主义并消除其影响，以及查明和确定其产生的原因和条件以及助推其实施的活动。

二、本条不妨碍任何国际条约或者任何一方的国内法规定或者可能规定比本条应用范围更广的术语和概念。

第三条

根据本公约行使权利和履行义务时，各方应当遵循国家主权平等、领土完整和互不干涉内政的原则。

第四条

一、本公约适用于各方在反极端主义领域中的合作。

二、当本公约所涵盖的犯罪涉及至少两方司法管辖权时，本公约规定的法律援助和引渡领域的合作，适用本公约。

第五条

一、在下列情况下，有关方应当采取必要的措施，确定对本公约所涵盖的犯罪的司法管辖权：

（一）犯罪发生在该方境内；

（二）犯罪发生在悬挂该方国旗的船舶上，或者是发生在根据该方法律注册的航空器上；

（三）犯罪由该方公民实施。

二、各方可在下列情况下对本公约所涵盖的犯罪确定各自的司法管辖权：

（一）针对该方公民实施的犯罪；

（二）针对该方境外财产，包括外交和领事机构馆舍而发生的犯罪；

（三）企图强迫该方实施或者不实施某种行为而发生的犯罪；

（四）在该方境内常住的无国籍人实施的犯罪；

（五）发生在该方经营的船舶或航空器上的犯罪。

三、如果犯罪嫌疑人在一方境内且该方不将其引渡给其他方，该方应当采取必要措施确定其对本公约所涵盖犯罪的司法管辖权。

四、本公约不排除按照各方国内法行使的任何刑事管辖权。

五、如果至少两方提出对本公约所涵盖的犯罪拥有司法管辖权，有关方可视情协商解决。

第六条

一、本公约规定的合作由各方确定的主管机关执行。

二、在各方提供关于批准或者加入公约的通知文书时，各方应当向公约保存机构提供本国负责执行本公约的主管机关名单，公约保存机构应告知其他各方。如主管机关发生变化，应立即通知公约保存机构，由公约保存机构通报其他各方。

三、各方主管机关可就本公约规定的问题在职权范围内直接开展相互协作。为执行本公约，各方主管机关的地方部门和其他部门可按主管机关规定的程序建立直接联系。

四、各方主管机关，基于提供协助的请求，或者通过一方主管机关主动通报信息的方式，开展双边和多边合作。

五、相互协作可以通过外交渠道、上海合作组织地区反恐怖机构执委会或者国际刑警组织进行。

第七条

一、为防止本公约所涵盖的违法犯罪活动，各方鼓励不同宗教和不同文化之间开展对话，必要时吸收非政府组织和其他社会团体参与，但必须遵守所在国的法律。

二、各方按照本国法律体系的基本原则，制定和实施反极端主义国内措施。这些措施可以包括：

（一）完善反极端主义立法，定期评估反极端主义法律文件及措施的有效性；

（二）确立专门机构，协调有关部门开展反极端主义工作；

（三）开展各方边防合作，防止国际极端主义组织成员进入上海合作组织成员国境内；

（四）与有关国际和地区组织合作制定并实施反极端主义措施；

（五）利用大众传媒和互联网，开展反极端主义宣传工作，并针对极端主义思想传播开展反制工作；

（六）监督媒体和互联网，及时发现并阻断极端主义思想传播；

（七）限制访问信息网络包括互联网上的极端主义材料；

（八）加强文化传统、精神、道德与爱国主义教育，使公民自觉抵制极端主义；

（九）提高反极端主义主管机关及其他机关人员的职业素质，并提供必要的财政、物资和其他保障；

（十）开展反极端主义研究，包括利用各方参加的国际平台；

（十一）保护受害者、证人等刑事诉讼参与人，并视情保护其他协助主管机关防范打击本公约所涵盖的极端主义犯罪的人员。

三、各方可采取比本公约更严厉的反极端主义的措施。

第八条

各方应当根据本国法律体系的基本原则，采取立法及其他措施打击资助极端主义。

第九条

一、各方应当根据本国法律体系的基本准则，采取必要的立法措施，对实施下列违法犯罪活动追究民事、行政和刑事责任：

（一）极端主义行为；

（二）各方均参加的国际反极端主义公约所认定的违法犯罪行为；

（三）资助极端主义；

（四）招募或以其他方式吸收人员参与筹备、实施极端主义行为，为实施极端主义行为培训人员，教唆、组织、计划和共同实施极端主义行为；

（五）出境和（或）计划、教唆、培训其他人员出境实施涉及本公约所涵盖的违法犯罪活动；

（六）制作、传播、展示宣传极端主义的符号、标识、旗帜、徽章和标志物；

（七）信息网络服务提供者，包括因特网服务提供者不履行各方授权机关要求限制访问极端主义材料；

（八）组织和（或）参加以政治、社会、种族、民族和宗教仇恨与纷争为动机的群体骚乱。

二、各方可依据本国法律，将参与、筹备、蓄意实施本条第一款所规定的违法犯罪活动认定为应当受刑事处罚的行为。

第十条

一、各方应当根据本国法律原则采取必要的立法及其他措施，禁止本国境内的法人参与本公约所涵盖的任何违法犯罪活动。

二、各方应当采取必要的措施，规定法人参与本公约所涵盖的违法犯罪活动应负的责任。

三、在遵守各方法律原则的条件下，可以追究法人的民事责任、行政责任或者刑事责任。

四、确定法人的责任时，不应当免除参与法人实施本公约所涵盖犯罪的自然人的刑事责任。

五、各方确保依据本国法律采取下列措施，追究参与实施本公约所涵盖犯罪的法人的责任：

（一）警告；

（二）罚款；

（三）取缔法人部分活动；

（四）暂时取缔法人的活动；

（五）没收法人财产；

（六）取缔法人；

（七）冻结法人的资金或财产。

六、如法人策划、组织、准备和实施本公约所涵盖的违法犯罪活动，各方应当采取法律措施，认定法人组织为极端主义组织，并予以取缔。

七、本条规定适用于参与本公约所涵盖的违法犯罪活动的外国法人在各方境内的下设机构（代表处、分支机构）。

第十一条

一、各方将本公约所涵盖且依据本国法律应追究刑事责任的犯罪视为可适用引渡、移管和司法协助的犯罪。

二、如果一方以条约作为引渡和（或）司法协助条件，在收到未与其签订引渡条约的其他方的引渡和（或）司法协助请求后，被请求方应当视本公约为开展涉及本公约所涵盖犯罪的引渡和（或）司法协助的法律依据。实施引渡和（或）司法协助时，应当遵守被请求方国内法规定。

三、不以条约为引渡条件的各方，应当将本公约所涵盖犯罪视为可以引渡的犯罪，并遵守被请求方国内法规定。

四、当涉及引渡和提供司法协助时，应当遵守双重犯罪的原则。无论被请求方法律是否将有关行为界定为请求方法律所规定的犯罪，或者是否使用请求方法律所用的术语对其进行表述，只要被请求提供司法协助或者引渡的行为，依据请求方和被请求方国内法律均被认定应当受到刑事处罚，这一原则即可认为已得到遵守。

五、本公约所涵盖的犯罪，无论在何地实际发生，只要根据本公约第五条规定属于某一方司法管辖范围，即视为在其境内实施的犯罪而适用引渡。

六、法人涉嫌实施的本公约所涵盖的犯罪及其应当承担的法律责任，根据各方国内法确定。

七、按照现行条约或者双方商定，根据判刑国或者被判刑人国籍国的请求（经本人同意），对因犯有本公约所涵盖犯罪的被判刑人，可移交其国籍国继续服刑。

八、如犯有本公约所涵盖犯罪的人在被请求方境内，而该方仅以此人是其公民不予引渡，则应当根据该方掌握的证据和有关材料，包括请求方提供的刑事案件材料，依照被请求方法律进行刑事诉讼。

第十二条

一、为打击极端主义，各方主管机关可主动或者根据请求相互提供涉及本公约有关问题的情报，提供情报时要考虑到国内法关于保护个人信息的要求。

二、除非请求方主管机关与相关方另有约定，各方主管机关不得泄露请求事宜及其内容，且只能用于执行请求；各方主管机关应对被请求方转交的材料保密，只能在调查、法庭审理或者执行请求规定的程序范围内使用。

第十三条

一、针对实施本公约所出现的任何问题和情形而提出的请求，各方主管机关应予以执行。

二、执行请求应当遵守本公约和被请求方的法律。

三、如被请求方与请求方法律没有不同规定，在执行请求时可以适用请求方的法律。适用请求方的法律不应当损害被请求方的主权和国家安全。

第十四条

一、请求以书面形式提交，应当包括：

（一）被请求方和请求方的主管机关名称；

（二）请求的事项和理由；

（三）案件情况（刑事案件或行政处罚案件的情况，本公约涉及的违法犯罪活动造成的损失程度，依据的法律法规条文）；

（四）请求方掌握的关于请求的人员信息，包括有关出生日期及地点、国籍、居住地或居留地和职业等信息；

（五）如有必要，标明密级。

二、关于对法人采取处罚措施的请求，除本条第一款所列举的内容外，还应当包括：

（一）关于法人名称、所在地及其注册地址的信息，该法人组织代表的资料；

（二）法院判决或其他主管机关决定采取的处罚措施复印件（如有）；

（三）关于可能被扣押、查封或没收的财产的信息。

三、及时妥当执行请求所需的其他材料。

四、如无其他约定，被请求方在收到请求之日起30日内通知请求方：

（一）关于根据请求所采取的行动及结果；

（二）关于妨碍执行请求或者严重延迟执行请求的任何情况。

五、请求方应当尽快通知被请求方：

（一）关于法院改判或者关于对法人的制裁措施的判决和决定全部或者部分失效的情况；

（二）关于造成根据本公约所采取的行动失去依据的情况变化。

六、如一方根据同一判决，向多方申请对法人采取处罚措施，应当通知与执行该判决有关的其他各方。

第十五条

一、请求书由请求方主管机关授权人员或代行被授权人员职责人员签署，并加盖带国徽的印章。

二、在紧急情况下，请求可以口头形式提出。但请求及其附带文书应当在 72 小时之内以书面确认，必要时可通过技术手段转交文本。

三、如被请求方怀疑请求或者请求的附件及其内容的真实性，可要求请求方予以补充确认或者说明。

四、如根据本公约就同一情况提出多份请求，被请求方可自行决定执行请求的先后顺序，并依据本公约第十四条第四款通报请求方。

五、如执行请求不属于被请求方主管机关的权限，该主管机关应当将请求尽快转送本国其他主管机关，并立即通知请求方的主管机关。

六、被请求方主管机关可要求提供执行请求所需的补充信息。

第十六条

一、如执行请求可能妨碍被请求方主管机关正在进行的立案审查、侦查或者法院审理，被请求方主管机关可推迟执行请求。

二、如执行请求有损主权和国家安全或者违背国内法律，或者口头请求未根据第十五条第二款进行书面确认，被请求方主管机关可以拒绝执行请求。

三、在拒绝或者推迟执行请求之前，被请求方主管机关应视情与请求方主管机关进行协商。

第十七条

一、如对涉嫌或者被指控实施本公约所涵盖犯罪的人员进行侦查的请求方确定犯罪嫌疑人已进入被请求方境内，经被请求方主管机关同意，可派人进入被请求方境内参加对涉嫌或者被指控实施犯罪人的侦查。

二、被派遣到被请求国的请求方主管机关人员应当根据被请求方法律和双方共同缔结或者加入的国际条约的规定参加在被请求方境内进行的侦查。

三、被请求方应根据请求方的请求，确定接受请求方人员参加侦查行动的办法。

四、在派人参加侦查和调查的请求中还应当注明：

（一）所派人员的信息；

（二）派遣目的和侦查行动的清单及其实施办法和期限；

（三）在使用交通工具时，交通工具的种类、数量和车牌号；

（四）其他必要信息。

五、被请求方收到请求后，应在 5 日内作出决定并通知请求方主管机关。此决定可以附带一定的条件。

六、如果请求方提出的请求未包括本条第四款所述内容或者信息不完整，被请求方主管机关有权要求提供补充材料。

七、按规定到被请求方境内的请求方主管机关人员，应当依据被请求方法律及有关驻留和执行公务的约定，在被请求方境内履行职责。

八、在被请求方境内参加被请求方主管机关进行的侦查的请求方主管机关人员有义务遵守被请求方的法律及其主管机关提出的合法要求。

九、被请求方一旦提出要求，请求方应当立即停止参加在被请求方境内进行的侦查行动。

十、有关方可就本条规定另行签署协议。

第十八条

被请求方主管机关根据本国法律执行请求过程中获取的证据，与在请求方境内获得的此类证据，具有同样的法律效力。

第十九条

一、在执行没收参与实施本公约所涵盖犯罪的自然人或者法人财产的决定时，被请求方应承认请求方对第三方权利作出的司法判决。

二、如出现下列情形之一，可以拒绝承认本条第一款规定的司法判决：

（一）第三方没有足够的条件主张自己的权利；

（二）第三方有充分理由主张自己的权利；

（三）该判决与被请求方的判决相抵触；

（四）该判决与被请求方法律相抵触；

（五）该判决有违被请求方国内法规定的排他性司法管辖条款；

（六）该判决有违背被请求方的基本法定程序。

第二十条

一、根据本公约提交的文书应免除各种形式的认证手续。

二、在一方境内按照规定格式出具的，或者经主管机关或者授权人员在其职责范围内确认，并盖有带国徽印章的文书，其他各方在本国境内应予接受，无需任何专门的证明文件。

三、在一方境内被视为正式的文书，在其他各方境内应具有正式文书的公信证明力。

第二十一条

各方应当在本国境内采取必要措施，防止向参与实施本公约所涵盖犯罪而被一方通缉的人员提供证明难民地位的文书。

第二十二条

一、为追究参与实施本公约所涵盖违法犯罪活动的法人的责任，一方应当根据另一方请求依国内法采取以下必要措施：

（一）查封其可能被依法没收的财产；

（二）冻结法人的资金或财产；

（三）暂时取缔其部分活动。

二、本条第一款措施应当根据被请求方国内法和本公约实施。

三、被请求方终止本条第一款规定的措施之前，被请求方应通知请求方并应当保障请求方有权提出坚持执行该措施的理由。

第二十三条

一、在请求对参与本公约所涵盖违法犯罪活动的法人（包括其下设机构）采取处罚措施时，如该法人在被请求方境内，或者在被请求方境内拥有财产或者从事活动，被请求方应当：

（一）执行请求方关于要求采取处罚措施的法院判决或者其他主管机关的决定；或者

（二）根据请求方判决书或者决定中提供的事实和结论，及请求采取的处罚措施，按照本国法律进行审理。

二、对法人的处罚措施应当根据被请求方法律执行。

第二十四条

为确保没收的实施，各方应当依据本国法律采取以下措施：

（一）扣押钱款、有价证券、贵重物品及其他用于（或者已用于）购买武器或实施违法犯罪活动工具的财产，或者用于资助本公约所涵盖的违法犯罪活动的财产；

（二）如无法扣押本条所述财产，应当确保没收与之价值相当的钱款。

第二十五条

一、根据本公约提出的没收自然人或者法人财产的请求，不影响被请求方执行本方关于没收同一自然人或者法人财产的决定的权利。

二、根据请求没收的财产总值不能超出没收决定标明的数额。如果某一方断定可能超出，双方应当进行协商，避免发生这样的结果。

三、满足债权人的要求后，根据本公约应予终止的法人的剩余财产也应予没收。

四、被请求方应当依据本国法律对被没收财产进行保管，并确保其完整无缺。

五、经相关方商定，被没收的财产或其等值钱款，可以全部或者部分移交给作出没收决定的一方。

第二十六条

如无另行商定，各方各自承担履行本公约所产生的费用。

第二十七条

一、如一方对在本公约合作框架下因不合法行为或者不作为造成的损失提起赔偿诉讼，各有关方应当相互协商，确定分摊赔付相关损失的金额。

二、被提起赔偿损失诉讼的一方应当通知其他有关各方。

第二十八条

本公约不限制各方就本公约所涵盖的、不违背其宗旨和目的的问题缔结其他国际条约，不影响各方参加或者缔结的其他国际条约所承担的权利和义务。

第二十九条

一、本公约无限期有效。

二、本公约须经各缔约国批准。批准书应当交存公约保存机构。本公约自保存机构收到第 4 份批准书之日起第 30 日生效。

三、在第 4 份批准书交存后批准本公约的国家，本公约自该国向公约保存机构交存批准书后第 30 日起对其生效。

四、本公约保存机构为上海合作组织秘书处。

第三十条

一、赞成本公约各项条款的其他国家，经上海合作组织各方同意并向公约保存机构交存加入书，可加入本公约。

二、对于加入国，本公约自公约保存机构收到加入书之日起第 30 日生效。

第三十一条

根据《联合国宪章》第一百零二条规定，本公约应当在联合国秘书处登记。

第三十二条

各方可以签订单独议定书，对本公约进行修改和补充，议定书构成本公约不可分割的组成部分。任何一方均可向公约保存机构提交进行修改和补充的书面建议，公约保存机构应当立即将该建议提交其他各方审议。

第三十三条

任何一方可退出该公约，但需要在退出之日前至少 6 个月向公约保存机构发出书面退出通知。公约保存机构在收到退出通知后，30 日内将此通知其他各方。

第三十四条

如对本公约条款的适用或者解释出现争议，有关各方应当通过协商和谈判解决。

第三十五条

一、各方在本公约框架下开展合作所使用的工作语言为中文和俄文。

二、本公约正本交公约保存机构保存，保存机构应当将核对无误的副本送交各方。

本公约于二〇一七年六月九日在阿斯塔纳签订，一式一份，用中文和俄文写成，两种文本同等作准。

哈萨克斯坦共和国总统	努·纳扎尔巴耶夫（签字）
中华人民共和国主席	习近平（签字）
吉尔吉斯共和国总统	阿·阿塔姆巴耶夫（签字）
俄罗斯联邦总统	弗·普京（签字）
塔吉克斯坦共和国总统	埃·拉赫蒙（签字）
乌兹别克斯坦共和国总统	沙·米尔济约耶夫（签字）

2019 年 4 月 23 日，十三届全国人大常委会第十次会议通过《关于批准〈中华人民共和国和巴巴多斯关于刑事司法协助的条约〉的决定》[1]《关于批准〈中华人民共和国和阿塞拜疆共和国

---

〔1〕 宋锐主编：《全国人民代表大会年鉴》（2019 年卷），中国民主法制出版社 2020 年版，第 461 页。

关于移管被判刑人的条约〉的决定》[1]。8月26日，十三届全国人大常委会第十二次会议通过《关于批准〈中华人民共和国和斯里兰卡民主社会主义共和国引渡条约〉的决定》[2]《关于批准〈中华人民共和国和越南社会主义共和国引渡条约〉的决定》[3]。

　　2020年4月29日，十三届全国人大常委会第十七次会议通过《关于批准〈中华人民共和国和巴基斯坦伊斯兰共和国关于移管被判刑人的条约〉的决定》。[4] 10月17日，十三届全国人大常委会第二十二次会议决定：批准2019年5月在日内瓦召开的《控制危险废物越境转移及其处置巴塞尔公约》缔约方会议第十四次会议通过的《〈巴塞尔公约〉缔约方会议第十四次会议第14/12号决定对〈巴塞尔公约〉附件二、附件八和附件九的修正》[5]；会议通过《关于批准〈中华人民共和国和塞浦路斯共和国引渡条约〉的决定》[6]《关于批准〈中华人民共和国和比利时

　　〔1〕 宋锐主编：《全国人民代表大会年鉴》（2019年卷），中国民主法制出版社2020年版，第466页。

　　〔2〕 宋锐主编：《全国人民代表大会年鉴》（2019年卷），中国民主法制出版社2020年版，第469页。

　　〔3〕 宋锐主编：《全国人民代表大会年鉴》（2019年卷），中国民主法制出版社2020年版，第473页。

　　〔4〕 《全国人民代表大会常务委员会关于批准〈中华人民共和国和巴基斯坦伊斯兰共和国关于移管被判刑人的条约〉的决定》，中国人大网，http://www.npc.gov.cn/npc/c30834/202004/691b18af7532451dae2d2698bd65a3a2.shtml。

　　〔5〕 《全国人民代表大会常务委员会关于批准〈《巴塞尔公约》缔约方会议第十四次会议第14/12号决定对《巴塞尔公约》附件二、附件八和附件九的修正〉的决定》，中国人大网，http://www.npc.gov.cn/npc/c30834/202010/96b0278c5ee54778ad80aab0c0655f0c.shtml。

　　〔6〕 《全国人民代表大会常务委员会关于批准〈中华人民共和国和塞浦路斯共和国引渡条约〉的决定》，中国人大网，http://www.npc.gov.cn/npc/c30834/202010/b1e2e2b32a9f4e3dad30726b4fe5f5dc.shtml。

王国引渡条约〉的决定》[1]。12 月 26 日，十三届全国人大常委会第二十四次会议通过《关于批准〈中华人民共和国和土耳其共和国引渡条约〉的决定》。[2]

2021 年 1 月 22 日，十三届全国人大常委会第二十五次会议通过《关于批准〈中华人民共和国和比利时王国关于移管被判刑人的条约〉的决定》[3]《关于批准〈中华人民共和国与摩洛哥王国引渡条约〉的决定》[4]。4 月 29 日，十三届全国人大常委会第二十八次会议通过《关于批准〈中华人民共和国和伊朗伊斯兰共和国关于民事和商事司法协助的条约〉的决定》[5]《关于批准〈《上海合作组织成员国关于举行联合军事演习的协定》补充议定书〉的决定》[6]《关于批准〈成立平方公里阵列天文台公约〉

〔1〕《全国人民代表大会常务委员会关于批准〈中华人民共和国和比利时王国引渡条约〉的决定》，中国人大网，http：//www. npc. gov. cn/npc/c30834/202010/eb4d3b73cbad4281af9ee556ab4dbeac. shtml。

〔2〕《全国人民代表大会常务委员会关于批准〈中华人民共和国和土耳其共和国引渡条约〉的决定》，中国人大网，http：//www. npc. gov. cn/npc/c30834/202012/2dafcf30afcf41ba8fdad2bd3015319d. shtml。

〔3〕《全国人民代表大会常务委员会关于批准〈中华人民共和国和比利时王国关于移管被判刑人的条约〉的决定》，中国人大网，http：//www. npc. gov. cn/npc/c30834/202101/9453c0cb93044b9da11cc6963694784b. shtml。

〔4〕《全国人民代表大会常务委员会关于批准〈中华人民共和国与摩洛哥王国引渡条约〉的决定》，中国人大网，http：//www. npc. gov. cn/npc/c30834/202101/744fc5bb97664745aa25961762ec8dbb. shtml。

〔5〕《全国人民代表大会常务委员会关于批准〈中华人民共和国和伊朗伊斯兰共和国关于民事和商事司法协助的条约〉的决定》，中国人大网，http：//www. npc. gov. cn/npc/c30834/202104/6bfa3e3c83ac42eaa840057140a34c9e. shtml。

〔6〕《全国人民代表大会常务委员会关于批准〈《上海合作组织成员国关于举行联合军事演习的协定》补充议定书〉的决定》，中国人大网，http：//www. npc. gov. cn/npc/c30834/202104/bd7183dc74764e2b96e86f041d72c3d. shtml。

的决定》[1]。10 月 23 日，十三届全国人大常委会第三十一次会议通过《关于批准〈中华人民共和国和智利共和国引渡条约〉的决定》[2]《关于批准〈关于为盲人、视力障碍者或其他印刷品阅读障碍者获得已出版作品提供便利的马拉喀什条约〉的决定》。[3]

全国人民代表大会常务委员会关于批准
《关于为盲人、视力障碍者或其他印刷品阅读
障碍者获得已出版作品提供便利的马拉喀什条约》的决定

（2021 年 10 月 23 日第十三届全国人民代表大会常务委员会
第三十一次会议通过）

第十三届全国人民代表大会常务委员会第三十一次会议决定：批准 2013 年 6 月 28 日由中华人民共和国代表在马拉喀什签署的《关于为盲人、视力障碍者或其他印刷品阅读障碍者获得已出版作品提供便利的马拉喀什条约》（以下简称《马拉喀什条约》），同时声明：

一、中华人民共和国香港特别行政区适用《马拉喀什条约》，并依据该条约第四条第四款的规定，将该条规定的版权例外限于市场中无法从商业渠道以合理条件为受益人获得特定无障碍格式

---

〔1〕《全国人民代表大会常务委员会关于批准〈成立平方公里阵列天文台公约〉的决定》，中国人大网，http：//www. npc. gov. cn/npc/c30834/202104/a438eb7336134f5a991a9a609f07a6e2. shtml。

〔2〕《全国人民代表大会常务委员会关于批准〈中华人民共和国和智利共和国引渡条约〉的决定》，中国人大网，http：//www. npc. gov. cn/npc/c30834/202110/9050801a0ebe4aaf88f89bf11e83553e. shtml。

〔3〕《全国人民代表大会常务委员会关于批准〈关于为盲人、视力障碍者或其他印刷品阅读障碍者获得已出版作品提供便利的马拉喀什条约〉的决定》，中国人大网，http：//www. npc. gov. cn/npc/c30834/202110/24c0f011644542da879c78e8654cc9b. shtml。

的作品。

二、在中华人民共和国政府另行通知前，《马拉喀什条约》暂不适用于中华人民共和国澳门特别行政区。

2022 年，全国人大常委会决定批准双边条约和加入国际公约 6 件。2022 年 4 月 20 日，第十三届全国人民代表大会常务委员会第三十四次会议决定：批准 2007 年 8 月 16 日由中华人民共和国代表在比什凯克签署的《关于修改二〇〇二年六月七日在圣彼得堡（俄罗斯联邦）签署的〈上海合作组织成员国关于地区反恐怖机构的协定〉的议定书》[1]；批准 1930 年 6 月 28 日在日内瓦举行的第 14 届国际劳工大会上通过的《1930 年强迫劳动公约》[2]；批准 1957 年 6 月 25 日在日内瓦举行的第 40 届国际劳工大会上通过的《1957 年废除强迫劳动公约》[3]。2022 年 12 月 30 日，第十三届全国人民代表大会常务委员会第三十八次会议决定：批准 2016 年 7 月 5 日由中华人民共和国代表在北京签署的《中华人民共和国和刚果共和国引渡条约》[4]；批准 2017 年 5 月 15 日由中华人民共和国代表在北京签署的《中华人民共和国和

---

〔1〕《全国人民代表大会常务委员会关于批准〈关于修改二〇〇二年六月七日在圣彼得堡（俄罗斯联邦）签署的《上海合作组织成员国关于地区反恐怖机构的协定》的议定书〉的决定》，中国人大网，http：//www. npc. gov. cn/npc/c30834/202204/2a93cb7cfeec4246b4933e3fbb1190f1. shtml。

〔2〕《全国人民代表大会常务委员会关于批准〈1930 年强迫劳动公约〉的决定》，中国人大网，http：//www. npc. gov. cn/npc/c30834/202204/6932b82e65d84e6ba515bc044cc76bc. shtml。

〔3〕《全国人民代表大会常务委员会关于批准〈1957 年废除强迫劳动公约〉的决定》，中国人大网，http：//www. npc. gov. cn/npc/c30834/202204/da012605b9014d45be95ad196a955fbb. shtml。

〔4〕《全国人民代表大会常务委员会关于批准〈中华人民共和国和刚果共和国引渡条约〉的决定》，人民网，http：//politics. people. com. cn/n1/2022/1230/c1001—32597303. html。

肯尼亚共和国引渡条约》[1]；批准 2019 年 4 月 29 日由中华人民共和国代表在北京签署的《中华人民共和国和乌拉圭东岸共和国引渡条约》[2]。

全国人民代表大会常务委员会关于批准《上海合作组织成员国关于地区反恐怖机构的协定》的决定

（2002 年 12 月 28 日第九届全国人民代表大会常务委员会
第三十一次会议通过）

第九届全国人民代表大会常务委员会第三十一次会议决定：批准国家主席江泽民代表中华人民共和国于 2002 年 6 月 7 日在圣彼得堡签署的《上海合作组织成员国关于地区反恐怖机构的协定》。

上海合作组织成员国关于地区反恐怖机构的协定

上海合作组织成员国，即二〇〇一年六月十五日《打击恐怖主义、分裂主义和极端主义上海公约》各方（以下简称"各方"），遵循联合国有关维护国际和平与安全，鼓励国家间睦邻友好关系及相互合作的宗旨和原则，认识到恐怖主义、分裂主义、极端主义对国际和平与安全，发展国家间友好关系，以及实现人的基本权利和自由构成威胁，确信必须采取协调一致行动以保障各方领土完整、安全和稳定，包括通过加强合作打击恐怖主义、分裂主义和极端主义，根据二〇〇一年六月十五日《上海合作组织成立宣言》、二〇〇一年六月十五日《打击恐怖主义、分裂主

---

〔1〕《全国人民代表大会常务委员会关于批准〈中华人民共和国和肯尼亚共和国引渡条约〉的决定》，人民网，http：//politics. people. com. cn/n1/2022/1231/c1001—32597356. html。

〔2〕《全国人民代表大会常务委员会关于批准〈中华人民共和国和乌拉圭东岸共和国引渡条约〉的决定》，人民网，http：//cpc. people. com. cn/n1/2022/1231/c64387—32597416. html。

义和极端主义上海公约》（以下简称"公约"）和二〇〇二年六月七日《上海合作组织宪章》，达成协议如下：

第一条

本协定如下术语系指：

"官员"：各方派往地区反恐怖机构执行委员会（以下简称"执委会"）工作并由主任任命担任相应编制内职务的人员。

"代表"：派遣方赋予其以此身份在地区反恐怖机构理事会（以下简称"理事会"）履行职责的人员。

"工作人员"：各方派出的履行与代表活动有关职能的人员。

"馆舍"：建筑物或建筑物的各部分及附属的土地，不论其所有权形式及属谁。

"驻在国"：地区反恐怖机构总部或分部位于其境内的一方。

第二条

各方建立上海合作组织（以下简称"本组织"）地区反恐怖机构（以下简称"地区反恐怖机构"），地区反恐怖机构总部设在吉尔吉斯共和国比什凯克市。

本组织成员国元首会议在必要时可在各方境内设立地区反恐怖机构的分部。

地区反恐怖机构分部及其工作人员的地位由本组织与驻在国政府签订的协定规定。

第三条

地区反恐怖机构是本组织的常设机构，其目的是促进各方主管机关在打击公约确定的恐怖主义、分裂主义和极端主义行为中进行协调与相互协作。

第四条

地区反恐怖机构具有法人地位，有权以此身份：

签订合同；

获得和支配动产和不动产；

开设各种外汇银行账户和进行银行结算；

向法院提起诉讼和参加法庭审理。

本条规定的权利由执委会主任（以下简称"主任"）代表地区反恐怖机构行使。

第五条

地区反恐怖机构的活动经费由本组织预算拨出。地区反恐怖机构的财政制度由本组织有关预算问题的文件确定。

第六条

地区反恐怖机构的基本任务和职能是：

（一）为本组织有关机构，以及根据各方请求准备有关加强合作打击恐怖主义、分裂主义和极端主义的建议和意见；

（二）根据一方请求，包括根据公约规定协助各方主管机关打击恐怖主义、分裂主义和极端主义；

（三）收集和分析各方向地区反恐怖机构提供的有关打击恐怖主义、分裂主义和极端主义的信息；

（四）建立地区反恐怖机构资料库，包括：

——国际恐怖、分裂和其他极端组织，其结构、头目和成员、参与上述组织活动的其他人员，以及资金来源和渠道的信息；

——涉及各方利益的有关恐怖主义、分裂主义和极端主义的现状、动态和蔓延趋势的信息；

——向恐怖主义、分裂主义和极端主义提供支持的非政府组织和人员的情况信息；

（五）根据各方主管机关的请求提供信息；

（六）根据有关方请求，协助准备和举行反恐指挥司令部演习及战役战术演习；

（七）应各方请求，协助准备和进行打击恐怖主义、分裂主义和极端主义的侦查等活动；

（八）协助对公约第一条第一款所述行为的嫌疑犯进行国际侦查以追究其刑事责任；

（九）参与准备有关打击恐怖主义、分裂主义和极端主义问题的国际法律文件；

（十）协助为反恐部队培训专家和教官；

（十一）参与筹备及举行科学实践会议、研讨会，协助就打击恐怖主义、分裂主义和极端主义问题进行经验交流；

（十二）与从事打击恐怖主义、分裂主义和极端主义的国际组织建立联系并保持工作接触。

第七条

地区反恐怖机构在活动中遵循本组织框架内通过的有关打击恐怖主义、分裂主义和极端主义的文件和决定。

地区反恐怖机构同各方主管机关相互协作，包括交换情报，并根据本组织其他机构的请求准备相关材料。

地区反恐怖机构资料库的建立和运作制度，以及有关提供、交换、使用和保护相关信息的问题由单独协定规定。

第八条

各方确定各自与地区反恐怖机构进行相互协作的本国主管机关名单。

各方在完成为使本协定生效所必需的国内程序后三十天内以书面形式将此通知保存国。

任何一方对其主管机关名单作出变更，应书面通知保存国。

第九条

根据本协定设立的理事会和执委会均为地区反恐怖机构的机关。理事会可建立必要的辅助机关。

第十条

理事会由本协定各方组成。

理事会应保持不间断地工作。为此各方应在地区反恐怖机构驻地派常驻代表。

理事会应定期召开会议，各方可酌情派代表参加，该代表可为有关主管机关负责人或其他特别代表。

本协定第六条所述的地区反恐怖机构的基本任务和职能的实施办法由理事会确定。

根据本协定所述的地区反恐怖机构的职权，理事会可就包括经费问题在内的所有实质性问题通过具有约束力的决定。

理事会向本组织成员国元首会议提交地区反恐怖机构年度工作报告。

理事会就任何问题作出的决议，只要无任何一方反对，即视为通过。

理事会制定自己的程序规则，包括理事会主席的选举规则。

第十一条

执委会由主任和确保地区反恐怖机构正常运作所需的人员组成。

主任是执委会的最高行政官员，以此身份出席理事会所有会议，同时履行执委会赋予的其他职责。

主任和副主任（一名或多名）由本组织国家元首会议根据理事会推荐任命。

主任和副主任（一名或多名）的任免程序由理事会确定。

主任有权就地区反恐怖机构职权范围内他认为需由该机构研究的所有问题向理事会进行通报。

经理事会同意，主任可根据有关方在本组织预算中分摊会费的比例，任命各方公民为执委会官员，并且（或）根据合同雇佣各方公民来担任。

执委会机构和在编人员名单由本组织成员国政府首脑会议根据理事会通过的主任的建议确定。

执委会主任、副主任（一名或多名）和其他官员在履行自己的职责时，不应征询或获取各方权力机关或官方人士以及与本组织不相关的组织或个人的指示。

各方应尊重执委会主任、副主任（一名或多名）和其他官员职责的国际性，在其执行公务时不得向其施加影响。

第十二条

执委会由各方根据本国法律规定的程序向执委会派出参加工作的人员组成。

行政技术人员同执委会之间的劳动关系按地区反恐怖机构有关驻在国法律规定办理。

第十三条

地区反恐怖机构的财产和资产享有不受任何形式的行政或司法干预的豁免。

地区反恐怖机构的馆舍、交通工具及档案和文件，包括公文函件，不论在何地，都不应受到搜查、征用和没收，或受到影响其正常活动的任何其他形式的干扰。

未经主任或其代理人的允许，或者未按照其同意的条件，驻在国有关权力和管理机关的代表不得进入地区反恐怖机构的馆舍。

只有在征得主任或其代理人的同意后，才可按驻在国有关权力和管理机关的决定进入地区反恐怖机构的馆舍执行任何行动。

驻在国采取必要措施保护地区反恐怖机构的馆舍免受任何侵犯或遭受损失。

地区反恐怖机构的馆舍不得用作任何一方依法缉捕的人员或应引渡给任何一方或第三国的人员的避难所。

地区反恐怖机构馆舍不受侵犯权不得用于与本组织的职能或任务不相符的目的。

地区反恐怖机构有权使用密码、信使和其他通讯手段，以保障传递信息的机密性。地区反恐怖机构有权通过信使或邮袋收发函件。信使和邮袋享有外交信使和外交邮袋所享有的特权和豁免。

所有公文邮袋须附有可资识别的外部标记，并以装载公文及公务用品为限。

信使应持有载明其身份及邮袋件数的官方文件。

第十四条

地区反恐怖机构免缴驻在国征收的一切直接税、关税及其他税收，但具体服务的费用除外。

供地区反恐怖机构官方使用的财产和物品，在各方境内免除一切关税、税收和与此有关的税费支付，但在有关海关机构规定的办公地点和时间之外的运费、保管费、通关手续费和为国际组织提供的类似服务费除外。

第十五条

本组织成员国元首会议可代表本组织明示放弃地区反恐怖机构所享有的特权和豁免。

第十六条

一、除非本协定另有规定，主任、副主任（一名或多名）、代表、工作人员及与其构成同一户口的家属，享有一九六一年

《维也纳外交关系公约》规定的相关范围和程度的特权和豁免。

二、官员和与其构成同一户口家属的地位与其国籍国或永久居住国使馆外交工作人员及其家属的地位相同。

三、如主任认为豁免有碍其行使司法权，且放弃豁免不会对提供豁免的宗旨造成损害，经理事会同意，可放弃官员的豁免。放弃主任或副主任（一名或多名）的豁免由理事会决定。放弃豁免概须明示。

四、本条第一、二、三款的规定自关于本组织及其机构的特权和豁免问题的单独协定生效之日起失效。该协定将规定地区反恐怖机构、主任、副主任（一名或多名）、官员、代表、工作人员及与其构成同一户口家属的特权和豁免。

第十七条

主任、副主任（一名或多名）和官员从地区反恐怖机构离任后，应返回各方派遣机关。

第十八条

根据本协定享有特权和豁免的所有人员，在不损害其特权和豁免的前提下，必须尊重驻在国法律，并不得干涉该国内政。

第十九条

各方承认地区反恐怖机构的官方文件、公章和印章。

第二十条

主任、副主任（一名或多名）、官员、代表、工作人员及与其构成同一户口家属的工龄计算和退休保障，按派出方法律规定的程序和条件办理。

主任、副主任（一名或多名）、官员、代表、工作人员及与其构成同一户口家属的医疗和疗养制度由本组织与驻在国政府之间的协定予以规定。

主任、副主任（一名或多名）、官员、代表、工作人员及与其构成同一户口的家属在各方境内，在支付市政管理、医疗、住宿、交通和其他服务的费用方面，享有驻在国公民的相应权利。

第二十一条

地区反恐怖机构的官方语言为汉语和俄语，工作语言为俄语。

第二十二条

经各方同意，可对本协定进行修改和补充，并以议定书的方式固定下来，该议定书构成本协定不可分割的一部分。

第二十三条

本协定不限制各方就本协定所涉的不违背其宗旨和目标的问题签署其他国际条约的权利，也不影响各方在已签署的其他国际条约中所规定的权利和义务。

第二十四条

如解释或适用本协定时出现争议和分歧，有关各方通过磋商和谈判解决。

第二十五条

中华人民共和国为本协定的保存国。保存国应在本协定签署后十五天内将正式副本送交其他各方。

第二十六条

本协定需经批准，自第四份批准书交存之日起第三十天生效。

本协定对公约缔约国开放。

对于加入国，本协定自保存国收到其加入书之日起第三十天生效。

任何一方均可退出本协定，但应在准备退出之日前十二个月

465

以书面形式通知保存国。保存国在收到要求退出的通知后三十天内将此情况通知其他各方。

本协定于二〇〇二年六月七日在圣彼得堡签订，正本一式一份，分别用中文和俄文写成，两种文本同等作准。

哈萨克斯坦共和国代表：努尔苏丹·纳扎尔巴耶夫（签字）

中华人民共和国代表：江泽民（签字）

吉尔吉斯共和国代表：阿斯卡尔·阿卡耶夫（签字）

俄罗斯联邦代表：弗拉基米尔·普京（签字）

塔吉克斯坦共和国代表：埃莫马利·拉赫莫诺夫（签字）

乌兹别克斯坦共和国代表：伊斯拉姆·卡里莫夫（签字）

全国人民代表大会常务委员会关于批准《中华人民共和国和刚果共和国引渡条约》的决定

（2022 年 12 月 30 日第十三届全国人民代表大会常务委员会第三十八次会议通过）

第十三届全国人民代表大会常务委员会第三十八次会议决定：批准 2016 年 7 月 5 日由中华人民共和国代表在北京签署的《中华人民共和国和刚果共和国引渡条约》。

中华人民共和国和刚果共和国引渡条约

（中文本）

中华人民共和国和刚果共和国（以下称双方），在相互尊重主权和平等互利的基础上，为促进两国在打击犯罪方面的有效合作，决定缔结本条约，并达成协议如下：

第一条　引渡义务

双方有义务根据本条约的规定，应请求方请求，向另一方引渡在其境内发现的被另一方通缉的人员，以便对其进行刑事诉讼或者执行刑罚。

第二条　可引渡的犯罪

一、只有在引渡请求所针对的行为根据双方法律均构成犯罪，并且符合下列条件之一时，才能准予引渡：

（一）为进行刑事诉讼而请求引渡的，根据双方法律，对于该犯罪均可判处1年以上有期徒刑或者更重的刑罚；

（二）为执行刑罚而请求引渡的，在提出引渡请求时，被请求引渡人尚未服完的刑期至少为6个月。

二、根据本条第一款确定某一行为是否根据双方法律均构成犯罪时，不应考虑双方法律是否将该行为归入同一犯罪种类或者使用同一罪名。

三、如果引渡请求涉及两个以上根据双方法律均构成犯罪的行为，只要其中有一项行为符合本条第一款规定的条件，被请求方即可以针对上述各项行为准予引渡。

第三条　应当拒绝引渡的理由

有下列情形之一的，应当拒绝引渡：

（一）被请求方认为，引渡请求所针对的犯罪是政治犯罪，或者被请求方已经给予被请求引渡人受庇护的权利。但恐怖主义犯罪和双方均为缔约国的国际公约不认为是政治犯罪的不应视为政治犯罪；

（二）被请求方有充分理由认为，请求引渡的目的是基于被请求引渡人的种族、性别、宗教、国籍或者政治见解而对该人进行起诉或者处罚，或者该人在司法程序中的地位将会因为上述任何原因受到损害；

（三）引渡请求所针对的犯罪仅构成军事犯罪；

（四）根据任何一方的法律，由于时效已过或者赦免等原因，被请求引渡人已经被免予追诉或者免予执行刑罚；

（五）被请求方已经对被请求引渡人就引渡请求所针对的犯罪作出生效判决或者终止刑事诉讼程序；

（六）被请求引渡人在请求方曾经遭受或者可能遭受酷刑或者其他残忍、不人道或者有辱人格的待遇或者处罚；

（七）请求方根据缺席判决提出引渡请求，但请求方保证被请求引渡人有机会在其出庭的情况下对案件进行重新审理的除外。

第四条　可以拒绝引渡的理由

有下列情形之一的，可以拒绝引渡：

（一）被请求方根据本国法律对引渡请求所针对的犯罪具有刑事管辖权，并且对被请求引渡人就该犯罪正在进行刑事诉讼或者准备提起刑事诉讼；

（二）被请求方在考虑了犯罪的严重性和请求方利益的情况下，认为由于被请求引渡人的年龄、健康或者其他个人原因，引渡不符合人道主义考虑。

第五条　国民不引渡

一、双方均有权拒绝引渡本国国民。

二、如果根据本条第一款规定未准予引渡，被请求方应当根据请求方的请求，将该案件提交主管机关以便根据本国法律提起刑事诉讼。为此目的，请求方应当向被请求方提供与该案件有关的文件和证据。

第六条　联系途径

为本条约的目的，双方应当通过外交途径进行联系，但本条约另有规定的除外。

第七条　引渡请求以及所需文件

一、引渡请求应当以书面形式提出并包括以下内容：

（一）请求机关的名称；

（二）被请求引渡人的姓名、年龄、性别、国籍、身份证件号码、职业、住所地或者居住地以及其他有助于确定该人的身份和可能所在地的资料；如有可能，有关该人外表特征的描述及其照片和指纹；

（三）有关犯罪事实的说明，包括犯罪的时间、地点、行为和结果；

（四）有关该项犯罪的刑事管辖权、定罪和刑罚的法律规定；

（五）有关追诉时效或者执行刑罚时效的法律规定。

二、除本条第一款规定外，

（一）旨在对被请求引渡人进行刑事诉讼的引渡请求还应当附有请求方主管机关签发的逮捕证的副本；

（二）旨在对被请求引渡人执行刑罚的引渡请求还应当附有生效判决的副本和关于已经执行刑期的说明。

三、请求方根据本条第一款和第二款提交的引渡请求书和其他有关文件，应当由请求方的主管机关正式签署或者盖章，并应当附有被请求方文字的译文，但双方另有约定的除外。

第八条　补充材料

如果被请求方认为，为支持引渡请求所提供的材料不充分，可以要求在 30 天内提交补充材料。如果请求方提出合理要求，这一期限可以延长 15 天。如果请求方未在该期限内提交补充材料，应当被视为自动放弃请求，但是不妨碍请求方就同一犯罪对同一人重新提出引渡请求。

第九条 临时羁押

一、在紧急情况下，一方可以在提出引渡请求前，请求另一方临时羁押被请求引渡人。此种请求可以通过本条约第六条规定的途径、国际刑警组织或者双方同意的其他途径以书面形式提出。

二、临时羁押请求应当包括本条约第七条第一款所列内容，并说明已经备有第七条第二款所列文件，以及即将提出正式引渡请求。

三、被请求方应当将处理该请求的结果及时通知请求方。

四、如果被请求方在羁押被请求引渡人之后的 30 天内未收到正式引渡请求，则应当解除临时羁押。经请求方合理要求，上述期限可以延长 15 天。

五、如果被请求方随后收到了正式引渡请求，则根据本条第四款解除临时羁押不应妨碍对被请求引渡人的引渡。

第十条 对引渡请求作出决定

一、被请求方应当根据本国法律规定的程序处理引渡请求，并且及时将决定通知请求方。

二、被请求方如果全部或者部分拒绝引渡请求，应当将理由告知请求方。

第十一条 移交被引渡人

一、如果被请求方准予引渡，双方应当商定执行引渡的时间、地点等有关事宜。同时，被请求方应当将被引渡人在移交之前已经被羁押的时间告知请求方。

二、如果请求方在商定的执行引渡之日后的 15 天内未接收被引渡人，被请求方应当立即释放该人，并且可以拒绝请求方就同一犯罪再次提出的引渡该人的请求，但本条第三款另有规定的除外。

三、如果一方因为其无法控制的原因不能在商定的期间内移交或者接收被引渡人，应当立即通知另一方。双方应当再次商定执行引渡的有关事宜，并适用本条第二款的规定。

第十二条　重新引渡

被引渡人在请求方的刑事诉讼终结或者服刑完毕之前逃回被请求方的，被请求方可以根据请求方就同一犯罪再次提出的引渡请求准予重新引渡，请求方无需提交本条约第七条规定的文件和材料。

第十三条　暂缓引渡和临时引渡

一、如果被请求引渡人正在被请求方因为引渡请求所针对的犯罪之外的犯罪被提起刑事诉讼或者服刑，被请求方可以在作出准予引渡的决定后，暂缓引渡该人直至诉讼终结或者服刑完毕。被请求方应当将暂缓一事通知请求方。

二、如果暂缓引渡可能对请求方的刑事诉讼造成严重妨碍，被请求方可以在不妨碍其正在进行的刑事诉讼，并且请求方保证在完成有关程序后立即将该被请求引渡人无条件送还被请求方的情况下，根据请求，向请求方临时引渡该人。

第十四条　数国提出的引渡请求

当包括一方在内的两个以上国家对同一人就同一犯罪或者不同犯罪提出引渡请求时，被请求方在决定向哪一国引渡该人时，应当考虑所有相关情况，特别是如下情况：

（一）请求是否根据条约提出；

（二）不同犯罪的相对严重性；

（三）犯罪发生的时间和地点；

（四）被请求引渡人的国籍和通常的居住地；

（五）各项请求提出的不同时间；

（六）再向第三国引渡的可能性。

第十五条　特定规则

除准予引渡所针对的犯罪外，请求方对于根据本条约被引渡的人，不得就该人在引渡前所实施的其他犯罪进行刑事诉讼或者执行刑罚，也不能将其引渡给第三国，但是有下列情形之一的除外：

（一）被请求方事先同意。为此目的，被请求方可以要求提供本条约第七条所规定的文件或者资料，以及被引渡人就有关犯罪所作的陈述；

（二）该人在可以自由离开请求方之日后的 30 天内未离开该方。但是由于其无法控制的原因未能离开请求方的时间不计算在此期限内；

（三）该人在已经离开请求方后又自愿回到该方。

第十六条　移交财物

一、如果请求方提出请求，被请求方应当在本国法律允许的范围内，扣押在其境内发现的犯罪所得、犯罪工具以及可作为证据的其他财物，并且在准予引渡的情况下，将这些财物移交给请求方。

二、在准予引渡的情况下，即使因为被请求引渡人死亡、失踪或者脱逃而无法实施引渡，本条第一款提及的财物仍然可以移交。

三、被请求方为审理其他未决刑事诉讼案件，可以推迟移交上述财物直至诉讼终结，或者在请求方承诺返还的条件下临时移交这些财物。

四、移交上述财物不得损害被请求方或者任何第三方对该财物的合法权益。如果存在此种权益，请求方应当在诉讼结束之后尽快将被移交的财物无偿返还给被请求方或者该第三方。

第十七条　过　　境

一、一方从第三国引渡人员需经过另一方领土时，应当向另一方提出过境请求。如果使用航空运输并且没有在另一方境内降落的计划，则无需提出过境请求。

二、被请求方在不违反其法律的情况下，应当同意请求方提出的过境请求。

第十八条　通报结果

请求方应当根据被请求方的要求，及时向被请求方通报有关对被引渡人进行刑事诉讼、执行刑罚或者将该人引渡给第三国的情况。

第十九条　费　　用

在被请求方的引渡程序中产生的费用应当由被请求方承担。与移交和接收被引渡人有关的交通费用和过境费用应当由请求方承担。

第二十条　与其他条约的关系

本条约不影响双方根据双方均为缔约方的其他条约开展引渡合作。

第二十一条　争议的解决

由于本条约的解释或者适用所产生的任何争议，应当通过外交途径协商解决。

第二十二条　生效、修订和终止

一、双方根据本国法律完成本条约生效所需的一切必要程序后，应当通过外交照会通知另一方。本条约自后一份照会收到之日起第 30 天生效。

二、本条约可以随时经双方书面协议予以修订。此类修订应当按照本条第一款规定的相同程序生效，并构成本条约的一部分。

三、任何一方可以随时通过外交途径以书面形式通知终止本条约。本条约自该通知发出之日后第 180 天终止。本条约的终止不影响条约终止前已经开始的引渡程序。

四、本条约适用于其生效后提出的任何请求，即使有关犯罪发生于本条约生效前。

下列签署人经各自政府适当授权，签署本条约，以昭信守。

本条约于二〇一六年七月五日订于北京，一式两份，每份均用中文、法文和英文写成，三种文本同等作准。如遇解释上的分歧，以英文本为准。

　　　中华人民共和国代表　　　刚果共和国代表

　　　　　王　毅　　　　　让－克洛德·加科索

　　　　（签字）　　　　　　　（签字）

　　我国的人民代表大会制度，是中国共产党领导人民在长期革命斗争中创造的一种新的政权组织形式。1949 年 9 月 29 日，中国人民政治协商会议第一届全体会议通过的《中国人民政治协商会议共同纲领》提出："中华人民共和国的国家政权属于人民。人民行使国家政权的机关为各级人民代表大会和各级人民政府。"人民代表大会制度由此确定。1949 年至 1954 年 8 月，从中国人民政治协商会议和地方各界人民代表会议向各级人民代表大会过渡。1954 年 9 月，第一届全国人民代表大会第一次会议召开，我国人民代表大会制度建立。至今，人民代表大会制度走过了 70 年，回顾这 70 年历程，从 1954 年到 1966 年人民代表大会制度全面确立并曲折发展；"文化大革命"的 10 年，人民代表大会制度遭受严重破坏；从粉碎"四人帮"特别是党的十一届三中全会开始，人民代表大会制度得到恢复和进一步健全，人大工作取得重大进展。党的十八大以来，我们党立足新的历史方位，深刻把握我国社会主要矛盾发生的新变化，积极回应人民群众对民主法治的新要求新期盼，着力推进国家治理体系和治理能力现代化，健全人民当家作主制度体系，加强基层政权建设，改进人大代表工作，人大工作取得历史性成就，人民代表大会制度更加成熟、更加定型。

《中国特色社会主义根本政治制度——人民代表大会制度纪实》丛书，则是尽可能通过整理历史文献的方式，记录和展现人民代表大会制度确立、曲折发展、不断健全、逐步成熟、完善定型的制度发展和人大工作全貌。项目实施过程，是回顾中国特色社会主义根本政治制度逐渐完善的过程，是汇集70年来历代人大工作者工作成就和艰辛探索的过程。同时，也是编写团队记录、整理、学习，以及勤奋耕耘的过程。该丛书具体构成和分工如下：

《人民代表大会制度引论》，万其刚著；《人民代表大会制度发展历程》，万其刚著；《人大选举制度和任免制度》，徐丛华著；《人大立法制度》，主编：张生，副主编：刘舟祺、邹亚莎、罗冠男；《人大代表工作制度》，章林、李跃乾、刘福军、王仰飞编著；《人大讨论决定重大事项制度》，任佩文、吴克非、王亚楠编著；《人大监督制度》，吉卫国著；《人大会议制度》，陈家刚、蔡金花、隋斌斌著；《人大对外交往工作》，王柱国、陈佳美思、庞明、刘亚宁编著；《人大自身建设》，唐亮、万恒易、梁明编著；《人大选举和任免工作纪实》，主编：任佩文，副主编：王亚楠；《人大代表工作纪实》，主编：任佩文，副主编：吴克非；《人大会议工作纪实（目录）》，主编：李正斌，副主编：高嚣；《人大立法工作纪实（目录）》，主编：曾庆辉，副主编：邱晶；《人大监督工作纪实（目录）》，主编：曾庆辉，副主编：邱晶。

上述作者分别来自全国人大、北京市人大、安徽省人大、兰州市人大、人民代表报、中国社会科学院法学所、北京联合大学、西安交通大学、西北师范大学、江西师范大学、中共广东省委党校等单位，既有一直从事人大制度研究的学者，也有长期从事人大工作的实务工作者。

限于出版篇幅，丛书暂未收录地方人大相关文献；同时，适应出版新形态的需要，部分工作纪实将目录纸质出版，具体内容同步以数据库方式出版。参与数据库编纂工作的人员有杨积堂、周小华、王维国、崔英楠、曾庆辉、邱晶、李正斌、高嚣、王柱国、陈佳美思、庞明、刘亚宁、任佩文、吴克非、王亚楠、刘宇、周悦、曹倩、赵树荣、姜素兰、王岩、魏启秀、沙作金、马磊、张新勇、李少军、喻思敏、钟志龙、王婷、邱纪贤、钮红然、祝蓉、陈敏、杨世禹、常晓璐、周义、王乔松、梅润生、杨娇、周鹏、李俊、杨蕙铭、徐博智、于淼、陈东红、冯兆惠、石亚楠等同志。丛书由杨积堂和吴高盛担任执行总主编并负责统稿。

"中国特色社会主义根本政治制度——人民代表大会制度纪实"是所有参与人员努力协作的成果，由于时间跨度大，内容交叉多，为了尽可能反映 70 年来人大工作的全貌，各部分作者之间反复进行沟通、协调，力求内容准确全面，同时尽可能避免重复。在编写过程中，每一位作者、编辑都倾尽全力，以高度的责任感和使命感投入工作，翻阅了大量文献资料，进行了深入研究与探讨。虽然我们已竭尽全力，但深知丛书一定存在不足之处，我们期待着读者的反馈与建议，以便在未来不断改进和完善。

在丛书即将出版之际，我们要特别感谢全国人大图书馆为文献查阅提供的帮助和支持，感谢北京联合大学人民代表大会制度研究所从选题策划到最终编写全过程给予的大力支持。中国民主法制出版社刘海涛社长、贾兵伟副总经理带领团队，对丛书编写、审读、编辑、出版的每一个环节给予严谨的指导和热忱的帮助，责任编辑张霞、负责数据库开发的翟锦严谨、敬业，在此一并表达敬意和感谢。

习近平总书记强调："人民代表大会制度，坚持中国共产党领导，坚持马克思主义国家学说的基本原则，适应人民民主专政的国体，有效保证国家沿着社会主义道路前进。人民代表大会制度，坚持国家一切权力属于人民，最大限度保障人民当家作主，把党的领导、人民当家作主、依法治国有机统一起来，有效保证国家治理跳出治乱兴衰的历史周期率。人民代表大会制度，正确处理事关国家前途命运的一系列重大政治关系，实现国家统一高效组织各项事业，维护国家统一和民族团结，有效保证国家政治生活既充满活力又安定有序。"值此全国人民代表大会成立 70 周年之际，我们希望这套丛书能够为人民代表大会制度研究和实务工作的更好开展尽绵薄之力，把国家根本政治制度坚持好、完善好、运行好、宣传好，努力开创人大工作新局面。

编　者